VOLKER BRA
IN PERSPECT

GERMAN MONITOR No. 58
General Editor: Ian Wallace

25 Years of GDR/German Monitor

VOLKER BRAUN IN PERSPECTIVE

Edited by

Rolf Jucker

Amsterdam - New York, NY 2004

The paper on which this book is printed meets the requirements of "ISO
9706:1994, Information and documentation - Paper for documents -
Requirements for permanence".

ISBN: 90-420-0869-5 (bound)
©Editions Rodopi B.V., Amsterdam - New York, NY 2004
Printed in The Netherlands

Inhaltsverzeichnis

Foreword

The appearance of this volume, a critical tribute to the rich literary oeuvre of Volker Braun, has been timed to coincide with the writer's 65th birthday in 2004. By a happy coincidence, it also marks the 25th anniversary of the first issue of *GDR Monitor* in summer 1979.

The link between author and journal rests on more than a chance conjunction of dates, however. For in its third issue, published in summer 1980, *GDR Monitor* was able to present a selection of Volker Braun's previously unpublished *Berichte von Hinze und Kunze* – in the words of Hans-Georg Golz (*Deutschland Archiv*, 1/2003) 'ein echter Coup', and one which enhanced immeasurably the fledgling journal's self-belief and (I like to think) its credibility. Braun had generously given permission to publish during a visit to the University of Dundee in February 1980 which formed part of his first reading tour in the UK. This tour by a prominent GDR author, which occurred at a time when such events were rare (and looked at askance in some quarters), did much to promote academic interest in the GDR and, in particular, in GDR literature at a stage when GDR studies in the UK were still in an early phase of development. My clearest memory of the public discussion which followed Braun's reading in Dundee is of the refreshing and distinctly unorthodox frankness with which he criticised specific aspects of the GDR while underlining his allegiance to the country and to his idea of socialism. We now know that his critical openness caused considerable apprehension in East Berlin – and that he himself revelled in the liberating sense of danger which his western encounters provoked, whether in Dundee or elsewhere:

> [...] schon und wieder spüre ich die Gefahr, bestelle ein Selterswasser, biege die Mikrofone heran: und mein Glück beginnt. Ich rede, ich rede mit Zungen. Ich darf es, ich bin hier, ich überlasse mich der Lust, auf den Gegner zu treffen. Ich bin zu faul, nach Ausreden zu fischen, ich sage was ich denke wie ein Automat, wenn man mich bloss antippt. Venceremos! ('Die Privilegien', written in 1980, first published in 1991)

Even today, a quarter of a century later, Braun's work has lost none of its uncompromising edge and sense of danger. Long may it remain so!

Ian Wallace

January 1980, University of Dundee, after Volker Braun's reading

(left to right: Trudy Wallace, Jürgen Thomaneck, Ian Wallace, Martin Lee, Claudia Franke, Volker Braun, Barbara Meyer, Karin McPherson, Brigitte Cooper)

Rolf Jucker

Einleitung

Es ist mir eine große Ehre, aber auch Freude, diesen Band herausgeben zu dürfen. Er soll ein bescheidener Beitrag sein zur Feier von Volker Brauns 65. Geburtstag am 7. Mai 2004. Wie Ian Wallace in seinem Vorwort ja bereits klargemacht hat, nimmt dieser Band auch in der Geschichte des *GDR/German Monitors* einen speziellen Platz ein und ich möchte an dieser Stelle Ian sowohl für sein schönes Vorwort (und das Foto!) wie auch für das Vertrauen danken, das er mir durch die Überantwortung der Herausgeberschaft ausgedrückt hat.

Seit ich vor über zehn Jahren angefangen habe, mich intensiv mit Brauns Werk auseinanderzusetzen, ist mir der Mann und seine Texte zum unentbehrlichen Begleiter geworden, um die Mühen der kapitalistischen Ebenen zu navigieren. Allen seinen Texten, selbst den überschweng-lichsten der frühen Jahre, in zunehmender Komplexität dann aber spätestens seit *T.* und *Großer Frieden*, sind Widerständigkeiten einge-schrieben, die weder mit offizieller Anerkennung (man denke an den Heinrich-Mann- *oder* den Georg-Büchner-Preis) noch mit Pauschal-verdächtigungen à la ewiggestriger Ostalgiker längerfristig zu verdrängen oder übersehen sind. Was im Gespräch, in der Arbeit an Interviews oder an den Texten auffällt, ist die unstillbare Suche nach der ganzen Geschichte, nach dem Durchstoßen des oberflächlichen Scheins, nach der Ausdrucksweise, die nicht gefangenbleibt in den Beschränktheiten vorherrschender Ideologie, welcher *couleur* sie auch immer sein mag.

Ich bin seit längerem der Meinung, daß gerade im Falle von Brauns Werk keine Sekundärliteratur auch nur annähernd die emotionale Intensität, die Komplexität des sprachlichen Gewebes und des mehr-dimensionalen Gesprächs mit Gegenwart und literarischen Vorfahren sowie die sprachliche Chuzpe des Originals ausloten kann. Dennoch zeigen die hier versammelten Beiträge nicht nur die unter Gegenwarts-autoren in dieser Qualität einmalige Breite des literarischen Schaffens Brauns über alle Genres hinweg, sondern auch die Vielfalt der interpreta-torischen Perspektiven, die gewinnbringend an dieses Werk angelegt werden können. In verschiedenen Beiträgen wird aber auch deutlich, wie vorsichtig man sein muß bei der Interpretation von Schreibmotiven und beim (Ab-)Urteilen von Verhaltensweisen in historischen Situationen, die man als Interpret nur von außen betrachtet und dadurch leicht zu einer etwas besserwisserischen Position verleitet wird.

Gerade deswegen habe ich mich bemüht, den Band so international wie möglich zu gestalten, um auch andere kulturelle Zugänge und Interpretationszusammenhänge transparent zu machen. So sind hier Beiträge von Japanerinnen, Kanadiern, Italienerinnen, Briten, Amerikanerinnen, Iren, West- wie Ostdeutschen, Franzosen und Schweizern versammelt.

Diese Vielfalt feiernd, kann ich aber an dieser Stelle auch nicht umhin, der Trauer Ausdruck zu geben über Abwesendes. Beiträge von Peter Kammerer und Frank Hörnigk, die dem Band wichtige zusätzliche Dimensionen verliehen hätten, sollten hier erscheinen, konnten aber aus Krankheitsgründen nicht entstehen. Noch schwerer wiegt die Abwesenheit des Artikels von Walfried und Christel Hartinger. Nach schwerer Krankheit ist Walfried am 27. Mai 2003 gestorben und so verstehe ich diesen Band auch als Tribut an sein Leben und Werk. Ich habe die Zusammenarbeit mit ihm für den 1995 erschienenen *University of Wales Press*-Band zu Volker immer noch in bester Erinnerung. Für mich sprach mit Walfried, in seinen Beiträgen und in Diskussionen, eine Stimme, die uns jüngeren Germanisten einiges um Erfahrung voraushatte, was mich mit großem Respekt erfüllte.

***

Ich habe die Beiträge in fünf Kategorien aufgeteilt. Arbeiten zu spezifischen Texten folgen der Struktur, die Braun den *Texten in zeitlicher Folge* zugrundegelegt hat (Prosa, Lyrik, Theater und Schriften), während all diejenigen Aufsätze, die entweder Texte aus mehreren Genres bearbeiten oder in die obige Struktur nicht einzuordnen sind, in einem Überblicksteil zu Beginn des Bandes versammelt sind.

Den Auftakt macht Katrin Bothe mit einem etwas längeren, aber äußerst genau argumentierten und sorgfältig gearbeiteten Text. Bothe hat bereits in ihrer Doktorarbeit *Die imaginierte Natur des Sozialismus* (1997) eine sehr spezifische Methode der Textarbeit entwickelt, die in dem hier vertretenen Beitrag aufgrund der präzisen Textarbeit neue Früchte trägt. Der Aufsatz macht transparent, wie Tagebau/Bergbau- und Geologie-Motive das Schreiben Volker Brauns zunächst auf einer inhaltlich-realistischen Ebene des sich wandelnden Umgangs mit Natur beherrschen, ehe aus dieser Bildwelt ein programmatisches Schreibverfahren entwickelt wird, ein 'archäologisches Schreiben'. So sind Brauns Texte schließlich selbst als Sedimente zu lesen, als 'Ablagerungen' vergangener und gegenwärtiger Schreib- wie Leseprozesse, die ihrerseits nur durch ein 'archäologisches Lesen' zu erschließen sind. Bothe gelingt es zu zeigen, daß trotz einer bemerkenswerten Kontinuität im Schreiben Brauns in den letzten zwei Jahrzehnten eine Tiefendimension der Erkundung der 'Natur der Geschichte' dazugekommen ist, die den Texten eine neue Qualität verleiht. Gezeigt wird dies in einer genauen Erarbeitung der intertextuellen Bezüge zu Goethe, Fühmann und Kafka wie auch der für Braun typischen 'Selbst-Historisierung', in der ihm alte Texte zu neuem Material werden.

Ausgehend von Brauns zentralem Gedicht 'Lagerfeld' erarbeitet Dieter Schlenstedt in seinem Aufsatz zuerst die Bedeutungsgeschichte und -dimension des Begriffs 'Barbaren' und schließt so den (kultur-) geschichtlichen Horizont auf, in dem Brauns neuere Texte wie *Iphigenie in Freiheit, Böhmen am Meer, Der Staub von Brandenburg, Limes. Mark Aurel*, die neuste Theaterarbeit *Was wollt ihr denn* und schließlich der Prosaband *Das Wirklichgewollte* angesiedelt sind. Zentral wird die 'eine Welt', in der die andern, die Barbaren plötzlich genauso wie wir selbst die Fremden sind. Die ganze Brutalität wird offenbar, mit der wir in der globalisierten Welt mit den 'Anderen' umgehen. Schlenstedt zeigt, wie die Art, wie man heutzutage andrängende Fremde empfängt, im poetischen Werk des Autors und in Essays seit den achtziger Jahren zum obsessiv verfolgten Gegenstand wird, und er belegt, wie die harte Gegenüberstellung von Welten in Brauns neueren Texten nach dem 'Ende der Geschichte' neue Horizonte des Nachdenkens eröffnet.

Gilbert Badia, der sowohl als Literaturwissenschaftler zu Braun gearbeitet wie mehrere seiner Texte übersetzt hat, zeichnet die Wirkungsgeschichte der Werke Volker Brauns in französischer Übersetzung für alle Genres nach. Dabei tritt insbesondere die Schwierigkeit zu Tage, für (ehemalige) DDR-Literatur in Frankreich ein Publikum zu finden. Gleichzeitig werden aber auch die Verdienste der drei maßgeblichen Übersetzer, nämlich Badia selbst, Alain Lance und Vincent Jezewski, deutlich.

Alain Lance, selbst angesehener Autor, Kulturvermittler und Übersetzer, liefert den vielleicht persönlichsten Essay des Bandes. Er sucht zu ergründen, woher die Lust am Übersetzen und im Speziellen die anhaltende Faszination für das Werk Volker Brauns kommt. Lance zeichnet die Geschichte der Übersetzungsarbeit und Freundschaft mit Braun nach und versucht die spannende Frage zu ergründen, wie die intime Kenntnis fremdsprachiger Literatur das eigene Schreiben beeinflußt.

In seinem äußerst einfühlsamen und subtil argumentierten Beitrag versucht Dennis Tate, die außerordentliche Beziehung zwischen Franz Fühmann und Volker Braun zu ergründen. Es geht ihm insbesondere darum, die Art und Weise zu zeigen, in der Braun seinen Respekt und seine Dankesschuld nach Fühmanns Tod im Jahre 1984 in seine Texte einschreibt. Die Analyse beginnt mit einer genauen Lektüre des Textes '21., 22. August 1984', der nachgerade als *hommage* an Fühmann gelten kann, da er sich stilistisch eng an dessen Autobiographie *Zweiundzwanzig Tage* hält. Tate liefert uns danach eine Rekonstruktion der Geschichte der Beziehung zwischen Braun und Fühmann seit den frühen 1960er Jahren und vergißt dabei nicht, den kulturpolitischen Kontext der DDR in genügender Detailliertheit darzustellen, so daß beider Verhalten nachvollziehbar wird. Abschließend gelingt es Tate zu zeigen, daß Braun mit seinem *Hinze-Kunze-Roman* in mancher Weise eine zugespitzte Weiterschreibung der Kritik der Machtstrukturen gelungen ist, die Fühmann in seiner Erzählung 'Drei nackte Männer' begonnen hatte. Der *Hinze-Kunze-Roman*, so Tate, stellt auch die ausführlichste intertextuelle Ehrerbietung dar, die Braun Fühmann gezollt hat.

Paul Peters nähert sich Brauns Gesamtwerk aus einer äußerst interessanten motivischen Perspektive. Volker Brauns Laufbahn als Schriftsteller, so Peters, hängt aufs Engste mit dem von ihm erhofften Übergang in die von Marx evozierte Menschengemeinschaft des Sozialismus zusammen. Da aber dieser Übergang blockiert war, ist Brauns Werk gezeichnet von anderen versuchten Übergängen. Peters' Essay untersucht in erhellenden, intelligenten Interpretationen insbesondere zwei solche beispielhaften Übergänge: den von Leben und Tod, und den von Text und Leben. Anhand der Anekdote 'Banaler Vorfall', der *Unvollendeten Geschichte*, dem Hinze-Kunze-Komplex, einem frühen Gedicht sowie *Die Kipper* zeigt er, wie Braun in seinen Texten konsequent unerwartete Entwicklungen produziert. Insbesondere zwei Punkte werden dabei klar: zum einen gelingt es Braun immer wieder, die erstarrten Verhältnisse zwischen Autor und Leser bzw. Zuhörer aufzubrechen. Zum anderen arbeitet Peters, mit Blick auf die revolutionäre deutsche und sowjetische Avantgarde, heraus, wie Braun gegen jegliche ideologischen Versuchungen immer konsequent fürs Fest und Mysterium des Lebens selbst Partei ergreift.

Der Beitrag von Yasuko Asaoka ist aus verschiedenen Gründen bemerkenswert. Einerseits zeugt er von einer Vertrautheit mit Brauns Werk, die mir, angesichts des sprachlichen und kulturellen Sprungs vom Japanischen ins Deutsche, Bewunderung abnötigt. Asaoka hat allerdings ihre diesbezüglichen Fähigkeiten bereits anderweitig unter Beweis gestellt: Sie hat, zusammen mit Akira Ichikawa, Yukihiko Usami und Shinichiro Morikawa, kürzlich eine repräsentative Auswahl von Brauns Texten unter dem Titel *Das wirklich Gewollte* ins Japanische übersetzt (Tokio, Sanshusha, 2002) und mit diesem Buch im selben Jahr die Max Dauthendey-Feder, einen Übersetzungspreis des Goethe-Instituts Tokyo, erhalten. Andererseits gelingt es ihr, mit ihrer genauen Lektüre immer wieder überraschende Einsichten zugänglich zu machen. Die Konzentration auf das Motivfeld der Grenzlinien erlaubt es ihr, in Brauns Gedichten, Kurzgeschichten, Novellen, Essays und Theaterstücken der Jahre 1990-2001 ausgehend von der begrifflichen Analyse tiefere Befindlichkeiten auszuloten, etwa bezüglich der verlorenen und wiedererworbenen Identität der Menschen in der DDR oder in Bezug auf Brauns Blick auf die Globalisierung, wo Kultur und Gewalt sich ergänzen und ein neuer Limes zwischen wenigen Reichen und unzähligen Armen gebaut wird.

Mein eigener Aufsatz skizziert eingangs in provokativer Absicht, warum die seit der Wende zunehmend in den *common sense* abgesenkte Einsicht, daß politische Literatur schlechte Literatur sei, genauerer Betrachtung nicht standhält. Darauf folgt eine detaillierte Analyse zweier Gedichte Brauns, 'Abschied von Kochberg' und 'Nach dem Massaker der Illusionen'. Sie zeigt, wie Brauns Texte in komplexer Weise zu politischen Kommentaren über unsere globalisierte Welt werden. Die Lektüre der Gedichte versucht dabei auch einer oft anzutreffenden reduktionistischen Oberflächeninterpretation entgegenzuwirken.

Die nächsten beiden Beiträge sind Brauns Prosaarbeiten gewidmet. Wilfried Grauert hat spätestens mit seiner Dissertation *Ästhetische Modernisierung bei Volker Braun* (1995) bewiesen, daß er in exemplarischer Weise die intertextuellen Tiefenschichten wie die philosophischen Tiefendimensionen der Texte Brauns auszuloten vermag. So auch in dieser Arbeit. Er unterzieht Brauns Dialogerzählung *Der Wendehals oder Trotzdestonichts* (1995) einer detaillierten Analyse. In diesem Text thematisiert Volker Braun die Lebensverhältnisse nach dem gesellschaftlichen Umbruch 1989. Grauert zeigt nun, wie der Autor-Erzähler seine Kritik an der westlichen Konsumgesellschaft in den Text einschreibt, indem er mit der Figur des Wendehalses als Medium der Reflexion spielt.

Zugleich, so Grauert, imaginiert Braun als Perspektive die richtige Wende: eine andere Zivilisation, die auf einem nicht-instrumentellen Naturverhältnis aufbaut. Was die literarische Form betrifft, legt Grauert die von Braun verwendete komplexe Technik der Überschreibung offen: Indem der Autor auf Diderots Satire *Rameaus Neffe* rekurriert, plädiert er für einen neuen Aufklärungsdiskurs, der die gesellschaftliche und zivilisatorische Entwicklung an den Naturprozess anschließt und Einzel- mit Allgemeininteressen zu vermitteln lernt.

In ihrem Aufsatz unterzieht Anna Chiarloni jenen Prosaband Brauns einer eingehenden Analyse, der wohl, neben der Büchner-Preis-Rede und den *Tumulus*-Gedichten zu den wichtigsten Arbeiten der letzten Jahre zählen muß: *Das Wirklichgewollte* (2000). Chiarloni zeigt, mit feinfühliger Aufmerksamkeit für die enorm verdichtete Form der Texte, wie Braun den heutigen radikalen Bruch zwischen den Generationen darstellt. Der Beitrag befaßt sich hauptsächlich mit der ersten (Titel-) Erzählung, die mit Blick auf die unterschiedlichen Perspektiven der vier Figuren analysiert wird. Braun erfaßt hier die Gegensätze in extremer Schärfe, um zu zeigen, daß bei fehlender Egalität, bei Ausgrenzung der fremden 'Unmenschen' kein sozialer Frieden möglich ist, eine Einsicht mit enormer politischer Sprengkraft in diesen Zeiten kapitalistischer Selbstherrlichkeit.

Die folgende Gruppe von Beiträgen wird eingeleitet von Klaus Schuhmann, wie Chiarloni seit langer Zeit ein anregender und kritischer Interpret von Brauns Werk. Er widmet sich einem der wichtigsten, paradigmatischen Gedichte Brauns aus den letzten Jahren, nämlich 'Lagerfeld'. Schuhmann zeigt schön, weshalb es unter den Gedichten, die in den Band *Tumulus* aufgenommen wurden, eine besondere Position einnimmt: nicht nur als Schlußstein dieses Buches, sondern auch dadurch, wie der Autor die Semantik eines Personennamens aus heutiger Zeit und die mit ihm verbundene Aura der Modewelt dafür nutzt, ein vielschichtiges, kritisches Zeitbild zu entwerfen, in dem Vergangenheit und Gegenwart miteinander verwoben werden, wodurch sie sich wechselseitig durchdringen und erhellen. Schuhmann gelingt es aber nicht nur, dieses zentrale Gedicht detailliert auszuloten, sondern er stellt es auch in einen weiteren werk- und kulturgeschichtlichen Horizont.

Dies leistet auch Peter Geists Interpretation des Gedichts 'Andres Wachtlied'. Sie nimmt die Komplexität des Gedichts als Herausforderung, die vielfältigen semantisch-motivischen und intertextuellen Verknüpfungen sichtbar zu machen. Herausgearbeitet werden die Beziehungen zu Büchner, zu älteren Texten Brauns selbst und vor allem zu verschiedenen

Goethe-Texten ('Über den Granit', *Faust II*, zu den Gedichten 'Prometheus', 'Harzreise im Winter'). Das Gedicht konfrontiert nicht nur die klassische Natur- und Weltbetrachtung mit den geschichtlichen Erfahrungen des 20. Jahrhunderts, es führt selbst Verfahren vor, Natur- und Gesellschaftsgeschichte zusammenzusehen. Geist macht sehr schön einsichtig, wie diese Braunschen Arbeitsverfahren eine Konsequenz der jüngeren Werkentwicklung seit den achtziger Jahren sind. Klar wird dies insbesondere, wenn man das Gedicht in den Kontext neuerer Gedichte, insbesondere der des Bandes *Tumulus* stellt.

Ruth Owens Blick auf die Braunsche Lyrik umfaßt zwar einen größeren Zeitraum, aber er ist sehr präzise fokussiert auf die Art und Weise, wie der Autor mit dem Thema Zeit umgeht. Indem sie fünf Gedichte, die in den Jahren 1964 bis 1996 entstanden sind – 'Könnt ich die Augenblicke leben', 'Die Austern', 'Der Mittag', 'Das Nachleben' and 'Der Reißwolf' –, einer genauen Analyse unterzieht, gelingt es ihr, Brauns kontinuierliche Auseinandersetzung mit dem Thema nachzuvollziehen. Während die früheren Gedichte strukturell und grammatikalisch von Gegenwart geprägt sind, von Rastlosigkeit, kulinarischem Genuß im Augenblick und erhabener Erfüllung, sind die Nach-'Wende'-Gedichte zunehmend dominiert von einem Gefühl des Verlusts und der Abwesenheit, von der Präsenz des Todes und Zerfalls.

Moray McGowans Essay setzt sich mit einem der wichtigsten 'Wende'-Dramen der deutschen Literatur auseinander. McGowan verortet seine Analyse in den kulturpolitischen und historischen Zusammenhängen der 1970er und 1980er Jahre und kreidet dabei Braun seine, wie er es nennt, ambivalente Haltung als kritischer Autor in der DDR an. Der Beitrag zeigt dann in einer vielschichtigen Interpretation, wie *Die Übergangsgesellschaft*, obwohl bereits 1982 geschrieben, derart eng mit der 'Wende' von 1989 assoziiert wurde, daß andere Qualitäten des Stücks dadurch bisher eher unbeachtet blieben. McGowan geht dabei insbesondere den vielfältigen Bedeutungen des Begriffs 'Übergang' nach und zeichnet ein klares Bild von der Rezeption, die die mannigfachen Aufführungen erhielten. Indem er auch die meta-theatralischen Aspekte von *Die Übergangsgesellschaft* auslotet und das Stück in den Kontext anderer dramatischer Experimente jener Zeit stellt, gelingt es ihm darzulegen, daß die Dichte der Anspielungen und Verweise wie auch die eingeschriebenen utopischen Energien zwar einem DDR-spezifischen Kontext entspringen, aber weit darüber hinausweisen und das Stück so jenseits der historischen 'Wende' bemerkenswert und interessant machen.

Götz Wienold widmet sich dagegen Brauns *Böhmen am Meer* und vergleicht die beiden Fassungen des Stücks, die im Druck vorliegen – anscheinend befindet sich eine weitere Version unpubliziert bei Braun. Wienold stellt erhebliche Unterschiede in den Figuren, in der Zahl der Bilder fest und findet den Untergang des gewünschten Utopischen in der zweiten Version verstärkt, während die in der früheren Fassung deutliche Beziehung zu Shakespeares *Tempest* geschwächt erscheint. Der Sozialismus hat sich nicht nur nicht verwirklicht, er ist im Schmutz der Unterdrückung und der Umweltzerstörung unkenntlich geworden. Der Westen, so Wienolds Interpretation, ist aber gleichfalls zurückzuweisen. Brauns Stück, dies ist Wienolds Fazit, wirft profunde Fragen auf über die Zukunftsfähigkeit der Menschen.

Abgrundet wird der Band mit zwei Beiträgen zu Brauns Schriften. Ich habe bereits oben meine Überzeugung kundgetan, daß ich Brauns Büchner-Preis-Rede für einen der wichtigsten Texte der deutschen Literatur des ausgehenden 20. Jahrhunderts halte. Ich bin deswegen umso glücklicher, daß Gerd Labroisse es verstanden hat, die Komplexität und präzise gearbeitete Form des Textes derart nachvollziehbar offenzulegen. Es geht ihm darum, die Interpretation unserer Gegenwart, die Braun mit seiner Rede unternimmt, genauer zu durchdringen und auf ihre Denkschritte und intertextuelle Arbeitsweise zu untersuchen. Labroisse kann so zeigen, daß Braun uns in diesem äußerst kompakt gearbeiteten Text darauf aufmerksam macht, daß wir die grundlegendste politisch-gesellschaftliche Problematik, nämlich das wechselseitige Verhältnis Einzelmensch–Gesellschaft, nach wie vor nicht in den Griff bekommen haben.

Carol Anne Costabile-Heming wendet sich einem auf den ersten Blick persönlicheren Text Brauns zu. Sie interpretiert seine Dresdnerrede 'Himmelhoch, zutode' (2001) als Brauns Versuch, Bilanz zu ziehen, sowohl persönlich wie auch was die turbulente Geschichte Deutschlands im 20. Jahrhundert betrifft. Costabile-Heming zeigt, wie die Rückkehr in die Geburtsstadt Dresden den Dichter dazu herausfordert, historische Ereignisse (die Bombardierung der Stadt, den Tod seines Vaters, Prag 1968 und den Verlust persönlicher Freiheit, Mauerfall und Ungewißheit der Zukunft) mit seiner eigenen persönlichen und dichterischen Entwicklung kurzzuschließen und dadurch zu einer erhellenden Standortbestimmung zu kommen.

Ich hoffe, daß dieser Band erreicht, wozu er gedacht war: als Anschauungsmaterial für die Breite und Vielfalt der interpretatorischen Ansätze, zu denen Brauns Werk die BeiträgerInnen ermuntert hat, und als

Anstoß, sich erneut dem Werk dieses wichtigen Autors zuzuwenden. Daß Brauns Texte es schaffen, Interpreten mit derart unterschiedlichen kulturellen Hintergründen und Lebenszusammenhängen zu derart vielfältiger Auseinandersetzung mit unserer Gegenwart anzuregen, veranlaßt mich dazu zu wiederholen, was ich bereits andernorts gesagt habe: Ich kenne wenige andere zeitgenössische AutorInnen – dazu mögen Christa Wolf, Heiner Müller und in einer ganz anderen, aber ebenso aufwühlenden Weise Stefan Schütz zählen –, die sich in ähnlicher Radikalität wie Braun den großen Herausforderungen unserer Zeit stell(t)en, ohne sich von den Versuchungen des Zeitgeistes blenden zu lassen. In dem Sinne übergebe ich den Band an Volker, mit den allerbesten Wünschen zum Geburtstag und in der Hoffnung, daß wir weiterhin von diesem Meister des Worts inspiriert und herausgefordert werden.

Katrin Bothe

Der Text als geologische Formation.
'Archäologisches Schreiben' als poetologisches Programm im Werk Volker Brauns

The following essay demonstrates how the changing engagement with nature in Volker Braun's writing, at the level of realistic content, is initially dominated by mining and geological motifs. Braun goes on to develop a programmatic writing strategy out of the imagery of deep and open-cast mining and geology, a strategy which can be termed 'archaeological writing'. Thus Braun's texts themselves can ultimately be read as sediments, as 'deposits' of previous and current processes of writing and reading, which, in turn, can only be understood through an 'archaeological reading'.

Ende der 80er-, Anfang der 90er-Jahre, einhergehend mit der Wende, rückt bei Volker Braun (sichtbar auch an der neuen literarischen Bezugsgröße Franz Kafka[1]) *bewusst* ein poetologisches Programm in den Vordergrund, das sich in seinen literarischen Texten schon längere Zeit andeutet. Er belegt es immer wieder mit der Formel vom 'Gang in die Tiefe'[2] und präzisiert es im Dezember 1989 in seiner Leipziger Poetik-Vorlesung als denkbares künftiges literarisches Produktionsverfahren, als eine mögliche produktive Schreibstrategie:

> es läßt sich aber ein Verfahren denken, das einen überlegten Abstieg in diese Tiefe vollzieht, so daß wir die Augen aufbehalten und die ganze Mächtigkeit der Formation wahrnehmen
>
> ein archäologisches,
> erkundendes Verfahren
>
>   die Deckgebirge des Scheins abtragend
>   Schicht für Schicht aufdeckend
>   immer tiefer grabend
>   in die Keller, in die Verliese unserer Existenz
>   mit einer Schreibstrategie, die sich bestimmter
>   'Technik' bedient, erarbeiteter und neuer Mittel,
>   die erlauben, in die Widersprüche zu steigen
>   [...]
>   die eine Bewegung: hinab, hinab
>   um die Erfahrung zu v e r w i r k l i c h e n im Text, in seiner
>   Struktur, seiner Stringenz
>
>   Bis ich etwas zu sehen glaube, den Grund
>   meines Verhängnisses, falsch zu leben und zu lieben[3]

Dieses im Bilde des archäologischen oder geologischen Grabens verblei-
bende und im Bloßlegen tieferliegender Erd-, Kultur- und Bedeutungs-
schichten bestehende Verfahren ist in zwei Richtungen zu denken:

- im Sinne einer Wendung auf das eigene Ich, seiner autobiographischen
  und somit historischen Schichtung, die es freizulegen gilt: 'Mich selber
  freilegend unter dem Schutt, denn es kann ja nur um meine eigene
  Rettung gehen'
- und nach wie vor in Anwendung auf das gesellschaftliche Umfeld: 'es
  ist ein Sturz in die Tiefe der Verhältnisse und wir wissen nicht wie uns
  geschieht'.[4]

In Anwendung auf Brauns Prosastück *Bodenloser Satz* spricht Dieter
Schlenstedt von dieser neuen Metapher (und dem damit verbundenen
poetischen Verfahren) als 'vom Umgraben des Grunds der Geschichte und
des Ich'.[5]

Die historische Schichtung des Ichs
Wie gesagt, geht Braun in der literarischen Praxis seiner Texte dem
späteren poetologischen Programm längst voran.

    In 'Hanß Georg Braun u.a.' (entstanden im Juli 1971) aus dem
Gedichtband *Gegen die symmetrische Welt* wendet er die einst zur Bewäl-
tigung der bedrängenden, schweren körperlichen Arbeit auf Großbaustellen und im Braunkohle-Tagebau entwickelte 'Prometheus-Haltung', das
rabiate menschliche, industrielle Eingreifen in die äußere, umgebende
Natur in einer scheinbaren Riesengröße[6] erstmals im übertragenen Sinne
an, quasi auf eine 'Seelen-Landschaft', einen (auto-) biographischen Erin-
nerungsprozess:

> Die Täler falte ich auf
> Des Vergessens, und greife
> In die überlieferten Abgründe aus
> Mit meinen hergebrachten Gliedern
> Und suche
> Die Spuren [...]
> Und sichre
> Die Spuren, in mir selbst [...][7]

Gleichwohl findet diese Spurensuche sehr wohl auch in der äußeren
Umgebung einer heimischen Landschaft statt. Das lyrische Ich 'liest' die
Landschaft und 'liest' dabei sich selbst sowie die möglichen Gedanken der
'Vorfahren':

Und suche
Die Spuren, aus Schieferdächern und Bächen
Bärtiger *Mühlfritzen* Treiben
Dickschädlig heiter gegen den Strich
Des Holzes, suche
Und les es an der Landschaft ab
Der Hinterwäldler vorderste
Gedanken[8]

Ein lyrisches Ich tritt auf, das zwar Spuren sichert, Konstanten zu seinen Vorfahren feststellt, Identifikationen vornimmt (dickschädlig gegen den Strich denken, sich im Getriebe einer [jetzt Lebens-]Mühle bewegen), aber auch seine (biographisch gewachsene) Distanz feststellt, sich der ausschließlichen Erinnerung verweigert und auf die Zukunft, sein Kind hin orientiert, als das, was bleibt, als 'der Vorfahren ähnlichstes Bild':

Und sichre
Die Spuren in mir, der
Ein andres Werk treibt, mit dem Schädel
Gegen den Strich der Zeit
In der Mühle des Lebens
Und finde
In meinem Kind, das in den Graben
Springt, das heiter heraufsieht
Der Vorfahren ähnlichstes Bild
Finde was bleibt, mit brennender
Liebe, in ihm.[9]

Die historische Schichtung im Ich baut sich aus Vergangenheit, Jetzt und Zukunft, aus dem noch Alten und dem schon Neuen, aus Spuren und Erinnerungen des Vergangenen und aus Hoffen auf Zukünftiges hier noch recht harmonisch auf, ohne dass es etwa innerhalb des Subjekts zu Ungleichzeitigkeiten käme.

Die (historische) Schichtung der (Kultur-) Landschaft

Als Doppelbewegung des Entdeckens der eigenen historischen, autobiographischen wie auch der Schichtung der umgebenden Landschaft ist dies im Schreiben Volker Brauns von vornherein angelegt: Wie Braun in der Landschaft seine eigene Geschichte, Geschichtlichkeit entdeckt, die historische Schichtung seines Ichs, so erfährt er auch die Landschaft als eine historische Schichtung. So etwa in dem im Band *Gegen die symmetrische Welt* zu 'Hanß Georg Braun u.a.' gruppierten Gedicht 'Landwüst' (ebenfalls entstanden im Juli 1971):

Noch unter dem Dorf
Unter Brachdisteln und Fladern verschollen

Spür ich ein Dorf
Meiner Vorvoreltern Schlag
Und aufgebrannt der Welt ein Fleck
Zum Leben.

Und der Berg, herzieht der mich: abgerichtet
Für Galgen. Fingerhut
Welch blutiges Rot! Den harten Zügen
Folge ich, in der Gegend herum, Haufen
Leichnamen der geschlachteten Bauern.[10]

'Eine Landschaft deckt die andere zu'[11] – diese Erfahrung aus der
Naturbearbeitung durch den Menschen heißt im Umkehrschluss auch, dass
unter der 'Oberflächen-Landschaft' viele Landschaften liegen. Gisela
Shaw weist schon frühzeitig darauf hin, dass in diesem poetischen Verfahren, 'wenn in gedanklicher, in konkreten Bildern festgemachter Arbeit
Schicht um Schicht abgehoben wird',[12] ästhetisch genau das geschieht,
was bei der Naturbearbeitung im Abbau der Braunkohle passiert. Aus
einem technischen Verfahren, einem Verfahren industrieller Arbeit wird
also ein Erkenntnis- und Schreib-Verfahren, das Braun aber erst viel
später im Dezember 1989 in seiner Leipziger Poetik-Vorlesung gedanklich und poetologisch bewusst reflektiert und präzisiert.

Unter dem Dorf der Gegenwart spürt das lyrische Ich das Dorf, die
Dörfer der Vorfahren. Aus der Natur liest es die (Bauern-?) Kriege
vergangener Zeiten heraus. In diesem Zusammenhang gewinnt eine
Erläuterung von Heinz Czechowski ihre Bedeutung: Der poetisch
reizvolle Ortsname 'Landwüst' (ein bei Adorf im Vogtland gelegenes
Dorf) 'verweist auf den Begriff "Wüstung", der durch Kriege oder
Seuchen entvölkerte Dörfer und Fluren kennzeichnete, wie sie in Sachsen
häufig vorkommen.'[13]

Das Erkennen der historischen Schichtung der Landschaft und
historischen Schichtung des eigenen Ich bedingen sich. Es handelt sich um
einen wechselseitigen Prozess:

In 'Landwüst' stelle ich mich bewußt einer Landschaft, in die ich mich natürlicherweise mischen kann. Es ist die Landschaft meiner Vorfahren, die dort vor
300 Jahren Zimmerleute und Müller waren. Ich kann da überhaupt nur reden,
indem ich mich als mehr oder weniger vermischter Fortsatz dieser Geschichte
sehe.[14]

In einem frühen Interview mit Silvia Schlenstedt liefert Braun die zusammenhängende Motivation der Gedichte 'Hanß Georg Braun u.a.' und
'Landwüst'. In beiden geht es um diese 'Mischung' von Jetzt und Vergangenheit. Die vorgefundene Landschaft ist immer schon eine bearbeitete

Kultur-Landschaft, mit Geschichte. Auch so ist Volker Brauns Schlagwort zu verstehen: 'Natürlich bleibt nichts. / Nichts bleibt natürlich.'[15]

Es kommt gar nicht darauf an, ob Braun 'sein Einverständnis zeigt', 'daß nichts natürlich bleibt'.[16] Es handelt sich um einen Prozess der permanenten Bewegung, und die Kultur-, als bearbeitete, geschichtsträchtige, geschichtete Landschaft ist immer schon 'vorgängig' da. Es gibt keine 'unmittelbare' Natur (mehr). Und das ist an dieser Stelle weniger eine unproblematisiert positive Wertung der 'Herrschaft über Natur',[17] eine 'fast naturfeindlich wirkende Bejahung des technischen Forschritts',[18] als einfach die Konstatierung des Faktischen: des unauflöslichen Ineinanders von Natur, industrieller, menschlicher Bearbeitung und Geschichte.[19]

Anders Volker Brauns 'Durchgearbeitete Landschaft' (ebenfalls entstanden im Juli 1971): Dieses Gedicht bewegt sich um die Achse 'Hier sind wir durchgegangen.'[20] So beginnt das Gedicht, so lautet die Zeile, die den Mittelpunkt des Textes bildet. Auch hier ist von einer 'geschichteten' Landschaft die Rede, allerdings von einer 'bewußt geschichteten', künstlich geschaffenen, eben von Menschenhand industriell 'durchgearbeiteten Landschaft'. In der ersten Hälfte des Gedichts wird die Vergangenheit der Naturbearbeitung rekapituliert:

Hier sind wir durchgegangen
Mit unsern verschiedenen Werkzeugen

Hier stellten wir etwas Hartes an
Mit der ruhig rauchenden Heide
Hier lagen die Bäume verendet, mit nackten
Wurzeln, der Sand durchlöchert bis in die Adern
Und ausgepumpt, umzingelt der blühende Staub
Mit Stahlgestängen, aufgerissen die Orte, weggeschnitten
Überfahren der Dreck mit rohen Kisten, abgeteuft die teuf-
     lischen Schächte mitleidlos

Ausgelöffelt die weichen Lager, zerhackt, verschüttet,
     zersiebt, das Unterste gekehrt nach oben durch-
     gewalkt und entseelt und zerklüftet alles

Hier sind wir durchgegangen.[21]

Die Phase der industriellen Naturaneignung in 'Prometheus-Haltung' wird erinnert, zum Teil in Bildern, die so oder ähnlich auch schon im Band *Wir und nicht sie* zu finden sind (etwa die 'verendeten Bäume' oder die 'ruhig rauchende Heide'[22]), doch ist die Wertung als Gewalttätigkeit und Brutalität hier eindeutiger, weniger ambivalent. Formulierungen wie 'Hier stellten wir etwas Hartes an', 'durchlöchert bis in die Adern', 'ausge-

pumpt', 'aufgerissen', 'weggeschnitten', 'mitleidlos' oder 'entseelt' lassen
nicht mehr den Verdacht aufkommen, der Autor identifiziere sich vorbe-
haltlos mit dieser Haltung eines erinnerten Kollektiv-Subjekts des 'Wir'.
Wenn, dann handelt es sich um eine *erinnerte* 'Pioniermentalität',[23] nicht
aber darum, dass Braun hier solche Art der Naturbearbeitung noch immer
'emphatisch rühmt'.[24] Diese Passage des Gedichts umschreibt einen abge-
schlossenen 'Prozeß der Entlebendigung und Zerstörung der Natur'.[25]
Schon rein sprachlich deutet sie, gemessen an Brauns früher Lyrik, auf
einen 'Wertumbruch'.[26]

Eine andere Frage ist, was in der zweiten Hälfte des Gedichts
geschieht. Hier ist Brauns Glaube an die Möglichkeit einer harmonischen,
'menschengemachten' Natur noch unbeschadet aufgehoben:

> Und bepflanzt mit einem durchdringenden Grün
> Der Schluff, und kleinen Eichen ohne Furcht
>
> Und in ein plötzliches zartes Gebirge
> Die Bahn, gegossen aus blankem Bitum
> Das Restloch mit blauem Wasser
> Verfüllt und Booten: der Erde
> Aufgeschlagenes Auge
>
> Und der weiße neugeborene Strand
> Den wir betreten
>
> Zwischen uns.[27]

Eine 'Natur als Kunstprodukt' wird zum Vorbild, zur Aufforderung eines
veränderten Verhältnisses zueinander, neuer zwischenmenschlicher Beziehungen, einer 'Naturalisierung' von Gesellschaft.

Die Doppeldeutigkeit der Wendung 'der Erde / Aufgeschlagenes
Auge'[28] als einer Landschaft, der Gewalt angetan und die zu neuem Leben
erweckt wurde, ist sicherlich der authentische Volker Braun dieser Zeit:
Beinahe verzweifelt versucht er noch, eine Harmonie zu stiften, setzt er
hier auf die Rekultivierung 'verbrauchter' Braunkohle-Landschaften –
auch dies eine trügerische Hoffnung angesichts der zerstörten Industrie-
landschaften, die die DDR hinterließ.

'Material V: Burghammer' – Schreiben als Sedimentierungsprozess
Etwa 10 Jahre später, in dem Gedicht 'Material V: Burghammer' (entstanden im Dezember 1982 – Januar 1983) aus dem Band *Langsamer
knirschender Morgen* ist die Wechselbeziehung zwischen Vergangenheit,
Gegenwart und Zukunft sowie zwischen der Historizität des Ichs und der

Landschaft nicht nur formal ganz anders gelöst. Die Hoffnung einer harmonischen 'Versöhnung mit der Natur' ist offensichtlich ebenso aufgegeben wie die Arbeit an einem in sich konsistenten Textganzen. Der Text zerfällt in ein disparates, heterogenes Gemenge von Selbst- und Fremdzitaten, verstreut im Text stehenden ehemaligen ideologischen Parolen und Wortspielen. Er fällt sich selbst ins Wort, sprengt eigentlich zusammengehörige Sentenzen auseinander, streicht, verschluckt und transformiert Passagen aus Zitaten.

Ein 'Geschiebe verschiedener Textebenen'[29] nennt Klaus Schuhmann – selbst eine geologische Metapher verwendend – das entstehende Gebilde. Das lyrische Ich spricht mehrfach davon, dass 'Unverständliche Rufe / im Mannschaftsraum in meinem Kopf'[30] zu vernehmen sind. Ein 'Bewußtseinsstrom des sprechenden Ichs'[31] ist dies in der Tat, eine innere Vielstimmigkeit, die mit der 'Selbstbegegnung des Autors mit seinem früheren Ich'[32] zu tun hat, oder besser: mit dem Aufeinandertreffen (mindestens) zweier lyrischer Ichs, einem 'historischen' und einem gegenwärtigen.

Braun zitiert sich selbst, nimmt die 'Durchgearbeitete Landschaft' wieder auf, spitzt sie zu und kappt sie endgültig um den harmonisierenden zweiten Teil:

> Grauer Sand Gegenwart graslos Vergessene Gummi-
> Stiefel im Regen Zigarettenschachteln Der Himmel wie Kalk
> Seile mit zerborstener Seele
> *Hier sind wir durchgegangen*
> *Mit unsern Werkzeugen*
> Die Baumleichen unter der Vorkippe/Endmoräne des Fünf-
>   jahrplans[33]

Statt einer renaturierten Landschaft findet sich ein industriell vernutztes Gebiet, das eher den Charakter einer Müllkippe hat, versehen mit für Braun typischen Bildwelten ('Grauer Sand', 'graslos', der 'Himmel wie Kalk', 'Baumleichen'),[34] die zusätzlich die stattgefundene Entvitalisierung unterstreichen. Das Gedicht ist geprägt durch Endzeitstimmung, den Abgesang auf ein Land, seine Möglichkeiten zur Renaturierung und an einen veränderten menschlichen Umgang miteinander. Aus dem (wie auch immer gerechtfertigten) utopischen Ausblick einer menschengemachten 'Natur als Kunstprodukt', dem Tagebau-Restloch als touristische Seen-landschaft,[35] ist ein desillusionierter Rückblick geworden:

> Vor mir nichts Das Restloch Still-
> Gelegt das Land Das hat es hinter sich
> Das schwarze Wasser
> Tost in der Tiefe

Hier bin ich durchgegangen
Mit meinem Werkzeug Ab-
Geräumt der Glauben[36]

Das Gedicht 'Durchgearbeitete Landschaft' ist nicht der einzige frühere Text Brauns, an den erinnert wird.[37] Noch viel stärker mäandert das Stück *Kipper Paul Bauch* durch den Text. Paul Bauch taucht hier unter dem Klarnamen des Vorbildes für die literarische Figur, Albert Wach, auf. Die 'archaische Landschaft mit Losungen',[38] die mit Propagandafetzen, 'Sinn-Sprüchen' und sonstigen Textreminiszenzen dem lyrischen Ich als Getöse im Kopf nachklingt, ist die 'große archaische Grubenlandschaft'[39] der Kippe. 'ROLLEN MUSS ES in meinem Kopf'[40] – was das lyrische Ich nur noch als innerliche Befindlichkeit eines zerberstenden Schädels, als erinnernden Widerklang kennt, ist einst der Wahlspruch eines permanent dynamischen, kraft seines Willens die Arbeit als Sport umdefinierenden Paul Bauchs gewesen: 'Aber es gibt keine Schwierigkeit, außer uns selbst. – Na was ist, rollen muß es!'[41] Paul Bauch ist es, der sich in die Rolle des großen Weltenbewegers hineinträumt, der seinen Leib entgrenzt in die Umwelt, diese mit seinem Leib besetzt, in Besitz nimmt und umgekehrt, was dort passiert, wahr- und wichtignehmen will, als geschehe es seinem Körper:

Ich bin der Tagebau. Der Tagebau ist was ich bin. Soviel ich Lust hab ändert er sich. Wenn ich laufe wird er größer. Wenn ich stehnbleib bleibt er stehn. Er ist mein großer Leib, so breit bin ich.[42]

In 'Material V: Burghammer' knüpft Braun an diese Bauch'sche Haltung an, demontiert sie aber durch einen Selbstkommentar der Albert Wach-Figur:

Das ist der Tagebau mein großer Leib
Wenn ich gehe wird er größer wenn ich
Stehe bleibt er stehn So groß bin ich
Kannst du mich sehn Der letzte Dreck im Dreck
Mein Eigentum das ich mir untern Nagel
Reiße schwarz Begreif ich mich

Ich kenn das Loch auch in der Mauer
Soll ich dir sagen wo ich gestern war
Im Auffanglager ich zwischen zwei Schichten
Grinsend[43]

Die Bitterkeit dieser, die Flucht in den Westen erwägenden Albert Wach-/Paul Bauch-Figur, die sich selbst (oder die Kippe?) als den 'letzten Dreck im Dreck' empfindet,[44] kann nur ermessen, wer bei dessen Ausspruch 'Mein Eigentum das ich mir untern Nagel / Reiße schwarz', die Hölderlin'sche Dimension der Ort- und Heimatlosigkeit mithört, die sich für Braun mit dieser Formulierung regelmäßig wiederkehrend verbindet (das Eigentum also auch als ideellen Besitz).[45]

Doch andererseits ist die Albert-/Bauch-Figur sich gewiss: 'Ich zieh mich nicht heraus aus meinem Loch'[46] – dem ausgekohlten 'Mitteldeutschen Loch' muss man ergänzen, wenn man den Anfang des Textes assoziiert.[47] Das hat etwas von Vergeblichkeit, dieser Situation wirklich zu entfliehen, aber auch von hartnäckigem Festhalten an der alten Überzeugung Paul Bauchs: 'Das, glaub ich, wars, was mich an dem Land kleben ließ: daß es ein anderes wurde, wenn ich in kein andres fortging.'[48] Diese Haltung wird von der Albert-Figur erinnert, wiederaufgenommen, beibehalten:

> Und für den Letzten soll die Welt gemacht sein
> Der Weg voran führt einmal auf den Grund
> Und wenn wir dieses Land wegfräsen müssen
> Es wird ein andres wenn ich in kein andres
> Geh [...]
> Er wirft sich in den Sand[49]

Gleichzeitig weiß man nicht, ob Albert sich aus Verzweiflung oder neuem, auch absurdem Tatendrang in den Sand wirft.

Deutlich wird in jedem Fall, dass der Text eine einzige Erinnerungsbewegung macht, die alten Texte und Figuren in dem neuen mitschwingen. Nach Klaus Schuhmann bezieht 'Burghammer' seine innere Spannung vorwiegend aus dieser Wiederbegegnung mit der Vergangenheit, 'mit einem Ort früheren Geschehens wie auch mit seiner eigenen Person'.[50]

Dies hängt aber zusammen mit einer konzeptionellen Gesamtanlage des Textes, die bisher unbeachtet geblieben ist.

Braun bewegt sich nicht nur in einer 'immanenten Intertextualität' seiner eigenen Texte, sondern pflegt auch eine 'externe Intertextualität' zu anderen Autoren. Eine wichtige Spur bildet dabei die Wahlverwandtschaft zu Goethe. Braun selbst verweist in seinen Anmerkungen zu 'Burghammer' auf Goethes Gedicht 'Ilmenau' und die Zeilen 'Wer kennt sich selbst? wer weiß, was er vermag? / [...] / Und was du tust, sagt erst der andre Tag [...]',[51] die er aus der Figurenrede innerhalb des Gedichts 'Ilmenau' entnommen und in die Figurenrede (von wem eigentlich, noch einmal Alberts oder des erinnerten eigenen Ichs?) innerhalb des Gedichts 'Material V: Burghammer' eingebaut hat:

> »Ich Hans Arsch Märtyrer Dichter Held
> *Wer kennt sich selbst* Hier ändre ich die Welt

> Hier kann ich es *Wer weiß was er vermag*
>
> *Und was du tust sagt erst der andre Tag«*[52]

Doch handelt es sich eben nicht nur um dieses punktuelle Zitat, sondern Volker Braun verwendet die strukturelle Gesamtanlage von Goethes 'Ilmenau' als 'Bauplan' für sein eigenes Gedicht.[53] Schon der Kommentar von Erich Trunz zu 'Ilmenau' klingt wie einer zu Brauns 'Burghammer':

> Das Wiedersehen mit der Landschaft erinnert den Dichter [...] an frühere dortige Erlebnisse [...]. Der Jetzige fragt den Damaligen. Diesen bewegt die Grundfrage nach der Berechtigung dessen, was er tat.[54]

Übernommen von Goethe wird also die gesamte Erinnerungsbewegung, das 'Selbstgespräch' eines gegenwärtigen mit einem früheren Ich. Doch steckt in der Parallele auch eine Kontrafraktur: Während Goethes Gedicht mit der freudigen Anrufung und Anrede der belebenden Natur, der Landschaft beginnt,

> Anmutig Tal! du immergrüner Hain!
> Mein Herz begrüßt euch wieder auf das beste.
> Entfaltet mir die schwerbehangnen Äste,
> Nehmt freundlich mich in eure Schatten ein,
> Erquickt von euren Höhn, am Tag der Lieb' und Lust,
> Mit frischer Luft und Balsam meine Brust![55]

beschwört Braun in seiner ersten Strophe zwar ebenfalls den Ort des Geschehens herauf,

> Mitteldeutsches Loch Ausgekohlte Metapher
> Keiner Mutter Boden Loser Satz
> Aus dem Zusammen FROHE ZUKUNFT
> Hang gerissen[56]

– doch als tote, verbrauchte, zerstörte Natur. Wo es bei Goethe 'grünet', vom 'immergrünen Hain' die Rede ist, von der 'hohen Tanne', dem Wasserfall und die 'Wolke sinkt, der Nebel drückt ins Tal',[57] da ist bei Braun die Landschaft 'graslos', voller 'Baumleichen' und 'Aschewasser', der 'Himmel wie Kalk'. Der regenerierende, belebende Gang in die Natur ist nicht mehr möglich. Brauns lyrisches Ich bewegt sich lediglich 'Aus den Trümmern der Städte / In die Trümmer des Walds'.[58] Auch auf die Dichtung hat dies Auswirkungen: Während bei Goethe die umgebende Natur die 'alten Reime'[59] wieder herbeilockt, ergibt sich für das lyrische Ich bei Braun nur ein 'Boden Loser Satz'.

Doch zurück zu der strukturellen Gesamtanlage: Nach der Heraufbeschwörung des Ortes meint Goethes lyrisches Ich, im nächtlichen Wald und auf der Suche nach dem Weg, plötzlich Stimmen zu hören und vor ihm zieht die Vision ('Wo bin ich? ist's ein Zaubermärchenland?'[60])

eines nächtlichen Gelages auf. Wieder findet sich eine Parallele bei Braun. Auch sein lyrisches Ich hört Stimmen, Getöse, 'Unverständliche Rufe / im Mannschaftsraum in meinem Kopf'.[61] Es ist der Augenblick, in dem sich die Albert-/Paul Bauch-Figur (in der Erinnerung, im Kopf des lyrischen Ichs) bemerkbar macht und zu einer Figurenrede innerhalb des Gedichts anhebt.[62] Auch eine solche Figurenrede findet sich bei Goethe.[63] Hier ist es der, der vor der Hütte den Schlaf eines Jünglings bewacht, von der Literaturwissenschaft gedeutet als Goethe, der den schlafenden Herzog Carl August schützt.[64] Dieses frühere Ich stellt sich dem gegenwärtigen lyrischen Ich dar, so wie sich die Albert-/Paul Bauch-Figur Brauns gegenwärtigem lyrischen Ich darstellt. Es sind diese beiden Figurenreden, in denen sich das oben zitierte, wörtliche Zitat findet, mit dem sich Braun bei Goethe 'bedient'. Während Goethes lyrisches Ich sich mit Prometheus vergleicht,[65] wird von Braun die Albert-/Paul Bauch-Figur in ihrer Prometheus-Haltung erinnert, jedoch gleichzeitig durch eine weitere intertextuelle Spur, Ovids *Metamorphosen*, und dem Vergleich der Albert-/Paul Bauch-Figur mit dem alles andere als heldischen, sondern ängstlichen Phineus, der einen sinnlosen Krieg provoziert, destruiert.

Im Gegensatz zu Goethe steht wiederum der Schluss von Brauns Gedicht. Während Goethes lyrisches Ich eigene Versagungen und Entbehrungen (z.B. in Hinblick auf die Kunst: 'Doch ach! Ein Gott versagte mir die Kunst ...'[66]) mit der gesellschaftlichen Nützlichkeit des Fürstenerziehers kompensiert, endet Brauns Gedicht uneindeutiger mit einem weiteren Goethe-Zitat anderer Herkunft, nämlich aus Goethes 'Harzreise im Winter'.[67]

Klaus Schuhmann ist zuzustimmen, dass in 'Material V: Burghammer' (nicht zuletzt durch die Konfrontation zweier ungleichzeitiger lyrischer Ichs) von zwei unterschiedlichen, aber auf komplexe Art und Weise zusammenhängenden Wirklichkeiten gesprochen wird: 'vom Tagebau und der darin vollbrachten Arbeit und von der Mühe des Schreibens.'[68] Braun konzentriert den Schluss seines Gedichts auf letzteren Aspekt:

Ein wüster Anfang wieder
Auf dem Planum

Und darüber
Gestellt an der Schreib-
Maschine Eingespannt
Das ungeduldige Papier-
Gesicht

> Auf den Boden Satz!
> Die Heidenarbeit
> Gegen den Schnee der Verse
>
> Erstaunliche Zeile Wald
> An der F 97
> Die Sandkuppen unter der Hand
> Aufgerichtete Brustwarzen
>
> Ich schaue die Reiche
> Und Herrlichkeit der Welt.[69]

Auf dem Planum, der Kippe[70] findet wiederum ein 'wüster Anfang' statt.
Nichts hat die Lage (z.B. der Arbeiter) verbessert, eher hat sich die alte
Weltveränderungshaltung ('Hier ändre ich die Welt / Hier kann ich es'[71])
selbst ab absurdum geführt, ist die Umwelt, die Natur viel weitergehender
zerstört. Eine neue Haltung (als Schriftsteller!), eine neue Perspektive
muss gewonnen werden. Und das eint die beiden Goethe-Gedichte
'Ilmenau' und 'Harzreise im Winter' mit Brauns 'Material V: Burghammer' – dass es sich um Prozesse der Selbstbesinnung, -reflexion handelt,
um Selbstbestimmungen der eigenen Position (als Schriftsteller). Das ist
in Goethes 'Harzreise im Winter' zunächst ganz wörtlich zu nehmen: Es
berichtet vom Besteigen des Gebirges (real des Brockens), dem Entwurf
eines Glücklichen, 'den Fortuna führt', auf seinen vorgezeichneten
Wegen, und seinem alter ego, dem Einsamen, der der Hilfe des 'Vaters der
Liebe' bedarf, um schlussendlich herausgehoben über allem auf dem
Gipfel anzukommen und den allgewaltigen Überblick zu haben, über die
gesamte Welt. Und so endet Goethes Gedicht in einer Strophe, die mit
ihrer 'Du'-Ansprache sich eigentlich immer noch auf den 'Vater der
Liebe', den Gott bezieht, gleichzeitig aber auch beinahe wie eine Selbst-
ansprache des einsamen Wanderers, der den Gipfel erreicht gelesen
werden kann:

> Du stehst mit unerforschtem Busen
> Geheimnisvoll-offenbar
> Über der erstaunten Welt
> Und schaust aus den Wolken
> Auf ihre Reiche und Herrlichkeit,
> Die du aus den Adern deiner Brüder
> Neben dir wässerst.[72]

Braun adaptiert diese Haltung, die von übergeordneter Warte einen Blick
auf die Welt wirft, verwandelt aber den geographischen Überblick des
Goethe-Gedichts kritisch in den ambivalenten des von seiner Schreib-
maschine auf das Planum der Kippe herabsehenden tätigen Schriftstellers,

mittlerweile herausgehoben aus dem Arbeitsprozess, aber trotzdem 'eingespannt' in eine Produktions-Maschine anderer Art:

> Und darüber
> Gestellt an der Schreib-
> Maschine Eingespannt
> Das ungeduldige Papier-
> Gesicht[73]

Doch was bei Goethe wie Selbsterforschung (des eigenen 'Busens') aussehen kann, bekommt an anderer Stelle in dessen eigenem Kommentar zur 'Harzreise' eine andere Materialität und über den Bergbau auch noch einmal einen ganz anderen Bezug zum Braun-Gedicht:

> Hier ist leise auf den Bergbau gedeutet. Der unerforschte Busen des Hauptgip-
> fels wird den Adern seiner Brüder entgegengesetzt. Die Metalladern sind
> gemeint, aus welchen die Reiche der Welt und ihre Herrlichkeit gewässert
> werden.[74]

Braun nimmt *diese* Verwendung des unerforschten Busens auf in der Formulierung: 'Die Sandkuppen unter der Hand / Aufgerichtete Brustwarzen'.[75] Wichtiger aber noch: Er lässt das lyrische Ich eine Bewegung machen von der Überordnung

> Und darüber
> Gestellt an der Schreib-
> Maschine...

hinab in die Tiefe:

> Auf den Boden Satz!
> Die Heidenarbeit
> Gegen den Schnee der Verse[76]

Dieser 'Boden Lose Satz' soll sich also auf den Grund begeben, in 'Heidenarbeit' ein Zudecken, etwa durch den 'Schnee der Verse' verhindern, will bloßlegen, ganz vergleichbar dem 'archäologisch-erkundenden Verfahren' der programmatischen Leipziger Poetik-Vorlesung, dem Grundsatz folgend:

> die Deckgebirge des Scheins abtragend
> Schicht für Schicht aufdeckend
> immer tiefer grabend[77]

Aus der unmittelbaren Anschauung des Berg- und Tagebaus ist eine Metapher, ist ein Schreibverfahren geworden. Und der dabei entstehende Text ist selbst ein Sediment, bei dem sich dem geschauten Ort Bedeutungsschicht um Bedeutungsschicht anlagert, die alten eigenen Texte und längst abgesunkenen Gedanken, das historische Selbst in all seinen Verwerfungen sowie die vorgängigen Texte der literarischen Tradition, dann und wann auffindbar in dieser oder jener geologischen Formation als

'Leitfossilien ihres Zeitalters',[78] längst abgesackt und unterirdisch wirkend wie der eigene, vergangene Lebenstext.

'Der harte Weg in die Tiefe' – Das 'Durchwühlen des Grundes' als poetologisches Programm in der Erzählung Bodenloser Satz
Weitere fünf Jahre später, im September 1988, wiederholt Volker Braun in gewissser Weise sein Experiment des Aufeinandertreffens des Ungleich-zeitigen, eines Ichs mit einem früheren Ich noch einmal in der Prosa. Die Nähe zu 'Material V: Burghammer' zeigt schon das gewählte Motto an:

> Ich will die Welt von unten sehn Kollege
> Wo sie schwarz wird oder was weiß ich
> Ich zieh mich nicht heraus aus meinem Loch
> Und für den Letzten soll die Welt gemacht sein
> Der Weg voran führt einmal auf den Grund[79]

Vor allem sind es aber der Titel *Bodenloser Satz* und die wiederum angewandte 'immanente Intertextualität', die benutzten Selbstzitate, die diesen Bezug herstellen.

Ein erzählendes Ich nähert sich einem Dorf im 'leipziger Raum',[80] das dem Untergang geweiht ist, weil hier ein Tagebau errichtet werden soll. Angesichts der fortgesetzten Ausbeutung der Natur (im Mittelpunkt steht hier nicht nur der Anblick der zurückgelassenen Landschaft und eine Neubewertung des Getanen, sondern eine 'Wiederkehr des Immerglei-chen') erinnert es sein vergleichbares eigenes Tun in früheren Zeiten, beinahe in den Worten der 'Durchgearbeiteten Landschaft' ('Hier sind wir durchgegangen...'): '... nie wieder haben diese Bäume geblüht, die stillen grünen Fabriken, nachdem wir über sie weggegangen waren mit unsern Maschinen ...'[81] Hier wird ausgebaut, was in 'Material V: Burghammer' bereits angelegt war: Die martialische Gewalttätigkeit, mit der dies geschieht, die Parallelisierung des Umgangs mit der Natur mit dem Krieg.[82] War in Brauns Gedicht von den Tagebau-Arbeitern als den 'Landsern im Leistungslohn'[83] die Rede, so erinnert sich das erzählende Ich im *Bodenlosen Satz* daran, dass vor vielen Jahren Mitglied seiner Brigade auch der sogenannte 'Hauptmann' war, 'ein Landser längs des Plans',[84] von dem man nicht mehr wusste, bei welcher Armee er jemals 'Hauptmann' war, von dem aber deutlich wird, dass er jetzt, auf den Großbaustellen, 'im Kriege steckte'.[85] Und auch in seiner Gegenwart erlebt das erzählende Ich angesichts der Aussiedlung des Dorfes und des Anschnitts des Bodens durch die Großgeräte des Tagebaus 'Kriegsbe-richte von der Kohlefront',[86] 'das Dröhnen der Panzer; die Stunde Null, die man erwartet hatte, aber was mitnehmen auf die Flucht'.[87]

Dieser Tatbestand wird dem Betrachter, dem Leser nicht mehr einfach vor Augen gestellt, sondern das erzählende Ich macht unter Zu-Hilfe-Nahme der Tagebau-Metapher mehrere Anläufe, ihn zu deuten.

In einem ersten Anlauf und im Anschluss an den Gedanken des kriegerischen Umgangs mit der Natur wird dieser als 'Rache der Geschichte' gewertet. Bei der 'Umsiedlung' des Dorfes wird der Friedhof aufgelöst, werden die Toten umgebettet, unter anderem auch das

> Ehrengrab, wo die Häftlinge lagen, die erschossenen Russen, [...] jetzt kommen sie raus, um sich zu rächen; für die VERBRANNTE ERDE, jetzt wird unsere Erde verbrannt; verwüstet bis in die Tiefe; das ist die Rache; die Rache der Geschichte, das letzte Gefecht; der Tagebau; das ist der Ausgleich, der Ort der Gerechtigkeit [...] nur eine Schicht, eine dünne Schicht ist freizulegen, um hinabzugelangen in die alte Substanz ... ich sehe die Waggons auf dem Abstell-gleis, bewacht von der SS, und höre die Schreie nach Wasser[88]

Was einst mit 'Landwüst' als Geschichtlichkeit der Landschaft, festge-macht an den dort lebenden Vorfahren, beinahe harmlos begann, wird hier als Suche in der Tiefe unter dem 'schweigenden Dorf' fortgeführt: Land-schaft/Natur bei Braun, so Thomas Rosenlöcher, verbirgt oft 'einen Abgrund von Geschichte unter sich'.[89]

Doch liefert dieses aufdeckende Graben, um in immer tiefere Schichten der Geschichte zu gelangen, um dort eine Begründung für den aggressiven Umgang mit der Natur zu finden, nur *ein* Erklärungsmuster. Neben dem sozialen, dem politischen, dem historischen Grund begibt sich der Autor auch noch auf einen zweiten, einen individuellen, anthropologi-schen, menschlichen: 'der Spatenstich in den Untergrund des Bewußt-seins, wo die Angst ruht, die Lust, das Verlangen'.[90] Dies unterlegt er der 'Karl'-Figur, die gekennzeichnet ist durch das, was das erzählende Ich einst selbst prägte, als Mitglied einer Brigade:

> die Lust des Produzierens / die Qual, die ungeheure Verlockung, der Engel der Tat stand morgens vor ihm mit blitzender Stirn [...] er war bestimmt zum Handeln[91]

Naturbearbeitung, Arbeit, Handeln, Aktivität gilt in dieser Auffassung als anthropologische Grundkonstante, statt etwa passiver, kontemplativer Naturbetrachtung. Als Ergebnis solcher Arbeit bleibt allerdings lediglich die zerstörte Natur zurück:

> nichts als die Arbeit; und danach das Bodenlose, die Zukunft, das Restloch der Zeit, verfüllt mit dem Aschewasser, bis sich endlich der Grund hebt schwarz und wüst, der Grund, den wir vergessen konnten, der keiner war [...] wir hatten einen Krieg geführt: was hatten wir zu gewärtigen als einen Krieg[92]

Unter Anwendung dessen, was in 'Durchgearbeitete Landschaft' die Utopie der Renaturierung darstellte ('Das Restloch mit blauem Wasser /

Verfüllt und Booten ...'[93]) und bereits in 'Material V: Burghammer' als
falsche Hoffnung desillusioniert wurde,[94] wird Bilanz gezogen: Nachdem
in 'Material V: Burghammer' der Stillstand des Landes beklagt und ihm
keine Zukunft mehr zugetraut wurde ('Das Land hat es hinter sich'), ist
Braun im *Bodenlosen Satz* gänzlich im Apokalyptischen angekommen –
die Zukunft ist nur noch ein 'Restloch der Zeit', also ein knapp bemesse-
ner Rest an Zeit, statt ein offener Raum utopischer Hoffnung.

Die Zukunft ist bodenlos wie der Dichter. Denn um einen Dichter
handelt es sich bei dem Ich-Erzähler, der im Angesicht der fortgesetzt
anrückenden Abraumbagger seinen Satz beginnt,[95] eben den bodenlosen,
der mit dem Buch hinterher vorliegt, den träumenden, der die eigene
Vergangenheit erinnernd imaginiert und sich Klara und Karl in die sächsi-
sche Landschaft erfindet.[96]

Dieser Dichter benutzt, angesichts des realen Tagebaus, zu dem er
aber Distanz gewonnen hat, zu dem er nicht mehr gehört, diesen als
Metapher, als 'Schreibprogramm': Er meint, dass er mit seinem Text
'weiterbohren' muss 'und den Grund durchwühlen, der mich bleiben
ließ'.[97] (Erfolgreich ist er damit nicht, das weiß der Leser schon, denn mit
der Rückblende am Anfang ist er in der Schweiz gelandet.) Er sagt von
sich: 'ich grabe das Land wieder auf, um mich zu erklären, um mich zu
verraten ... um etwas zu finden, das wir nicht beachtet hatten ...'.[98] Dabei
verliert der Satz des Dichters immer mehr den Boden, hat, wie vermeint-
lich die Tagebau-Betreiber, in seiner Arbeit ebenso keine Alternative,
keinen Spielraum, als 'nur den harten Weg in die Tiefe, die eine Bewegung, die den Boden zerreißt ...'[99] Während er sich selber doch den
Auftrag gibt: 'alles ist auseinandergerissen, zerwühlt, ich muß es
zusammenbringen ...'[100] Dabei weiß das erzählende Ich im Prinzip längst
um den endgültigen Verlust:

> das Eigentliche sah ich zurückgelassen im Niemandsland, aufgegeben, wegge-
> worfen die Gründel und Hügel, die winzigen Wiesen, verloren im Kampfgebiet
> das Bächlein der Kindheit, die Gegend der Liebe, sperriges Gut, das die Umset-
> zung nicht erlaubte, verzichtbare Habe, die nur den Rückzug erschwerte, den
> Weg zum ... zum Ziel[101]

Im Aufgehen in einem bloßen Tun ist das Land, ist der Boden plötzlich
weggeschaufelt: 'Vaterland ohne Mutterboden, Verwerfung der Gegend
der Liebe im Sachzwang der Arbeit für morgen'.[102] Was in der Eingangs-
strophe von 'Material V: Burghammer' noch verdichteter, verrätselter,
formal zerrissener daherkommt,

> Mitteldeutsches Loch Ausgekohlte Metapher
> Keiner Mutter Boden Loser Satz

Aus dem Zusammen FROHE ZUKUNFT
Hang gerissen,[103]

ist gewiss: Das jeweils sprechende Ich, sein Satz, das Land, die Heimat ist im übertragenen wie im wahrsten Sinne bodenlos, der Grund, nachdem es in der Tiefe sucht, nicht zu finden, warum es bleiben sollte.

Diese Formulierung des bodenlosen Dichters allerdings hat Volker Braun schon einmal gewählt, in der Ansprache an Friedrich Hölderlin:

Dein Eigentum auch, Bodenloser
Dein Asyl, das du bebautest
Mit schattenden Bäumen und Wein
Ist volkseigen[104]

Hölderlin hatte in seinem Gedicht 'Mein Eigentum' ein lyrisches Ich beschworen, das nur aus der Distanz verfolgen kann, wie die Heimischen, auf ihrem 'eigenen Grund wurzelnd', eine 'bleibende Stätte' besitzend, Früchte und Ernte des Herbstes einfahren. Deshalb bittet das lyrische Ich darum, der 'Gesang', die Poesie, wenigstens das Dichten möge *sein* 'freundliches Asyl', sein Eigentum, seine 'bleibende Stätte' sein, damit '... heimatlos die Seele mir nicht / Über das Leben hinweg sich sehne'.[105] Im April 1970 hatte Brauns Gedicht 'An Friedrich Hölderlin' noch so etwas wie ein 'Heimatangebot' an Hölderlin gemacht. Hölderlins Hoffnung schien dort nicht mehr ortlos, Utopie, sondern 'gesiedelt'. Dem 'Bodenlosen' wird Asyl angeboten. Das Eigentum ist 'volkseigen'. Diese Situation ist längst nicht mehr gegeben. Brauns Schreiben kreist immer wieder um diese 'Bodenlosigkeit' und den ideellen Besitz oder Nicht-Besitz des Eigentums.[106]

Immerhin findet der Autor Braun aber in dem schreibenden Gang in die Tiefe, in das 'Furchtzentrum',[107] das Bild, das er im weiteren Verlauf reflexiv poetologisch ausarbeiten wird. In seiner ein Jahr später gehaltenen Leipziger Poetik-Vorlesung weist er auf den *Bodenlosen Satz* als Einlösung dieses literarischen Programms ausdrücklich hin,[108] fürderhin schreibend aus dem 'Niemandsland'.[109]

Eine Neubestimmung in der Rolle als Schriftsteller
Braun macht mit seiner Tage- und Bergbau-, seiner Geologie-Metapher eine Denkbewegung und eine poetologische Standortbestimmung, die nahe an dem liegt, was Franz Fühmann für sich schon in seinem 1978 erschienen Aufsatz 'Schieferbrechen und Schreiben' formuliert hat:

jäh von einer noch nie gekannten Sicherheit eines Bewußtseins erfüllt, das ich, wenn es so etwas gäbe, Klassenbewußtsein eines Schriftstellers nennen würde, dachte ich, auch die Literatur sei ein Bergwerk, durch Jahrtausende Generatio-

nen befahren, und jeder Schriftsteller selbst sei eine Grube, und das Flöz, drin
er haue, sei seine Erfahrung, Sediment seiner und eben seiner Jahre[110]

Beide Autoren treibt am jeweiligen Punkt ihrer Biographie entschieden die
Frage nach ihrer Rolle als Schriftsteller um.

Bei Fühmann ist es die eines Schriftstellers 'nichtproletarischer
Herkunft, Tradition, Mentalität und Leistung in einer Gesellschaft, deren
Führung sich ihrer staatlichen Form als Diktatur des Proletariats versteht',
der sich mehrfach fragt: 'Wo war mein Ort?'[111] Sein kleiner Aufsatz, den
er unter den Erzählungen des Bandes *Bagatelle, rundum positiv* veröffentlichte, ist quasi als 'Vorlauf' seines wesentlich umfänglicheren, 1983
verfassten Versuchs und Fragment gebliebenen, 1991 aus dem Nachlass
veröffentlichten *Im Berg. Bericht eines Scheiterns* zu lesen, in dem er sich
auf die Suche nach dem 'Sinn aller Kunst und Literatur'[112] begibt, nach
ihrer Legitimation und ihrem gesellschaftlichen Nutzen[113] fragt und
gleichwohl weiß, das 'Werk eines Künstlers *ist* seine Erklärung'.
Trotzdem sucht er die Nähe zur Arbeitswelt und zu den mitunter beinahe
mythisch verklärten Arbeitern, gleichzeitig aber diese Mythisierungen
wiederum als 'ideologische Stilisierungen'[114] reflektierend.

Volker Braun hingegen fragt sich anlässlich einer im Dezember
1997 gehaltenen Rede über Peter Weiß, in Parallelsetzung und Abgren-
zung zu ihm: 'Kann ich den Ort nennen, von dem aus ich schreibe.' Auf
einer ersten Oberfläche scheint das die typische Neubestimmung eines
ehemaligen DDR-Schriftstellers zu sein, der immer noch Abschied nimmt
von seinem 'alten Staat' und der dort eingenommenen Position/Rolle
('mein Ort ist versunken, planiert und privatisiert') sowie in der 'neuen
Bundesrepublik', der veränderten politischen Weltlage auf der Suche ist
nach dem dort durch Schriftsteller einzunehmenden 'Ort', und zwar nicht
nur für den real eh längst toten 'Wahlverwandten' Peter Weiss: 'Wo ist
sein Platz heute, der *heimische Boden*, um Stellung zu nehmen, nachdem
die Fronten verlassen sind, Ost/West'.[115]

Tatsächlich hat sich Braun, wie Fühmann, diese Frage nach dem
gesellschaftlichen Ort des Schriftstellers sehr wohl bereits zu Zeiten der
DDR gestellt und mit Ortlosigkeit, mit einem 'Schreiben im Niemandsland',[116] vor und nach der 'Wende', beantwortet. Diese Neupositionierung
als Schriftsteller geht bei Braun bereits Mitte der 70er-Jahre einher mit
einem tiefgreifenden (nicht nur ästhetischen) Wendepunkt in seinem
Schreiben, einem Zerbrechen ideologischer Gewissheiten und einem
systematischen Ausschreiten sämtlicher Möglichkeiten innerhalb des
gesellschaftlichen Kontextes der DDR, zumindest für seine literarischen

Figuren.[117] Und nicht zuletzt ist dies auch der Zeitpunkt, an dem die hier interessierende Bildwelt von Tagebau/Bergbau eine immer mehr metaphorisch angereicherte Dimension bekommt.

Der Tagebau ist quer durch Volker Brauns gesamtes Schreiben und Werk von besonderer Bedeutung. Es ist die Spur eines 'Lebenstextes',[118] an dem er arbeitet: Zunächst, etwa in dem ersten der vier 'Kast'-Berichte 'Der Schlamm' (1959), dem Schauspiel *Kipper Paul Bauch* (1963–1965), und der frühen Lyrik (*Provokation für mich* [1959–1965], *Wir und nicht sie* [1965–1968]), als ganz realistisches Bild einer industriell genutzten, später immer mehr zerstörten und verbrauchten Landschaft sowie der damit verbundenen Arbeitserfahrung. Dann im Erkennen und in der metaphorischen Anwendung als autobiographische Schichtung des eigenen Ichs und einer historischen Schichtung der (Kultur-)Landschaft innerhalb des Gedichtbandes *Gegen die symmetrische Welt* (1969–1973) und schließlich in den letzten Jahren im Ansehen der Geschichte als eines 'tektonischen Vorgangs', als 'Vorgang in der Tiefe' und eines komplementär dazu angelegten literarischen Verfahrens, des Schreibens als Form des 'Herausgrabens', Abtragens, Aufdeckens und 'Abstiegs in die Tiefe' und seiner dort gegebenen besonderen Nähe zu Franz Fühmann.

Was Braun jetzt umtreibt, ist nicht mehr die 'Geographie, sondern die Geologie'.[119] Wieder ist es schon Fühmann, der von der 'Bedeutung der Geologie als Leitwissenschaft einer Umbruchzeit'[120] spricht. Braun formuliert in einer Vorarbeit zu 'Dem Geyer gleich. Goethe und Kafka in der Natur': 'Die großen Kunstwerke sind Leitfossilien ihres Zeitalters, die dem Wanderer Anschauung geben vom sozialen Zustand der Erde.'[121]

Ihm ist – und er sieht sich dabei in guter Gesellschaft mit Goethe und Kafka – an dem Hinausgehen über die 'temporäre, politische Sphäre' gelegen.[122] Es geht darum, in einem größeren Zusammenhang 'in eine Landschaft zu schauen oder einen Berg zu durchsteigen, um die Formation zu erkennen',[123] 'den ganzen Berg zu durchsteigen und alle Bildungen wahrzunehmen',[124] den Einzelnen in seinem 'Sich-Anschmiegen an die Bewegung, die im Massiv ist' zu beobachten, letztlich um das 'Herausgraben' eines der scheinbaren Tagesaktualität zu Grunde liegenden 'erdgeschichtlichen Zustands' 'in Goethes Sinn'.[125] Er sucht quasi den über das Detail und den Moment hinausgehenden 'Überblick' von einer 'höheren Warte', den bis auf den Grund tiefergehenden Durchblick (in dieser Doppelbewegung ja bereits in 'Material V: Burghammer' enthalten): 'Wo sich die Kunst in gehörige Felsenhöhe oder Abgrundtiefe begibt, gewinnt sie einen gleichsam naturgeschichtlichen Standpunkt.'[126]

Braun interessiert ganz offensichtlich, auf der einen Seite dem inneren Kern, möglichen Gesetzmäßigkeiten, der Struktur historischer Triebkräfte und Prozesse (in seinen Worten der 'Natur der Gesellschaft'[127] bzw. den 'Verwerfungen der Geschichte'[128]) auf die Spur zu kommen – durchaus problematisch in der Parallelisierung von Gesellschaftsgeschichte und Naturgeschichte sowie in einer historisierenden Betrachtung in großen, individuell nicht mehr bedeutsamen Zeitabschnitten. Andererseits wird die äußere und historische Weite gekontert durch eine, in dieser Ausdrücklichkeit und Begrifflichkeit, für Braun ebenfalls neue Bewegung in ein existentielles Inneres, als ein Sich-selbst-Freilegen 'unter dem Schutt', ein Eindringen in die 'Verliese unserer Existenz'.[129] Denn auch darin sieht er einen Berührungspunkt von Goethe und Kafka – 'im sinnlichen, ursächlichen Dasein, im Existentiellen, wo es ernst wird.'[130]

Neben dem mit Silvia und Dieter Schlenstedt geführten Interview 'Schichtwechsel oder die Verlagerung des geheimen Punktes' (März 1999), ist es der Aufsatz 'Dem Geyer gleich. Goethe und Kafka in der Natur' (1999), in dem Braun diese Gedanken äußert.

Wieder bildet Goethes 'Harzreise im Winter', wie in 'Material V: Burghammer', einen Bezugspunkt. Goethes Gedicht beginnt mit eben dieser Zeile 'Dem Geyer gleich':

> Dem Geier gleich
> Der auf schweren Morgenwolken
> Mit sanften Fittich ruhend
> Nach Beute schaut,
> Schwebe mein Lied.[131]

Gleichzeitig mit der Beschreibung des über allem schwebenden Geiers findet eine Bestimmung der Literatur, des 'Liedes' statt, das mit diesem Bilde des Geiers verglichen wird. So beginnt und endet Goethes 'Harzreise im Winter' in einer 'gehörigen Felsenhöhe', in der sich auch das in der Schlussstrophe beschworene 'Du', sei es ein Gott, der 'Vater der Liebe', sei es der einsame Wanderer selbst oder ein Berg, der Hauptgipfel, befindet. Bringt man Goethes eigene bergbauliche Erläuterungen in Anschlag und Brauns Folgerung daraus für den Schluss seines Gedichts 'Material V: Burghammer', so hat man genau diese Bewegung vom Höchsten (Überblick) zum Tiefsten (Grund, Verborgenen), die sich nun auch in den poetologischen Überlegungen findet.

Nur ist Goethes Blick der des Naturforschers, der durch die Anschauung der Natur dem auf den Grund kommen will, 'was die Welt im Innersten zusammenhält'. In seiner Schrift 'Über den Granit' (1784), in der sich Goethe Gedanken über die Entstehung der Gesteine, letztlich der

Welt macht, wiederholt das erzählende Ich noch einmal die Situation des allem enthobenen und überblickenden Einsamen aus der 'Harzreise im Winter' (Dezember 1777):

> Auf einem hohen nackten Gipfel sitzend und eine weite Gegend überschauend, kann ich nur sagen: Hier ruhst du unmittelbar auf einem Grunde, der bis zu den tiefsten Orten der Erde hinreicht, keine neuere Schicht, keine aufgehäufte zusammengeschwemmte Trümmer haben sich zwischen dich und den festen Boden der Urwelt gelegt [...]. In diesem Augenblicke, da die innern anziehenden und bewegenden Kräfte der Erde gleichsam unmittelbar auf mich wirken, da die Einflüsse des Himmels mich näher umschweben, werde ich zu höheren Betrachtungen der Natur hinaufgestimmt, und wie der Menschengeist alles belebt, so wird auch ein Gleichnis in mir rege, dessen Erhabenheit ich nicht widerstehen kann. So einsam, sage ich zu mir selber, indem ich diesen ganzen nackten Gipfel hinabsehe und kaum in der Ferne am Fuße ein geringwachsendes Moos erblicke, so einsam, sage ich, wird es dem Menschen zumute, der nur den ältesten, ersten, tiefsten Gefühlen der Wahrheit seine Seele eröffnen will. Ja, er kann zu sich sagen: Hier auf dem ältesten, ewigen Altare, der unmittelbar auf die Tiefe der Schöpfung gebaut ist, bring ich dem Wesen aller Wesen ein Opfer. Ich fühle die ersten, festen Anfänge unsers Daseins, ich überschaue die Welt, ihre schrofferen und gelinderen Täler und ihre fernen fruchtbaren Weiden, meine Seele wird über sich selbst und über alles erhaben und sehnt sich nach dem nähern Himmel.[132]

Wo Goethe über eine vermeintliche Unmittelbarkeit zur Natur eine Unmittelbarkeit zu Gott ('dem Wesen aller Wesen', den 'Einflüssen des Himmels') meint herstellen zu können, ist für Braun schon allein die unmittelbare Anschauung der Natur nicht möglich:

> Die *gebaute Natur*, wenn wir sie nun, unter der Folter der Produktion, befragen, ist kaum mehr imstande, uns ihr offenbares Geheimnis zu enthüllen, wie wir nicht, es würdig auszulegen. Wenn das leibliche Band zerreißt, der Naturzusammenhang, drängt die Dichtung auf einen härteren Vorsprung.[133]

Braun nimmt das Bild des auf der Klippe Stehenden (man denke auch an Caspar David Friedrich), des einsamen Wanderers auf, wendet aber Goethes geologisches Interesse und die Aufgabe der Literatur sozial: 'Dann nur erst darf sie versuchen, die Natur der Gesellschaft "aus einem Sinne, auf den Kern beschränkt, näher und näher historisch zu verstehen" (Mickel).'[134] Der 'Natur der Gesellschaft' will Braun (immer noch) 'auf den Leib' rücken, will ihren historischen Kern bloßlegen. Die Geologie, der Berg- und Tagebau ist ihm (wie vorher Fühmann) dabei ein mit konkreter eigener Anschauung angereichertes Bild, eine Metapher, die es auszuschöpfen gilt.

In der ausgearbeiteten Fassung von 'Dem Geyer gleich' stellt Braun dem naturforschenden, an umfassenden, zeitübergreifenden Zusammenhängen orientierten Goethe, desinteressiert an der Tagespolitik und den akuten Kriegen, einer etwaigen engagierten Poesie sich strikt enthaltend, den vermeintlichen Antipoden Kafka entgegen, ebenfalls enthaltsam gegenüber der tagesaktuellen Politik, aber auf der Mikroebene die 'soziale Kluft', 'die Unnatur der Bürokratie', 'das Drama des Apparats' erforschend.[135]

Was das erzählende Ich im *Bodenlosen Satz* beschäftigte ('alles ist auseinandergerissen, zerwühlt, ich muß es zusammenbringen ...'[136]), sieht der Autor Braun in Goethe gespiegelt: den 'Vorsatz [...] alle Widersprüche zu vereinigen',[137] und zwar von der Seite der Natur aus. Nur befände sich Goethe noch an einem historischen Scheitelpunkt, wo Mensch und Technik, Kapital und Arbeit gerade erst begännen, sich auseinander-zuentwickeln. Zum Beleg verwendet Braun die Szene 'Hochgebirg' aus Goethes 'Fausts II', die in gewisser Weise Thematiken und Motive aus der 'Harzreise im Winter' und 'Über den Granit' noch einmal aufnimmt.[138] Goethe habe hier die Welt der Produktion entdeckt, aber auch das entscheidende 'Kapitel der Unnatur', dem er nicht mehr folgt: Der neuen Auffassung von der menschlichen Natur, so wie sie die französischen Frühsozialisten vertreten, die darauf beruhe, die äußere Natur mit größt-möglichem Vorteil auszubeuten und zu verändern.[139]

Braun selbst werden an dieser Art 'Naturgedicht der bürgerlichen Gesellschaft' die Funktionsmechanismen der industriellen Moderne, die 'Gangarten der Ersten Welt'[140] deutlich:

> der Akt, den wir jetzt inszenieren, von spezifischer Blindheit geschlagen, dem Globalisierungsglauben, droht das leibliche Band ganz zu zerreißen, den Natur-zusammenhang, unseren Lebensgrund[141]

Der Bruch mit der äußeren und der eigenen, leiblichen Natur, mit dem Blick auf das Ganze, die Zusammenhänge, einer so verstandenen Ökolo-gie, ist für Braun weiterhin relevant, Zentrum seines Nachdenkens über die innere Beschaffenheit, die Natur der Gesellschaft. Dies ist für ihn unabhängig von einer etwaigen Gesellschaftsform: '... daß der Sozialismus versunken ist, tut mir gar nichts ...',[142] so sagt er. Allerdings ist es nicht unabhängig von der Kategorie Sinn, von der bei Benjamin vorgefundenen Frage nach einer sinnvollen Organisation des Lebens und der menschli-chen Gemeinschaft.[143] Und ob darin wirklich die 'Epochenillusion' des 'bohrenden Sinnsuchers' und 'unermüdlichen Moralisten' Volker Brauns besteht,[144] bleibt abzuwarten. Vom Konzept her fraglich ist allerdings auch, ob Literatur mehr leisten kann (und sollte), als den Boden, die Widersprüche aufzureißen, also stattdessen Widersprüche zu vereinigen, einen (Sinn-)Zusammenhang zu stiften ... Gedanken, die Braun immer wieder umtreiben. Die Sinn-Frage zu stellen, ist aber nicht gleichbedeutend damit, (notwendigerweise ideologische) Sinn-Stiftung zu betreiben.

Die Natur und ihr historischer Verlust an 'Heroik': 'Andres Wachtlied'
Das Aufdecken des 'dunklen Untergrundes', auf dem man steht, die Bloßlegung der tieferliegenden historischen Schichten vollzieht Braun, noch einmal in Bezug auf Goethe und besonders die 'Harzreise im Winter', in einem Gedicht, mit dem der Aufsatz 'Dem Geyer gleich' abschließt.[145] Schon der Titel 'Andres Wachtlied' (1999) mit seiner 'Verballhornung', besser Verzerrung des 'Wandrers Nachtlied' stellt diesen Goethe-Bezug her. Äußerlich kommt der Text, weitestgehend aus vierzeiligen Strophen bestehend und einheitlich in der Typologie, wesentlich weniger heterogen und disparat daher als 'Material V: Burghammer'. Von der inneren Struktur her ist er allerdings nicht weniger intertextuell und motivisch verwoben. Braun verschneidet die Auseinandersetzung mit Goethe und dem klassischen Weimar mit der (ja ganz konkreten, örtlichen) Nähe zum Ettersberg, dem KZ Buchenwald, experimentiert mit Doppeldeutigkeiten, Wortspielen, Drehern. Wieder sind die Bäume die vitalen Anzeiger dessen, was vorgeht:

> Bäume hingelegt
> Auf die kahlen Häftlinge
> Die ich im Auge halte
> Ein Laufseher[146]

Teils wird also die Welt des Spaziergängers mit der martialischen Welt des KZs sprachlich verschnitten, und zwar durch Neufügungen, z.T. Schüttelreime, weniger durch Unterbrechungen und das Aufsprengen von Sentenzen wie noch in 'Material V: Burghammer', teils verweist der Text auch wieder auf andere Texte der literarischen Tradition, jedoch ohne dies für einen literarischen Laien zu erkennen zu geben, ohne Zitate kenntlich zu machen. So fragt sich in Goethes 'Harzreise im Winter' der Wanderer, das lyrische Ich:

> Aber abseits, wer ist's?
> Ins Gebüsch verliert sich sein Pfad,
> Hinter ihm schlagen
> Die Sträucher zusammen,
> Das Gras steht wieder auf,
> Die Öde verschlingt ihn.[147]

Dagegen benutzt Braun Anklänge an diese Goethe-Passage, um die Bubis-Walser-Debatte (1998), die Debatte um die fortgesetzte Auseinandersetzung mit der deutschen NS-Vergangenheit, bildhaft einzufangen:

> Wer sind die zwei im Gehölz

Ignaz zieht den Karren
Martin murmelt:
Vergiß es.[148]

Doppeldeutig führt er das Bild vom Karren in der nächsten Strophe fort,
das im 'Geschiebe den Berg hinauf' genauso mitklingt, wie die geologische Beschaffenheit des Berges:

Das Geschiebe den Berg hinauf
Worte und Knochen
Ein Steinbruch bei Weimar
Edel Mensch sei der.[149]

Im 'dunklen Untergrunde' Weimars, im Steinbruch finden sich 'Worte
und Knochen' vielerlei Herkunft, die Zitate der 'Klassiker', die zu einem
auseinandergerissenen, verstümmelten Wortsteinbruch werden ('Edel
Mensch sei der.') und vor allem die Knochen der KZ-Opfer.

Inhaltlich bleibt das Gedicht aber weit disparater als es zunächst den
formalen Augenschein hat, denn strophenweise widmet es sich wieder
vollkommen der Geologie-Metapher und der Auseinandersetzung mit
Goethe und dessen Ansichten von der Entstehung der Welt:

Sind es die Vulkane
Die die Gebirge bilden
Oder setzt das Wasser ordent-
Lich es zusammen.
[...]
Oder das Meer steigt
An Nebels statt
Wieder, mein Bester
Zum Rennsteig![150]

In seiner Schrift 'Über den Granit' stellt Goethe genau diese Frage, imaginiert aus der Rolle des auf dem Gipfel sitzenden Reisenden die früheren,
frühsten Zeiten der Erdgeschichte, der Entstehung der Gebirge (und zwar
als zeitliche Reihenfolge von Wasser und Vulkanen):

Diese Klippe, sage ich zu mir selber, stand schroffer, zackiger, höher in die
Wolken, da dieser Gipfel noch als eine meerumfloßne Insel in den alten
Wassern dastand, um sie sauste der Geist, der über den Wogen brütete, und in
ihrem weiten Schoße die höheren Berge aus den Trümmern des Urgebirges und
aus ihren Trümmern und den Resten der eigenen Bewohner die späteren und
ferneren Berge sich bildeten. Schon fängt das Moos zuerst sich zu erzeugen an,
schon bewegen sich seltner die schaligen Bewohner des Meeres, es senkt sich
das Wasser, die höhern Berge werden grün, es fängt alles an, von Leben zu
wimmeln. – –

Aber bald setzen sich diesem Leben neue Szenen der Zerstörungen
entgegen. In der Ferne heben sich tobende Vulkan in die Höhe, sie scheinen der
Welt den Untergang zu drohn, jedoch unerschüttert bleibt die Grundfeste, auf

der ich noch sicher ruhe, indes die Bewohner der fernen Ufer und Inseln unter dem untreuen Boden begraben werden. Ich kehre von jeder schweifenden Betrachtung zurück und sehe die Felsen selbst an, deren Gegenwart meine Seele erhebt und sicher macht.[151]

Braun greift diese Passagen auf, formt sie um, wählt sie – auch Caspar David Friedrich assoziierend – als Hintergrundfolie seines eigenen Gedichts. Dann verbindet der Autor die Glut des Vulkans plötzlich wieder mit den Verbrennungsöfen des KZs. Allerdings geschieht dies mittels einer Transformation von Zeilen aus Goethes 'Prometheus'. Dort wird Zeus angeredet:

> Mußt mir meine Erde
> Doch lassen stehn,
> Und meine Hütte,
> Die du nicht gebaut,
> Und meinen Herd,
> um dessen Glut
> Du mich beneidest.[152]

In Brauns 'Andres Wachtlied' wird daraus:

> Müßt mir meine Erde
> Doch lassen stehn
> Und die Öfen
> In deren Glut[153]

Am Ende des Gedichts kehrt der Autor schließlich vom Wortmaterial her scheinbar vollständig in Goethes 'Harzreise im Winter' zurück:

> Wintersommer
> Lebenslänglich
> Ein Grabgewölke
> Dickichtschauer
> Die du aus Adern wässerst.[154]

Doch ist aus dem Wunsch von Goethes lyrischem Ich für den Einsamen:

> Aber den Einsamen hüll'
> In Deine Goldwolken
> Umgib ihn mit Wintergrün
> Bis die Rose wieder heranreift ...[155]

ein lebenslängliches Existieren im 'Grabgewölke' geworden, sind es nicht mehr die

> ... Reiche und Herrlichkeit,
> Die du aus den Adern deiner Brüder
> Neben dir wässerst,[156]

sondern die 'Dickichtschauer' (auch diese ein Zitat aus Goethes 'Harzreise im Winter'[157]).

Mit dem Wissen um die untergründige Geschichte hat die Landschaft jegliche Heroik, alles 'Überzeitliche' (das bei Goethe noch

existiert) verloren, von dem allein ein ewiger 'Wintersommer' bleibt.[158]
Dies zeigt allerdings auch einen Perspektivwechsel bei Braun an: Längst
interessiert ihn schwerpunktmäßig weder industrielle Bearbeitung/
Aneignung von Natur, noch deren Zerstörung, sondern die Landschaft als
historische Landschaft (eventuell auch als einziger Grabhügel wie sein
letzter Gedichtband *Tumulus* anzeigt), historische Ablagerungen in unter-
schiedlichsten Schichten und Schichtungen, mit einem schwankenden und
dunklen Untergrund, den der Autor aufzudecken gedenkt.

Kontinuität und Variation

Verena Kirchner und Heinz-Peter Preußer ist zuzustimmen, wenn sie zu
Volker Brauns literarischen Produktionsverfahren bemerken:

> Konstanz ist der zentrale Aspekt in Brauns Werken, die schon früh ihre eigene
> literarische Welt ausbildeten und von der Wiederholung leben. [...] Brauns
> Schriften lassen sich als Transformationen eines Grundbestandes an zentralen
> Themen, Bildern und Motivketten beschreiben.[159]

Oder wie Braun selbst sagt: 'Das ist das Geheimnis der Kunst, bei der
Sache zu bleiben ...'[160]

Was Kirchner und Preußer jedoch z.T. ideologisch suspekt zu sein
scheint, ist ein Braun prägendes literarisches Verfahren des zyklischen
Schreibens, der Kontinuität und Variation. Die Metaphern-, Leitmotiv-,
aber auch intertextuelle Arbeit gehört in ein differenziertes poetisches
Netz der Bezug- und Rückbezugnahme, des steten Verweisens, das, außer
der semantischen Aufladung und (kollektiven) Sinn-Produktion, die
Funktion übernimmt, eine innere Kohärenz des Gesamtschreibprozesses
und der einzelnen Texte untereinander zu stiften. Durch wiederkehrende
Leitmotiv- und Metaphernstränge vollzieht sich ein Zusammenbinden der
Diskurse, ein kontinuierlich wiederholtes Aufreißen bestimmter semanti-
scher Horizonte sowie eine historische Aufladung der Metaphorik: Die
Motiv- und Metaphernreihen entwickeln ihre eigene Historizität. Brauns
Texte entstehen dabei aus einer kontinuierlichen Selbst-Lektüre. Von
Beginn an neigt Volker Braun zur permanenten Wiederaufnahme und dem
Umbau seiner literarischen Motive. Das heißt, seine eigenen Texte werden
ihm zum Material, stehen als poetischer Vorrat bzw. Steinbruch jederzeit
zur Verfügung und lassen sich in Bruchstücken wiederverwenden, in neue
Texte einschmelzen, integrieren. Einmal geschriebene Texte schwingen in
den weiteren mit. Braun schreibt nicht nur lesend, sondern er schreibt vor
allen Dingen sich selbst lesend (sodass er große Bögen schlagend auch
immer wieder zu den eigenen Anfängen zurückkehrt, die eigene und die
Geschichte seiner literarischen Figuren als Landes-Geschichte liest). Der

Autor verschafft sich ästhetisch so selbst (?), dem eigenen Schreibprozess und den literarischen Figuren eine innere Kontinuität. Ein weiterer Effekt ist die sich dadurch ergebende 'Selbst-Historisierung': Der Autor liest sich selbst als historischen Text. Er wird für sich selbst zum historischen Text.[161]

Und wie die Schreibentwicklung Volker Brauns in all den Jahren zeigt, bezieht sich diese Kontinuität nicht nur auf die eigenen literarischen Bilder und Motive, auf die Selbstlektüre, sondern auch auf die permanente Re-Lektüre und Verarbeitung von Texten anderer Autoren. In dem hier aufgezeigten Fall waren es Texte Goethes, insbesondere die 'Harzreise im Winter', die Braun in einem Zeitraum von 14 Jahren immer wieder neu verarbeitet. In anderen Texten ist es z.B. Hölderlins Entwurf/Fragment 'Die Völker schwiegen, schlummerten' oder dessen Gedicht 'Mein Eigentum'. Neben anderen (schreib-)biographisch bedeutsamen Gründen, die literarischen Bezugspunkte und 'Wahlverwandtschaften' wiederholt aufzusuchen, sind diese Texte im wörtlichen Sinne Maßstäbe, 'Messinstrumente', um sich selbst im Lauf der Jahre, im Lebenslauf zu verorten, den Grad an Kontinuität und Variation, Wechsel, Veränderung zu bestimmen. Brauns Texte sind ganz bewusst Teile eines 'Ganzen', eines Werkes als Prozess, als kontinuierliche Weiterarbeit und Fortschreibung an einem einzigen, überdimensionalen Lebenstext[162] – in letzter Zeit allerdings zunehmend mit der Konsequenz des 'Durchwühlens von Grabhügeln' und 'Totentänzen'. Dies mag, wie das Insistieren auf der Kategorie 'Sinn', ideologisch bedenklich erscheinen, ist aber immerhin nicht beliebig, sondern konsequent.

Anmerkungen

[1] Zur Bedeutung der Aufnahme wechselnder 'intertextueller Wahlverwandtschaften' vgl. Katrin Bothe, *Die imaginierte Natur des Sozialismus. Eine Biographie des Schreibens und der Texte Volker Brauns 1959–1974*, Königshausen & Neumann: Würzburg, 1997 und Katrin Bothe, 'Schreiben im Niemandsland. Beobachtungen zum Schreibprozeß Volker Brauns', *Weimarer Beiträge* 46 (2000) 3, 430-453, hier 441-448.

[2] Volker Braun, 'Leipziger Poetik-Vorlesung vom 12.12.1989', in: *Kopfbahnhof. Almanach 3: ... denn die Natur ist nicht der Menschen Schemel*, Reclam-Verlag: Leipzig, 1991, 269, vgl. auch Volker Braun, 'Ein Ort für Peter Weiß', in: Volker Braun, *Wir befinden uns soweit sowohl. Wir sind erst einmal am Ende. Äußerungen*, Suhrkamp: Frankfurt/M., 1998, 174.

[3] Braun, 'Leipziger Poetik-Vorlesung', 269.

[4] Braun, 'Leipziger Poetik-Vorlesung', 269, 268.

[5] Dieter Schlenstedt, 'Durchgearbeitete Landschaften Volker Brauns', in: Elrud Ibsch, Ferdinand von Ingen (Hg.), unter Mitarbeit von Anthonya Visser, *Literatur und politische Aktualität*, Rodopi: Amsterdam, Atlanta, 1993, 81-100, hier 94.

[6] Vgl. dazu Bothe, *Die imaginierte Natur des Sozialismus*, 90-93 und 110-158.

[7] Volker Braun, 'Hanß Georg Braun u.a.', in: Volker Braun, *Gegen die symmetrische Welt. Gedichte*, Suhrkamp: Frankfurt/M., 1974, 31, später leicht verändert in: Volker Braun, *Texte in zeitlicher Folge,* Bd. 4, Mitteldeutscher Verlag: Halle, Leipzig, 1990, 86-87.

[8] Braun, 'Hanß Georg Braun u.a.', 31, später leicht verändert in: Braun, *Texte in zeitlicher Folge,* Bd. 4, 86.

[9] Braun, 'Hanß Georg Braun u.a.', in: Braun, *Texte in zeitlicher Folge,* Bd. 4, 86-87, 'verschlankt' gegenüber Braun, *Gegen die symmetrische Welt*, 31-32.

[10] Volker Braun, 'Landwüst', in: Volker Braun, *Gegen die symmetrische Welt. Gedichte*, Suhrkamp: Frankfurt/M., 1974, 29, leicht verändert in: Braun, *Texte in zeitlicher Folge,* Bd. 4, 85, Fladern – Schnittholz.

[11] Vgl. Volker Braun, *Kipper Paul Bauch. Schauspiel*, in: Karlheinz Braun (Hg.), *Deutsches Theater der Gegenwart 2*, Suhrkamp: Frankfurt/M., 1967, 89.

[12] Gisela Shaw, 'Die Landschaftsmetapher bei Volker Braun', *GDR Monitor*, 16 (1986/87), 125.

[13] Heinz Czechowski, 'Bleibendes Landwüst. Zur Lyrik Volker Brauns', *Sinn und Form*, 25 (1973) 4, 914.

[14] Volker Braun in: Silvia Schlenstedt, 'Das Wir und das Ich. Interview mit Volker Braun', in: Anneliese Löffler (Hg.), *Auskünfte. Werkstattgespräche mit DDR-Autoren*, Aufbau-Verlag: Berlin (DDR), Weimar, 1974, 324.

[15] Braun, 'Landwüst', 30.

[16] Ursula Heukenkamp, 'Landschaften der DDR-Lyrik', in: *DDR-Literatur der sechziger und siebziger Jahre. Wissenschaftliche Konferenz der Staatlichen Georgischen Universität Tblissi und der Friedrich-Schiller-Universität Jena*, Veröffentlichung der Friedrich-Schiller-Universität Jena: Jena; Tblissi, 1985, 36.

[17] Vgl. Jürgen Haupt, *Natur und Lyrik. Naturbeziehungen im 20. Jahrhundert,* J.B.Metzlersche Verlagsbuchhandlung: Stuttgart, 1983, 20.

[18] Ursula Heukenkamp, 'Kunstbewußtsein und geistige Strenge. Zur Entwicklung der Lyrik in der DDR der siebziger Jahre', in: Peter Uwe Hohendahl, Patricia Herminghouse (Hg.), *Literatur der DDR in den siebziger Jahren,* Suhrkamp: Frankfurt/M., 1983, 92.

[19] Vgl. Wolfgang Emmerich, 'Was bleibt? Nachdenken über die vielgeschmähte DDR-Literatur', in: *Fachtag Deutsch 1991. Teil I: Literatur der DDR,* Freie Hansestadt Bremen, Wissenschaftliches Institut für Schulpraxis: Bremen, 1991, 20, Wolfgang Emmerich, *Kleine Literaturgeschichte der DDR. 1945-1988. Erweiterte Ausgabe,* Luchterhand Literaturverlag: Frankfurt/M., 1989, 392.

[20] Volker Braun, 'Durchgearbeitete Landschaft', in: Volker Braun, *Gegen die symmetrische Welt. Gedichte,* Suhrkamp: Frankfurt/M., 1974, 34.

[21] Braun, 'Durchgearbeitete Landschaft', 34, etwas 'verschlankt' in: Braun, *Texte in zeitlicher Folge,* Bd. 4, 88.

[22] Vgl. dazu Bothe, *Die imaginierte Natur des Sozialismus,* 204-226

[23] Peter Rühmkorf, 'Ein Poet mit viel Puste. Volker Braun: Durchgearbeitete Landschaft', in: Peter Rühmkorf, *Strömungslehre I. Poesie,* Rowohlt: Reinbek bei Hamburg, 1978, 94.

[24] Vgl. Harald Hartung, 'Neuere Naturlyrik in der DDR', in: Norbert Mecklenburg (Hg.), *Naturlyrik und Gesellschaft,* Klett-Cotta: Stuttgart, 1977, 192.

[25] Emmerich, 'Was bleibt?', 21.

[26] Dieter Schlenstedt, 'Durchgearbeitete Landschaften', 86.

[27] Braun, 'Durchgearbeitete Landschaft', 34-35.

[28] Vgl. auch Hartung, 'Neuere Naturlyrik', 192 und Dieter Schlenstedt, 'Durchgearbeitete Landschaften', 86.

[29] Klaus Schuhmann, 'Lageberichte zur ökologischen Situation – Beobachtungen zur Lyrik der achtziger Jahre', in: Siegfried Rönsch (Hg.), *DDR-Literatur '85 im Gespräch,* Aufbau-Verlag: Berlin (DDR), Weimar, 1986, 32.

[30] Braun, 'Material V: Burghammer', in: Braun, *Langsamer knirschender Morgen,* Suhrkamp: Frankfurt/M., 1987, 35-39, hier 36, vgl. 38.

[31] Klaus Schuhmann, 'Volker Brauns Lyrik der siebziger und achtziger Jahre im Spiegel der Gedichtgruppe *Der Stoff zum Leben*', in: Christine Cosentino, Wolfgang Ertl, Gerd Labroisse (Hg.), *DDR-Lyrik im Kontext,* Rodopi: Amsterdam, 1988, 256.

[32] Schuhmann, 'Volker Brauns Lyrik der siebziger und achtziger Jahre', 255, vgl. auch Schuhmann, 'Lageberichte', 32.

[33] Braun, 'Material V: Burghammer', 35.

[34] Bothe, *Die imaginierte Natur des Sozialismus*, besonders 55-76, 110-126, 204-226.

[35] Braun, 'Durchgearbeitete Landschaft', 34-35.

[36] Braun, 'Material V: Burghammer', 38.

[37] Das kursiv gesetzte Selbstzitat '... *Der Wind / Ein wüster Geiger / der sich in die Drähte wirft'* zitiert u.a. auch eines der frühen 'Aufbau'- und Baustellen-Gedichte, nämlich 'Der schiefe Schornstein' (1959–1960) aus dem Band *Provokation für mich* (Mitteldeutscher Verlag: Halle (Saale), 1965, 65).

[38] Braun, 'Material V: Burghammer', 36.

[39] Braun, *Kipper Paul Bauch*, 46.

[40] Braun, 'Material V: Burghammer', 36.

[41] Braun, *Kipper Paul Bauch*, 46, vgl. auch 82.

[42] Braun, *Kipper Paul Bauch*, 62.

[43] Braun, 'Material V: Burghammer', 37.

[44] Vgl. auch schon Braun, *Kipper Paul Bauch*, 9 und 64.

[45] Vgl. Bothe, 'Schreiben im Niemandsland', 446-447.

[46] Braun, 'Material V: Burghammer', 37.

[47] Vgl. Braun, 'Material V: Burghammer', 35.

[48] Braun, *Kipper Paul Bauch*, 23.

[49] Braun, 'Material V: Burghammer', 37-38.

[50] Schuhmann, 'Volker Brauns Lyrik der siebziger und achtziger Jahre', 252.

[51] Johann Wolfgang von Goethe, 'Ilmenau', in: Johann Wolfgang von Goethe, *Werke. Hamburger Ausgabe in 14 Bänden*, Bd. 1, Deutscher Taschenbuch Verlag: München, 1981, 110.

[52] Braun, 'Material V: Burghammer', 38.

[53] Dies entgegen: Anthonya Visser, *'Blumen im Eis'. Lyrische und literaturkritische Innovationen in der DDR. Zum kommunikativen Spannungsfeld ab Mitte der 60er Jahre,* Rodopi: Amsterdam, Atlanta, 1994, 188, die vom Umstand spricht, 'daß keiner der literarischen Prätexte – sei es auch unterschwellig – eine durchgehende Folie bildet, auf der sich der Gedankengang entwickelt.'

[54] Erich Trunz, 'Kommentarteil', in: Goethe, *Werke/HA*, Bd. 1, 533.

[55] Goethe, 'Ilmenau', 107.

[56] Braun, 'Material V: Burghammer', 35.

[57] Goethe, 'Ilmenau', 108.

[58] Braun, 'Material V: Burghammer', 35.

[59] Goethe, 'Ilmenau', 107.

[60] Goethe, 'Ilmenau', 108.

[61] Braun, 'Material V: Burghammer', 36.

[62] Vgl. Braun, 'Material V: Burghammer', 36-37.

[63] Vgl. Goethe, 'Ilmenau', 109-111.

[64] Trunz, 'Kommentarteil', 533.

[65] Vgl. Goethe, 'Ilmenau', 110.

[66] Goethe, 'Ilmenau', 110.

[67] Goethe, 'Harzreise im Winter', in: Goethe, *Werke/HA* Bd. 1, 50-52.

[68] Schuhmann, 'Volker Brauns Lyrik der siebziger und achtziger Jahre', 253.

[69] Braun, 'Material V: Burghammer', 38-39.

[70] Vgl. in dieser Formulierung auch: Braun, *Kipper Paul Bauch*, 29.

[71] Braun, 'Material V: Burghammer', 38.

[72] Goethe, 'Harzreise im Winter', 52.

[73] Braun, 'Material V: Burghammer', 38-39.

[74] 'Goethes Erläuterungen zu eigenen Gedichten', in: Goethe, *Werke/HA* Bd. 1, 399.

[75] Braun, 'Material V: Burghammer', 39.

[76] Braun, 'Material V: Burghammer', 39.

[77] Braun, 'Leipziger Poetik-Vorlesung', 269.

[78] Volker Braun, 'Dem Geyer gleich. Goethe und Kafka in der Natur' (II), *Goethe-Jahrbuch*, 116 (1999), 164.

[79] Braun, *Bodenloser Satz,* Suhrkamp: Frankfurt/M., 1990, Motto, 7; Braun, 'Material V: Burghammer', 37.

[80] Braun, *Bodenloser Satz*, 13.

[81] Braun, *Bodenloser Satz*, 21.

[82] Vgl. auch Jürgen Engler, 'Vaterland ohne Mutterboden', *neue deutsche literatur (ndl)* 38 (1990), 139-142, hier 140-141 und Rolf Jucker, 'Von der "Ziehviehlisation" (1959) zur "Zuvielisation" (1987): Zivilisationskritik im Werk Volker Brauns', in: Rolf Jucker (ed.), *Volker Braun*, University of Wales Press: Cardiff, 1995, 55-67, hier 60.

[83] Braun, 'Material V: Burghammer', 35.

[84] Braun, *Bodenloser Satz*, 20.

[85] Braun, *Bodenloser Satz*, 22.

[86] Braun, *Bodenloser Satz*, 27.

[87] Braun, *Bodenloser Satz,* 28.

[88] Braun, *Bodenloser Satz*, 24-25.

[89] Thomas Rosenlöcher, 'Der Engel der 11. Feuerbachthese. Laudatio für Volker Braun', *neue deutsche literatur (ndl)*, 47 (1999) 1, 151.

[90] Braun, *Bodenloser Satz*, 34.

[91] Braun, *Bodenloser Satz*, 34-35.

[92] Braun, *Bodenloser Satz*, 35-36.

[93] Braun, 'Durchgearbeitete Landschaft', 34.

[94] Braun, 'Material V: Burghammer', 38.

[95] Vgl. Braun, *Bodenloser Satz*, 16.

[96] Vgl. Braun, *Bodenloser Satz*, 18-19.

[97] Braun, *Bodenloser Satz*, 14.

[98] Braun, *Bodenloser Satz*, 18.

[99] Vgl. Braun, *Bodenloser Satz*, 31.

[100] Braun, *Bodenloser Satz*, 34.

[101] Braun, *Bodenloser Satz*, 28-29.

[102] Braun, *Bodenloser Satz*, 40.

[103] Braun, 'Material V: Burghammer', 35.

[104] Braun, 'An Friedrich Hölderlin', in: Braun, *Gegen die symmetrische Welt*, 18.

[105] Friedrich Hölderlin, 'Mein Eigentum', in: Friedrich Hölderlin, *Sämtliche Werke*, Bd. 1, W. Kohlhammer Verlag: Stuttgart, 1944, 304.

[106] Vgl. dazu auch Bothe, 'Schreiben im Niemandsland', 446-447. Übrigens verläuft die Motivkette des Tagebaus ganz ähnlich wie die des Eigentums, die zunächst in 'Mein Terrortorium' und bei den fremdenfeindlichen Übergriffen in Hoyerswerda endet. Bei der Motivkette des Tagebaus findet sich ein entsprechender Text unter dem Titel 'Die Leute von Hoywoy (2)', in: Volker Braun, *Die Zickzackbrücke. Ein Abriß-kalender*, Mitteldeutscher Verlag: Halle, 1992, 63-64.

[107] Braun, 'Leipziger Poetik-Vorlesung', 271.

[108] Braun, 'Leipziger Poetik-Vorlesung', 272.

[109] Vgl. dazu meinen gleichnamigen Aufsatz: Bothe, 'Schreiben im Niemandsland'.

[110] Franz Fühmann, 'Schieferbrechen und Schreiben', in: Franz Fühmann, *Bagatelle, rundum positiv. Erzählungen*, Suhrkamp: Frankfurt/M., 1978, 109.

[111] Fühmann, 'Schieferbrechen und Schreiben', 107-108.

[112] Franz Fühmann, *Im Berg. Texte und Dokumente aus dem Nachlaß*, hg. v. Ingrid Prignitz, Hinstorff: Rostock, 1991, 29.

[113] Fühmann, *Im Berg*, 29, 30, 34.

[114] Fühmann, *Im Berg*, 29, 31.

[115] Volker Braun, 'Ein Ort für Peter Weiss', in: Volker Braun, *Wir befinden uns soweit so wohl. Wir sind erst einmal am Ende. Äußerungen*, Suhrkamp: Frankfurt/M., 1998, 164, 169, 170.

[116] Vgl. meinen gleichnamigen Aufsatz: Bothe, 'Schreiben im Niemandsland' und dort besonders 433-436.

[117] Vgl. dazu Bothe, *Die imaginierte Natur des Sozialismus*, besonders 416-466 sowie Bothe, 'Schreiben im Niemandsland', 433, aber auch Dieter Schlenstedt, der Mitte der 70er-Jahre ebenfalls eine 'wesentliche Zäsur' im Schreiben Brauns und eine 'Konzentration von Neuansätzen' sieht (vgl. 'Schichtwechsel oder: Die Verlagerung des geheimen Punkts. Volker Braun im Gespräch mit Silvia und Dieter Schlenstedt. März 1999', in: Frank Hörnigk (Hg.), *Volker Braun. Arbeitsbuch*, Theater der Zeit/Literaturforum im Brecht-Haus: Berlin, 1999, 178).

[118] Vgl. Bothe, 'Schreiben im Niemandsland', 446.

[119] 'Schichtwechsel', 181, 182.

[120] Fühmann, *Im Berg*, 8.

[121] Braun, 'Dem Geyer gleich. Goethe und Kafka in der Natur' (I), Unveröffentl. Manuskript, 1999.

[122] 'Schichtwechsel', 187 und Braun, 'Dem Geyer gleich' (I).

[123] 'Schichtwechsel', 181.

[124] Braun, 'Dem Geyer gleich' (II), 165.

[125] 'Schichtwechsel', 185, 181.

[126] Braun, 'Dem Geyer gleich' (I), vgl. Braun, 'Dem Geyer gleich' (II), 163.

[127] Braun, 'Dem Geyer gleich' (I).

[128] 'Schichtwechsel', 182.

[129] Neu ist der Begriff der Existenz und des Existentiellen, nicht der prinzipielle Zugang zu Innen-Sichten und Tiefenschichten: vgl. Bothe, 'Schreiben im Niemandsland', 440.

[130] 'Schichtwechsel', 187, vgl. Braun, 'Dem Geyer gleich' (I).

[131] Goethe, 'Harzreise im Winter', 50.

[132] Goethe, 'Über den Granit', in: Goethe, *Werke/HA* Bd. 13, 255-256.

[133] Braun, 'Dem Geyer gleich' (I) , vgl. ähnlich: Braun, 'Dem Geyer gleich' (II), 163.

[134] Braun, 'Dem Geyer gleich' (I) , vgl. ähnlich: Braun, 'Dem Geyer gleich' (II), 165.

[135] Vgl. Braun, 'Dem Geyer gleich' (II), 158-159, 162.

[136] Braun, *Bodenloser Satz*, 34.

[137] Braun, 'Dem Geyer gleich' (II), 160, vgl. auch S. 164.

[138] Goethe, 'Faust. Der Tragödie zweiter Teil', in: Goethe, *Werke/HA,* Bd. 3, 304-309 und Brauns Kommentar: Braun, 'Dem Geyer gleich' (II), 162-164.

[139] Vgl. Braun, 'Dem Geyer gleich' (II), 163-164.

[140] Braun, 'Dem Geyer gleich' (II),164.

[141] Braun, 'Dem Geyer gleich' (II), 165.

[142] Braun, 'Dem Geyer gleich' (II), 165.

[143] Vgl. Braun, 'Dem Geyer gleich' (II), 162.

[144] Vgl. Verena Kirchner, Heinz-Peter Preußer, 'Volker Braun (Stand 1.4.1998)', in: Heinz Ludwig Arnold (Hg.), *Kritisches Lexikon zur deutschsprachigen Gegenwartsliteratur*, edition Text und Kritik: Göttingen, 1978ff., 2.

[145] Vgl. Braun, 'Dem Geyer gleich' (II), 166-167.

[146] Braun, 'Dem Geyer gleich' (II), 166.

[147] Goethe, 'Harzreise im Winter', in: Goethe, *Werke/HA,* Bd. 1, 51.

[148] Braun, 'Dem Geyer gleich' (II), 166.

[149] Braun, 'Dem Geyer gleich' (II), 166.

[150] Braun, 'Dem Geyer gleich' (II), 166.

[151] Goethe, 'Über den Granit', 256-257.

[152] Goethe, 'Prometheus', in: Goethe, *Werke/HA,* Bd. 1, 45.

[153] Braun, 'Dem Geyer gleich' (II), 167.

[154] Braun, 'Dem Geyer gleich' (II), 167.

[155] Goethe, 'Harzreise im Winter', 52.

[156] Goethe, 'Harzreise im Winter', 52.

[157] Vgl. Goethe, 'Harzreise im Winter', 50.

[158] Zur Bedeutung der Wärme-/Kälte-Metaphorik bei Volker Braun vgl. Bothe, 'Schreiben im Niemandsland', 438-444.

[159] Kirchner/Preußer, 'Volker Braun', 2.

[160] 'Schichtwechsel', 179.

[161] Vgl. schon Bothe, *Die imaginierte Natur des Sozialismus*, 469-470 und Bothe, 'Schreiben im Niemandsland', 437.

[162] Vgl. dazu Bothe, 'Schreiben im Niemandsland', 441-446.

Dieter Schlenstedt

Empfang der Barbaren. Ein Motivfeld bei Volker Braun

What connects the late Roman Empire with the present? According to Braun it is a terminal condition, where migrations in search of land and battles with barbarians are both harbingers and enforcers. Since the 1980s, the way in which in-coming aliens are now received has been an obsessive topic in Braun's poetic work as well as his essays. It is inseparable from the question of what people want. So this essay is able to highlight the many-faceted nature of the motif. Poems such as 'Lagerfeld' are interpreted from this perspective as well as newer plays such as *Iphigenie in Freiheit*, *Böhmen am Meer*, *Der Staub von Brandenburg*, and *Limes. Mark Aurel*. But the essay also looks at the most recent drama *Was wollt ihr denn* and finally the prose volume *Das Wirklichgewollte*.

'Salute, Barbaren' – das ist das letzte Wort in Volker Brauns Text 'Lagerfeld'. Der begegnet am Schluß der Gedichtsammlung *Tumulus*[1] und dann – in einer Montage, die auf Öffnung des Handlungsgefüges zielt – am Ende des Bühnen-Materials *Limes. Mark Aurel*.[2] So bildet 'Salute, Barbaren' das letzte Wort auch dieser 1999 und 2002 gedruckten Arbeiten. Kein Zufall, wenn für den Besuch der Uraufführung des Stücks am 23. März 2002 in Kassel Plakate warben, auf denen 'Salute Barbaren' zu lesen stand. Wie wichtig der Autor den Text 'Lagerfeld' nahm, zeigt der Umstand, daß er ihn auch in seinen Essay 'Lyotard oder: Die Leute lassen sich alles erzählen'[3] aufnahm. Hier wie an den anderen Stellen kam der Gedichtschluß ohne das zu erwartende Ausrufezeichen daher. Sollte man ihn vielleicht mit einem Fragezeichen denken? Das Auslassen von Interpunktion am Ende von Notierungen ist in den jüngeren poetischen Versuchen Brauns ein wichtiges Stilmittel. Unabgeschlossenheit soll signalisiert und es soll angeregt werden, mögliche Weiterungen zu bedenken.

Selbstverständlich, eindeutig-einschichtig kann der auffällig gemachte Barbaren-Anruf in unserem kolonisierenden Kulturkreis nicht sein. Bei Gelegenheit eines Interviews zum Mark-Aurel-Stück übersetzt der Autor selbst 'Barbar' mit 'der Mann von draußen' oder auch mit 'der Fremde':[4] 'Seid gegrüßt, Leute von draußen', könnte deutsch so die wiederholt gesetzte Formel lauten. Freilich weiß Braun mehr von den Barbaren: Galen, sagt er, dem Arzt Mark Aurels, dem Mit- und Gegen-spieler im *Limes*-Stück, sei es

> bedeutsam [...] zu entdecken, dass der Barbar, der Mann von draußen, denken kann. Es ist allerdings bis heute nicht aus der Welt, dem Fremden diese Fähig-

keit abzusprechen: Präsident Bush jun. gründet seinen hirnrissigen Feldzug auf
die Vermutung, der Feind sei unzivilisiert und begreife nur die Sprache der
Bomben.[5]

Ein Spiel mit der Geschichte der Wortbedeutung ist Brauns Sprache eigen.
Tatsächlich läßt sich als ursprünglicher Sinn des griechischen und lateini-
schen Ausdrucks eben der Fremde ausmachen, der Ausländer, speziell aus
den Nachbarländern. Mit ihm ist der gemeint, der eine fremde Sprache
spricht. Im geschichtlichen Fortgang dringen, wie gezeigt worden ist,[6]
Polyvalenzen vor. Durchaus konnten mit dem Wort sachliche Beschrei-
bungen eines bestimmten ursprünglichen, sozusagen natürlichen
historischen Status verknüpft werden. Sehr früh schon erhielt es im
Vergleich der Zeiten positiv wertende Nuancen von vorzivilisatorischer
Schlichtheit, Gleichheit, Ehrlichkeit, die auch zur Selbstkritik von
europäischen Selbstgerechtigkeiten einzusetzen waren. Doch wurden bei
dem Ausdruck pejorative Vorstellungen dominant, der Sinn des
Unerwünschten, und auch, demütigend, des Verabscheuenswürdigen, des
Primitiven, Tieferstehenden, Unzivilisierten, Ungebildeten. So konnte
Luther, kritisch auch gegen Walen – Italiener –, anmerken, Plato habe
seine Götter gelobt

> fur diese drey stück, das er ein Mensch und nicht ein Thier, Ein man und nicht
> ein Weib, Ein Grieche und nicht ein ungrieche oder Barbarus were. Das ist eins
> Narren rhum und eins Gott lesters Barbari danck. Gleich wie die Walen sich
> selbs auch düncken lassen, sie sind allein Menschen, Alle welt eitel ummen-
> schen, Enten oder meuse gegen sie.[7]

Hottentotten, Feuerländer, Farbige, Heiden boten im so bestimmten
Diskurs wiederkehrende Beispiele. Für die Tendenz, die sich in ihm
niederschlagenden Probleme aus Europa in die Ferne zu rücken, gibt
Leibniz ein klassisches Zeugnis: Eine 'Securitas publica interna et
externa', denkt er, werde durch die Überwindung der inneren Streitigkei-
ten in Europa erlangt. Dort, so hofft er, wird man

> sich zur Ruhe begeben, in sich selbst zu wühlen aufhören und die Augen dahin
> werfen, wo so viel Ehre, Sieg, Nutzen, Reichthum mit gutem Gewissen [...] zu
> erjagen. Es wird sich ein ander Streit erheben, nicht wie einer dem andern das
> Seinige abdringen, sondern wer am meisten dem Erbfeind, den Barbaren, den
> Ungläubigen, abgewinnen, und nicht allein sein, sondern auch Christi Reich
> erweitern könne.[8]

Es redet hier das gute Gewissen, das nach der zweiten Belagerung Wiens
im Jahre 1683 den Islam in Gestalt der Türken zum Erbfeind machte, sie
vor allem dann unter dem Namen 'Barbaren' vorkommen ließ. Was wir
heute nun hören, wenn von 'Barbaren', schon gar vom 'Barbarischen',
von 'Barbarei' die Rede geht, ist von der Bedeutung 'Fremder', 'Auslän-

der' auch abgesondert. Es umschließt über Ethnographisches hinaus eine Verallgemeinerung des Abgewerteten, meint überhaupt Ungebildete, Unwissende, kulturell auf unterer Stufe Stehende, Leute von Unempfindlichkeit, fehlender Gesittung, Roheit, Rücksichtslosigkeit, Zerstörungswut, Grausamkeit, Unmenschlichkeit. Will Volker Braun nun mit 'Salute, Barbaren' nicht nur schlicht die Leute von draußen begrüßen, sondern die ursprünglichen Guten aus der Fremde oder die ausländischen sprengwütigen Bösen oder die Rohen, Rücksichtslosen, Zerstörungswilligen in aller Welt?

Der Text 'Lagerfeld' gibt uns keine sichere Auskunft. Besichtigt wird eine heutige Gegend, die mit ihrem Luxus, ihren Spielen, ihren Kriegen und Kriegsreden, ihren Mentalitäten an 'Roms letzte Periode des Unernsts'[9] denken läßt, an ein anderes 'Finale', bei dem Barbaren verändernd mitwirkten. Die Kämpfenden scheinen aber nicht nur 'ER ODER ICH', sie scheinen auch 'ICH ODER ICH' zu heißen, die Fronten sind von den Grenzen ins Innere gewandert: 'Das Draußen ist längst drinnen'.[10] Commodus, 'ausgelassener Sohn eines gelassenen Vaters', des Kaiser-Philosophen Mark Aurel, und sein Nachfolger im Amt, spielt in der Erinnerung mit, die das Gedicht parat hält, seine Auftritte als Gladiator – wer anders als Barbaren hatten die sonst? –, sein Verröcheln in der Hand von Verschwörern, die von der Senatsopposition gegen seinen wuchernden Cäsarenwahn angestiftet waren. Und 'Septimius Severus, der Afrikaner', erscheint, wie er mit der XIV. Legion marschiert 'aus der Wildnis Wien / Auf die Hauptstadt ARMES ROM Ein Barbar / Imperator An seinen Fersen der Rest der Welt'. Angespielt wird auf den Mann, der aus einer romanisierten punischen Familie kam, so im Gedicht als Barbar gelten kann, der nach der durch die Prätorianer vollzogenen Ermordung des Commodus-Nachfolgers Pertinax Kaiser wurde – ausgerufen von seinen Legionen in Carnuntum, der Hauptstadt des oberen Pannoniens, des heutigen Niederösterreichs, von Soldaten, die nach ihrer Herkunft aus dem Rest der Welt selbst Barbaren waren und mit denen er in drei über vier Jahre sich hinziehenden Bürgerkriegen andere Thronprätendenten besiegte und eine Militärmonarchie errichtete. Volker Braun kommentiert:

> Auch Gedichte sind Bühnen, auf denen sich die Elemente begegnen. Alles ist gegenwärtig, anzüglich winkend. Eine Endzeit grüßt die andere mit obszönen Assoziationen. Die Ordnungsmacht USA steigt in den Panzer Roms nach den punischen Kriegen. Vielleicht wird ja Brüssel Byzanz: Ostamerika. Und die Barbaren drängen auf den Markt und irgendein Kleist schreibt 'Die Währungsschlacht'.[11]

Lagerfeld schließlich, Titel- und Bezugsfigur des Gedichts, damit beschäftigt, das 'Outfit der Bestien' zu entwerfen mit der Hilfe des Supermodels Helena Christensen, deren Wahlspruch 'In modeling, there is no point in trying to prove you have a brain, so why even bother?'[12] in den Kontext gehört, ja durchaus im Text hätte zitiert werden können, Lagerfeld weiß, 'was vor sich geht' in den Gegenden der Wiederkehr, 'er ist ja nicht blind'. Aber er 'schaut nicht hin' – gebannt von Schönheit und Kommerz, vielleicht in einem 'Warten auf nichts', sicher aber in einer Gelassenheit, die von dem 'Problem' bestimmt ist, daß die Welt für einen Teil der Kundschaft 'schöner' und 'immer noch schöner', nicht aber im Ganzen 'besser' zu machen ist. 'Ich schaue nicht hin', hört man von ihm in Brauns Essay 'Lyotard', '"es ist grauenhaft", sagt Lagerfeld unverkleidet, der Modemacher. Die Geschichte ist falsch.'[13] Ist es ein gelassener Blick auf die umgebenden und die kommenden Barbaren, der mit Lagerfeld von Volker Braun empfohlen wird? Er betont beim Blick auf das Stück, das mit dem Gedicht endet: 'Gelassenheit ist nicht mein Naturell, darum mußte mich die Sache reizen. Das Stück war nicht der Versuch, aus uns Philosophen zu machen.'[14]

So sagt auch das Theater-Material nichts einfach Greifbares zu dem Gruß 'Salute, Barbaren', mit dem es sein Publikum aus dem Spiel entlassen will. Gezeigt wird, wie Roms Geschichte dem Moral-Philosophen, dem Stoiker Mark Aurel, die Tätigkeiten des Kaisers zuweist, die er als ein ihm auferlegtes Schicksal akzeptiert. 'Ein Leben lang steht er im Schlamm der Schlachtfelder / Und befestigt die Grenzen mit Tellerminen' in den Abwehrkämpfen gegen das Ausland, die Barbaren, die sich ihm in den Chatten, den Parthern, Dakern darstellen, den verschiedenen Germanen, Markomannen, Quaden und so weiter im 'Rest der Welt'. Und er denkt doch gegen eine Sicht, die sagt 'Dort ist die weite Welt. Hier ist die unsere' oder: 'Hier ist das Reich und dort sind die Barbaren':

> S ist eine Welt. Wir alle gleiche Wesen. – Nichts ist sich fremd und zugehörig alles. – Sind wir nicht alle ein Leib? – Wir wissen viel, aber wir handeln anders. Diese Verderbnis ist die Pest[15]

und nicht die ganz unmetaphorische Pest allein, die aus Mesopotamien von den Truppen der Partherkriege eingeschleppt worden war und an der vermutlich der historische Mark Aurel starb. In der von Volker Braun entworfenen Situation befindet er sich am Grenzfluß, am Limes, wo er 'Hungernden' standzuhalten hat, die 'ihn anstarren aus den Wüsten Böhmens / Barbaren mit Wolfsgier', und wo er 'Im Röcheln der Verreckenden, er ist ja nicht taub', an seinen philosophischen Reflexionen der *Selbstbetrachtungen* schreibt. Braun freilich nennt sie 'Dichtung'[16] – denn nur zum Höheren, Edlen verdampft geht die Erfahrung Roms und des Feldlagers in die Schrift des letzten der Adoptivkaiser ein. Setzt die Wirkung des ihm von seinem Arzt Galen verabreichten Rauschmittels Theriak aus, verfliegen die Ideen einer von Gott in alle Menschen geflossenen Gleichheit, die in Mark Aurels humanen Handlungen gegen die Feinde mitgeht, wird hart, was der Kaiser tut: 'Frieden ist Krieg. Es sind Barbaren. [...] Hier ist die Grenze, die wir ihnen ziehn'.[17] Commodus, der mißratene-geratene Sohn, den Mark Aurel, die Linie der Adoptivkaiser abbrechend, sehr bewußt zum Kaiser bestimmt, mag das brutale Vorgehen gegen Goten üben, wenn sie hinter dem Limes aufgegriffen werden. Braun läßt ihn in ganz modernem Stil schimpfen: 'Drecksäue. Fremde raus. Deutscher verrecke'[18] – mit Verfluchungen, denen die Kohorten der XIII. Legion, selber Barbaren, nicht nachstehen wollen – gebrochen rufen sie in der Sprache der Kolonisatoren: 'Remfer verrenke'. Hilflos wird die Philosophie des Mark Aurel, wenn sie da korrigieren möchte: 'Sind wir nicht selber Fremde. Lehmgesichter. / Tut es nicht selber weh? Mein Commodus / Ist ein Fremder'. Und wenn sie zu erwägen gibt: 'Der Tag reißt alles fort, und die Grenzen fließen. Müssen wir nicht alles aufmachen, Commodus?' Zynischer an der Sache sind in Brauns Stück die coolen Reden des Athleten, des Arztes, des Feldherrn, in denen römische Politik repräsentiert ist, im eroberten Terrain Randprovinzen als Sicherheitszonen einzurichten und auch gefangene Barbaren nicht mehr zu versklaven, sondern als Kolonen anzusiedeln: Der Blick auf die Barbaren, wie ihn im Spektrum der Sicht auf Zeitprobleme der Kultur das Stück entwirft, macht sie nicht sympathisch. Sie befinden sich bei Braun schon in Zuständen nach dem Ausgang aus einer noch unangetasteten historischen Stufe der Barbarei; sie lugen, so läßt er einen Veteran der langen römischen Kriege sagen, nun überall über den von Rom gezogenen Limes:

> Geblendet von der unwiderstehlichen Macht und den Auslagen der Geschäfte verachten sich die im Genuß der Barbarei gelassenen Außenländer. Wo sie erst die Weine auf unseren Märkten gekostet haben, seufzen sie nach der Trunkenheit. Die Hoffnung auf Produkte eines glücklicheren Klimas setzt sie in Bewegung. Sie vertauschen freudig das Schweigen ihrer unermeßlichen Wälder für die trügerische Aussicht. Vor die Wahl gestellt, vor oder hinter der Grenze zu wohnen, ziehen sie die Unterwerfung vor und gehn freiwillig in die Knechtschaft.[19]

Das Unaushaltbare auszuhalten wird in solcher Lage Mark Aurels Arbeit, und dies eben, mitsamt dem scheiternden Versuch, den Widersprüchen mit Drogen zu entkommen, wird zum Drehpunkt des Stücks. Gefragt wird, ob der Kopf oder ob der Körper den Widerstreit zwischen welthaltigem

Denken und grenzziehendem Robben im Dreck der Schlachtfelder erträgt, den Widerstreit, der sich in der Nachhaltigkeit eines Agierens auftut, das weit unter dem erlangten Bewußtsein verläuft. Braun erklärt:

> Der Stoizismus ist das Eingeständnis einer unaushaltbaren Welt. Die philosophische Haltung: Das, was in deiner Hand liegt, betreibe; was nicht, nimm hin. Sie erlaubt, sich den Schrecken der Welt zu stellen. Die gewöhnliche Übung ist ja, das Unannehmbare zu verdrängen, wegzudrücken. Wir sehen einen vorbildlichen, gleichwohl tödlichen Selbstversuch.[20]

Nicht erst während der wenigen letzten Jahre erscheint in Volker Brauns Arbeit das Motiv der andrängenden Barbaren. Vielfach auch so, daß das Wort gar nicht fällt, wenn anlangende Fremde, umhergetriebene Flüchtlinge Gegenstand des Nachdenkens werden, ist es seit längerem eine Dauerfigur in seinem poetischen Denken. Sie ist Ausdruck einer Obsession, die das Thema vielleicht nicht für das wichtigste, aber sehr wohl für wichtig ansieht. Alle 'produktiven Möglichkeiten und Schrecken' sieht er in unserer Wirklichkeit sich ballen, 'Hoffnungen und Verhängnisse ineinandergenäht. Die Erwartung des Hungers, der Völkerwanderung in die Metropolen' stand in der Rede zum Bremer Literaturpreis 1986 an erster Stelle der Beispiele für die so bestimmte Welt.[21] Lösungen, die in den Ländern des Nordens für ihre inneren Probleme, für das bei ihnen existierende 'entwickelte Elend [...] ein vornehmes Elend' gefunden waren, so fragt Volker Braun sich und uns, was haben

> sie für eine *Gewalt*, wenn sie andere, riesige Menschenzüge auf den Kontinenten zeugt, Gespensterzüge von Verlorenen im SCHRANKENLOSEN; 'Flüchtlinge', sagt der Personenzettel. Ist unser Elend die Form, nicht anteilzunehmen am Hunger der Welt. Sind die Fußstapfen der Freiheit noch Gräber, und die Demokratie geht auf Bombenteppichen.[22]

Transit Europa. Der Ausflug der Toten, das 1985/1986 geschriebene Bühnenstück, gibt nähere Auskunft. In die Handlung vom antifaschistischen Exil ist ein Traum-Text 'DAS INNERSTE AFRIKA' montiert. Die Völkerwanderung an die Küste Europas wird hier beschworen. Ein Weißer – umgeben von Plastikmüll, gedunsenen Fischen, dem Schrott der Kriege, Zeitungspapier und Raketen, der Megamaschine der Industrie – liest vom Blatt:

> Die Gelben landen, die Schwarzen, die Braunen. Gewehre und Programme. Der Kolonisator packt die Luftkoffer. Die Unterdrückten buchstabieren ihren Namen. Ah, wie sie in dem Strudel rudern unseres leuchtenden Standards. Supermärkte empfangen sie, Raffinerien der Ideologie. Die Interessen verkabelt für die Religion vom NEUEN MENSCHEN.[23]

Sympathisch sind in dem so skizzierten Bild die nach dem leuchtenden Standard der Supermärkte, zu einer der Quellen des Elends strebenden

Gelben, Schwarzen, Braunen nicht – so wenig wie es die alten Barbaren werden, die, sich selbst verlassend, über den Limes lugen und drängen. Hoffnung verbindet Braun dagegen mit Chiapas: 'Die indigene Gemeinschaft als Hort des Anderen außerhalb der Marktvergesellschaftung, die spezifische Reserve, die sich gegen den Rest der Welt erhebt.'[24] So kann es nicht einfach sein, eine Antwort auf die Frage zu finden, die sich der Träumende stellt: 'Was kann ich für euch tun, dunkle Brüder'?[25] Die üblichen Vorstellungen von Hilfe bei Vertreibung und Not ('Hungerhilfe in strategisch interessantem Gelände, Humanismus als Demonstration der Stärke, die weißen Ideen rollen noch immer im Wüstentank'), von Aufenthaltsrecht und Arbeitserlaubnis ('die versöhnlichen Lösungen von Maastricht sind klassisch beschränkt, die Asylbeschlüsse finstere Schwärmerei'[26]) sind es nicht, die aufgerufen werden. In zwei anderen Dimensionen wird gedacht: Wir haben uns nach Brauns Vorschlag in unser eigenes Unglück umzuwenden. Wir haben wieder in das alte Land zu gehen, ins Innere, von dem aus es möglich wäre, die Verhältnisse und Dinge zu ändern: 'Die Unterdrückung begraben wir auf diesem blutigen Grund'. Und wir können, meint der Visionär, dabei einer mächtigen Hilfe gewiß sein:

> ABER DIE AUSGEGRENZTEN, DIE AN DEN RAND GEDRÄNGTEN HABEN JETZT EINEN UNÜBERWINDLICHEN VERBÜNDETEN – IN GESTALT DER WAND; ZU DER SIE MIT DEM RÜCKEN STEHN. DIESE WAND – DAS SIND DIE GRENZEN DER ERDE SELBST, AN DENEN WIR FREILICH ZERDRÜCKT WERDEN KÖNNEN, WENN WIR DIE VON UNS GESCHAFFENE GROSSE MASCHINE NICHT ABBREMSEN UND AUFHALTEN, EHE SIE ENDGÜLTIG ANSTÖSST.[27]

Ausschnitte aus dem zu *Transit Europa* gehörenden Text 'DAS INNERSTE AFRIKA' fanden Eingang in das Begleitbuch zur Aufführung von Brauns *Böhmen am Meer*[28] – durchaus zu Recht. Es spielen hier ja Schwarze, dunkle Gestalten im Hintergrund der bösen Szenen zwischen Männern und Frauen der ersten und der zu Ende gehenden zweiten Welt eine wichtige Rolle. Sie spüren sie bei einer Plünderung ihres gedeckten Tisches. Und sie hören sich Geschichten an über Florenz, wo 'sechzig Maskierte auf Nordafrikaner Jagd' machten und wo auch dies geschah: 'Ein Marokkaner wurde mit Messerstichen verletzt, zwei Tunesier zusammengedroschen. Estracomunitari. Die Passanten applaudierten'. Und sie vernehmen, was als Lehre aus der Gegenwart gezogen wird: 'Der Hunger, der Hunger ist die Gewalt. Die Hungerrevolten, die ins Haus stehn. Man braucht ein Gewehr. Die Verteilungskriege, wenn der Tisch gedeckt wird'.[29] So verwundert es auch nicht, wenn der andere Text 'Das innerste Afrika' aus dem Gedichtband *Langsamer knirschender Morgen* von 1987 in dem Programmbuch für *Böhmen am Meer* ebenfalls zitiert wird, so die Zeilen:

> EUROPA SACKBAHNHOF die verdunkelten Züge aus der vierten Welt vor Hunger berstend / hinter der Zeitmauer Getöse unverständliche Schreie / Blut sickert aus den Nähten der Niederlage / Zukunftsgraupel und fast will / Mir es scheinen, es sei, als in der bleiernen Zeit[30]

oder auch, herkommend von eben diesem Druckort, die ironisch gesetzten zynischen Sätze aus 'Blue Movies':

> Wir behalten den Tropenhelm auf. Die Frischluftkonten in der Karibik, die akkumulierten Paradiese, über die Highways des Hungers mit frischgeliftetem Grinsen.
>
> Wir werden die Indianer aller Zeiten in die Reservate schließen, damit das Öl fließt, und Europas dankbare Nigger verkabeln.
>
> Wir sind in Nylonwäsche geboren. *Es gibt Wichtigeres als den Frieden*[31]

'Griechen, Barbaren eine wüste Welt / Lust Haß Lust',[32] heißt es wieder in *Iphigenie in Freiheit*, geschrieben 1987–1991. Es sagt dies vielleicht Iphigenie selbst, und Thoas/Gorbatschow vielleicht, der aufgeklärte Herr, ein guter Mensch ('Thoas wäscht sein blutiges neuland rein und räumt es um: die welt der griechen und barbaren wird eins'[33]) antwortet ihr mit einer Schreckphantasie, in die Schrecken des Autors eingegangen sein könnten, wie er sie in der noch ganz unübersichtlichen Zeit einer geschichtlichen Wende erlebte:

> WAS WEISS DER HUNGER UND WAS WEISS DIE MACHT. / ICH WEISS, DASS ICH VERLOREN BIN, IHR GRIECHEN. / MEIN HUNGER-VOLK SAMMELT SICH IN DER STEPPE / ZUM HUNGERMARSCH IN EURE METROPOLEN / SEIN HUNGER NAGELT MICH IN MEINEN KREML / UND AUS DEM HUNGER SPEIST SICH UNSRE MACHT.[34]

Vorschein und erster Ausdruck des Hungermarsches in die Metropolen sind für Braun die Flüchtlinge und die Asylsuchenden. Daß ihnen eine wachsende Bedeutung zukommt, sollen seine Arbeiten – zu welchen Lebensbereichen auch immer – aufweisen. Wie er sich gezwungen fühlt, sie aus dem Assoziationshorizont der Gedichte scharf bedrängend in die Handlungsgegenwart von Theaterstücken zu bringen, zeigt auch das noch nicht gedruckte und aufgeführte Schauspiel *Was wollt ihr denn* von 2002. Schlepper und Geschleppte erscheinen hier in Ostende, wo man auf die Weiterflucht nach England wartet. Farbige auf jeder Seite eines Elends, das längst zum Geschäft verkam. Tote sind einkalkuliert: Menschen werden über Bord geworfen, ist die Aktion des Fluchthelfers gefährdet; in Kühllastern und Containern läßt man die Menschen umkommen. In

Brauns Groteske, die auch ein Vorgang durchzieht, wie einem Schwarzen ganz unbildlich das Blut aus den Adern gezogen werden soll, wie er, gekauft, sich herausputzt, wie man seine Schwester zur Hure herabwürdigt, vergewaltigt, wird ein solcher Container auf die Bühne gestellt und geöffnet. Welche Probleme dem Autor die Szene bereitet, deutet sich in dem Umstand an, daß für sie Lösungen für die Frage erwogen wurden: Sollen die Leichen gezeigt oder soll nur erzählt werden, was mit solchen Behältnissen der Flucht geschehen kann: 'Die sind in dem Kasten, fünfzig, Chinesen, alle erstickt.' Für das Erzählen entschied sich der Autor letztendlich. Die Greuel eines Haufens toter Körper sind so stark, daß sie, kann man vermuten, an der Grenze dessen liegen, was ihm darstellungsmöglich scheint. Auch so aber bleibt an der Stelle der Container-Öffnung der Klageschrei zu dem zugrundeliegenden Vorgang, in dem sich Unverständnis, Verzweiflung und Anklage mischen:

> Wer seid ihr. Wo kommt her ihr. Was macht hier ihr. An diesem dreckigen Strand. Wollt glücklich sein ihr. Geht doch in euer warmes Land! Nachhause ihr. Wollt ihr hier leben? Was wollt ihr denn! Was wollt ihr denn![35]

Einem der überflüssigen Menschen wird dies in den Mund gelegt, einem gewissen Krüger aus Guben, Dauercamper in Ostende, einem der gehobenen Flüchtlinge, der alimentierten Arbeitslosen aus dem Ende des Ostens in Deutschland, einem, der sich nun, während eine Flüchtlingsgruppe von der Polizei abgeführt wird, auch in den Container hocken möchte. 'Dumpf und schluchzend' merkt er, daß er an sich zu richten hat, was er den Fremden aus den Außenländern zuschrie:

> Wer bist du. Krüger. Was machst du. Warum kommst her du. Krüger. An diesen dreckigen Strand. Was suchst hier du. Hau ab! Hau ab! Willst du hier glücklich sein. Willst du hier leben? Manne Krüger. Was willst du denn! Was willst du denn![36]

Erfahrungen und eine Erzählung von den neueren Ausbrüchen der Fremdenfeindlichkeit stehen im Kontext von Krügers doppelt gebundener Verzweiflung. Auch in den zivilisatorischen Gegenden der Gegenwart gilt, was Büchner Danton sagen läßt und was Braun in 'Lagerfeld' mit Schmerz zitieren kann: 'MAN ARBEITET HEUT ZU TAGE ALLES IN MENSCHENFLEISCH.'[37] Daß sich, wie Krüger hört, die einheimischen Überflüssigen auch in Guben mordend den ausländischen Überflüssigen widmen, das hätte, meint er, ganz gut in die Geschäftswelt von Ostende gepaßt:

> In Guben ... hat eine Rotte einen Schwarzen, einen Asylanten, Farid, alias Omar [...] durch die Stadt gejagt, zwischen den Plattenbauten, und in seiner Angst sprang er durch eine Scheibe und ist im Hauseingang ... verblutet. [...] Jetzt weiß man, wo Guben liegt.[38]

Bilder davon, wie nun Grenzen gezogen werden gegen die armen Ausländer, können in der so gezeichneten Gegenwart nicht fehlen. Eine groteske Szene in *Der Staub von Brandenburg* gibt das Selbstgespräch eines Bürokraten, der an der Oder zwei oder auch vier 'Wasserleichen', 'Wasserpolacken' anlanden sieht: 'Zwei Asylanten auf dem Wasserweg. / Jetzt kommt das Ausland angeschwommen.' Wohin nun mit ihnen, läßt Braun ihn fragen, da doch erst neulich sechs Tote aus dem abgebrannten Asylantenheim schon auf Gemeindekosten beerdigt werden mußten. Soll er sie wieder ins Wasser werfen, daß sie abtreiben? Und vielleicht leben sie überhaupt noch, Knechte, die Arbeit wollen und sie Deutschen nehmen? 'Ich weiß nicht, was ich mache, wenn die leben. / Mit nacktem Nischel auf mein Ödland starrend / Ich glaub, ich schlüg sie tot',[39] so redet er sich zu und schlägt auf die Körper ein, vorsichtshalber.

Auch die 1998 veröffentlichte Schriftensammlung Volker Brauns, der Band *Wir befinden uns soweit wohl. Wir sind erst einmal am Ende,* macht klar, wie anhaltend verstörend auf ihn die Nachrichten wirkten, die Anfang der neunziger Jahre von aufgeflammter Fremdenfeindlichkeit berichteten. Daß nicht zuletzt Landsleute aus dem deutschen Osten sich in den bösen Aktionen gegen Ausländer hervortaten, löste einen scharfem Schock aus, bereitete großen Schmerz. Es waren ja seine Leute, darunter die Leute von Hoyerswerda, von Hoywoy, mit denen zusammen der Autor doch am Anfang seines Weges einmal gearbeitet hatte, die berühmten 'Erbauer von einst'. Nach der Wende riefen sie nun den Anderen zu: 'NIGGERSCHWEINE, VERPISST EUCH. WIR BRINGEN EUCH UM'. Braun stellt sich nicht belehrend neben sie, er fragt sie und sich, wie es zu solchem Verhalten kommen konnte. Sie sahen ihr Leben, so die experimentelle Antwort, plötzlich außer Kraft gesetzt:

> Wer waren sie nun. Ihre Blicke, ihre Rechnungen sagten: verächtliche Wesen. Das hatte man mit ihnen gemacht. – Und nun zeigten sie ihre Kraft, den Schwächeren, und erwiderten die Gewalt, die sie erfuhren auf einen Schlag. Sie konnten, sie mußten wünschen, nicht die Letzten zu sein im Staat, nicht die Allerletzten. Nun schlugen sie zu.
>
> Was für Elendsgestalten, dachte ich. Ein unterentwickeltes Land! Eine Dürrezone des Mitgefühls! Ein Katastrophengebiet! Sie waren selber Fremde, im Ausland hier, auf der Flucht. Wohin wollten sie, wohin geraten?[40]

Volker Braun erkennt in den Situationen, in die Fremde, Flüchtlinge gebracht werden, in die sich die sie Verfolgenden bringen, Szenen, in denen sich die Gesellschaft darstellt.

Was wollt ihr denn ist der Titel des neuen Braun-Stücks. Mehrmals wird in ihm, immer wieder an andere, die Frage nach Beweggründen von

Verhalten und Tun gestellt. *Das Wirklichgewollte* heißt wiederum ein
Band mit Erzählungen. Das Wollen viel eher als der Wille erscheint
wiederholt an hervorgehobenen Stellen der jüngeren Arbeiten Volker
Brauns. 'Das Wirklichgewollte' steht auch über dem ersten Erzählstück
des Bandes. 'Was wollen sie' lautet sein letzter Satz.[41] 'Was willst Du',
wird in der zweiten[42] und auch in der dritten der Geschichten[43] gefragt, die
den Titel 'Was kommt?' trägt. Vermutlich hat Volker Braun sich nicht
eingebildet, daß das, was kommt, in direkter Linie von den Absichten der
Menschen und von der Bereitschaft, sie durchzusetzen, abhängig sein
könnte. Aber er fragt doch nach den Intentionen, weil er, in einem Zweig
seiner Reflexion, Lagen einrechnet und eine von ihnen eingetreten sieht,
wo, mit Schiller gesprochen, eine furchtbare Natur die ideale Einheit von
Pflicht und Bedürfnis zerstört, wo 'das Schicksal alle Außenwerke
ersteigt', auf die man Sicherheit gründete, 'wo es kein andres Mittel gibt,
den Lebenstrieb zu beruhigen, als es zu wollen', und zuzusehen, 'sich
moralisch zu entleiben'.[44] Die Außenwerke sind für Braun, für sein
globalisiertes Denken, das freilich weit mehr umspannt als jene
Engstirnigkeit, die bei der 'Globalisierung' bloß die Vorgänge erblickt, in
denen Finanzströme mit Wirbeln um Aktien und Derivaten jeden Tag den
Globus virtuell mehrfach umkreisen, die Außenwerke, sie sind für ihn
nicht die deutschen Halterungen, sondern 'die Festungen unserer zivilisatorischen Selbstgewißheit'. Und das Schicksal, das sie ersteigt – es sind
die 'Asylanten und Hungervölker, die bedrängte, elende Natur', das 'Ausgegrenzte', das 'uns in unseren moralischen Grenzen' stört. Zerrissen von
dem gemischten Gefühl, daß wir handeln und daß wir hilflos sind, von
dem schneidenden Bewußtsein davon, daß wir unter unserem Wissen
fortleben, fühlt sich dieser Autor. Er scheut sich nicht, bei Früheren und
bei Gleichzeitigen nach Lebensmöglichkeiten sich umzusehen und sich
Rat zu holen: 'Die Hölle, notierte Peter Weiss vor Jahren, "das ist die
Lähmung, das ist der Ort ... an dem jeder Gedanke an Veränderung ausgeschlossen ist." Der Himmel, vielleicht, ist die Chancengleichheit'.[45]

Utopie? Das war und ist in ihren umrissenen Formen Volker Brauns
Sache nicht. Utopisches aber spricht heute weiter mit in der Neugier auf
das, was kommt. Es bildet den Untertext seiner Texte, auch wenn an ihrer
Oberfläche Verzweiflung, die Absage an Hoffnung steht, auch wenn sie
von dem Empfinden sprechen, daß alles Planen sich erledigt hat, alles sich
im Kreise dreht, man abgeschnitten ist von allem, was 'Ziel oder Zentrum
hieß',[46] auch wenn sich dem Autor mit Joseph Conrad das Innere Afrika
als Horror gezeigt hat. Sicher hat sich für ihn wie für andere die große

vereinfachte Erzählung vom Fortschritt in dem uns längst verschüttenden Fortschrott auserzählt. Den postmodernen Legenden – 'Die Geschichte ist zuende, lästerte Fukuyama, der transpazifische Lügner'[47] – folgt er deshalb noch lange nicht. Obwohl er doch immer wieder versichern kann oder versichern läßt, das 'alles probiert' worden sei, 'Erfindungen, Pläne, Kriege', daß 'unerhörte Verwirklichungen' geschehen seien, die sich als 'Vernichtungen', als 'Verwüstungen' offenbaren, daß man, 'auf allen Kontinenten, alle Ideen verbraucht' hat, daß man sich zu fragen hat, ob das Jahrhundert 'nicht die Ideen verbraucht [hat] wie die Leiber oder, schlimmer gesagt: die Ideen realisiert, indem es die Leiber verbrauchte',[48] daß die als eigen geglaubten Worte nicht mehr galten: 'revolución', 'socialismo'[49] – obwohl dies alles gesehen und eingestanden wird, kann er mit einer seiner Figuren sich korrigieren: Vielleicht waren doch noch gar nicht alle Ideen gedacht. Und er kann sagen: 'Nach dem Jahrhundert fundamentalistischer Verwirklichungen warte ich auf ein Zeitalter der Entwürfe. Die Welt war zu sehr Wille, zu wenig Vorstellung.'[50] 'Was stellt ihr euch denn vor, bei eurem wirren Tun' – das könnte mit der ironisch auf Schopenhauer anspielenden Willenskritik die Frage nach dem Wollen genauer bedeuten. Aber auch in dieser Form bleibt die Überzeugung spürbar: Ohne einen wiedererwachten, den wiedererweckten Willen, sich ernsthaft und auch über die Individualität hinaus auf die Suche zu begeben, wird nichts geschehen, was die Möglichkeit von Leben sichert. Es ist die anhaltende Unsicherheit, aus der bei Volker Braun die dringlichen, verzweifelten Fragen nach dem Wollen und dem Wirklichgewollten bei den Leuten kommen, bei denen, die er in der Wirklichkeit sieht, und bei denen, die er vorstellt. 'Ich erzähle etwas Einfaches', sagte Braun im Gespräch zum 'Wirklichgewollten' 1993: 'daß die Menschen je nach ihren Bedingungen Verschiedenes wollen, Widerstreitendes. Das macht die Frage, was es ist, so dringlich und verzweifelt.'[51] Sieben Jahre später verschärft er das Problem: Wenn Badini, eine Figur der Erzählung, sich fragt, 'was das war, was wir wollten, als wir wussten, was wir wollten, weiß er keine generelle Antwort mehr'.[52]

In einer vergangenen Zeit hat sich Volker Braun, begeistert von der Erfahrung des südlichen Landes Kuba, die Zukunft als ein Gemisch vorgestellt:

> Ein Gemisch aus schwarzen und weißen Brüsten / Und Nasenbeinen und braunen Gliedern / Vom sachtesten Ton bis zur Farbe der Pferde. // Ein menschliches Gemisch, eine endliche / Unordnung, von einem Erdbeben her / Aus der Tiefe des Unrechts / Und die verworrenen Hände streifen sich ohne Haß //[...] // Die Zukunft ist eine Mulattin. // Eine Verwerfung der Farben und

Schichten / In der Landschaft knirschend vor Eröffnungen // Von denen ich zehre.[53]

Daß das Bild von der Mulattin in dem Gedicht 'Tagtraum' später wiederkehrt, zeigt, wie stark ihn die Vorstellung anzog. Im ausgestellten Moment einer Seltenzeit, da Völker in Bewegung geraten, fragt er sich 'Was wollt ich denn?' Und dabei weiß er doch: 'Der Lorbeer bloßen Wollens hat nie gegrünt', und auch ein sicheres Wissen, daß 'es wird', gibt es nicht. Aber ein Glaube an Zukunft steigt aus dem Bild: 'Die ernste Zukunft, eine Mulattin, teilt' / Mit schmaler Hand das Brot und die Arbeit aus / Nach Nord und Süden und die Wahrheit / Welche auf beiden den Seiten wohnet.'[54] Volker Braun ist 1994 von Rolf Jucker gefragt worden, was dieses Bild bedeutet, wenn es nicht 'eine Delegierung unserer Hoffnung in die Dritte Welt symbolisiert, wie es in den siebziger Jahren geschah'. Die Gesprächspassage ist aufschlußreich. Der Befragte hat mit dem Hinweis auf eigene Erfahrung in einem 'heiteren Kuba' geantwortet, vor allem aber mit dem Entwurf einer Idee:

> BRAUN: Die Zukunft bringt ein Gemenge, eine Vermischung. Wir werden sie als Umarmung oder Vergewaltigung erleben. [...] Jetzt blockieren tausend Kurden die deutschen Autobahnen, in den worst-case-Szenarien umschließen Abermillionen London. Die leeren Reste der Metropolen werden wie Normannenburgen aus den Küsten ragen: die Städte der Waffenhändler. Die alten Zumutungen werden noch einmal Räson: die Mauer, der Dirigismus, der Schießbefehl, an den Futterplätzen. [...] Es ist Zeit, Versöhnungen zu üben. Aber wir trainieren, mit UNO-Mandat, den Bürgerkrieg.
> JUCKER: Wenn ich deine Texte lese, so scheint mir die passendste Charakterisierung der Lebenshaltung, die sie ausdrücken: anarchistisch. [...]
> BRAUN: Alright.[55]

Könnte hinter der Begrüßungsformel 'Salute, Barbaren' vielleicht das hier angedeutete 'Gemenge', die hier geahnte 'Vermischung' stehen? Eine Art der Ankunft der Fremden, von der gedacht wird, daß da Umarmung wie Vergewaltigung statthat, Destruktion wie Befreiung? Das wäre weit entfernt von der Gemütlichkeit einer blanken Utopie, von der Sentimentalität einer gerecht austeilenden Mulattin, hätte aber, in harter Form, Utopisches in sich.

Die Struktur der Vorgänge in den Geschichten des Bandes *Das Wirklichgewollte* kann vielleicht Auskunft geben. In 'Das Wirklichgewollte' wird ein Professor vorgestellt (der französische Historiker Gilbert Badia steht im Horizont der Figur[56]), dem das 'Thema: *la rivoluzione*' abhanden gekommen war: Sie hatte stattgefunden, wo man sie nicht machte. Und er hatte sich, nun pensioniert, mit seiner Frau in einem naturhaften Opportunismus, wollüstig mit der Zuflucht in einem schönen Haus in schöner Landschaft begnügt. In sie bricht rücksichtslos ein herumirrendes albanisches Flüchtlingspaar ein, macht sich frech über die Vorräte her, bedroht die Badinis. Die sind verwirrt vom Geschehen – überfallen von Angst vor den Fremden, Einbrechern, Unmenschen, zugleich sonderbar zufrieden, ohne den Grund angeben zu können, und seltsam erotisch revitalisiert und angesteckt von der Brutalität in den Zuwendungen. Wie der Kampf zwischen den Paaren ausgehen mag, ist ungewiß. Werden die Badinis zuletzt gerettet oder barbarisch totgeschlagen? Am Schluß der Geschichte steht ein Fragezeichen. Die nach dem vorläufigen Ende der revolutionären Ideen ('Nach dem Massaker der Illusionen', wie es in einem Gedicht heißt[57]) 'auf so andere Weise geordnete Welt', beschreibt Braun im Interview diese Struktur, 'wird durchkreuzt von den Flüchtlingen, die ein anderes immenses Thema sind.'[58]

In Variationen kehrt dieser Verlauf in den weiteren Geschichten des Bandes wieder. In 'So stehn die Dinge' ist es in Sibirien eine Jugendbande von Asozialen, Säufern, Wilderern, Banditen, Dieben, Räubern Totschlägern, von solcherart 'Barbaren',[59] die da in ein bloßes Dahinleben bricht. Das ist jämmerlich genug nach dem Ende der Illusionen eines gewaltigen Gewinns von Neuland und verkehrstüchtiger Magistralen, und läßt den einstigen Akteur selbst bereit werden zu Mord oder Selbstmord. In der Geschichte aus Brasilien 'Was kommt?' liest der alte Borges den obdachlosen Jungen Jorge auf, beherbergt ihn in seiner Wohnung und weiß nun nicht, ob er mit einer Bestie zusammen ist. Der führt eine Meute aus dem Heer der Obdachlosen, Straßenkinder, Ganoven heran, stört, womöglich mörderisch, die kultivierte Lebenswelt des Intellektuellen auf. Ungeheures ist hier zu ahnen – die Auflösung des Staats, eine freigesetzte Anarchie, die Schrecken und Lust bereitet. Oscar Niemeyer steht hinter der Zentralfigur dieser Geschichte, dem Weltarchitekten, der einmal beteiligt gewesen war an dem Traum einer Umwälzung von Grund auf und der nun hilflos wütend auf die sozialdemokratischen Halbheiten des Plano real von Präsident Cardoso starrt. Vielleicht, das drängt sich jäh dem Borges auf, ruft die Sache, 'wie sie steht, aus bloßer Not, ohne Losungen zu lügen, elementar zum Aufruhr [...]. Nichts besteht; und was sich sicher wähnt, hat den Keim der Auflösung in sich, die Empörung'. 'Eine rohe Freude durchfuhr ihn', so kommentiert der Erzähler den Vorgang, in dem er mit Borges die Möglichkeit der Erneuerung durch und nach einer Zerstörung sich vorstellt, ja erhofft, 'werden doch die besten Gebäude auf Ruinen gebaut, und Leben kostet den Tod.'[60] Wenn die Meute der Kinderbestien sich auf ihn zu bewegt, spürt er ein Vorspiel eines größeren Aufbruchs, und es könnte sich deshalb – mag er selbst auch nicht unverschont bleiben – in seinem Schweigen ein weit zurück und nach vorn greifender Gruß sich verbergen: 'Salute, Barbaren'.

Anmerkungen

[1] Volker Braun, 'Lagerfeld', in: Volker Braun, *Tumulus*, Suhrkamp: Frankfurt/M., 1999, 39-41.

[2] Volker Braun, *Limes. Mark Aurel, Theater der Zeit. Zeitschrift für Politik und Theater*, 57 (2002) 3, 58-70, 'Lagerfeld' hier 70.

[3] Volker Braun, 'Lyotard oder: Die Leute lassen sich alles erzählen', in: *Volker Braun. Arbeitsbuch*, hg. v. Frank Hörnigk, Theater der Zeit/Literaturforum im Brecht-Haus: Berlin, 1999, 52-58, 'Lagerfeld' hier 56-58.

[4] 'Eine Endzeit grüßt die andere. Volker Braun im Gespräch mit Thomas Irmer', *Theater der Zeit*, 57 (2002) 3, 56-57, hier 57. Auch: Thomas Irmer, 'Sind wir nicht auf einem Ausflug ... ins Nichts?' Gespräch mit Volker Braun, in: [Kasseler Staatstheater, Programm, Kassel 2002], 1.

[5] Ebd.

[6] Vgl. Wilhelm Braun, 'Barbar von βάρβαρος', in: Elisabeth Charlotte Welskopf (Hg.), *Das Fortleben altgriechischer sozialer Typenbegriffe in der deutschen Sprache*, Akademie Verlag: Berlin, 1981, 137-168.

[7] Martin Luther, *Werke. Kritische Gesamt-Ausgabe*. Bd. 53: Weimar, 1920, 420, zit. nach W. Braun, 1981, 139.

[8] Gottfried Wilhelm Leibniz, *Deutsche Schriften*. Bd. 1: Berlin, 1838, 199, zit. nach W. Braun, 1981, 141.

[9] In diesem Absatz nicht bezeichnete Zitate stammen aus 'Lagerfeld'.

[10] 'Eine Endzeit grüßt die andere', 57.

[11] Ebd.

[12] AskMen.com, 'Helena Christensen' [http://www.askmen.com/women/models/10_helena_christensen.html] (Zugriff: 15.5.2003).

[13] 'Lyotard', 56.

[14] 'Eine Endzeit grüßt die andere', 57.

[15] *Limes. Mark Aurel*, 69.

[16] Volker Braun, 'Die Fabel' [von *Limes. Mark Aurel*] [Manuskript o.O., o.Z.].

[17] *Limes. Mark Aurel*, 66.

[18] Ebd., 68.

[19] *Limes. Mark Aurel*, 64.

[20] 'Eine Endzeit grüßt die andere', 56.

[21] Volker Braun, 'Abweichen vom bürgerlichen Verkehr', in: Volker Braun, *Texte in zeitlicher Folge*, Band 9, Mitteldeutscher Verlag: Halle, 1992, 177-182, hier 180.

[22] Volker Braun, *Die Verhältnisse zerbrechen. Rede zur Verleihung des Georg-Büchner-Preises 2000*, Sonderdruck edition suhrkamp: Frankfurt/M., 2000, 19-30, hier 28.

[23] Volker Braun, *Transit Europa. Der Ausflug der Toten*, in: *Texte in zeitlicher Folge*, Band 9, 105-140, hier 135f.

[24] Volker Braun, 'Ein Ort für Peter Weiss' [Vortrag in der Schaubühne Berlin, 1997], in: Volker Braun, *Wir befinden uns soweit wohl, wir sind erst einmal am Ende*, edition suhrkamp: Frankfurt/M., 1998, 164-174, hier 173.

[25] *Transit Europa*, 136.

[26] Volker Braun, 'Adresse an das Cottbuser Theater', in: *Texte in zeitlicher Folge*, Band 10, Mitteldeutscher Verlag: Halle, 1993, 145-146, hier 146.

[27] *Transit Europa*, 136f.

[28] Vgl. Volker Braun, *Böhmen am Meer. Programmbuch Nr. 28*, hg. v. Staatliche Schauspielbühnen Berlin: Berlin, 10. März 1992.

[29] Volker Braun, *Böhmen am Meer*, Suhrkamp: Frankfurt/M., 1992, 51 und 25.

[30] Volker Braun, 'Das innerste Afrika', in: *Böhmen am Meer. Programmbuch Nr. 28*, 32f. Vorher in: Volker Braun, *Langsamer knirschender Morgen*, Mitteldeutscher Verlag: Halle, 1987, 61-63.

[31] Volker Braun, 'Blue Movies', in: *Böhmen am Meer. Programmbuch Nr. 28*, 34. Vorher in: *Langsamer knirschender Morgen*, 15.

[32] Volker Braun, *Iphigenie in Freiheit*, in: *Texte in zeitlicher Folge*, Band 10, 127-143, hier 137.

[33] Volker Braun, 'Anmerkung', in: *Texte in zeitlicher Folge*, Band 10, 144.

[34] *Iphigenie in Freiheit*, 137f.

[35] Volker Braun, *Was wollt ihr denn*, Typoskript, 2000, 19.

[36] Ebd., 36.

[37] Georg Büchner, *Dantons Tod*, 3. Akt, [Die Conciergerie.] Ein Korridor, in: Georg Büchner, *Werke und Briefe*, mit einem Nachwort von Fritz Bergemann, Deutscher Taschenbuch Verlag: München, 1974, 43.

[38] Volker Braun, *Was wollt ihr denn*, 27.

[39] Volker Braun, *Der Staub von Brandenburg*, in: *Volker Braun. Arbeitsbuch*, 190-207, hier 191.

[40] Volker Braun, 'Die Leute von Hoywoy (2)', in: *Wir befinden uns soweit wohl*, 65-66, hier 66.

[41] Volker Braun, 'Das Wirklichgewollte', in: Volker Braun, *Das Wirklichgewollte*, Suhrkamp: Frankfurt/M., 2000, 9-24, hier 24.

[42] Volker Braun, 'So stehn die Dinge', in: *Das Wirklichgewollte*, 27-40, hier 37.

[43] Volker Braun, 'Was kommt?', in: *Das Wirklichgewollte*, 43-55, hier 48.

[44] Friedrich Schiller, 'Ueber das Erhabene', in: *Friedrich's von Schiller sämmtliche Werke,* hg v. C.G. Körner, Band 8.2, J.G. Cotta'sche Buchhandlung: Stuttgart und Tübingen, 1812-1815, 211-237, hier 232f.

[45] Volker Braun, 'Ist das unser Himmel? Ist das unsre Hölle?' [Rede zum Schiller-Gedächtnispreis 1992], in: *Wir befinden uns erst einmal wohl*, 81-87, hier 86.

[46] 'Lyotard', 53.

[47] Ebd., 52.

[48] 'Was kommt?', 53, und 'Die Verhältnisse zerbrechen', 25.

[49] 'Was kommt?', 53.

[50] 'Lyotard', 58.

[51] Volker Braun, 'Das Nichtgelebte und das Wirklichgewollte' [Gespräch mit Peter Berger], *Neues Deutschland*, 23.12.1993, 13.

[52] Volker Braun, 'Jeder hat seine Würde und seine Möglichkeit' [Gespräch mit Lothar Baier], *Freitag*, No. 44, 27.10.2000, 3.

[53] Volker Braun, 'La Rampa, Habana', in: *Texte in zeitlicher Folge*, Band 5, Mitteldeutscher Verlag: Halle, 1990, 67-68, zuerst in Volker Braun, *Training des aufrechten Gangs*, Mitteldeutscher Verlag: Halle (Saale), 1979, 16.

[54] Volker Braun, 'Tagtraum', in: *Texte in zeitlicher Folge*, Band 8, Mitteldeutscher Verlag: Halle, 1992, 83-84, hier 84.

[55] Volker Braun, 'Wir befinden uns soweit wohl. Wir sind erst einmal am Ende' [Gespräch mit Rolf Jucker in Swansea am 21. März 1994], in: *Wir befinden uns soweit wohl*, 99-109, hier 107.

[56] Vgl. Gilbert Badia, 'Erinnerungen und Begegnungen', in: *Volker Braun. Arbeitsbuch*, 41-42.

[57] Volker Braun, 'Nach dem Massaker der Illusionen', in: *Tumulus*, 28.

[58] 'Jeder hat seine Würde'.

[59] Volker Braun, 'So stehn die Dinge', in: *Das Wirklichgewollte*, 47.

[60] 'Was kommt?', 54.

Gilbert Badia

Zur Rezeption von Volker Brauns Werken in Frankreich

This contribution explores how Volker Braun's writings – in all genres – have been received in French translation. In particular it highlights the difficulty of finding an audience for literature from the (former) GDR in France. However, it also demonstrates the substantial achievements of Braun's three main translators.

Volker Braun war kaum sechsundzwanzig Jahre alt, als ein französischer Germanist seinen Namen in einem Artikel erwähnte, der den 'jungen Dichtern der Deutschen Demokratischen Republik' ('La Jeune poésie en République démocratique allemande') gewidmet war.[1] Zwei Jahre später tauchten fünf seiner Gedichte in einer zweisprachigen Anthologie mit dem Titel *Dix-sept poètes de la RDA* (*17 Dichter der DDR)*[2] auf und 1970 gab Pierre Jean Oswald, der auch schon die soeben genannte Sammlung herausgegeben hatte, einen Band mit Gedichten von Volker Braun heraus, dessen Titel *Provocations pour moi et d'autres (Provokation für mich)* lautete und der von Alain Lance vorgestellt und übersetzt worden war.[3] Im Mai 1971 wurde in der Literaturzeitschrift *Les Lettres françaises* Brauns Aufenthalt in Frankreich angekündigt und eines seiner Hölderlin gewidmeten Gedichte abgedruckt. Dennoch blieb die Anzahl seiner LeserInnen und Veröffentlichungen verhältnismäßig gering.

Alles sollte sich 1978 ändern, als nämlich in Paris eine Ausgabe von *La vie sans contrainte de Kast* (*Das ungezwungne Leben Kasts. Drei Berichte)* erschien,[4] ein Text, der das Talent des Schriftstellers Volker Braun offenbarte, während eines seiner Theaterstücke, *Die Kipper*, übersetzt von Gilbert Badia und Alain Lance, im Januar/Februar 1979 in einem Pariser Vorort, im *Centre dramatique national* in Gennevilliers nämlich, aufgeführt werden sollte. Bereits 1977 war eine neue Sammlung von Gedichten unter dem Titel *Contre le monde symétrique* (*Gegen die symmetrische Welt)*,[5] erschienen, diesmal in Paris veröffentlicht. Darüber hinaus wurde Braun 1978 eingeladen, einige seiner Gedichte in der Chartreuse d'Avignon (während des dortigen Festivals) vorzulesen.

Die Mehrzahl der auflagenstarken Pariser Zeitungen und die in ganz Frankreich gelesenen Zeitschriften entdeckten Volker Braun, ersuchten und veröffentlichten Interviews mit ihm (bis dahin war das sozusagen ein Privileg der kommunistischen Presse).

Die Kritiken unterschieden sich ebenso wie die Interviewer. Im *Magazine littéraire* sprach Alain Bosquet, mit dem Gedichteschreiber streng ins Gericht gehend, dem Prosaschriftsteller, von dem 'er sich wünsche, andere Schriften zu lesen',[6] seine Anerkennung aus. In *Allemagnes d'aujourd'hui* (Juni 1979), betitelte Liliane Crips ihren Artikel, in dem sie Brauns Werk analysiert, wie folgt: 'Volker Braun, die Dialektik und der "Realsozialismus"'.[7] Nicole Casanova, die Braun das erste Mal im September 1977 für das Magazin *Nouvelles littéraire* interviewt hatte, gab ihrem Text den Titel 'Die Fragen des Volker Braun',[8] während ihr im Februar 1979 'Ein Kommunist, froh es zu sein' (*Le Monde*) begegnete.[9] Dies ist eine Bezeichnung, die angefochten werden kann, insofern Volker Braun in allen seinen Werken nie müde geworden ist, das Regime des Landes zu kritisieren, in dem er lebte.

La vie sans contrainte de Kast wurde insgesamt von der französischen Öffentlichkeit gut aufgenommen. Die Vereinigung der französischen Kritiker hat dieses Werk sogar, neben einem Text von Walter Benjamin, als eine der besten in Frankreich erschienen literarischen Arbeiten bewertet.[10]

Die Kritiken für *Die Kipper* dagegen, außer jenen, die in kommunistischen Schriften erschienen, kann man wohl kaum Lobeshymnen nennen. Michel Cournot (*Le Monde*) konstatiert, dass das Stück zwar eine gute Frage stelle: 'Ist der Sozialismus ein wirklicher Fortschritt?', schlussfolgert aber, dass 'es alle Schwächen eines Demonstrationsdramas zeigt',[11] während Gilles Sandier (*La Quinzaine littéraire*) in dem Stück nichts als 'einen langen theatralischen Vortrag im Stile des sozialistischen Realismus' sieht.[12] Eine wohlgesonnenere Kritik schrieb Lucien Attoun in *Nouvelles littéraires*.[13]

Doch wie lässt es sich erklären, dass von 1978 bis 1985 kein Text von Volker Braun in Frankreich veröffentlicht wurde, obwohl der Autor im Mai 1983 eingeladen wurde, einige seiner Gedichte in der Maison de la poésie in Paris zu lesen?

1976 hatte die Entscheidung der DDR-Autoritäten, Wolf Biermann auszubürgern, das Bild der Deutschen Demokratischen Republik in Frankreich bedeutsam beschädigt. Folglich zogen die führenden Herausgeber (Gallimard, Le Seuil, Laffont, Denoël), die früher schon mal ein oder zwei Werke von DDR-Autoren veröffentlicht hatten, fortan die Dissidentenliteratur vor. Allgemein gesehen, ließ sich die Mehrheit der französischen Herausgeber in ihrer Wahl von den Kollegen in der Bundesrepublik leiten.

Von den 28 Werken ostdeutscher Autoren, die in Frankreich von 1970 bis 1980 veröffentlicht wurden, waren dreizehn in der Bundesrepublik erschienen, fünf in beiden Teilen Deutschlands und sechs von ihnen erschienen im Osten, kurz nachdem sie im Westen herausgegeben worden waren. Erst 1985 erschien eine Textsammlung (Verlag Messidor) von Volker Braun mit dem Titel *Libres propos de Hinze et Kunze (Berichte von Hinze und Kunze)*,[14] die, wenn man der Kritik von Anne Brigitte Kern (*Magazine littéraire*) Glauben schenkt, von den 'überraschten, amüsierten und bezauberten LeserInnen' geschätzt wurde.[15]

Im Jahr zuvor hatte Georgio Strehler, der in Paris das *Théâtre de l'Europe* leitete, Volker Braun vorgeschlagen, Auszüge aus seinen Werken im *Petit Odéon* (welches zu seinem Theater gehörte) vorzustellen, die von Hennig Brockhaus inszeniert werden sollten.

Die Aufführungen, die sich aus zwei Vorstellungen zusammen-setzten, fanden im Januar 1985 an zwei aufeinanderfolgenden Tagen statt. Jede beinhaltete Gedichtrezitationen und Ausschnitte aus Stücken Volker Brauns, aus bereits übersetzten wie *Der große Frieden*,[16] und aus anläss-lich dieses Ereignisses ins Französische übertragenen, wie *Les Nibelungen (Siegfried Frauenprotokolle Deutscher Furor)* und *La Société de transition (Die Übergangsgesellschaft),* ein Theaterstück, das in der DDR bald ausverkauft war. Der Autor war an diesen Abenden nicht nur zugegen, sondern wirkte auch als Schauspieler mit. Die ungekürzten Textausgaben erschienen einige Wochen später in der Zeitschrift *Connaissance de la RDA*.[17] Allerdings brachte die Pariser Presse nur ganz wenige Kritiken der Theatervorstellungen: zugegebenermaßen konnte der Saal, in denen sie stattfanden, das *Petit Odéon*, nicht mehr als etwa hundert Zuschauern Sitzplätze bieten.

Drei Jahre später veröffentlichte der Verlag Messidor den *Roman de Hinze et Kunze (Hinze-Kunze-Roman)*[18] – dessen Erscheinen in Deutsch-land vier Jahre nach der Entstehung endlich von den Herrschenden in der DDR erlaubt wurde. Dieses Werk wurde Gegenstand anerkennender Rezensionen; an erster Stelle im kommunistischen Tagesblatt *L'Humanité*,[19] aber auch im *Magazine littéraire*[20] und in der *La Quinzaine littéraire*.[21] Im gleichen Jahr erschien in der Zeitschrift *Europe* ein von einem Roman von Anna Seghers inspirierter Text, den Volker Braun mir anvertraut hatte und den ich mit *Morts en transit*[22] betitelte. Lucien Attoun, der seit langem eine dem Theater gewidmete Sendung im staatli-chen Fernsehen produzierte, mühte sich lange vergeblich ab, dieses Stück in Frankreich auf die Bühne zu bringen.

Insgesamt ist die Verbreitung des Werkes von Volker Braun in französischer Übersetzung bescheiden geblieben. Doch ist es nicht nur ihm so ergangen. Abgesehen von dem Buch *Nu parmi les loups (Nackt unter Wölfen)* von Bruno Apitz, das zwischen 1961 und 1972 vier Wiederauflagen durchlief, hat die Auflage der Werke aller übersetzten DDR-Schriftsteller 2000 Exemplare nur selten überschritten.

Nach der Wiedervereinigung erwähnte die französische Presse ostdeutsche Autoren, die die DDR nicht verlassen hatten, über mehrere Jahre hinweg kaum. Trotz der offiziellen staatlichen Anerkennung seitens Frankreichs 1973 war die DDR unter den Franzosen im Großen und Ganzen eigentlich eher unbekannt geblieben. Die Biermann-Affäre hatte das Bild der DDR beschädigt und nach und nach setzte sich in Frankreich das verzerrte Bild, das die BRD von ihrem Nachbarland entworfen hatte, durch. Dies fiel um so leichter, als die kommunistische Partei, die von Anfang an darum bemüht war, die DDR im schönen Licht zu präsentieren und ihre Literatur bekannt zu machen,[23] sah, wie sich die Anzahl ihrer AnhängerInnen, ihrer Veröffentlichungen und ihrer LeserInnen verkleinerte. Währenddessen bevorzugte die Mehrzahl der französischen Herausgeber seit Ende der 70er Jahre Werke der in den Westen gegangenen AutorInnen.

Indes war Volker Braun einer der ersten gewesen, die den Antrag auf Rücknahme der Ausweisung Biermanns unterschrieben. In *Die Tribüne* (1974) begeht die Hauptfigur, ein politischer Verantwortlicher, Selbstmord, weil sie nicht akzeptieren kann, dass in einem sich sozialistisch nennenden Land eine so tiefe Kluft die Herrschenden von den Beherrschten trennt.

Gewiß hatte sich Volker Braun immer geweigert, das von ihm stets kritisierte Land zu verlassen, um in einem Deutschland zu leben, in dem der Kapitalismus die Oberhand hatte.

Zu einem großen Teil ist es Alain Lance zu verdanken, dass der Name von Volker Braun nach dem Verschwinden der DDR wieder in französischen Buchausgaben auftauchte. 1993 schaffte er es, bei Actes Sud seine Übersetzung von *Bodenloser Satz* zu veröffentlichen[24] und im April 1998 gab der Verlag Éditions de l'Inventaire *Les quatres outilleurs (Die vier Werkzeugmacher)*[25] heraus. 2001 erschien im gleichen Verlag die neue Version von *Unvollendete Geschichte*.[26] Allerdings blieb die Verbreitung dieser Werke bescheiden, da ihr Verkauf 1000 Exemplare nicht überschritten hat. Doch wurde in diesem Jahr der Name Volker Braun in Frankreich, ob in der Presse oder im Rundfunk, häufig zitiert. Deutschland war Ehrengast im Salon du livre in Paris und das Radioprogramm France Culture widmete dem Werk Volker Brauns zwei Sendungen.[27] Er selbst wurde eingeladen, im November an der internationalen Biennale der Dichter, die im Val-de-Marne veranstaltet wurde, teilzunehmen und im Monat darauf war er erneut Gast bei einer sich über eine Woche hinziehenden Sendung von France Culture mit dem Titel 'Poésie sur parole.'[28]

Im gleichen Jahr erschien (beim Verlag Textuel) eine Anthologie mit dem Titel *Après l'Est et l'Ouest*. Sie stellte die Werke von vier ostdeutschen Autoren, Pastior, Papenfuss, Grünbein und Volker Braun, zum ersten Mal zusammen vor.[29] Auch wenn das Ereignis in der französischen Presse nicht so erwähnt wurde, wie es angemessen gewesen wäre, gab die Verleihung des Büchner-Preises an Volker Braun Pierre Deshusses Anlass zu einem hervorragenden Artikel, in dem er Braun zu Recht als 'einen Rebellen' darstellte, 'der sich immer geweigert hat, die DDR zu verlassen, ohne je aufgehört zu haben, das Regime zu kritisieren.'[30]

Die Übersetzter

Im Wesentlichen war die Übersetzung der Texte Volker Brauns ins Französische das Werk dreier Germanisten, nämlich von Alain Lance, Vincent Jezewski und mir selbst. Schon sehr früh schloss ich mit Alain Lance Freundschaft, so früh, dass ich jetzt nicht genau sagen könnte, wann unsere erste Begegnung stattfand. Beide hatten wir, unabhängig voneinander, Volker Brauns Bekanntschaft gemacht, schätzten sein Werk und wünschten uns, dass es in Frankreich bekannt werde. Alain Lance, selbst ein Dichter, hatte seit 1967 einige von Brauns Gedichten übersetzt und veröffentlicht. Anfang der 70er Jahre kam uns die Idee, eines seiner Theaterstücke, das in der DDR gespielt wurde, zu übersetzen, nämlich *Die Kipper*.[31]

1976 erklärte sich l'Association technique pour l'action culturelle bereit, ein Papier zu verfassen, das unsere Übersetzung vorstellte, und es an die Theaterdirektoren zu verschicken. 1978 nahm Bernard Sobel das Stück in sein Programm auf.

Durch diesen Erfolg ermutigt, gingen wir ein anderes Stück von Volker Braun an. Es handelte sich um *Großer Frieden*. Wir schickten unsere Übersetzung an die Vereinigung *Théâtrales*, die es auch in ihr Repertoire aufnahm ... in dem es im Jahre 2002 immer noch vorhanden ist, aber kein Theater entschied sich dafür, *La grande paix* zu spielen (dies liegt ohne Zweifel hauptsächlich an der Anzahl der Schauspieler, die in diesem Stück auftreten, mehr als 20 nämlich!).[32]

Der Name der drei Übersetzer tauchte zum ersten Mal in *La vie contrainte de Kast* auf. Der Titel führt in die Irre, da er sich nur auf die ersten drei Erzählungen (die ich übersetzt habe) bezieht, obschon *Die Tribüne* dazugekommen ist (übersetzt von Alain Lance) und *Histoire inachevée (Unvollendete Geschichte)*, um deren Übersetzung sich Vincent Jezewski, Professor an der Universität von Lyon, kümmerte (die beiden zuletzt genannten Texte waren, bevor sie in französisch erschienen, noch nicht von den Behörden der DDR 'bewilligt' worden).

Die Übersetzung der drei Erzählungen aus dem Leben Kasts[33] veranlasste mich, meine Vorstellung von der DDR, die zuvor zu positiv gewesen war, zu korrigieren.[34]

Mit einer kleinen Gruppe von GermanistenkollegInnen machten wir uns zu Beginn der 1970er Jahre an der Universität von Vincennes (Paris VIII) daran, eine bescheidene Zeitschrift in die Welt zu setzen, der wir den Namen *Connaissance de la RDA* (Wissen um die DDR) gaben. In der Dezemberausgabe 1979 druckte ich eine Reportage über die DDR in voller Länge wieder ab, die ich zwanzig Jahre früher in der Zeitschrift *Démocratie nouvelle* veröffentlicht hatte, wobei ich anmerkte, dass ich es zu jenem Zeitpunkt unterlassen hatte, 'mich mit den vorgelegten Informationen kritisch auseinanderzusetzen'. Deshalb fügte ich folgendes hinzu: 'Man kann keine Geschichte der DDR schreiben, ohne den 17. Juni 1953, die Biermann-Affäre und das Urteil gegen Bahro zu erwähnen, […], wie die ununterbrochene Siegesfolge eines Volkes, das von einer Schar von nahezu allmächtigen Befehlshabern angeführt wird' und ich bedauerte 'den immer größer werdenden Einflussbereich der Partei.'[35]

1978 vertraute uns Volker Braun, der von unserer Zeitschrift erfahren hatte, einige Gedichte und vor allem einen unveröffentlichten Text, *Büchners Briefe*, an, dessen Publikation in der DDR abgelehnt worden war.[36] Diesem Text misst der Autor auch heute noch einen großen Wert bei, da er ihn in einem kleinen Suhrkamp-Bändchen wiederabdruckte, zusammen mit der Büchner-Preis-Rede, die er in Darmstadt im Jahr 2000 gehalten hatte.

Ein weiteres Geschenk Volkers für unsere Zeitschrift kam im Jahre 1983. Es handelte sich um zwanzig der *Libres propos de Hinze et Kunze*,[37] die 1985 in Frankreich herausgegeben wurden und bei deren Übersetzung Vincent Jezeweski und ich selbst viel Freude hatten. In einem Vorwort bedauerten wir, dass ein Autor, dessen Werke in beiden Teilen Deutschlands bedeutend seien und 'in den Theatern von Mannheim und Zürich, so wie auch am Berliner Ensemble gespielt wurden, in Frankreich so wenig bekannt war.'[38]

Die Rede, die Volker Braun in Darmstadt anlässlich der Verleihung des Büchner-Preises hielt, ist in der Zeitschrift Po&Sie (Verlag Belin) im Februar 2001 in der Übersetzung von Renate Lance-Otterbein und Alain Lance erschienen,[39] die schon zusammmen den *Roman de Hinze et Kunze* übersetzt hatten.[40]

Noch im April 2003 hat Alain Lance *Das Wirklichgewollte* übersetzt, drei Erzählungen von Volker Braun, die vor drei Jahren vom Suhrkamp Verlag veröffentlicht worden waren.[41]

Übersetzung von Anita Sikora

Anmerkungen

[1] Jean-Paul Barbe, 'La Jeune poésie en Republique démocratique allemande', *La Nouvelle Critique*, 169 (oct. 1965), 106-125.

[2] Henri Deluy, éd., *Dix-sept poètes de la RDA*, Pierre-Jean Oswald: Honfleur, 1967 [zweisprachige Ausgabe].

[3] Volker Braun, *Provocations pour moi et d'autres*, traduit et présenté par Alain Lance, Pierre-Jean Oswald: Honfleur, 1970 [zweisprachige Ausgabe].

[4] Volker Braun, *La vie sans contrainte de Kast*, traduit par Gilbert Badia, Vincent Jezewski et Alain Lance, Éditeurs français réunis: Paris, 1978.

[5] Volker Braun, *Contre le monde symétrique*, traduit par Alain Lance, Éditeurs français réunis: Paris, 1977 [=Collection 'La petite Sirène'] [zweisprachige Ausgabe].

[6] Alain Bosquet, 'Un écrivain est-allemand', *Magazine littéraire*, 143 (1978), 67.

[7] Liliane Crips, 'Volker Braun, la dialectique et le "socialisme réel"', *Allemagnes d'aujourd'hui*, 68 (mai/juin 1979), 107-122.

[8] Nicole Casanova, 'Les questions de Volker Braun', *Nouvelles littéraires*, 8.9.1977, 4.

[9] Nicole Casanova, 'Entretien avec Volker Braun: un communiste heureux de l'être', *Le Monde des livres*, 9.2.1979, 16.

[10] Syndicat des critiques littéraires, 1978-1979, *Lettres nouvelles* de Maurice Nadeau.

[11] Michel Cournot, '[o.T.]', *Le Monde*, 24.1.1979.

[12] Gilles Sandier, 'Théâtre de la RDA', *La Quinzaine littéraire*, 297, 1.3.1979, 27.

[13] Lucien Attoun, 'Rêves et erreurs du manœuvre Paul Bauch aux prises avec le sable, le socialisme et les faiblesses humaines', *Nouvelles littéraires*, 25.1.-1.2.1979.

[14] Volker Braun, *Libres propos de Hinze et Kunze*, traduit par Gilbert Badia et Vincent Jezewski, Messidor/Temps Actuel: Paris, 1985.

[15] Anne Brigitte Kern, 'Les duettistes de la RDA', *Magazine littéraire*, 259 (nov. 1988), 91.

[16] Volker Braun, *La grande paix*, traduit par Gilbert Badia et Alain Lance, inscrit au répertoire de *Théâtrales*, 2002, 24.

[17] Volker Braun, erster Abend: *Die Kipper*: 'Nächtlicher Tagebau'; Gedichte: 'Meine Damen und Herren', 'Der Mittag', 'Avignon', 'Die Austern'; *Rimbaud. Ein Psalm der Aktualität* (Auszug); Gedichte: 'Der Frieden', 'Rechtfertigung des Philosophen'; 'Karins Traum' (aus *Unvollendete Geschichte*); *Nibelungen*: 'Schlachthof', 'Krimhilds Rache', 'Siegfrieds Tod'; Gedicht: 'Das innerste Afrika'. Zweiter Abend: *Grosser Frieden*: 'Fabel', 'Utopien', 'Beamtenprüfung', 'Tretmühle'; Gedichte: 'Lustgarten, Preußen', 'Karl Marx', 'Die Trümmer der Akademie'; 'Bericht vom 7. Oktober' (aus *Das ungezwungne Leben Kasts*); Gedichte: 'Definition', 'Nun bin ich froh', 'Das Lehen'; *Die Übergangsgesellschaft*: 'Der Flug'; Gedichte: 'Das gebremste Leben', 'Wendland', 'Vom Besteigen hoher Berge', traduit par Gilbert Badia, Vincent Jezewski et Alain Lance, Connaissance de la RDA: Paris, 1985.

[18] Volker Braun, *Le Roman de Hinze et Kunze*, traduit par Alain Lance et Renate Lance-Otterbein, Editions Messidor: Paris, 1988.

[19] Claude Prévost, 'Les duettitestes inépuisables', *L'Humanité*, 12.10.1988, 22.

[20] Anne Brigitte Kern, 'Les duettistes de la RDA', *Magazine littéraire*, 259 (nov. 1988), 90-91.

[21] Claude Glayman, 'K. et H. au pays du socialisme réel', *La Quinzaine littéraire*, 520, 16.11.1988, 16.

[22] Volker Braun, *Morts en Transit*, traduit par Gilbert Badia, *Europe – Revue littéraire mensuelle*, 66 (1988) 709, 125-151. Der ursprüngliche Titel lautet *Transit Europa*.

[23] 'Revue mensuelle', *La Nouvelle Critique*: Découverte de l'Allemagne démocratique, Numéro spécial 73-74 (mars-avril 1956).

[24] Volker Braun, *Phrase sans fond*, traduit par Alain Lance, Actes Sud: Arles, 1993. Besprechung: Pierre Deshusses, 'Les nains pillards', *Le Monde des livres*, 14.1.1994.

[25] Volker Braun, *Les quatres outilleurs*, traduit par Alain Lance, Editions L'Inventaire: Paris, 1998. Besprechungen: Brigitte Pätzold, 'Un regard Est-allemand: Du communisme au chômage', *Le Monde diplomatique*, 30.9.1998, 30; Pierre Deshusses, 'Obsession, réunification, stupéfaction. Tout ce que vous avez toujours voulu savoir sur la chute du mur sans jamais avoir osé le demander. Deux auteurs de l'ex-RDA, Thomas Brussig et Volker Braun, proposent leur vision des choses', *Le Monde des livres*, 17.7.1998, III.

[26] Volker Braun, *L'histoire inachevée et sa fin*, traduit par Vincent Jezewski, Editions L'Inventaire: Paris, 2001.

[27] France Culture, *Les jeudis littéraires*. Modération: Pascale Casanova, mars 2001; *Poésie sur parole*, modérateurs: André Velter et Jean-Baptiste Para, mars 2001.

[28] France Culture, *Poésie sur parole*, modérateurs: A. Velter et J.-B. Para, décembre 2001.

[29] *Après l'est et l'ouest. Textes de Volker Braun* (trad. par Alain Lance), *Oskar Pastior* (trad. par Alain Jadot), *Bert Papenfuß* (trad. par Jean-Paul Barbe) *et Durs Grünbein* (trad. par Silke Schauder) (Paris, Textuel, 2001 [=L'oeil du poète; 18]) [Texte von Braun 14–55].

[30] Pierre Deshusses, 'Volker Braun, un poète dans les déchirures de l'Allemagne', *Le Monde*, 10.8.2001, 25.

[31] Aufgrund von Befürchtungen, dass dieser Titel in einer wörtlichen Übersetzung für einen Teil der Öffentlichkeit nur schwer zugänglich sein könnte, haben wir es wie folgt betitelt: *Rêves et erreurs du manœuvre Paul Bauch aux prises avec le sable, le socialisme et les faiblesses humaines* (Träume und Irrungen des Tagelöhners Paul Bauch, der es mit dem Sand, mit dem Sozialismus und mit den menschlichen Schwächen zu tun hatte).

[32] Wir haben ebenfalls die Übersetzung von *Guevara oder der Sonnenstaat* anvisiert, aber dieses Projekt kam nicht zustande.

[33] Ich habe mich entschieden die dritte Erzählung, *Die Bretter* mit *La Scène* zu übersetzen und war erfreut zu sehen, dass Volker daraufhin *Die Bretter* in *Die Bühne* umbenannte (Volker Braun, *Texte in zeitlicher Folge*, Mitteldeutscher Verlag: Halle; Leipzig, 1990, Band 3, 7-41).

[34] Und zwar in einer Arbeit, die 1963 unter dem Titel *Un pays méconnu: la République démocratique allemande* (*Ein unbekanntes Land: die DDR*) erschien, die ich zusammen mit Pierre Lefranc verfasst habe (Edition Leipzig, 1963, 316 Seiten).

[35] Gilbert Badia, 'Repères: vingt ans après ou comment écrire l'histoire', *Connaissance de la RDA*, 9 (1979), 66-93, hier 66-69.

[36] Volker Braun, *Büchners Briefe*, *Connaissance de la RDA*, 7 (1978), vorgestellt von Alain Lance. Eine französische Version, übersetzt von Bernard Strobel, erschien unter dem Titel 'Les lettres de Büchner. Volker Braun' in *Théâtre/Public*, 48 (nov./dec. 1982), 119-123.

[37] Volker Braun, *Hinze und Kunze*, *Connaissance de la RDA*, 16 (1983). Einige der 'Berichte' waren vorher in Großbritannien (*GDR-Monitor*, 3 (1980)), in der Bundesrepublik (*Das Argument*, 128 (1981)) und in der DDR (*Sinn und Form*, 3 (1982)) erschienen.

[38] Gilbert Badia et Vincent Jezeweski, 'Avant-propos', in: Volker Braun, *Libres propos de Hinze et Kunze*, Messidor/Temps actuels: Paris, 1985, 7-18.

[39] Volker Braun, 'Briser l'ordre des choses. Discours de réception du Prix Georg Büchner 2000', traduit par Alain Lance et Renate Lance-Otterbein, in: *Po&sie N°94* (Volker Braun, Paul Celan, Günter Eich, Peter Huchel, Michel Speier), Belin: Paris, 2001, 3-8.

[40] Der Vollständigkeit halber sei hier gesagt, dass andere Veröffentlichungen von Gedichten 1990 unter dem Titel *Le pont en zig-zag* erschienen sind (traduit par Alain Lance, Edition Royaumont: Luyarches, 1990 [=Les Cahiers de Royaumont; 25]), sowie auch Auszüge von *Iphigénie en liberté* und *Des gens en trop* (Prosa) in der Zeitschrift *Liber* (juin 1992, 2-8 und 34 (mars 1998), 15) gedruckt und von Isabelle Kalinowski übersetzt worden sind.

[41] Dieses Buch von Volker Braun (*Ce qu'on veut vraiment*, traduit par Alain Lance, Editions L'Inventaire: Paris, 2003) wurde ausführlich besprochen bei France Culture, *Les jeudis littéraires*, modératrice: Pascale Casanova, 12.6.2003.

Alain Lance

'Ein Freund, ein guter Freund,
Das ist das schönste, was es gibt auf der Welt'[1]

The essay tries to explain the author's pleasure in translating and in particular his continued fascination with the work of Volker Braun. It traces the history of his work as Braun's translator, as well as the personal friendship with him, and attempts to shed light on the question of how an intimate knowledge of foreign literature influences one's own writing.

> Während der Übersetzer seinen geistigen Reichtum vermehrt, bereichert er gleichzeitig die Literatur seines Landes und sein eigenes Ansehen. Es ist kein obskures oder ruhmloses Unternehmen, ein bedeutendes literarisches Werk in eine andere Sprache und in eine andere Literatur zu übersetzen. (Valéry Larbaud)

> Die große Poesie anderer Sprachen wurde, wie die der unsrigen, geschaffen, um wie eine Lampe den Tisch zu erhellen, wo sie ihre eigenen Worte sucht, auch wenn das Fenster vor uns offen steht und die hiesige Nacht hereindringt mit ihren eigenen Lauten, ihren eigenen Gesängen, die sich in der Ferne verlieren. Sie wirkt wohltuend auf uns, da sie unseren Wörtern ermöglicht, den Dingen der Welt näher zu kommen; sie ist eine Lehre, der man zuhören muss. Gibt es eine bessere Art, dies zu tun als zu übersetzen? (Yves Bonnefoy)

Die Lust zu übersetzen, zum anderen Ufer zu schreiten oder anderen diesen Übergang zu ermöglichen, reicht bei mir fast vierzig Jahre zurück und der Übergang zur Tat erfolgte kurz danach. Zwei Motive können, wie ich glaube, diese Lust erklären.

Nach dem Studium der deutschen Sprache, Kultur und Literatur kam einerseits der Moment, als ich mir wünschte, vom konventionellen Ritual der Übersetzung an der Universität zu umfänglicheren Arbeiten überzugehen, zum Versuch Texte, die ich selbst aussuchte, zu übersetzen. Mitte der sechziger Jahre empfand ich eine tiefe Bewunderung für Bertolt Brecht – und ich empfinde sie bis zum heutigen Tag. Ich entdeckte nicht nur seine Theaterstücke, sondern auch die Poesie. Das Team von Übersetzern jedoch, das vom Verlag Arche zusammengestellt wurde, um sein poetisches Werk ins Französische zu übersetzen, stand schon fest, und ich war mir so oder so meiner mangelnden Erfahrung hinlänglich bewußt, um mich nicht schon als Übersetzer innerhalb eines Teams an ein solches beeindruckendes Werk zu wagen. Ein Jahr nach meinem zwei-

semestrigen Studium an der Leipziger Universität in der Deutschen
Demokratischen Republik, las ich neugierig Gedichte von ostdeutschen
Autoren, die meiner Generation angehörten. Eine Frau, dessen literarisches Urteilsvermögen mir vertrauenswürdig erschien, machte mich auf
einen gewissen Volker Braun aufmerksam, der wie ich 1939 geboren war
– er in den letzten Monaten eines prekären Friedens, ich während eines
sogenannten 'komischen Krieges'. Ihrer Meinung nach war der Dichter
der originellste jener Gruppe von Junglyrikern, die von Stephan Hermlin
drei Jahre zuvor einer breiteren Öffentlichkeit vorgestellt wurden,
während einer denkwürdigen Veranstaltung an der Berliner Akademie der
Künste, die die sogenannte Lyrikwelle ins Leben rief. Ich hatte mir eine
Nummer des Jahres 1964 der Zeitschrift *Sinn und Form* besorgt, die einige
Gedichte Volker Brauns enthielt. Mit einer gewissen Dreistigkeit machte
ich mich an die Übersetzung einiger dieser Gedichte, weil sie mir gefielen,
weil ich in ihnen eine neue und starke Sprache fand. Ich hatte das Gefühl,
in ihnen einen Aspekt der Modernität zu entdecken, der sich von dem, was
ich in meiner Sprache bereits gelesen hatte, unterschied. Und diese Texte,
die für mich Fragen aufwarfen, ließen mich teilweise, ohne unklar zu sein,
verwirrt. Dieser Widerstand, den ich beim ersten Lesen von Volker
Brauns Texten empfand, scheint mir der Qualität poetischer Sprache eigen
zu sein. Und ich muß gestehen, daß Volker Brauns Schreiben mich selbst
nach beinahe vier Jahrzehnten der Vertautheit unaufhörlich überrascht und
überwältigt. Als ich am Ende des Jahres 1964 auf der Durchreise durch
Leipzig war, versuchte ich deshalb, diesen jungen Dichter zu treffen, der
in Dresden geboren war und den ich glücklicherweise einige Stunden vor
seiner Abreise mit seiner Frau antraf. Die Sympathie war spontan und
gegenseitig. Eine tiefe und langanhaltende Freundschaft entstand daraus.
Einige Wochen später erschien in der französischen Zeitschrift *action
poétique* meine erste Übersetzung. Es handelte sich um das Gedicht
'Unüberlegter Brief nach Flensburg'.[2] Ich habe mir diesen Versuch lange
nicht mehr angesehen, aber ich bezweifle, daß ich ihn heutzutage ohne
Überarbeitung neu drucken lassen würde. In den folgenden Jahren setzte
ich meine Übersetzungen seiner Gedichte fort, und 1970 erschien im
Verlag Pierre-Jean Oswald in der Sammlung *La poésie des pays
socialistes* (*Die Poesie der sozialistischen Länder*), für die Henri Deluy
zuständig war, die zweisprachige Auswahl seiner Gedichte mit dem Titel
Provocations pour moi et d'autres (*Provokation für mich*), die ich
übersetzt und mit einem Vorwort versehen hatte.[3] In der Folge hatte ich
die Gelegenheit, für verschiedene Verleger Übersetzungen von Volker

Brauns Gedichten und Prosawerken zu veröffentlichen. Die Übersetzung der *Provocations* war jedoch entscheidend. An ihr arbeitete ich von 1968 bis 1969, während eines einjährigen Aufenthalts in Ostberlin. In dessen Verlauf traf ich mich regelmäßig mit Volker, um mit ihm Probleme, auf die ich gestoßen war, zu erörtern. Dies war äußerst wichtig – es verhinderte oder korrigierte nicht nur potentiell grobe Fehler und Sinnwidrigkeiten (aus Gründen der besonderen Eigenschaften seines Stils sowie der Eigentümlichkeiten des ostdeutschen Kontexts). Während dieser Arbeitsbesprechungen in Schöneweide, wo er zu dieser Zeit wohnte, verstand er es auch, mich mit seiner Poetik, die sich damals herausbildete, vertraut zu machen.

Am Anfang dieses Textes habe ich zwei Beweggründe genannt, die diese Lust zu übersetzen erklären. Welcher war der zweite? Ich würde ihn das Bedürfnis nach dem Umweg durch die Fremde nennen und das auch jenseits der deutschen Grenzen.

Es ist kein Zufall, daß eine Auswahl meiner Gedichte, die 1994 in Deutschland erschienen, den Titel *Und wünschte kein Ende dem Umweg* trug:[4] Volker Braun hat darin eine Passage eines meiner Gedichte ins Deutsche übersetzt, das 1970 in *Les Gens perdus deviennent fragiles*[5] (*Verlorene Leute werden brüchig*) erschien und dessen französischer Titel 'sans désir de la fin de la parenthèse' (ohne Wunsch auf Ende der Klammer) lautete. Nach der Veröffentlichung der ersten Gedichtsammlung im Herbst 1961 mit Vorwort von Philippe Soupault,[6] der mir zwei Jahre zuvor Mut zugesprochen hatte, habe ich eine Zeitlang mit Vorliebe ausländische Dichter gelesen. Und da es sich auch und sogar hauptsächlich um Schriftsteller handelte, die in mir unverständlichen Sprachen schrieben, habe ich sie in der französischen Übersetzung schätzen gelernt. Es handelte sich zum Beispiel um den Tschechen Nezval, um die Ungaren Illyés und Joszef und um den Türken Hikmet. Diese Übungen des Tapetenwechsels habe ich im Iran fortgesetzt, wo die persischen Grundkenntnisse, die ich mir vor Ort angeeignet hatte, mir sicherlich nicht ermöglicht hätten, die persische Poesie zu verstehen, wenn ich mich nicht der Bearbeitung der Gedichte in Gesellschaft von französisch kundigen iranischen Dichtern gewidmet hätte, die ich in Ispahan oder Teheran kennengelernt hatte. Zweifellos hatte ich ein verstörtes Verhältnis zu der französischen Literatur, zu ihren großen Vertreter – die ich spöttisch ihre großen stolzen Pfauen nannte. Und so war es im fernen Iran, wo ich mich mit der französischen Poesie versöhnte. Dieses Phänomen ist bekannt: Vallejo schrieb, daß er Peru in Europa kennengelernt habe, und Illyés berichtete, daß erst sein Aufenthalt in Paris einen Ungaren aus ihm gemacht habe.

Inwiefern ist das Übersetzen dem Schreiben meiner Gedichte zugute gekommen?

Im allgemeinen habe ich – und diese Feststellung ist ebenso gültig für die regelmäßige Übersetzung meiner Lieblingsautoren Volker Braun oder Christa Wolf, wie auch für die diversen und selektiven Übersetzungen anderer Dichter oder Prosaschriftsteller – ein gewisses empirisches Wissen hinsichtlich des Funktionierens der Sprache gewonnen, das mir hilft, angetroffene Schwierigkeiten zu bewältigen und mehr oder weniger zufriedenstellende Lösungen zu finden. Darüberhinaus hat es mir auch ein Wissen beigebracht, ein spezifisches Wissen, das nicht unvereinbar ist mit diesem 'Metier der Ignoranz', von dem Claude Royet-Journoud sprach, als er die Tätigkeit des Dichters so definierte. Diese wohltuende Ernüchterung, die immer dem Überschwang und der Spontaneität folgt, welche oft den ersten Entwurf charakterisieren. Eine vergleichende Annäherung an die eigentümlichen Mittel jeder Sprache der Poesie: Syntax, Rhythmus, Prosodie, Reime, Bilder, Einschreiben in einen historischen Zusammenhang. Dies jedoch gilt für all die zahlreichen französischen Dichter, die sich seit einigen Jahrzehnten regelmäßig der Übersetzung widmen. Wir werden beim ausländischen Dichter, den wir übersetzen, holen, was uns bereichert, und dies gilt ebenso für das, was uns ähnelt, als auch für das, was uns von ihm unterscheidet. Wir suchen in ihm ebenso den Fremden wie auch den Bruder. Ich möchte auch mein Vergnügen an kollektiven Übersetzungen, an denen ich mitwirken konnte, herausstellen, sei es in Zusammenarbeit mit Gilbert Badia, mit dem ich zwei Stücke von Volker Braun übersetzte (der gesprochene Dialog ist besonders für die Theaterübersetzung geeignet), oder sei es mit Renate Lance-Otterbein, mit welcher ich einige Bücher von Christa Wolf, Ingo Schulze und *Le Roman de Hinze et Kunze* (*Hinze-Kunze-Roman*) von Volker Braun[7] übersetzte. Dieses Unternehmen war zweifellos das anregendste und komplizierteste, weil dieser erstaunliche Text über den Schmuggelhandel, der sich deutlich auf Diderot beruft und dessen Autor seit einigen Jahren ein Hühnchen zu rupfen hatte mit der ostdeutschen Zensurbehörde, voller Finten, Anspielungen und Wortspiele ist. Als Renate und ich die letzten aber zahlreichen Verbesserungen mit Rotstift auf den letzten Korrekturfahnen vorgenommen hatten, erinnere ich mich, daß der Verleger Messidor die Eleganz und die Großzügigkeit hatte, unser Übersetzungshonorar nicht zu kürzen, obwohl er, wegen der zahlreichen Änderungen, dazu berechtigt gewesen wäre. Eine andere Art der kollektiven Übersetzung fand auch in der Abtei von Royaumont statt. Dort organisierten in den achtziger Jahren die Lyriker Bernard Noël und Claude Esteban zahlreiche Seminare, wo französische Dichter 90 ihrer ausländischen Kollegen aus 22 verschiedenen Sprachen kollektiv übersetzten. Im Oktober 1989 waren Oskar Pastior und Volker Braun zu Gast in Royaumont.

Bestimmte Besonderheiten meiner Poesie, die hier und da in den Rezensionen meiner Bücher hervorgehoben werden, und vor allem diese angeblich einzigartige Weise, politische Lyrik zu schreiben, sind zweifellos über ein kompliziertes Netz von Interaktionen der Vertrautheit mit Volker Brauns Werk zu verdanken. Mehrere meiner Gedichte sind dem Briefwechsel mit meinem Freund, seinem Engagement und seinen Fragen zu verdanken. Seine Überlegungen und sein Schreiben haben mir Kraft gegeben und meinen Horizont erweitert. Und sie haben mir unbestritten dabei geholfen, zu verstehen, was die Hoffnung und dann das Scheitern des sozialistischen Projekts ausmachte, welches im vorherigen Jahrhundert durchgeführt wurde. Deshalb freue ich mich, der Überbringer eines Teils dieses fruchtbaren Werkes für ein leider noch immer zu begrenztes französisches Publikum zu sein. Vor einigen Jahren versicherte mir der Direktor eines französischen Geldinstituts enthusiastisch, daß die Lektüre der *Quatre Outilleurs (Die vier Werkzeugmacher)*[8] viel mehr zum Verständnis der deutschen Wiedervereinigung beitrage als hundert Presseartikel.

Ich muß hinzufügen, daß ich es zum Teil Volker verdanke, daß ich wichtige Schriftsteller der deutschen Literatur wie Hölderlin oder Büchner besser schätzen gelernt habe. Eines Tages stellte ich Schriftstellerfreunden aus Berlin einen französischen Dichter, Maurice Regnaut, den ich sehr bewundere, vor. Als sie erfuhren, daß jener ebenso Rilke wie Brecht übersetzt hatte, gaben sie ihrem Erstaunen Ausdruck, daß zwei so unterschiedliche dichterische Universen bei ihm nebeneinander bestehen können. Ohne Brecht wäre ich 'pathetisch dumm' geblieben, antwortete ihnen Maurice mit einem schelmischen Lächeln. Ich könnte meinerseits nicht genau sagen, was ich ohne Volker Braun geworden wäre. Glücklicherweise habe ich seine Bekanntschaft gemacht.

Übersetzung von Virginie Reuter

Anmerkungen

[1] Chanson der dreißiger Jahre, aus dem Film *Drei von der Tankstelle*.

[2] Volker Braun, 'Lettre irréfléchie à Flensburg', traduit par Alain Lance, *action poétique*, No. 26, Januar 1965, 25.

[3] Volker Braun, *Provocations pour moi et d'autres*, traduit et présenté par Alain Lance, Pierre-Jean Oswald: Honfleur, 1970.

[4] Alain Lance, *Und wünscht kein Ende dem Umweg: Gedichte in französisch und deutsch*, Nachwort v. Karl-Heinz Götze, deutsche Übersetzung v. Volker Braun u.a., Edition Karlsberg: Homburg, 1994.

[5] Alain Lance, *Les Gens perdus deviennent fragiles*, Pierre-Jean Oswald: Honfleur, 1970.

[6] Alain Lance, *Ménagerie quotidienne*, in: *La Rue tourne*, Le Terrain vague: Paris, 1961.

[7] Volker Braun, *Le Roman de Hinze et Kunze*, traduit par Alain Lance et Renate Lance-Otterbein, Éditions Messidor: Paris, 1988 [Neuausgabe: Éditions La Dispute: Paris, 2000].

[8] Volker Braun, *Les Quatre Outilleurs*, traduit par Alain Lance, Éditions L'Inventaire: Paris, 1998.

Dennis Tate

'[…] vielleicht nur für Franz geschrieben': Volker Braun's intertextual tributes to his special relationship with Franz Fühmann

This article explores the special relationship between Volker Braun and Franz Fühmann and the ways in which Braun has acknowledged it in works published since the latter's death in 1984. It begins with an analysis of Braun's text '21., 22. August 1984', written as a homage in the style of Fühmann's autobiography *Zweiundzwanzig Tage*. It then provides a reconstruction of the development of their relationship since the early 1960s in the cultural context of the GDR. It concludes by showing how Braun's *Hinze-Kunze-Roman*, a more extensive intertextual tribute, intensifies the critique of power-relationships initiated by Fühmann in his story 'Drei nackte Männer'.

I.

Volker Braun's short text '21., 22. August 1984'[1] illuminates the midlife crisis of the then 45-year-old GDR author. What appears at first sight to be a diary fragment conveying the first-person narrator's thoughts and feelings on the way to a family holiday in Hungary is in fact a carefully composed prosework with a profound existential quality as well as a wider cultural significance. The narrator's long-standing conflict with the GDR's cultural authorities has recently intensified to the extent that it has stifled his creative energies, leaving him '[w]ie gelähmt seit Monaten',[2] a situation made worse by a debilitating marital dispute, the seriousness of which is not diminished by the fact that it is only briefly alluded to.[3] The scale of the crisis he is now facing up to is underlined by the terms in which he frames it: he sees it as leading potentially to a complete loss of identity which could force him into personal isolation and political exile.

The cultural context is sketched in with sufficient detail to show that the narrator is the author himself and that his alienation from SED cultural policy has become steadily worse since the middle 1970s. The post-Biermann Affair meeting of the Berlin branch of the Writers' Union [in December 1976], at which he was politically outmanoeuvred before being expelled from its executive, has left a deep scar: 'kein Tag soll mich wieder so feige sehn';[4] the most provocative of his subsequent creative works, the essay 'Büchners Briefe', his play *Die Übergangsgesellschaft* and now his *Hinze-Kunze-Roman*, have been prevented from reaching a GDR readership and he has now delivered an ultimatum to the deputy Minister of Culture, Klaus Höpcke [simply 'K.' in the text], saying that a further delay in publishing his novel, completed in 1981 and awaiting the stamp of approval of the 'Hauptverwaltung Verlage und Buchhandel' since the summer of 1983, will change his life in an unspecified, but clearly dramatic way.[5]

The title of Braun's text may also appear initially puzzling. The holiday it describes, including a stopover in Prague on the way to a resort on the shores of Lake Balaton, lasts a lot longer than the two days the title suggests, and there is a direct contradiction between the dates in the title and the final paragraph of the text, marked '29.8.1984'. To arrive in the Czech capital precisely on 21 August 1984, the sixteenth anniversary of the crushing of the Prague Spring by the military might of the Warsaw Pact states, would have signalled a very specific desire to relive the bitter memories of the crude suppression of the most stimulating political and cultural movement of the postwar era, but these feelings would not have been confined to 21 August alone, in view of the wider crisis described in the text. The unlikeliness of such a precise coincidence might in itself suggest caution as regards any literal reading of the text in terms of its apparent chronology. The fact that there is more to the text than meets the eye is further underlined by the range of intertextual references included in it. The narrator's holiday reading includes Dante's *Divine Comedy*, from which he quotes excerpts relating to the first circle of the journey to Hell; he carefully chooses his moment to insert a passage from Peter Weiss's *Ästhetik des Widerstands* about the need to liberate oneself from the self-destructive discipline of following the Party line; he is deeply affected by listening to Schubert's *Winterreise* on his walkman and later quotes one of the bleaker sections from Wilhelm Müller's original poem.[6]

The full significance of Braun's text only becomes clear however when it is read as a homage to his recently deceased fellow-writer Franz Fühmann, whose life was marked by conflicts of at least equal intensity to the one Braun was experiencing during the summer of 1984, and who had also, in one of his key works, given Braun an enduring example of how to work through existential crisis and survive creatively. Fühmann's death on 8 July 1984 was an acutely experienced loss for Braun at a time when so much else in his life was going badly. In his text he recalls the two main speeches made at the commemorative event held on 16 July in Berlin by the GDR's Akademie der Künste, at which he, as a recently appointed [1983] member of the Academy, was present. The two speeches in themselves further encapsulated the ideological tensions of the period, with the more 'official' one given by a member of GDR's cultural establishment, Max Walter Schulz, who had clearly failed, in Braun's view, to live up to Fühmann's example of self-transformation, conveying instead 'die rabiat stumpfe Gläubigkeit der festen Position', while the other, more insightful contribution, by Fühmann's close friend and colleague Christa Wolf, showed a proper appreciation of his intellectual independence and originality.[7]

The impact of Fühmann's death on Braun was prolonged: his continuing preoccupation with the personal and creative inspiration Fühmann had provided for him was also evident in his choice of reading for the journey. Alongside Dante, the other book Braun chose to focus on was Fühmann's *Zweiundzwanzig Tage oder Die Hälfte des Lebens* of 1973,[8] itself an account of a decisive period spent in Hungary, a three-week voyage of self-discovery in which the older author (optimistically, at the age of fifty) took stock of the 'first half' of his life and showed how radically he had moved beyond the commitment to serving 'great causes' which had in his earlier life made him first a Nazi and then a Stalinist – a self-destructive tendency which he had only managed to conquer in the aftermath of the crushing of the Prague Spring. If the '21. August' in Braun's title was intended to evoke a trauma which for both authors marked the end of an era of ideological loyalty, the figure '22' echoes Fühmann's title in signalling the emergence from a life-threatening crisis, through a process of 'Wandlung', to a new position of personal strength: or as Braun puts it near the end of his text, 'der 22. oder der Rest des Lebens'.[9]

Once he gets into *Zweiundzwanzig Tage* again Braun begins to derive deeper insights from it than he had more than a decade previously, when he first read it. He records his growing appreciation of its structural 'Machart', the way in which 'das Buch immerzu anfängt abbricht ausschweift und tiefer gräbt',[10] to the extent that he later consciously adopts the same approach for his own text. He then provides an explicit homage in a paragraph which emulates Fühmann's love of word-play and alliteration, his salacious sense of humour and the sensual pleasure he took from Hungary's culture of communal bathing and culinary self-indulgence:

> Familienbad, Hommage à Franz Fühmann: fahle Fratzen Fangarme finstere Flundern fistlige Futteln gefrittete Frettchen Fußpilz Fischsuppe flugs geflunkert o Fluch des Flachses Vendetta der Votzen Hansfuckindieluft Fusion flambierter Frösche flau und faul vor dem Follickelsprung 'Fellatio, Fräulein?' – 'Feigling!' fingierte Gefühle Forintenkacker frische Feigen fallsüchtig furchtbare Faustballer Fluchtbewegung: Frommage à Fühmann[11]

But it is Fühmann's central theme of 'Wandlung' which preoccupies
Braun in his engagement with the text, an issue which previously appeared
to be of less personal relevance to him, since he was both temperamentally
and in terms of generational experience quite different to Fühmann and
had as a result been spared the consequences of the latter's two terrible
ideological misjudgements. He recalls the complacency with which he
first read *Zweiundzwanzig Tage* and grew impatient with its obsession
with 'Wandlung':

> Mich wandeln – von wem zu wem? Ich war ja kein 'Werkzeug mit ausge-
> löschtem Willen' wie der junge Dichter Fühmann, ich war im Gegenteil unge-
> horsam; ein Jahr Bewährungsfrist in der Schule, fristlos entlassen in der
> Druckerei, um ein Haar exmatrikuliert (wenn mich nicht Kurella und Wolfs
> gerettet hätten), ich hatte immer als Ungläubiger geschrieben.[12]

Only now does he recognise that his subsequent commitment to the SED
and its Party discipline, after becoming established as a writer in the
1960s, has much more in common with Fühmann's painful struggle to re-
establish his intellectual integrity after the crushing of the Prague Spring,
and the tone of his comments becomes sharply self-critical. Noting
Fühmann's description of how he finally recognised that the moment for
decisive self-transformation – 'der letzte Tropfen, der das Glas überlaufen
macht'[13] – had been reached, he acknowledges that he too has now
reached the limits of compromise: 'Noch bin ich eingemeindet in die
Disziplin, die Hörigkeit. Noch übe ich Rücksicht, um der GEMEINSA-
MEN SACHE willen, bei der ich an die meine denke.'[14] This state of
anguish has become for Braun a personal version of the Hell which Dante
depicts so vividly:

> Ich kann die 'Hölle' nicht beschreiben als entgegenstehende Gesellschaft. Die
> Hölle, das sind nicht die anderen. Sie ist mein Verhalten. (Dieser Satz ist falsch
> am 21. August.) Mein Schwanken, mein Zögern, meine Scheu 'zu verraten'.
> Die Hölle ist der selbstgewählte Ort, ihre Einrichtung zeigt meinen
> Geschmack.[15]

Towards the end of his text, Braun indicates that he has begun to find a
way out of his nightmare helped by the new understanding of 'Wandlung'
which Fühmann articulates towards the end of *Zweiundzwanzig Tage* –
seeing personal development not as a pseudo-religious casting aside of a
'false' self in favour of a suddenly revealed 'true' mode of being, but as a
never-ending, always painful process of becoming the 'other' by working
through the contradictions inherent in any conception of the self:

> Es kann nur der Andere über den Einen siegen, der Andere, der aus dem Einen
> wächst, und er siegt, indem er in schwerem Hingang aus dem Einen der Andere

> wird... Es ist die Einheit des Widerspruchs, und die Wandlung ist jener Prozeß,
> in dem sich der Widerspruch auflöst – in was? In den neuen [sic][16]

Armed with this new awareness of what the 'other' means in terms of rigorously independent self-development, Braun is able to face the day ahead, his symbolic '22. August', as the beginning of the 'Rest des Lebens'.[17]

Some fifteen years after the resolution of this crisis, in an interview with Silvia and Dieter Schlenstedt held just before his sixtieth birthday and almost ten years after the collapse of the GDR, Braun was encouraged to comment on the significance of a text now recognised as being 'biographisch aufschlußreich'.[18] Asked about his understanding of 'der Andere' in terms of his identity in that difficult middle phase of his career, he again acknowledged his debt to Fühmann as an intellectual mentor – 'er war der Eine, Unbedingte, der zweimal ein Anderer wurde. Der Andere, der nicht mehr zurück kann, nur weiter.' This time he does not just pay tribute to him as the author of *Zweiundzwanzig Tage*, but also for the critical breakthrough he achieved with his story 'Drei nackte Männer' (1974) in initiating 'die Entkleidung der Verhältnisse' which Braun himself sought to continue with his *Hinze-Kunze-Roman*, completed but not yet published when he wrote '21., 22. August 1984'. Although it was obvious to readers of the *Hinze-Kunze-Roman* from the time of its publication in 1985 that it is, in some respects, a continuation of 'Drei nackte Männer' – Braun's narrator is quite explicit about how he has modelled his protagonist Kunze on the nameless authority-figure described in intimate detail at the beginning of Fühmann's story and quotes extensively from the text to underline the point – it was never previously clear how fundamentally it had been written as a tribute to Fühmann. He now describes it as a highly personal literary communication – 'vielleicht nur für Franz geschrieben' – and he mentions Fühmann's laconic message ('sein Kassiber') when he first read the *Hinze-Kunze-Roman* in 1982 – 'Da ist Dir etwas gelungen. Das druckt keiner' – as a source of particular satisfaction to him, although he actually recalls it incorrectly in the interview.[19] By casting new light on a friendship which originated well before the publication of Fühmann's two seminal works of the 1970s and survived well beyond the latter's death in 1984, Braun has encouraged us to look more closely at one of the most enduring creative relationships forged in the GDR context. The aim of this article is to reconstruct it as fully as the largely fragmentary evidence allows.

II.

The best starting point for a reconstruction of the relationship between Fühmann and Braun is probably the famous 'Dichterabend' hosted by Stephan Hermlin at the Akademie der Künste in East Berlin in December 1962, at which they were both present, even though there is no record of them having met on that occasion.[20] Fühmann, elected to the Academy in 1961 and its youngest member at the time, was one of the co-organisers of the event; Braun was one of the radical young poets introduced by Hermlin to the GDR's cultural establishment in a manner which provoked a storm of controversy at the time but which represented, from Braun's later perspective, the 'Anfang der Gegenöffentlichkeit, die im Jahr 89 aus den Theatern, Kirchen und Versammlungen auf die Straße trat'.[21] Fühmann had been elevated to the Academy with a reputation as an unyielding loyalist which had been sorely tested in his first year of membership by having to defend the building of the Berlin Wall and then by fronting a destructive ideological attack on Heiner Müller, and he was just beginning to reassert his creative independence in innovative, if flawed, proseworks such as *Das Judenauto*.[22]

The more constructive role Fühmann chose for himself in the Academy was that of supporting Hermlin in promoting young literary talent, which meant not only that he was fully involved in the build-up to the 'Dichterabend', but also that he was propelled into a key advisory role on the Academy's prestigious journal *Sinn und Form* following the upheavals of 1962-63, which saw the dismissal of Peter Huchel as its editor and then of Hermlin from its newly created advisory board, followed by the death of Bodo Uhse, Huchel's successor, within a few months of his appointment. As the levers of cultural control both in the Academy and in *Sinn und Form* were seized by bureaucrats like Alfred Kurella and Wilhelm Girnus, Fühmann took over Hermlin's role on the advisory board of the journal and fought a lonely battle to preserve something of *Sinn und Form's* international reputation. The first issue of 1963, which immediately precedes Fühmann's appointment to its advisory board, has something of a symbolical function in his relationship with Braun, since it includes both the work which signals Fühmann's redefinition of his role as an artist, 'Ernst Barlach in Güstrow', and the first selection of Braun's poems to reach a wider audience, in a feature based on contributions to Hermlin's 'Dichterabend'.[23] The link between the two authors is developed in the fourth issue of *Sinn und Form* in 1963, by which time Fühmann is formally installed as a member of its advisory board, where a selection of his translations of the Czech poet Vítezslav Nezval appears alongside a further group of Braun's provocative early poems.[24] In March 1964 the two authors participate in an exchange of ideas between members of the Academy and a representative group of young poets, but by now, according to Braun's recollection, they have already met socially and bridged the gap which initially kept Braun at a distance from a man he thought of as a hardline functionary of the 'Block-partei' for reformed ex-Nazis, the NDPD.[25] Although there are other potentially interesting strands of common interest which might also have helped to bring the two authors together in the early 1960s – not least the fact that they were both genuinely committed to the 'Bitterfelder Weg'[26] and maintained close links with the industrial world long after the officially sponsored movement had run its course – it was through the Academy and its endeavours to promote young talent that they came into creative contact with one another.

Then, for almost a decade after their relationship had been established, it disappears from sight in GDR cultural life. Both of them suffered from the repression which followed the infamous Eleventh Plenum of the SED's Central Committee in December 1965, but without being included among its high-profile victims. Fühmann had by this stage largely cut himself off from the cultural mainstream, working in isolation in his spartan retreat in Märkisch-Buchholz to the extent that his growing alcohol dependency permitted, with the SED continuing to promote an image of his positive contribution to GDR culture which was increasingly at odds with his creative development. Braun's first published volume of poems, *Provokation für mich* (1965), had appeared before the Plenum and was tolerated by the cultural establishment to a greater degree than his early reputation suggested it would be,[27] even if his play *Kipper Paul Bauch* was banned soon afterwards: the protection he was afforded from on high (including the support of Alfred Kurella, as already noted above) was already beginning to engender the tensions within Braun between ideological loyalty and creative independence which would later develop into a full-scale personal crisis.

The suppression of the Prague Spring was a further blow which Fühmann and Braun suffered independently, but one which led them to draw similar creative conclusions. Fühmann's almost suicidal depression was the catalyst which finally compelled him to undergo the treatment to cure him of his alcoholism and then enabled him to become the uncom-promisingly honest author he had for years aspired to be, as he later acknowledged in one of the most compelling sections of his autobiographical work of 1982, *Vor Feuerschlünden*.[28] For his readers, in the GDR and further afield, it was the appearance of *Zweiundzwanzig Tage* in 1973 which provided the first evidence of how radical this 'Wandlung' had been. Braun committed himself to print earlier, providing in his prose text *Die Bühne* a partly fictionalised account of how he had responded to the news of the invasion while rehearsing a production of his play *Hans Faust*, but without spelling out what the personal and creative consequences of this disillusionment would be.[29] He then worked through the experience much more effectively, but with a frame of reference which made publication and performance in Eastern Europe unthinkable, in his two plays about the disastrous effects of Stalin's suppression of ideological debate in the aftermath of the Soviet Revolution, *T.* [Trotzki] (1968) and *Lenins Tod* (1970).

It appears for a moment that Braun makes his first intertextual reference to Fühmann's work in this context. His poem 'Prag', written in the summer of 1969,[30] includes a wordplay on the idea of 'Böhmen am Meer', which had been introduced on to the GDR's literary landscape as the title of Fühmann's partly autobiographical story of 1962. Braun's poem registers the personal loss of the utopia which the Prague Spring represented and attempts to empathise with the Czechs as the victims of a military occupation, but is curiously ambivalent about passing judgement on the need for Warsaw Pact intervention. In the poem the word 'Böhmen' appears unexpectedly as a synonym for Prague, the '[g]oldene Stadt / Die wir uns versprachen' of the opening lines, in a reflection on the fact that the serious bloodshed which the poet feared would be caused by the invasion has not occurred. The answer to his rhetorical question – 'Böhmen / Am Meer / Von Blut?' – is provided by the rest of the poem: the feared bloodbath may not have followed, but the vitality of the Czechs has suffered a potentially fatal blow and the poet himself, the sympathetic outsider, has been '[ü]berrollt' by events and is still at a loss to know how to respond:

> […] Ich sage dafür nicht gut
> Oder böse, ich zeige die Zunge
> Zitternder Stift, und beschreibe
> Den Stein, untönend
> Mit reinen Worten
> Wohnend im Un-
> Rat der Gasse.

The grim situation described here is worlds apart from Fühmann's rather contrived adaptation of Shakespeare's *Winter's Tale*, from which the imaginative concept of a Bohemia bordering on the sea derives. His *Böhmen am Meer* is still serving the interests of state propaganda, portraying the GDR as a community in which the many thousands of Sudeten German 'Umsiedler' like his protagonist can overcome their initial alienation and become fully integrated, still believing at the time that he had been able to create a viable new GDR identity after casting aside his earlier 'fascist' self. Although Braun's attention might have been drawn to the metaphorical potential of the phrase 'Böhmen am Meer' by Fühmann's story, he is more likely to have been stimulated creatively in the aftermath of the invasion of Czechoslovakia by Ingeborg Bachmann's poem of 1968, 'Böhmen liegt am Meer', in which the sense of losing the boundaries of one's identity and thus becoming a bohemian in the wider sense of the word captures the disorientation which followed 21 August on both sides of the Iron Curtain.[31]

As '21., 22. August 1984' makes clear, it was only after Fühmann had overcome his personal crisis of 1968 and paved the way for his 'eigentlichen Eintritt in die Literatur'[32] in writing *Zweiundzwanzig Tage* that the creative relationship between the two authors began to develop. Both were well placed to seize the opportunity which Erich Honecker's promise of a literature free of taboos opened up after his accession to the SED leadership in 1971 and played prominent roles in the vigorous public debate which followed. After several years of indifference Fühmann began to participate in the activities of the Akademie der Künste, again expressing a particular willingness to promote the interests of young poets, and resumed his role on the editorial advisory board of *Sinn und Form*. His outspoken determination to put an end to the 'Selbstverkrüppelungen und Selbstzerstörungen'[33] caused by compromising his creative integrity in the years up to 1968 was echoed by Braun's direct questioning of the SED's commitment to a 'no taboos' cultural policy in his contributions to meetings of the Writers' Union and of SED activists.[34] When the first Writers' Congress of the new era took place, in November 1973, with the writers themselves in control of the agenda to a far greater extent than they ever had been before (or ever would in the future), Fühmann and Braun were entrusted with giving the keynote addresses to the working groups on 'Literatur und Kritik' and 'Literatur und Geschichtsbewußtsein' respectively, texts which still provide powerful reminders of the radical force of early 1970s cultural debate in the GDR.[35]

It was therefore no surprise that both of them were elected to the new executive of the Writers' Union in the course of the Congress and intensified the working relationship which was to make them cultural allies as well as close personal friends.

Their shared determination to put Honecker's cultural policy to the test by producing creative writing illuminating the problems which had stood in the way of the democratisation of GDR socialism was evident immediately after the Congress. Fühmann's 'Drei nackte Männer' and Braun's *Unvollendete Geschichte* both confronted the issue of the SED leadership's monopoly on power and its often arrogant self-isolation from the rest of society, Fühmann in the form of an ironical account of how the gulf is preserved even in the supremely non-hierarchical setting of a sauna, Braun in his factually based depiction of how the lives of two committed young citizens were almost destroyed by a succession of basic errors made by their authoritarian elders. In both cases *Sinn und Form* was the vehicle used to ensure that the challenging subject-matter reached its intended readership in the GDR, with Fühmann's position of influence with the journal crucial in helping to overcome the threat of censorship. Fühmann's own story, to which I will return below, appeared in the second issue of 1974, at the height of Honecker's cultural liberalisation; Braun's, published in the fifth issue of 1975, became one of the test-cases of its credibility as the challenge to Party authority became more radical, and the furore unleashed within SED circles when it appeared exposed the limits of the SED's willingness to tolerate internal criticism. The struggle of 1974-75 to have *Unvollendete Geschichte* published in *Sinn und Form*, and Fühmann's key role in persuading its editor, Wilhem Girnus, to let it appear in an uncensored form, has become better understood since the collapse of the GDR allowed access to the journal's archives.[36] It is an obvious source of the unflagging respect Braun shows for Fühmann that the latter was instrumental in achieving this important victory (and thereby ensuring that Braun's text became established internationally as a seminal work of GDR literature).

While the publication of *Unvollendete Geschichte* was a literary and political milestone for both authors, exemplifying the values to which they had been publicly committed as reformist intellectuals since the beginning of the Honecker era, it also provided a foretaste of how the SED leadership would react to what it interpreted as a conspiracy to undermine its authority. The common purpose shown by Fühmann and Braun in the vanguard of the liberalisation process was put to the sternest of tests after the Biermann Affair, when the SED ruthlessly set out to destroy the broad-based solidarity built up amongst GDR authors and film-makers over the previous five years, using the range of intimidatory and subversive strategies which have been exhaustively analysed in the years since the collapse of the GDR.[37] As prominent signatories of the original protest letter against Biermann's expulsion who were also identified with the SED (or, in Fühmann's case, the NDPD) they were particularly subject to party-political pressure and Stasi surveillance, but their relationship survived on the basis of their shared determination to continue the struggle for internal reform against all the odds.

The exact nature of that relationship between the end of 1976 and Fühmann's death in 1984 is frustratingly difficult to define. Amidst the mass of documentary evidence unearthed from the archives or produced by the participants themselves since the collapse of the GDR there is little which tells us how Fühmann and Braun communicated, how often they met and how closely they shared their creative interests. Knowing how much Fühmann relied on letter-writing to keep in touch with his literary friends from his retreat in Märkisch-Buchholz over this period, it is surprising not to find examples of their correspondence amongst the letters which have since been published (although the year 2004 marks the end of the twenty-year period of restricted access to his letters and diaries which Fühmann himself decreed in his will, and the basis of information on his friendship with Braun can be expected to increase thereafter).[38] There are clues pointing to their unbroken mutual solidarity: they both refused to attend executive meetings of the Writers' Union in protest against its role in the post-Biermann repression, while keeping the lines of communication open with members of the SED leadership, notably the Deputy Minister of Culture, Klaus Höpcke, whom they believed to be sympathetic to their aspirations;[39] they shared an interest in promoting the cause of the new generation of non-conformist poets based in Berlin's Prenzlauer Berg, with Braun – now about the same age as Fühmann was when he first committed himself to this role in the early 1960s – provoking some of the same ambivalent responses amongst his protegées as Fühmann had once done;[40] and as the Cold War reignited and the threat of global nuclear conflict intensified they shared public platforms with their counterparts in the Federal Republic to promote the cause of peace.[41] As Fühmann's energy for the internal struggle waned in the early 1980s and the tone of his writing became increasingly bleak, Braun still drew strength from the example of his friend in launching his most direct attack on SED authority, making the explicit intertextual link with Fühmann's 'Drei nackte Männer' in his *Hinze-Kunze-Roman* in acknowledgement of their relationship.

III.

The montage of several sections of text from 'Drei nackte Männer'[42] is of course only a small part of the *Hinze-Kunze-Roman*,[43] which had been evolving for several years before Fühmann's text was published and ranges much more widely thematically than the latter. Its impact was however decisive in terms of what we have already seen Braun refer to as 'die Entkleidung der Verhältnisse', exposing the unbridgeable gulf between the ruling elite and the rest of the clientele of the sauna, with whom Fühmann's first-person narrator identifies. While Braun's main focus in his drama *Hinze und Kunze* (first performed in 1973) had been on the Faustian potential of the proletarian Hinze in his struggle with the Party secretary Kunze, the novel takes its narrative lead from Fühmann's clinically precise description of an authority-figure whose gaze shows his contempt for the ordinary citizens around him. Braun elaborates the negative portrayal by showing Kunze as sexually rapacious towards women and ruthlessly exploitative of all his fellow-citizens, a travelling functionary for whom his chauffeur Hinze is little more than a passive assistant, even though there is also plenty of the mutual dependency which has historically characterised relationships between masters and their servants. Fühmann's emphasis on the 'erstarrte Form'[44] of the world shaped by his nameless protagonist represents one end of the spectrum within which his story, and Braun's novel in turn, operates.

The other end of the spectrum is the 'lebendige Form', only implied thematically in Fühmann's story in terms of the narrator's relaxed sense of community with the regular users of the sauna, but fundamental to the narrative. It is especially evident in the perfectly executed moment of fantasy with which it ends, when the narrator's thought of being greeted in the street by the same authority-figure as he drives past in his ministerial limousine is shown to be as likely as the car taking flight and disappearing through the window of the nearby multi-storey building.[45] Braun responds to this stimulus with obvious relish, adopting a much more radical approach in narrative terms as he incorporates Fühmann's protagonist and one of his two minions into a GDR version of Diderot's *Jacques le fataliste*, which provides not just a model for his portrayal of contemporary master-servant relationships but also an extensive repertoire of formal devices – narrator digressions, switching arbitrarily from prose to dialogue, meandering story-telling focused on the themes of love and sex, the absence of any conventional character development – rarely used elsewhere in GDR fiction. And just as Fühmann's narrator meets with predictable conservative opposition when he presents his ideas on formal polarities to the 'Verband der Freunde ästhetischer Forschung', so Braun's narrator has to contend with the aesthetic dogmatism of Frau Prof. Messerle in the unnamed 'Gremium' deliberating whether his Hinze-Kunze narrative is publishable in the GDR.[46] Braun's extensive narrator dimension provides more scope to spell out what 'lebendige Form' means as a vehicle for exploring unresolved issues – 'ich schreibe [...] lieber, was ich nicht begreife'[47] – and one which relies on the active participation of its readers to create a 'konspirative[n] Realismus'[48] aimed at provoking much-needed new thinking during a period of socio-cultural stagnation – but the sense of continuity is clearly evident.

This leads on to the second important way in which Braun might have wished to write his *Hinze-Kunze-Roman* 'für Franz' – not just as a tribute to a mentor and friend, but also as means of boosting Fühmann's morale at a time when he was sinking into ever deepening despair about the future of state socialism. For example: the satirical way in which Braun describes the stagnation of relationships in the GDR, the absurdity of many of the situations encountered (and provoked) by Kunze on his travels, its at times extended sections of sexual punning,[49] would have appealed to Fühmann's sense of humour (and echo the 'Hommage à Franz Fühmann' included in his diary excerpt of August 1984). Beyond that, however, the essentially comic way in which Braun (following Diderot) depicts his master-servant relationship contrasts strongly with the bleakness of the essay which Fühmann wrote on the same theme in 1977, arising from his reading of E.T.A. Hoffmann's story 'Ignaz Denner'.[50]

Fühmann's analysis of the plight of Hoffmann's protagonist Andres as the servant to two competing feudal masters is heavily influenced by his own sense of remorse at having subjugated his individuality for most of his life, first as a Catholic, then as a Nazi and later as a guilt-stricken convert to state socialism who, as he regularly stated, came to the latter 'via Auschwitz'. Andres's failure to recognise that there is an alternative to having his good nature endlessly exploited – 'die [Alternative] des Widerstands, und gegen beide Herren' – makes him, for Fühmann, a very 'German' victim of 'die neue Knechtsideologie'[51] and the various oblique comments on the GDR in the essay suggest that little has changed since

Hoffmann's day. Braun's Hinze may not be significantly different to Andres, in the sense that he never rebels against the role as Kunze's chauffeur which society has allotted him, but Braun does provide an alternative to his passivity in the form of his partner Lisa, who is the one character in his novel to develop, emancipating herself from subjugation to both her male counterparts and showing the potential to generate some of the social movement her author is desperate to stimulate.

There is also a utopian political dimension to the *Hinze-Kunze-Roman* which stands in general contrast to the 'gestocktes Dasein' described by Fühmann, not just in his essay on 'Ignaz Denner' but also his later mythic and science fiction stories, and which led him to abandon his epic novel *Im Berg*, the structuring of which had presupposed that movement towards democratisation of the GDR was still possible. Braun, as committed as ever to the mobilising potential of utopian dreams, includes a comic scene in the *Hinze-Kunze-Roman* which shows the annual memorial ceremony for Karl Liebknecht and Rosa Luxemburg being disrupted by an anarchic upsurge of popular discontent, sparked off by a stone fired by Kunze's grandfather from a catapult at the dignatories' podium. This creative anticipation of the protest which actually occurred at the same event in January 1988, paving the way for the wider popular revolt which brought about the collapse of the GDR the following year, gives the novel a degree of optimism which the late Fühmann would never have allowed himself. As Braun commented in his interview of 1999 with the Schlenstedts: '[Fühmann] hätte, um das Manuskript [*Im Berg*] zu vollenden, den Einbruch 1989 gebraucht, das hätte die Schlacken gesprengt.'[52]

Although Braun's combative optimism was ultimately misplaced, in the sense that the GDR's Hinzes and Kunzes proved incapable of absorbing his challenge and liberating themselves from their unproductive mutual dependency, the final tribute which he made to Fühmann was in standing up to the ideological pressures to tone down his criticisms or make any significant modifications to his text during the long battle between 1981 and 1985 to get it published.[53] Whatever Fühmann might have felt about the tenability of its defiant utopian message, he had fully recognised its importance and offered the same quality of support he had given to all aspects of Braun's work since the early 1960s. 'Laß es dir nicht kaputtmachen' – the words which Fühmann actually used in their telephone conversation of December 1982 – is an exhortation which

Braun properly heeded then and which has continued to inspire him in the twenty years since Fühmann's death.

Notes

[1] First published as an 'Anhang' to Volker Braun's collection of essays, *Verheerende Folgen mangelnden Anscheins innerbetrieblicher Demokratie*, Suhrkamp: Frankfurt/M., 1988, 143-155.

[2] Ibid., 149.

[3] Ibid., 152.

[4] Ibid., 151.

[5] See the various references to his recent work, some giving titles, others less specific but nevertheless clear in the context, on pages 144, 146, 149 and 154. The fact that the summer of 1984 was a critical time for the fortunes of the *Hinze-Kunze-Roman* emerges clearly from the volume York-Gothart Mix, ed., *Ein 'Oberkunze darf nicht vorkommen'. Materialien zur Publikationsgeschichte und Zensur des Hinze-Kunze-Romans von Volker Braun*, Harrasowitz: Wiesbaden, 1993, 92-99. The note to 'K.' referred to in Braun's text is however not included here.

[6] *Verheerende Folgen*, 146-147 (Dante), 150-151 (Weiss) and 151 (Müller/Schubert).

[7] Ibid., 145 (Schulz) and 153 (Wolf). The two speeches were published side by side in *Sinn und Form*, 5 (1984), 1012-1022.

[8] Page references below to *Zweiundzwanzig Tage* are to volume 3 of the Fühmann 'Werkausgabe', *Das Judenauto. Kabelkran und blauer Peter. Zweiundzwanzig Tage oder Die Hälfte des Lebens*, Hinstorff: Rostock, 1979.

[9] *Verheerende Folgen*, 154.

[10] Ibid., 144.

[11] Ibid., 145.

[12] Ibid., 150 (paraphrasing *Zweiundzwanzig Tage*, 478).

[13] Ibid., 148 (*Zweiundzwanzig Tage*, 441).

[14] Ibid., 150.

[15] Ibid., 151-152. (As he rejects the GDR propagandist view of the FRG as a hell on earth and Sartre's famous line from *Les mains sales* that hell is other people, it is significant that he makes an exception of his principled response to the crushing of the Prague Spring in this general self-criticism.)

[16] *Zweiundzwanzig Tage*, 477. Braun breaks up the quotation in his text, reminding his reader that Christa Wolf also used it approvingly in her memorial speech and that 'auch sie [Wolf] wußte, was sie sagte': *Verheerende Folgen*, 153.

[17] Ibid., 154.

[18] 'Schichtwechsel oder Die Verlagerung des geheimen Punkts: Volker Braun im Gespräch mit Silvia und Dieter Schlenstedt, März 1999', in: Frank Hörnigk, ed., *Volker Braun. Arbeitsbuch*, Theater der Zeit/Literaturforum im Brecht-Haus: Berlin, 1999, 174-188 (here 182).

[19] Ibid., 182. I am grateful to Volker Braun for letting me have a copy of the original passage from his unpublished diary of the period, when the context of Stasi surveillance to which it refers helps to explain why he describes Fühmann's message in the interview as a 'Kassiber'. Interestingly, though, in contradiction to Braun's recollection of the message during this interview, Fühmann appears to have been less interested in whether the *Hinze-Kunze-Roman* would be published than in whether Braun would manage to prevent it being disfigured by censorship: '25. 12. 82. fühmann, der im roman benutzte freund, ruft an: weißt du, was du da gemacht hast? da ist dir etwas gelungen… (die leitung knackt, in den höchsten Tönen) laß es dir nicht kaputtmachen.'

[20] The following sources have been used in piecing together this account of how the literary relationship between Fühmann and Braun developed: Gudrun Geißler, 'Stephan Hermlin und die junge Lyrik', in: Günter Agde, ed., *Kahlschlag. Das 11. Plenum des ZK der SED 1965. Studien und Dokumente*, Aufbau: Berlin, 1991, 213-231; Stephen Parker, *Peter Huchel. A Literary Life in 20th-Century Germany*, Lang: Bern, 1998, esp. 403-434; Dennis Tate, *Franz Fühmann. Innovation and Authenticity*, Rodopi: Amsterdam, 1995, esp. 57-104; Christel Berger, 'Franz Fühmann in der Akademie der Künste der DDR', in: Brigitte Krüger, ed., *Dichter sein heißt aufs Ganze aus sein. Zugänge zu Poetologie und Werk Franz Fühmanns*, Lang: Frankfurt/M., 2003, 89-114.

[21] Included in Braun's opening remarks at an event in the Academy marking Stephan Hermlin's eightieth birthday in 1995. See Volker Braun, *Wir befinden uns soweit wohl. Wir sind erst einmal am Ende. Äußerungen*, Suhrkamp: Frankfurt/M., 1998, 123.

[22] For a more detailed account of this period in Fühmann's life, see Dennis Tate, *Franz Fühmann. Innovation and Authenticity,* 79-93.

[23] The feature 'Junge Lyrik der DDR', *Sinn und Form*, 1 (1963), 62-93, included poems by Braun, Kurt Bartsch, Uwe Gressmann and Rainer Kirsch; Fühmann's 'Ernst Barlach in Güstrow', 94-116, was part of an early draft of the story later entitled simply 'Barlach in Güstrow'. In a later note on his relationship with Bodo Uhse, Fühmann implied that Uhse, as soon as he was appointed to the editorship, gave him the task of selecting the poems of young authors to be included in *Sinn und Form*: see Franz Fühmann, 'Ein Stückchen Erinnerung', in: Günter Caspar, ed., *Über Bodo Uhse*, Aufbau: Berlin, 1984, 300-303.

[24] *Sinn und Form*, 4 (1963), 602-617 (Nezval) and 626-639 (Braun).

[25] In conversation with DT in Berlin, 30 January 2003.

[26] In both cases the early determination to provide a credible depiction of working life (*Kabelkran und blauer Peter*; *Der Schlamm*) develops into a deeper obsession with the worked landscape as creative metaphor (*Im Berg*; *Bodenloser Satz*).

[27] In his interview with Rolf Jucker, 'Wir befinden uns soweit wohl. Wir sind erst einmal am Ende', first published in: Rolf Jucker, ed., *Volker Braun*, University of Wales Press: Cardiff, 1995, 21-29, Braun is prepared to accept the thrust of Jucker's criticism that *Provokation für mich* was 'in vielem [...] dein Buch der *political correctness*' (22).

[28] Franz Fühmann, *Vor Feuerschlünden. Erfahrung mit Georg Trakls Gedicht*, Hinstorff: Rostock, 1984, 180.

[29] First published in 1972 as the middle part of what was initially a trilogy of texts, *Das ungezwungne Leben Kasts*, later expanded through the inclusion of 'Die Tribüne' into the tetralogy published in 1979. Braun's self-critical comments on 'Die Bühne' are included in his interview with Rolf Jucker, 22-23.

[30] Included in Volker Braun, *Texte in zeitlicher Folge*, Mitteldeutscher Verlag: Halle; Leipzig, 1990, Vol. 4, 99-101.

[31] For a discussion of the theme of 'Böhmen am Meer' in the wider context of post-1945 German and Czech literature see Brigid Haines, '"Liegt Böhmen noch am Meer?", or, When Writers Redraw Maps', in: Juliet Wigmore and Ian Foster, eds., *Neighbours and Strangers*: *Germany, Austria and Central Europe: Literary and Cultural Relations since 1989*, Rodopi: Amsterdam, forthcoming. Braun's play of 1992, *Böhmen am Meer*, has equally little in common with Fühmann's story, loosely using the Shakespearean original as the basis for his parable of the impending catastrophe of the post-communist world.

[32] See 'Franz Fühmann im Gesprach mit Wilfried F. Schoeller', in: Hans-Jürgen Schmitt, ed., *Franz Fühmann: Den Katzenartigen wollten wir verbrennen. Ein Lesebuch*, dtv: Munich, 1988, 273-301 (here 283).

[33] See 'Ein Wort an künftige Kollegen', in: Franz Fühmann, *Essays. Gespräche. Aufsätze 1964-1981*, Hinstorff: Rostock, 1983, 44-55 (here 54).

[34] See, for example, 'Tabus' and 'Unnachsichtige Nebensätze zum Hauptreferat', in: Volker Braun, *Texte in zeitlicher Folge*, Vol. 4, 269-272 and 273-277.

[35] Both speeches figured prominently in the proceedings of the Congress, first published in *Neue Deutsche Literatur*, 2 (1974). Included in: Fühmann, *Essays. Gespräche. Aufsätze*, 67-81 and Braun, *Texte in zeitlicher Folge*, Vol. 4, 305-314 respectively.

[36] See Stephen Parker, 'The disloyalty of a loyal comrade: Wilhlem Girnus's conflict with the SED leadership over *Unvollendete Geschichte*', in: Rolf Jucker, ed., *Volker Braun*, 107-123 (which, despite its title, also highlights Fühmann's key role in ensuring that it was published); Hans Richter, *Franz Fühmann. Ein deutsches Dichterleben*, Aufbau: Berlin, 2001, 315. Braun also stressed Fühmann's wholehearted editorial encouragement to him after the manuscript was first submitted to *Sinn und Form* (conversation with DT, 30 January 2003).

[37] The intimidatory force of the attacks on Fühmann and Braun, alongside the signatories of the Biermann letter, is extensively documented in Roland Berbig *et al.*, eds., *In Sachen Biermann. Protokolle, Berichte und Briefe zu den Folgen einer Ausbürgerung*, Links: Berlin, 1994. The extent of the Stasi surveillance of both writers is also highlighted in Joachim Walther, *Sicherungsbereich Literatur. Schriftsteller und Staatssicherheit in der Deutschen Demokratischen Republik*, Links: Berlin, 1996.

[38] The volume of selected letters edited by Hans-Jürgen Schmitt (Franz Fühmann, *Briefe 1950-1984*, Hinstorff: Rostock, 1994), contains no correspondence at all between Fühmann and Braun, even though it would be no surprise if there were the basis of a volume similar to the one edited by Christa Wolf – *Monsieur – Wir finden uns wieder. Briefe 1968-1984*, Aufbau: Berlin, 1995 – still hidden away among the unpublished letters and diaries of the two authors.

[39] The minutes of meetings of the executive between 1976 and 1980 are contained in file 262 of the Writers' Union archive in the Stiftung Archive der Akademie der Künste zu Berlin; Fühmann's open letter to Höpcke of 20 November 1977 (including another brief intervention on Braun's behalf) is included in Fühmann, *Briefe 1950-1984*, 237-246, while a hint of Braun's direct dealings with Höpcke is provided by the passage in '21., 22. August 1984' referred to above.

[40] Peter Böthig and Klaus Michael, eds., *Machtspiele. Literatur und Staatssicherheit im Fokus Prenzlauer Berg*, Reclam: Leipzig, 1993 contains both an article on Fühmann's efforts to get an anthology of work by the Prenzlauer Berg poets published in the GDR (202-216) and a statement by Braun about his relationship with them (321-324). See also Ingrid Pergande, '"Volker Braun? – Da kann ich nur sagen, der Junge quält sich…" – New voices in the GDR lyric of the 1980s', in: Martin Kane, ed., *Socialism and the Literary Imagination*, Berg: New York; Oxford, 1991, 229-246.

[41] See *Berliner Begegnung zur Friedensförderung. Protokolle des Schriftstellertreffens am 13./14. Dezember 1981*, Luchterhand: Darmstadt, 1982.

[42] See Franz Fühmann, *Erzählungen 1955-1975*, Hinstorff: Rostock, 1977, 509-522.

[43] See Volker Braun, *Hinze-Kunze-Roman*, Mitteldeutscher Verlag: Halle; Leipzig, 1985, 11-12, 89-90, 119, 149, 155, 187. (Braun was later highly embarrassed that he had included a statement on the opening page of the text about *not* working 'nach dem Schema F' [sic] – perfectly understandable in terms of the usual colloquial meaning of the phrase, but potentially confusing in a context where the quotes from 'Drei nackte Männer' were usually accompanied by a reference to 'mein Freund F.', to the extent that Fühmann himself had asked for reassurance on this point when he read the manuscript. See his interview with Silvia and Dieter Schlenstedt, *Volker Braun. Arbeitsbuch*, 182.)

[44] 'Drei nackte Männer', 513-514.

[45] Ibid., 521-522.

[46] Compare 'Drei nackte Männer', 521 and *Hinze-Kunze-Roman*, 145-149.

[47] *Hinze-Kunze-Roman*, 34.

[48] Ibid., 182.

[49] See, for example, the way Kunze reveals his sexual obsessions when he becomes distracted in the middle of routine speeches (112-114 and 117-118) or the narrator's reflections (stimulated by a passage from Fühmann's story) on the infinite variety of penises (149-155).

[50] Included as an 'Anhang' to his essay 'Fräulein Veronika Paulmann aus der Pirnaer Vorstadt oder Etwas über das Schauerliche bei E.T.A. Hoffmann', in: Franz Fühmann, *Essays. Gespräche. Aufsätze*, 378-399.

[51] Ibid., 392.

[52] Interview with Silvia and Dieter Schlenstedt, *Volker Braun. Arbeitsbuch*, 182.

[53] The supplementary material included with the text in Volume 7 of Braun's *Texte in zeitlicher Folge* includes only one scene removed from his manuscript before publication (215-224).

Paul Peters

Mysteriöse Übergänge
Anmerkungen zu einem Motiv bei Volker Braun

Volker Braun's career as a writer is intimately bound up with the transition, anticipated by Marx and hoped for by Braun, to the socialist human community. But since this transition has been blocked off, Braun's texts have been characterised by other attempted transitions. The following essay examines two such exemplary transitions in the context of a diverse selection of Braun's writings: the one from life to death and the other from text to life.

I

'Zuletzt an eine unüberschreitbare Grenze getrieben / Hast du, heißt es, eine überschreitbare überschritten.'[1] Diese Zeilen aus Brechts Gedicht auf den gescheiterten Grenzübergang Walter Benjamins 1940 in den Pyrenäen könnten dann auch, wenn auch bei radikal veränderten Vorzeichen, als Motto über dem ganzen Schaffen des Autors und Grenzgängers Volker Braun stehen. Denn auch sein ersehnter 'Übergang' drohte zu scheitern – und ist dann schließlich auch gescheitert – bei dem Zusammenstoß mit schier unüberwindlichen Hürden, auch hier solche, wie es sich herausstellte, der Macht, also ebenfalls bürokratisch-politischer Art; und auch Braun sah sich aufgefordert, bei der vergeblichen Suche nach dem einen, verwehrten Übergang dann auch alle anderen Möglichkeiten des Übergangs – die denkbaren wie die unausdenkbaren – auszutesten. Dabei ist der, wie es auf den ersten Blick scheinen könnte, wohl nächstliegende Übergang für einen Schriftsteller von Brauns Herkunft und politischer Überzeugung – der erhoffte in den Sozialismus – paradoxerweise gerade der, der sich dann als glatt undurchführbar erwies. Denn gemäß dem einstigen tschechischen Witz von den zwei Stadien in der Entwicklung des Sozialismus – die Schwierigkeiten der Entwicklung, und die Entwicklung der Schwierigkeiten – ist Brauns Werk schon früh gezeichnet von der Blockade, die sich zwischen dem 'realen Sozialismus' und der Verwirklichung des Marxschen Emanzipationsprogramms auftat. So ist sein Werk wie kaum ein anderes reich an Übergängen, welcher Reichtum aber gleichzeitig die bald ausdrückliche, bald verborgene Klage und Elegie um einen einzigen verwehrten, verfehlten und gescheiterten Übergang darstellt: um jenen Übergang, in den alle anderen hätten münden sollen, den Übergang in die von Marx evozierte menschliche Gemeinschaft. Ja, geradezu unübersehbar die Übergangs-Formen, die sich bei Volker Braun anbieten – sie reichen von

dem berüchtigten vom 'Ich zum Wir' bis zu dem tückischen von Subjekt zu
Subjekt – und dies mit Vorliebe in der verschärften Form von Mann zu Frau
– bis hin zu den bei diesem so sprachbewußten Autor bisweilen nicht
weniger brenzligen und gefährlichen Übergängen vom Subjekt zum Objekt,
von Substantiv zum Verb, gar von Wort zu Wort; zum Schluß befähigte
Volker Braun diese eigentümliche Kampferprobtheit in den Übergängen als
einzigen unter den 'klassischen' DDR-Autoren, sogar den für ihn
Unausdenkbarsten aller Übergänge – den in den Kapitalismus – schreibend
zu bewältigen. Im folgenden indes werden zwei wohl ähnlich prekäre, die
Gesamtheit des Oeuvres durchziehende Braunsche Übergänge exemplarisch
untersucht: zunächst der von Leben und Tod, und anschließend den wohl
nicht weniger bedenklichen von Leben – und Text.

II

In einer bewußt unterkühlt und sachlich, doch gleichzeitig in
hochdramatischer Kleist- und Seghers-Diktion gehaltenen Anekdote Volker
Brauns heißt es:

> In der Silvesternacht 1973 geriet ein hoher Funktionär der Arbeiter-und-Bauern-
> Inspektion in Streit mit seinem zwanzigjährigen Sohn, einiger politischer
> Blödigkeiten wegen, die sich ereignet hatten, ich weiß nicht, ob er betrunken war,
> ich halte das nicht für nötig, er verwies den Sohn des Hauses und warf ihn die
> Treppe hinab. Der blieb im nächsten Stockwerk liegen, reglos. Den Vater ergriff
> panische Furcht, er eilte in die Wohnung zurück, hielt sich die Folgen seiner
> Mordtat vor Augen, riß ein Fenster auf und stürzte sich auf die Straße, wo sein
> Schädel zerschmetterte. Der Sohn hatte leichte Hautabschürfungen. [...][2]

Das ist, unter DDR-Bedingungen – die ja selber durch eine unüberschreitbare
Grenze definiert waren – das böse Spiel der überschreitbaren und nicht
überschreitbaren Grenze. Da in dem Vater- und Sohnkonflikt beide Kontra-
henten auf die unüberschreitbare Grenze – die Grenze des Erlaubten, der
politischen Sagbar- und Unsagbarkeiten – stoßen, gelangen beide in dem
politischen Familienzwist stracks und unverhofft an jene Grenze, die jedem
in seinem irdischen Dasein in jedem Augenblick offensteht: die Grenze vom
Leben zum Tode. Der eine überschreitet sie dann gleichsam nur partiell und
scheinbar – obwohl die tödliche Absicht in dem verhängnisvollen Schubs als
unheilvolles Potential bereits mitschwingt, und der Tod folglich in dem
Schubs bereits vorhanden ist, als böser Geist gleichsam schon heraufbe-
schworen. Dennoch stirbt der Herunter- und Hinausgeworfene ja nur zum
Scheine. Damit hätte der Vater Glück, wenn er durch das Unheil hindurch,
das er schon bereit war, in Kauf zu nehmen, für Glück noch offen wäre. Er
aber, von dem das unheilvolle Potential, die tödliche Absicht ausging,

realisiert sie dann tatsächlich: an sich selbst. Dabei hat man nur zu deutlich das Gefühl, er tut dies – das Überschreiten der überschreitbaren Grenze –, indem er noch ganz im Banne der unüberschreitbaren Grenze steht. Das heißt, weniger das bloße zwischenmenschliche Entsetzen über den scheinbaren Totschlag an dem eigenen Sohn treibt hier den Funktionär zur Selbstentleibung, als die Rücksicht auf den für ihn womöglich noch katastrophaleren Verlust an Status und gesellschaftlichem Ansehen, den die Mordtat mit sich brächte. So stirbt er noch im Zeichen dessen, wofür er zu töten bereit war: die gesellschaftliche Rücksichtnahme, die Aufrechterhaltung des politischen Tabus. Denn diese, so gibt uns der Autor, indem er die Anekdote festhält, zu verstehen, sind noch mächtigere Schranken als die kreatürlichen und sittlichen von Todesangst und Mordverbot. Wie bei Brecht erhellt hier also schlagartig die überschreitbare die unüberschreitbare Grenze, der Tod, der Gang ins Jenseits die Erstarrung im Hier und Jetzt. Gleichzeitig erklärt der Autor Braun aber diese DDR-spezifischen gesellschaftlichen und politischen Fragen damit ebenfalls zu solchen von Leben und Tod; denn auch sie haben einen ähnlichen Grad an elementarer menschlicher Dringlichkeit, an existenziellem Ernst erreicht. Und es ist eben dieses in der Anekdote brenzlige Spiel mit Übergängen – den politischen wie den kreatürlichen, den imaginären wie den realen, den urplötzlichen, offenkundigen und schockierenden wie den unterschwelligen, unsichtbaren und vertrackten –, das allenthalben in Volker Brauns Werk zu beobachten ist.

III

In der Novelle *Unvollendete Geschichte* sollte der Autor dann ausführen, was als Frage in der knappen Anekdote von ihm aufgeworfen war: das zwischenmenschliche Ineinander der kreatürlichen und politischen Übergänge. In diesem 'Romeo und Julia im Staate'[3] ist freilich wie in dem Shakespeareschen Stoff und Vorbild jener magische 'Übergang' von einem menschlichen Subjekt zum anderen, den die Liebe darstellt, bereits auch in einem umfassenderen Sinn Überschreitung: sowohl politische Tabuverletzung wie auch soziale Übertretung. Die Liebe ist damit Politikum ersten Ranges, denn sie verrät die wahre Lage des politischen Körpers, sei's nun in dem Duodezstaat Verona oder in der deutschen demokratischen Republik. Denn wie die Liebenden Romeo und Julia bei Shakespeare die Fehde der verfeindeten Häuser Montague und Capulet magisch überbrücken, den tödlichen Gegensatz, den drohenden unkittbaren Riß durch das Gemeinwesen durch den bloßen Fakt ihrer Verbindung sowohl kühn herausfordern wie auch potentiell aussöhnen, verhält es sich bei Brauns Liebenden Frank und

Karin. Gehören sie doch zu zwei sehr unterschiedlichen und bisweilen – so scheint es der Autor andeuten zu wollen – auch sich befehdenden und gegensätzlichen Fraktionen des sie umgebenden Gemeinwesens: Oben und Unten, Basis und Überbau, Volk und Staat, Regierende und Regierte. Frank als Sohn einer marginalen und bereits halbwegs kriminalisierten Familie der realsozialistischen Unterklasse, Rebell und Außenseiter, Karin als sonst brave und integrierte Tochter einer mittleren angepaßten wohlanständigen – mitunter erstickend kleinbürgerlichen – Funktionärsfamilie. So umfaßt diese Liebe wie bei Shakespeare die sich widerstreitenden Pole und Extreme der Gesellschaft, wird zum Medium, in dem diese Extreme ebenso utopisch wie tragisch kommunizieren können. Gerade in diesem Sinne ist die Liebe dieses Paares ja auch skandalös. Denn die beiden Liebenden erzwingen durch die Tatsache ihrer Verbindung die konfliktbeladene Begegnung, das jähe Aufeinanderprallen der beiden sonst gegen einander abgedichteten und entfremdeten Sphären, jener von Karin dann für sich entdeckten 'zwei Welten, in demselben Land' (IV 20). Insofern ist die Liebe als Übergang und als Verbindung, als mögliche Überbrückung jener gefährlichen Kluft zwischen den gesellschaftlichen Polen und Fraktionen, hier auch Über-tretung: denn schon jene Kluft als eine solche zu erfahren und zu benennen, rührt ja im realen Sozialismus an Unsagbares, an das Tabu schlechthin der bestehenden Verhältnisse, und doch kann die besagte Kluft nicht eher überwunden werden als dann, wenn sie erst bewußt als Kluft erlebt, benannt, gezeigt wird. So läßt die Liebe, die als natürlichste und drängendste Form aller menschlichen Übergänge die Hürde nehmen will – die Trennung vom geliebten Objekt aufheben –, die Hürde umso greller aufleuchten. Das Unüberschreitbare, das sozialpolitische Gefälle, macht sich somit mit einmal fest am Überschreitbaren, ja, an scheinbar durch das menschliche Gefühl bereits Überschrittenem, und die Grenze, welche das Staatsgebilde DDR kennzeichnet, wird nicht einfach gegenüber dem rivalisierenden Staatsgebil-de gezogen, sondern zieht sich als Riß durch die gesamte DDR-Gesellschaft. Dabei ist der hier so schockhaft angesprochene unmögliche Übergang nicht einfach der am äußerlichen Rand der Staatsgrenze – der freilich auch zur Sprache kommt –, sondern der im Inneren, der Übergang zu offenen und politisch unbefangenen, zu im Sinne der gegebenen festgefahrenen Herrschaftsstruktur aufgebrocheneren und 'herrschaftsfreien' Verhältnissen. Diese unnatürliche Blockade versperrt dann alle Übergänge, und die Liebe, welche von Natur aus alle Schranken überwinden möchte, sieht sich zwangsläufig dann auch mit dieser letzten Schranke konfrontiert.

Vielleicht hat genau aus diesem Grund der Autor Braun hier wie auch sonst in seinem Werk immer wieder sehr einprägsame und nuancierte Worte für jenen selbstverständlichen und nichtselbstverständlichen, jenen natürlichen und mehr als natürlichen Übergang gefunden, der durch die Vereinigung von Mann und Frau verkörpert wird. Denn was bei diesem Übergang Gelingen und Mißlingen, Kommunikation und Scheitern wären, ist kein Statisches und ein für allemal Gegebenes, sondern setzt sich immer wieder von neuem erst zusammen, steht immer wieder von neuem auf dem Spiel: und gerade dieses Einmalige und Unkalkulierbare eines jeden erotischen Übergangs von einem Subjekt zum anderen, in der Liebe wie im Liebesakt, ist vom Autor Braun immer wieder mit bemerkenswerter Subtilität eingefangen worden; vielleicht auch in dem akuten, auch politisch motivierten Wissen um die Bedeutung, um das ungeheuer Offene aller solchen Übergänge. Das findet dann gerade in der *Unvollendeten Geschichte* seine für diesen Autor klassische Ausformung. So tut sich bei dem damaligen offiziellen Polit-Terminus von der Republikflucht, wie so oft bei den Wörtern bei Volker Braun, ein wahrer Abgrund auf: denn 'republikflüchtig' sind diese beiden Liebenden, und mit ihnen der Autor, nicht indem sie auf einem anderen geographischen Terrain, sondern indem sie innerhalb der bestehenden Staatsgrenzen zu einer anderen Republik aufbrechen wollen, ja, bewußt-unbewußt schon längst dorthin aufgebrochen sind. Doch bevor sie dorthin gelangen können, muß der zunächst abgewiesene junge Mann, nachdem ihn die Geliebte auf für ihn wie auch für sie unbegreifliche Weise, aufgrund des Drucks vom Staat wie auch vom Elternhaus verlassen hat, in ganz andere Räume: in Todesräume. So dreht er in seiner Verzweiflung den Gashahn auf. Und man spürt: nicht der Akt, so melodramatisch unbeholfen und traurig ungeschickt wie das Leben selbst, sondern der daraus resultierende Zustand interessiert hier den Autor: ein Zustand zwischen Tod und Tod, und Leben und Leben, der auf der rein äußerlichen Handlungsebene erst den erforderlichen Druck des Entsetzens schafft, damit die entsprechenden Instanzen nun halbwegs zur Besinnung kommen, die festgefahrenen Strukturen halbwegs aufgebrochen werden; daß Frank bei seinem Akt der Überschreitung die gewohnte Gestalt als Mensch und Lebender verläßt, ermöglicht es auf eine ebenso zwingende wie unerklärliche Weise den anderen, aus ihrem Zustand der Entmenschheit, des puren Charaktermaskendaseins selber wieder etwas herauszutreten, selbst vermenschlichtere Gestalt wieder anzunehmen. Die 'ungeheuerliche Begebenheit' der Novelle ist damit nicht nur der ihm aufgenötigte Gestalten- und Zustandswechsel Franks, sondern auch das damit korrespondierende Extrem, die wundersame

Rückverwandlung von sozialpolitischen Funktionsträgern in Menschen. Gleichzeitig stellt Franks dramatischer Zustandswechsel auf der Ebene der inneren Handlung so etwas wie einen notwendigen Übergang – durch den 'Tod' hindurch – zu einer anderen Form des Seins dar, die hier dann letztlich doch die Form eines anderen Lebens annimmt. Denn der Text pendelt nun wild und fieberkurvenartig zwischen Tragik und Erfüllung, ebenso wie der Protagonist zwischen Tod und Leben schwebt. 'Lebensgefahr' sagt man wohl dazu, und alles was man von dem Ausgang dieses Textes sagen kann, ist, daß die beiden Liebenden am Ende vielleicht nicht mehr in der Todes-, aber durchaus in der Lebensgefahr noch schweben – in jener Gefahr, welche die Unwägbarkeit des Lebens, gerade auch der Aufbruch in ein aus allen festgefügten Strukturen wieder herausgelöstes und ungebundenes Leben, darstellt. Denn beide haben sie dann zum Schluß ebenfalls, wo nicht auch die äußere Gestalt, so jedoch die innere Verfasstheit und Zusammensetzung verändert. Und beide sind sie obzwar noch Lebende auch gestorben, denn beide haben sie den Vorfall, die ungeheuerliche Begebenheit, eigentlich nicht überlebt: sie sind nicht mehr die, die sie waren, und können und werden es auch nie sein.

Gerade dieses aber, daß sie durch diesen 'Tod' hindurchgegangen sind, ermöglicht ihnen dann diese andere Form des Lebens. Jedoch mündet der Text, der zwar in pointiertem Gegensatz zu dem Shakespeareschen Vorbild haarscharf an der Tragödie vorbeigeht, nicht schon deshalb im Utopischen. Er verweigert sich vielmehr sowohl dem rein positiven wie auch negativen *exemplum*, wohl weil beide vonseiten des Lesers nur zu einer falschen Katharsis, zu einem identifikatorischen oder nicht-identifikatorischen, aber gleichermaßen deplazierten Aufatmen führen würden; weil beide wohl den Prozeß so oder so festschrieben und zum Abschluß brächten, der hier schlechterdings unabgeschlossen bleiben muß. Denn nicht tragisch und nicht glücklich geht hier Brauns Geschichte als 'unvollendete' aus, sondern offen: und nicht ins Unglück und nicht ins Glück werden die beiden Liebenden entlassen, sondern ins Leben. 'Hier begannen', heißt es dann, als beide Liebende bei Franks Entlassung aus dem Krankenhaus sich in einer eher zaghaften, tastenden, unsicheren, als überschwenglichen Begegnung umarmen, 'während die eine nicht zuende war, andere Geschichten.' (IV 70) Das läßt zwar nicht gerade die übliche Vorstellung vom märchenhaften Schluß anklingen, wohl aber den faktischen, zutiefst nüchternen wie zutiefst ernüchternden der meisten deutschen Volksmärchen: 'Und wenn sie nicht gestorben sind, so leben sie noch heute', wobei in jedem kindlichen Gemüt die Frage dann unweigerlich aufkommt: ja wie und wo leben sie denn? Und das ist genau die Frage, die dieser Text seiner Leserschaft auch am dringlichsten stellen möchte: wie es mit diesem Paar, das den Zustand des Gemeinwesens doch verkörpert, wohl denn weitergeht. Aber bemerkenswert auch die rein formale Innovationskraft, mit der hier, nicht zuletzt aufgrund eines Zwangs in der Sache, die Epik, die romanhafte Erzählform umgebogen und gar umgepolt wird. Erwarten wir doch, sagt einmal Walter Benjamin, das Ende eines Romans mit leichtem Entsetzen, weil es – gleichviel ob der Roman glücklich oder tragisch ausgeht – für uns als Leser den Tod des Helden, der identifikatorischen Person mit sich bringen werde; jedoch nicht so bei Volker Braun. Seine Texte sind alle getragen von dem Willen, auch im formalen Sinne 'nicht auf den Tod, sondern auf das Leben' hin zu erzählen:[4] und so wohnt fast allen Braunschen Texten eine Art Todes- wie auch Lebenstrieb inne: ein tragender Impuls, nicht nur das im Text dargestellte Leben bis durch die letzte Grenzüberschreitung des Todes hindurchzuführen; sondern ein entsprechender und korrespondierender Drang, auch den Text selbst bis an die letzte Grenzüberschreitung des Imaginären – bis zum wirklichen und gelebten Leben hin – zu bringen.

IV

Denn immer wieder bringt dieser Autor – für den man trotz aller formalen Innovationskraft durchaus noch die altbackene Formel gebrauchen kann, daß er der Schriftsteller einer 'Idee' sei – gerade dem Leben, dem ungestalten, nackten rohen Leben, seine unverblümten Huldigungen dar. Und es ist diese unbeirrbare Verwurzelung, diese unausrottbare Bodenhaftung im Leben, von der Volker Braun als Schreibender zweifellos seine beste Kraft bezogen hat, und die ihn immer wieder – das Vorbild von Sancho Pansa und Don Quixote drängt sich auf – vor den Entgleisungen der Idee zwar nicht gerettet, aber diese kontrapunktisch, bald kopfschüttelnd, bald spöttisch, bald mit abgründig-ausufernder Komik und Ironie hat kommentieren lassen. Das Leben ist die Referenz des Schriftstellers, zumal des Epikers, als welcher im Laufe seiner Karriere der Schriftsteller aller Gattungen Volker Braun sich wohl, zu seiner eigenen Überraschung, am ehesten entpuppt hat: ihm gehört die primäre Loyalität des Schreibenden, eine Loyalität von der Braun, trotz aller Sirenengesänge der Idee, dann auch nie abgerückt ist. Oder wie er seinerzeit einem skeptischen linientreuen Redakteur beschied, der ihn gefragt hatte, wo er da wohl hingerate: 'ich habe an die Wirklichkeit zu geraten, die zum allergrößten Teil außer mir ist, von ihr muß ich ausgehn, um zu etwas Wirklichem zu kommen.' (IV 130)

Dabei ist indes anzumerken, daß das Verhältnis von Leben und Idee in der wechselhaften Geschichte der Marxschen Theorie bereits in dieser eigentümlichen, von Braun dann weiter modulierten Konstellation präfiguriert ist. Denn im Praxis-Begriff verweist die Theorie noch in ihrem erhabensten Moment auf das Leben als die eigentlich höhere Instanz: und dies sowohl als Korrektiv – die Theorie habe sich vor der Instanz des Lebens auszuweisen – wie auch als Ziel: die Theorie selbst habe ja als Praxis in das Leben wieder einzugehen. Es gehört also wesensmäßig zur Marxschen 'Idee', keine solche bleiben zu wollen. Und so sieht sich Volker Braun als Schreibender dem 'Leben' gleich zweifach verpflichtet: sowohl als seinem eigentlichen und gleichsam unveräußerlichen Gegenstand als Schriftsteller wie auch als dem eigentlichen Gegenstand jener ihn auch als Schreibenden bis in die Grundfasern motivierenden Marxschen Idee. Mit anderen Worten: Volker Braun macht sowohl als Schriftsteller wie Marxist auf die 'Idee' die Probe. Daß diese Probe dann ebenso heroisch, tragisch und überhöht, wie banal, komisch und grotesk ausfällt, sollte bei dem generellen Umgang der Menschen mit erhabenen Ideen wohl nicht weiter verwundern. So böte diese großangelegte historische Quichotterie den Anblick eines riesigen und alle Dimensionen des Menschlichen umfassenden Spektakels, von dem Franz Kafka in seiner Erzählung über Sancho Pansa schreibt, daß man als Chronist und Augenzeuge davon 'eine große und nützliche Unterhaltung' hätte, 'bis an sein Ende'.[5] Mag sein, daß Volker Braun in seiner Pankower Abgeschiedenheit bei der Beobachtung der um ihn aufziehenden sozialistischen und antisozialistischen Weltgeschicke sich bisweilen wie ein solcher Chronist und Augenzeuge, ein solcher Sancho Pansa vorgekommen ist. Wäre man da nur nicht, wie der lächerliche und bedauernswürdige, allzumenschliche und irgendwo doch heroische Hidalgo, in diese tragikomischen Weltgeschicke selbst mit Haut und Haar verstrickt. Und auch Volker Braun, als Sancho Pansa, war da so Quichottisch wie Pankowsch, war realsozialistisch verstrickt. Denn daß die Idee – die Marxsche – nun angeblich realisiert werden sollte, nicht in irgendeiner fernen Ecke der Weltgeschichte, sondern hier, vor der eigenen Haustür, das machte ja die besondere Braunsche Verstrickung aus. Es potenzierte und schraubte die Spannung von Idee und Leben, von den möglichen und unmöglichen Übergängen, auf jene ganz spezifische Braunsche Höhe. Denn auf der einen Seite die anfängliche Euphorie und wachsende Beklemmung, daß die Idee sich jetzt erfüllen, oder nicht erfüllen könnte: auf der anderen das sich immer wieder einstellende Dilemma, entweder die Idee vor dem Leben oder aber das Leben vor der Idee zu schützen. Denn was tun, wenn die beiden gerade in dem Moment ihrer großangekündigten historischen Versöhnung sich mit einmal gar nicht so recht vertrugen, ja wenn die Idee sogar Miene machte, als Ideologie das Leben plattzuwalzen? In diesem Moment ergriff Volker Braun Partei für das Leben, ohne der Idee abtrünnig zu werden.

V

Denn das Leben ist nicht nur notwendiges Korrektiv bei Volker Braun – und auch nicht fernes Ziel. Das Leben ist ein Fest. Ein in jedem Augenblick unseres irdischen Daseins durch die Adern pulsierendes Mysterium und Fest. Und nichts bezeugt wie auch begründet jene unbeirrbare Loyalität des Schreibenden dem Leben gegenüber, nichts hat ihn mit solcher Sicherheit gegen die drohende Degradierung einer Idee zur Ideologie gefeit, nichts läßt ihn uns als Leser auch in den fragwürdigsten Momenten seines Beharrens auf der Idee so ganz entwaffnen, als diese unerschütterliche und allgegenwärtige Gewissheit um das Leben als Geheimnis und als Fest. So auch in den Unterhaltungen von Hinze und Kunze,[6] jenem Paar, wo der Epiker Braun das allzu realsozialistische Herr- und Knecht-Verhältnis, das er doch abschaffen wollte, zunächst einmal verewigt hat, und dabei seine stets verquer und antagonistisch Dialogisierenden wie folgt gemeinsam staunen läßt:

> Hinze unterließ nie, sich laut zu wundern, im Fall der Fahrstuhl ausfiel, das Brot nicht frisch in der Kaufhalle lag oder der Kellner nicht flugs herbeitigerte. Der traut sich was, moserte er, die sind wohl nicht bei Trost, was fällt dem bei, die hat wohl einen zu laufen! Kunze lehnte sich diesmal im Stuhl zurück. Du wunderst dich, Jugendfreund, ich auch. Ich wundere mich aber, daß es in der Regel klappt. Das Erstaunliche ist, daß die Leute auf Arbeit gehn, jedweden Tag, zu nachtschlafener Zeit springen sie aus den Federn, in die volle Bahn! Durch Schneewehen notfalls. Das Unglaubliche: die Brötchen rollen in die Hallen. Das Aufregende: Kollege Bierbichler versieht seinen Dienst. Hat er es nötig? Er kennt nichts andres mehr. Es klappt, es rollt, es geht seinen Gang. Was ist denn los? Es ist nicht zu fassen. Und er pfiff der Bedienung durch die Finger. (VII 20-21)

Das Wunder, das Staunenswürdige, das Unglaubliche, das Aufregende für unsere beiden Gesprächspartner: das Funktionieren und das Aussetzen des Funktionierens. Aber erst – wie so oft bei ihrer Unterhaltung – wenn wir die scheinbar so entgegengesetzten Aussagen beider addieren – oder besser gesagt, kombinieren –, kommen wir zu einem durchaus brauchbaren und nichtlinearen Ergebnis, das exponentiell in eine andere Qualität umschlägt: denn was die beiden Charaktere beschreiben und worüber sie so staunen – jenes stetige Funktionieren und Aussetzen des Funktionierens –, ist bei näherem Zusehen ja das Leben selbst. Und darüber kommt auch unser Autor aus dem Staunen nie heraus.

Das fängt schon bei dem frühen und jungen Dichter an, in der ostzonalen Gründerzeit und Aufbruch- und Aufbauphase von Brigadenstück und Produktionsromantik. Von deren Kollisionen zwischen aufbäumendem neuem Leben und bereits sich zementierenden Machtstrukturen haben die frühen Werke Heiner Müllers und Volker Brauns, hat Frank Beyers Film von der *Spur der Steine* wohl die bleibendsten artistischen Zeugnisse hinterlassen. Jener Produktionsromantik jedoch noch ganz verfallen, ließ sich der Lyriker Braun damals zu der folgenden kollektivistischen Hymne hinreißen:

> [...]
> Wenn wir schon wackeln in der unnachgiebigen
>   Erdsuppe
> Wenn wir schon wackeln und schwitzen an diesen
>   lumpigen Handbaggern
> Unter der blauen Sonnenfahne, wenn wir schon
>   schwitzen
>
> Eh sie die Sonne hochziehn und für die paar Piepen
> Für den versengten Rücken und Dreck im Ohr und
>   billige Blutwurst
> Und für getrocknete Felder und Butter, Leute, Butter!
>
> Ja, für Butter, mit diesen erbärmlichen Handbaggern,
>   schaufeln wir
> Uns die Brust voll Ruhm und Hoffnung, schaufeln ein
>   Vaterland her
> Eh sie noch richtig hochkommt, die Sonne, über den
>   Gräben im Rhinluch
> [...][7]

So soll, in einer eigentümlichen Mutation des standardisierten Metaphern-Plunders aus Vorkriegssozialdemokratie und Stalinzeit, dazu mit einem leichten Anflug Majakowski, die Sonne als Butter über der Landschaft des Sozialismus aufgehen. Die Kollegen der Brigade, die dabei vielleicht eher an die Prämien und Sonderschichtzulagen dachten, werden sich bedankt haben, und von den Butterbergen, die im Zeichen der kapitalistischen Überproduktion die EU-Landschaft bald zuschütten werden, ist hier ebenfalls nichts zu spüren. Was aber zu spüren ist: der Morgen, die Maschinen, das allmähliche Übergehen des maschinellen Rhythmus in den individuellen wie kollektiven Körper, der seltsame Zusammenklang des so disparaten Ganzen, von Handbagger, Blutwurst und Sonnenlicht. Ob der Dichter dem aufgehenden sozialistischen Gestirne mit diesem Päan ein Denkmal gesetzt hat, bleibe dahingestellt. Außer Frage aber steht, daß er damit dem Morgen im Rhinluch ein Denkmal setzte. Und das ist vielleicht eher die vornehmste Aufgabe des

Dichters: der Einmaligkeit und Unverwechselbarkeit der konkreten, sinnlichen Erfahrung die Treue zu bewahren und sie irgendwie in Worte zu fassen
versuchen. Von dieser Aufgabe ist Volker Braun – welche sonstigen
Aufgaben er sich auch gestellt haben mag – dann auch prinzipiell nie
abgewichen. Die Sonne der Zukunft hat er vielleicht nicht beschwören
können – wohl aber damals im Rhinluch der gewisse und gelebte Morgen.
Was für den Schreibenden gewiß kein Geringeres ist.

Wenn aber das dumpf Gelebte mit der irrlichternden Idee partout nicht
in Einklang zu bringen war, so war dieses handfest Gelebte vielleicht gegen
die sich verflüchtigende Idee – bzw. deren bisweilen ebenso schwer faßbare
Vertreter auf Erden – noch auszuspielen. So geschehen in dem wohl
launigsten und wahrhaft abgründig-komischsten DDR-Sitten- und Unsitten-
gemälde, dem *Hinze-Kunze-Roman,* der pikaresken Epopöe von dem
Funktionär und seinem – Sancho Pansa läßt grüßen – treuherzigen und
duldsamen Fahrer.[8] Hier folgt auf den hohen und noch gerade abgebogenen
tragischen Ernst der *Unvollendeten Geschichte* die unbändige Groteske, und
Romeo und Julia weichen dem lüsternen Satyrspiel von Hinze und Kunze.
Wie auch: Lisa. Denn auch die Ehefrau des ersteren, des durch nichts zu
echauffierenden Chauffeurs Hinze, ist – wie könnte es anders sein? – vor
dem Zugriff des letzteren, des ebenso herumkutschierten wie herumkutschie-
renden Funktionärs Kunze nicht sicher, obzwar es mit dieser Lisa, wie mit
fast allen Braun-Frauen, dann auch ihre besondere Bewandtnis hat. Denn
Frauen sind im Braunschen Kosmos wohl weniger das zweite, als das dritte
Geschlecht, das *tertium datur* der in der patriarchalen Machtstruktur
verankerten Dichotomie, des ständigen Gegen-, Mit- und Ineinander von
Herr und Knecht. Da tanzen Frauen aus der Reihe. Und so spannt sie, die der
Kunze zum Scheine zunächst dem Hinze ausspannt, zum Schluß ihrerseits
das ganze Gespann dann aus. Doch dazu gehört auch die Erleuchtung, die
beim ersten Beischlaf den in das damals noch unrekonstruiert plebejische
Prenzlberg hereingefahrenen Kunze, der sonst ja eher im Vorortbungalow
weilt, mit einmal überkommt. Auch hier also mysteriöse Übergänge und fast
unzulässige Vermischungen der Sphären, ja im wahrsten Sinne: Fremdgehen.
Denn bei offenem Fenster stürmen aus dem Hinterhof auf den sonst
vorsorglich da draußen im Kaderviertel im strengsten Wahrnehmungsentzug
gehaltenen Kunze noch nach dem deliziösen Akt die verbotensten prickelnd-
sten Sinneseindrücke ein. So will die frisch Geliebte ihn noch ansprechen,
doch da winkt der so sonderbar Ergriffene ab:

> Er hörte nicht darauf; er hörte Stimmen. HIER IST DER SENDER FREIES
> BERLIN. Kunze richtete sich auf. Das Fenster stand offen: ein Hinterhof. Kunze
> observierte, mit grausendem Interesse, die unerwartete Umwelt. Dunkle fleckige

Häuser, Balkons zum Absturz bereit, auf denen alte Ehepaare saßen, Karten spielten, oder das glotzte aus Fensterhöhlen berieselt vom Gegner schamlos in die Nähe. Ziegelwände wie rohes Fleisch. Zwei gestutzte und buschig wieder ausbrechende Bäume. Angesammeltes Volk über den Rabatten dem Sperrmüll den Schuppendächern unbekümmert debattierend, wenn nicht überhaupt der Feind. Das hielt die Wäsche raus den Streit die Fernsehstrippe. HIER IST DAS DEUTSCHE FERNSEHEN MIT DER TAGESSCHAU. (VII 100-101)

So wird Kunze, der sonst über die Grenzen zu wachen hat, selbst entgrenzt. Er treibt in seiner Heimatstadt nun Exotismus, eine Art kommunistisches *slumming*; das Leben im Kiez kommt ihm nun so wild und gefährlich vor wie einst bei den Apachen, und es bröckeln die Fassaden. 'Scheen, det Leben hier,' meint dazu Lisa, aber ihr Geliebter will das Fenster schließen. 'Ein Lärm. Die haben Nerven –', sagt der, der vielleicht dabei die eigenen, mit einmal so unerhört zugesetzten, fast schon wieder verloren hat. Aber die so widerspenstig Willige läßt dies gar nicht zu: 'Det laß uff. Jenieß det mal.' (VII 101) Einmal noch im Roman wird der so Verdienstvolle auf verdienter Kur sich in die strenge Zucht einer ihn behandelnden Dominatrix hinein-begeben: indes wird er schon hier von der renitenten Lisa gehörig in Behandlung genommen: er soll sein zartes machtausübendes Organ dem täglichen Hinterhofkonzert aussetzen. Wenig fehlt, und man könnte das gesamte Oeuvre Volker Brauns mitunter auch als ein solches, an die kollektive Adresse der DDR-Nomenklatura geschicktes Hinterhofkonzert begreifen. Kunze soll nun darin baden und zergehen wie man in heilsamen Wassern die so lange angesammelten Schäden und Gebrechen allmählich wieder auskuriert.

VI

Aber wenn Kunze immerhin in solcher Form das wahre, das prickelnde, das richtige, das verbotene Leben zumindest gelegentlich flüchtig streift – es gibt Braunsche Ausbrüche, die einen wesentlich höheren Schwierigkeitsgrad haben, als der erotische Ausflug aus dem Bungalow zum Leben an der Basis. Namentlich wenn einer aus der verschollenen Basis zu einem anderen Leben durchstoßen möchte, sieht das, vor allem auch auf der rein formalen Ebene der Darstellung, sogar noch drastischer aus. So bei dem ersten Braunschen Helden überhaupt, dem Kipper Paul Bauch aus dem gleichnamigen, wenn auch vielfach umbenannten und umbetitelten Stück.[9] Mit dieser Arbeit wollte Braun den Anspruch des Einzelnen auf seine Realisierung auch und gerade in dem sozialistischen Arbeitskollektiv zur Gestaltung bringen, eine angesichts des schier unbegrenzten Anspruchs des besagten Individuums Bauch, sowie der herrschenden Bedingungen in der Industrieproduktion – nicht nur in

DDR-Betrieben – wohl reichlich utopisches, um nicht zu sagen Quichottisches Unterfangen. Utopisch, ja quichottisch war indes nicht nur die Problemstellung des Stückes, sondern auch seine Form. Denn mit seiner Problematik, dem berüchtigten Übergang 'vom Ich zum Wir', der Integration des Individuums mit seinem persönlichen Glücksanspruch in das Kollektiv der sozialisierten Arbeit, siedelt Braun sein Stück thematisch unmißverständlich in dem Bereich des Brigadenstücks an: also einem der wenigen genuinen und heute fast ganz in Vergessenheit geratenen kulturrevolutionären Experimente der DDR, wo noch an die Impulse einer operierenden – unmittelbar in das Leben der arbeitenden Menschen eingreifenden – Kunst und Literatur geknüpft wurde, wie sie die revolutionäre deutsche Avantgarde um Brecht, Eisler, Heartfield und Benjamin, wie sie die sowjetische von Tretjakow, Majakowski und Meyerhold seinerzeit modellhaft realisiert hatte.[10]

Erinnern wir uns: es ging damals darum, den so restriktiven Begriff der Kultur selber aufzusprengen, sie aus ihren gegen das täglich gelebte Leben und die große Bevölkerungsmassen hehr abgedichteten Räumen, den 'heiligen Hallen' der Konzert- und Theatersäle, des Bildungsprivilegs, des privatistischen und feierabendlichen Konsums herauszubrechen: die Kultur sollte hinaus in Straße und Betrieb, und dabei auch den alten Makel ihres bloß kontemplativen, schöngeistigen und passiven Charakters abstreifen: unmittelbar mit den großen öffentlichen Auseinandersetzungen, den Lebens- und Überlebensfragen von Politik und Gesellschaft wie mit den konkreten Sorgen und Problemen der Bevölkerungsmehrheit verflochten werden; sowie auch – und kaum weniger wichtig – mit den Örtlichkeiten des täglichen und produktiven Lebens – Schule, Betrieb, Kino, Auditorium und Versammlungshalle. Dort sollte Dialog und Aktivierung sowohl der Kunst wie auch der Kunstaufnehmenden dann auch endlich wirklich stattfinden. So das – von dieser Avantgarde bisweilen quantitativ wie qualitativ so eindrucksvoll umgesetzte – 'operative' Programm: Aber mit der Zerschlagung und Unterdrückung der sowjetischen Avantgarde im Zeichen der Stalinschen Säuberungen und der staatsoffiziellen Doktrin vom 'Sozialistischen Realismus' – die unter anderem die Kultur wieder streng auf ihre konventionelle, feierabendliche und kontemplativ-affirmative Rolle festlegte – versanken solche Impulse; und auch die heimgekehrten Exilanten Brecht, Eisler, Heartfield – obwohl offizieller Verehrung als *grand old men* und Aushängeschilder der sozialistischen Kultur noch sicher – hatten in der DDR einen schweren bis unmöglichen Stand, als es darum ging, ihre operative Kunst zu praktizieren oder umzusetzen. Lediglich Brecht erzielte mit seinem umstrittenen aber geduldeten Berliner Ensemble da einen begrenzten Erfolg. Denn er hatte zwar endlich ein Theater – aber auch nicht mehr als das.

Denn um dieses 'Mehr' war es ja einen Augenblick gegangen: dank jener Bewegung, welche in der Gründungs- und Aufbauphase der DDR die 'Brigadenstücke' hervorrief: Stücke, die unmittelbar am Arbeitsplatz die aktuellen Fragen der neuen Organisation der Arbeit thematisierten. Und auch Brecht – der seine Lehrstück-Ästhetik ja nie preisgab – unterstütze umsichtig diese Impulse, ohne sie direkt gegen die offizielle Politik der Wiederetablierung des konventionellen Theaterbetriebs auszuspielen. Jedoch stand dieses eine Zeitlang tatsächlich zur Debatte. In einem jener seltenen Momente, wo wirklich utopische Momente in der DDR zum Durchbruch kamen, war nämlich die Forderung laut geworden, die Theaterruinen Ruinen sein zu lassen, und zwar gerade um des Theaters willen: dieses sollte nun ein für allemal in die unmittelbaren Lebenszusammenhänge der Bevölkerungsmehrheit hineingetragen werden und dort eine der alten musealen Sprechbühne für immer verschlossene Wirkung entfalten.[11] Die Schreibenden sollten lieber nach dem operativen Modell den direkten Kontakt zum 'Leben' und den Lebenden suchen, und so wurde auf dem Territorium der DDR von den Jüngeren ein letztes Nachhutgefecht der historischen Avantgarde ausgefochten. Volker Braun, dessen schriftstellerische Anfänge, wie wir gesehen haben, mit seiner Zeit als Aktivist im 'Bau' zusammenhängen, ist damit als Autor sowohl vermittelt über Brecht und Eisler wie auch in der eigenen Biographie und Physis von diesem kulturrevolutionären Drang durchaus noch mit erfaßt worden. Ein für spätere und gediegenere DDR-Kulturverhältnisse ungewohnt scharfer Wind des kulturellen Umsturzes wehte also dem werdenden Schriftsteller am Handbagger im Rhinluch noch um die Ohren. Und so liegt immer ein operierender Hauch um seine Texte, auch dann, wenn sie sich nach außen hin – Novelle, Roman, Historiendrama, Naturgedicht – vielleicht eher traditionell geben; wie es in ihnen auch immer eine innewohnende Spannung der Zersprengung gibt, wo die Texte über ihren Charakter als bloßen Text hinauswollen, und in Leben umschlagen. Sie akzeptieren nämlich jene Grenze des Realen und Imaginären nicht, von der Benjamin beispielsweise sagt, daß sie Darsteller und Publikum im Theater so 'wie die Toten von den Lebendigen' scheide.[12]

Denn auch diese Grenze wird am Ende des Braunschen Erstlings *Die Kipper* von dem maßlosen Draufgänger und Utopisten Bauch gesprengt: oder wenn man so sagen will, gekippt. Die Person Bauch, die alles in Frage gestellt hat – von der Organisation des Betriebs bis zu dem 'Betrieb' schlechthin –, stellt dann zum Schluß seinen Status und seine Rolle als

Person im 'Theaterbetrieb' in Frage. Noch bevor das Publikum das Theater verlassen kann, verläßt er selbst – im emphatischsten Wortsinn – die Bühne, tritt aus der Rolle, pellt sich da heraus wie aus der eigenen, alten Haut. Denn dort, wo bei der Handlung in dem Stück die dramatischen Spannungen sich auf die Frage seines Bleibens oder Nichtbleibens im bestehenden Kollektiv zuspitzen, entscheidet er sich urplötzlich für das – schlechthinnige – Gehen. Denn es ist seines Bleibens nicht im bloß Imaginären, und so bricht er nun selber auf – ins Reale. Er, der alle festgefahrenen Strukturen in Frage stellte, stellt zum Schluß also auch noch diese festgefahrenste aller Strukturen in Frage. Dem unausweichlichen 'Ende der Vorstellung', wo Darsteller und Stück wieder in das Nichts der erloschenen Lichter und leeren Bühne zurücktreten, kommt er damit – als völlig unberechenbare, sprich lebendige Person – so geschickt wie unverhofft zuvor, weicht ihm aus oder überspringt ihn einfach wie ein gewitztes Tier die Falle. Statt sich dem gewohnten Gang der imaginären Dinge zu fügen, der Zurücknahme ins Insubstanzielle, schließt er sich viel eher dem Publikum der Lebenden an, um wie sie das Theater, die alten vorgeschriebenen Rollen, endlich wieder hinter sich zu lassen und als vollkommner Utopist ins völlig Ungewisse und Unbegrenzte, ins schöne Nirgendwo des Lebens zu stürzen – das der Zuschauer nun auch die Möglichkeit bekommen soll, ebenfalls erneut als dieses Unbegrenzte zu erfahren. Oder wie es heißt:

> BAUCH *langsam*: Ich geh nicht. Wegen euch? Weil ihr das sagt, nein. Im Gegenteil. – Ich geh von selbst. Vielleicht, ich geh jetzt fort! Ich geh fort aus dem Betrieb. Dann bin ich fort. Das geht. Ja, ich glaub, das geht. *Seine Bewegungen werden sicherer, kräftiger.* Das ist richtig. Das ist ein Entschluß, den ich faß, um den ich nicht herumkomm.
> [...]
> Ich geh ja! – Das war längst nicht alles, was ich mache. Im Gegenteil, ich hab fast nichts gemacht hier. Jetzt werde ich etwas machen.
> [...]
> *hebt die Arme*: Jetzt fang ich erst an! [...] Was kann man, was kann das für ein Leben sein! – *Ruhig:* Ich habe fast nichts gemacht. *Langsam ab.* (I 184-185)

Vor unseren – wie vor den eigenen – Augen gewinnt die bis dahin bloß imaginäre Person Bauch Substanz: denn erst jetzt wird er auch – realer – Körper; seine 'Bewegungen werden sicherer, kräftiger', er kann sogar – konnte er es etwa davor noch nicht? – wie ein Neugeborenes die Arme heben. Denn allein diese Entscheidung, sich zu substantivieren, ist 'richtig', der – umwerfende – 'Entschluß', den er faßt und um den er ja nicht herumkommt. Bislang hat er als ein nur Insubstanzieller 'fast nichts gemacht', aber jetzt – als Realer – fängt er erst an, und wird 'was machen': 'Was kann das für ein Leben sein!' Nicht also stellt nur hier, gemäß der

Aristoteleschen Mimesis, das Reale die Frage nach der 'Lebensechtheit' an das Abgebildete und Imaginäre: das Imaginäre stellt vielmehr die Frage nach der Lebensechtheit an die Lebenden wie an das Reale. Denn in diese Frage entläßt zum Schluß des Stückes der auf- und ausbruchtrunkene Held sich – und die Zuschauer.

VIII

Über den weiteren Verbleib des Kippers Bauch ist nichts bekannt – er ist dann als real und substanziell gewordener verduftet, scheint in jenem Unbegrenzten sich spur- und restlos aufgelöst zu haben. Dagegen haben andere Personen aus dem Braunschen Werk sich ja zwischenzeitlich wieder aus der Wirklichkeit gemeldet. Über Frank und Karin wissen wir zum Beispiel – nach Mitteilung des Autors nach Sichtung seiner Stasi-Akte –, daß ihr damaliges wie weiteres Leben dann auf eine solche Weise verlaufen ist, daß sein Bericht darüber – wie könnte es anders sein? – sowohl ganz erschüttert wie vollauf bestätigt wurde.[13] Und auch Volker Braun war so gut, sich als substantivierter Insubstanzieller, als insubstanzieller Substanzieller, als Realer und Imaginärer uns aus dem eigenen Oeuvre Meldung zu erstatten. Denn auch der Bericht von Hinze und Kunze als Fiktion und Imaginäres mündet im Handstreich, durch jenen gewagten Kunstgriff, den wir getrost den Braunschen *salto mortale* nennen können, im Gegenwärtigen und Realen. Denn nicht nur Hinze und Kunze: auch Autor und Text bilden hier ein seltsames, ein komisches, ein auseinanderstrebendes und doch aneinander gekettetes Paar. So will der Autor sich zwar in den Text, aber der Text will sich auch in den Autor einmischen. Und so vermischt Braun ganz neu die Karten des Imaginären und Realen:

> Sie fuhren weiter, aber ich kann nicht so fortfahren in diesem Text [...]. Zumal nicht mehr nur über Kunze getiftelt wird, auch über Hinze, und womöglich über mich: der ich es schreibe, der ich es nicht begreife; und ihr macht das mit ... Wie halten wir das aus? (VII 211-212)

Vielleicht um diese Frage zu beantworten, nimmt der Text nun eine andere Wendung, und die Erzählung erzählt nun vom Erzähler: 'Aber ich schrieb nicht weiter, ich fuhr, mein eigner Kutscher, zu einer Lesung nach Dresden, um mich meiner Leser zu versichern.' (VII 212)

So sieht man ihn also, als fiktive Realität und reale Fiktion, an jenem Benjaminschen Scheitel genau angesiedelt, der den Darsteller vom Publikum wie die Toten von den Lebendigen trennt, den Autor als Hauptdarsteller seiner selbst, vor seinem Publico, will heißen noch über ihm, auf der Kippe, am steilen Abhang zum nicht mehr nur dargestellten, sondern zum gelebten Leben hin:

> Die Diskussion begann, und ich saß noch im Lichte, sie im Schwarzen; ich
> antwortete ins Mikrofon, sie mußten verlegen brüllen. Ich hob einen der beiden
> hohen Scheinwerfer aus dem Gras und drehte ihn ins Publikum, um es zu
> erkennen. Und saß doch wieder aufs Podium erhoben, über dem Abgrund. Eine
> ungleiche Lage, aus der wir uns entließen. Aber nun umstanden sie den Tisch, ich
> stand auf. Nun konnten wir uns was flüstern. (VII 212-213)

Autor und Publikum diskutieren also nicht nur: sie spielen immer noch Hinze
und Kunze, leben in jener erstarrten, hierarchischen und vertikalen Paarung,
die, soll es zu einer genuinen Kommunikation kommen – soll auch richtig
gelebt werden können – aufgebrochen werden muß.

> Da sah ich, mit dem ersten Blick, eine junge Person dicht vor mir in der zweiten
> Reihe, nicht groß, ein runder freundlicher Kopf, das helle Haar fest herum, helle
> von innen beleuchtete Augen. Sie fragte nichts, sie sah mich unverwandt an, und
> ich sah sie unverwandt an, auch als ich ihr den Rücken kehrte und mich den
> Fragen eines Experten gegenübersah, wie Kunze in Hinzes Wagen. Wie Kunze, in
> Hinzes Wagen, aus dem Fenster starrend einem Rock hinterher. (VII 213)

Wie der so begehrliche Kunze ist unser Autor nun auch begierig, einmal aus
der Isolationshaft der Vertikalen auszubrechen und hinein in die Horizontale,
wenn nicht der Begattung, so zumindest der Kommunikations- und
Erfahrungsmöglichkeit gegenüber diesem so aufregenden anderen – diesem
wirklichen – diesem sich anbietenden Leben um ihn, vor ihm und vielleicht
dann endlich nicht mehr nur unter ihm. In diesem Moment geht also in ihm
eine Verwandlung vor. Er, der bislang eben nur Darsteller war, kippt um –
nach dem Bauchschen Vorbild – ins Wirkliche. Er hört auf, von sich selbst
nur Chiffre und Abziehbild zu sein und wird: realer Körper. Er wird sogar
durch die magische Einwirkung dieses Anderen – wie er mit Befremden
feststellt – er selbst:

> Ich schnappte nach Luft, ich redete dummes Zeug. Der Schweiß brach mir aus der
> Maske. Ich wandte mich nach unendlich langer Zeit wieder herum und merkte wie
> in der Bewegung ein anderer Kopf aus meinem Rumpf schnellte mit mühelos
> fröhlichem Gesicht meine unbeachteten Arme wie die eines selbstsicheren Boxers
> zu schlenkern begannen mein Mund eine irrsinnige Qualle in den Sog geriet. [...]
> Der fröhliche Kerl stieg in meinen ganzen Körper schaukelte sich darin daß die
> Äste flogen. [...] Ich hatte mich in der Hand, aber was hatte ich da? [...] ich
> runzelte nur die Stirn wie ein überfahrener Chef. Und doch hätte ich mich
> umarmen mögen, den unvorsichtigen Fahrer, die gesengte Sau! Die Frau
> betrachtete meine Verwandlung, ohne zu erschrecken. Sie schien alles zu
> begreifen, was ich nicht begriff ... was ich beschreibe. (VII 213-214)

Durch diese Epiphanie des Aufbrechens der hierarchischen, erstarrten
Strukturen – auch zwischen Autor und Zuhörer – wird für einen utopischen
Augenblick gleichsam Leben – als Präsenz im eigenen Körper, als genuine
Erfahrung anderer – möglich. Der immerwährende Gegensatz, aber noch

mehr die fatale Komplementarität vom Hinze und Kunze, vom Chauffeur und Dienstherrn, dieser so festgefügte gesellschaftliche Grundtext der Gängelung, Normierung, Anpassung und Subalternität ist damit außer Kraft gesetzt, wie die Möglichkeit eines alternativen Umgangs der Menschen miteinander aufleuchtet. Der Text von der Hierarchie sprengt sich also selbst, indem er vorgetragen wird. Und darum ist es besonders einem Autor zu tun, der seinen Text nicht nur schreibt, sondern – wie es scheint – auch lebt: 'Ich setze mich in den Wagen, mein eigner Fahrer, der sich anweist, und selber denkt, und stiere stumm aus dem Fenster den Fremden nach.' (VII 214)

So kulminiert der Text unverhofft in der Präsenz des Autors wie in seinem Präsens. Das Epos handelt vom Vergangenen: der Roman aber, in dem ursprünglichen Ingenium und revolutionierenden Impuls seiner Form, vom Gegenwärtigen. An dieses Ingenium der Form knüpft Volker Braun hier an, indem er den Roman der DDR-Gegenwart schreibt. Mehr: er treibt es auf eine ungeahnte Spitze. Wo andere, auch bedeutendste Autoren vor dieser Gegenwart auswichen – auch Christa Wolf und Heiner Müller siedelten ja ihre großen Auseinandersetzungen mit der DDR-Gesellschaft in der klassischen Antike an –, ist Braun bei allem Respekt da grundsätzlich andere Wege gegangen. Denn solches Zurückweichen wäre für ihn eine unzulässige Kapitulation und Preisgabe dessen gewesen, dem immer, wie wir gesehen haben, seine erste und unverbrüchliche schriftstellerische Loyalität galt und was der Berliner und Jerusalemer Kabbalist Scholem einmal das undurchdringlichste aller mystischen Geheimnisse nannte: das Mysterium des unmittelbar Gelebten.[14] Zu diesem Mysterium – nach der ganzen aus Rand und Band gebrochenen Chronik vom *circulosus vitiosus* und *perpetuum mobile*, vom ständigen Auf-der-Stelle wie Aufs-Gas-Treten seiner so herrischen und knechtischen Helden bei allen ihren Irrfahrten – ist am Schluß der Romancier, als Geisterfahrer seines eigenen Textes, dann durchgebrochen. So ist – in der utopischen Antizipation – der Autor bei sich angekommen am Ende der Übergänge.

Anmerkungen

[1] Bertolt Brecht, 'Zum Freitod des Flüchtlings W.B.', in: Brecht, *Gedichte 5. Gedichte und Gedichtfragmente 1940-1956*, Aufbau: Berlin; Weimar; Suhrkamp: Frankfurt/M., 1993 [=Werke. Große kommentierte Berliner und Frankfurter Ausgabe, Bd. 15], 48.

[2] Volker Braun, 'Banaler Vorfall', in: Braun, *Texte in zeitlicher Folge,* Mitteldeutscher Verlag: Halle; Leipzig, 1991, Bd. VI, 10. – Die *Texte* werden im folgenden zitiert mit römischer Band- und arabischer Seitenzahl im Text.

[3] Volker Braun, *Die Unvollendete Geschichte und ihr Ende*, Suhrkamp: Frankfurt/M., 1998, 106. Brauns später entstandene und für das Verständnis des Textes wichtige Nachworte zu der Erzählung sind nicht in Band IV der *Texte*-Ausgabe aufgenommen, der den Haupttext der Novelle enthält (7-70).

[4] Braun, *Die Unvollendete Geschichte und ihr Ende*, 96.

[5] Franz Kafka, 'Die Wahrheit über Sancho Pansa', in: Kafka, *Beschreibung eines Kampfes. Novellen, Skizzen, Aphorismen aus dem Nachlass*, hg. v. Max Brod, Schocken Books: New York, 1946 [=Gesammelte Schriften, Bd. V], 96.

[6] Braun, *Berichte von Hinze und Kunze* (VII 7-43).

[7] Braun, 'Jugendobjekt' (Juli 1962), in: Braun, *Provokation für mich* (I 59).

[8] Der Roman erschien 1985 sowohl in einer ostdeutschen wie westdeutschen Ausgabe. Die DDR-Ausgabe des Mitteldeutschen Verlages enthält das wichtige Nachwort von Dieter Schlenstedt. Der Roman wird hier zitiert nach Bd. VII der *Texte*-Ausgabe (47-215).

[9] Zur Geschichte des 'Kipper'-Stoffes vgl. Jay Rosellini, *Volker Braun*, edition text + kritik; Beck: München, 1983 [=Autorenbücher 31], 32f. Das Stück ist mit den wichtigsten Varianten im Band I der *Texte* abgedruckt (I 109-213).

[10] Die im deutschen Kontext klassische Formulierung dieser Position ist Walter Benjamin, 'Der Autor als Produzent', in: Benjamin, *Gesammelte Schriften*, Suhrkamp: Frankfurt/M., 1972, Bd. II, 683-701. Über Tretjakow, wohl den Urheber des Begriffs des Operativen, unterrichtet Fritz Mierau, *Erfindung und Korrektur*, Akademie-Verlag: Berlin, 1976; wichtige Texte Tretjakows sind versammelt in Sergej Tretjakow, *Gesichter der Avantgarde*, Aufbau: Berlin, 1985.

[11] Über diese Impulse berichtet die offizielle DDR-Theatergeschichte von Werner Mittenzwei (Hg.), *Theater in der Zeitenwende*, Henschel: Berlin, 1972, Bd. II, 17-30; aus eher kritischer und revisionistischer Sicht dann Christa Hasche, Traute Schölling und Joachim Fiebach, *Theater in der DDR*, Henschel: Berlin, 1994, 176-178.

[12] Benjamin, *Gesammelte Schriften*, Bd. II, 519.

[13] Braun, *Die Unvollendete Geschichte und ihr Ende*, 99-116 und 121-122.

[14] Siehe: Brief von Scholem an Benjamin (17.7.1934), in: Walter Benjamin, *Benjamin über Kafka*, Suhrkamp: Frankfurt/M., 1981 [=stw 341], 75.

Yasuko Asaoka

Begriffe für Grenzlinien in Volker Brauns Werken der Zeit 1990-2001

The writings of the former GDR author Volker Braun after the fall of the Wall and the collapse of the GDR can be said to be characterised by a very striking feature: they are rich in words carrying poetical images which have to do with 'border-lines' of various sorts. This essay traces and interprets the use of such words in Braun's poems, short stories, novellas, essays and plays written between 1990 and 2001. They are sorted into six terms which have symbolical value (1. border, 2. wall, 3. door, 4. hole, 5. strip, 6. limes). Braun initially uses these terms to describe and elucidate the general experience of his compatriots after the 'turn' (*Wende*): the unification of the two Germanies, the dissolution of a state and the consequently lost (and perhaps partially recovered) identity of the people in the GDR. Beyond that, through his use of these terms, Braun communicates to us his perspective on the global constellation at the turn of the 21st century. He shows us a globalised world in which culture and violence complement one another and in which a new limes is being constructed between a few rich and innumerable poor people.

Es ist eine sonderbare Auffälligkeit, dass in Volker Brauns Werken (den Gedichten, den Kurzgeschichten, den Novellen, den Essays und den Theaterstücken) nach dem Fall der Mauer, nach der deutschen Wiedervereinigung zahlreiche symbolische Ausdrücke für 'Grenzlinie' aufgetaucht sind. Diese sind in seinen Werken der DDR-Zeit fast nicht zu finden. In meiner Abhandlung werden in den Werken Volker Brauns der Zeit 1990-2001 solche Symbol tragenden Wörter aufgespürt. Sie können meines Erachtens in folgende sechs Begriffe sortiert werden: 1. Grenze, 2. Mauer, 3. Tür, 4. Loch, 5. Streifen und 6. Limes. Dieser Aufteilung entsprechend, wird erarbeitet, worauf sie gezielt haben mögen.

1. Grenze, Eiserner Vorhang:
Ohne Zweifel zielen Grenze und Eiserner Vorhang auf die Staatsgrenze der Deutschen Demokratischen Republik, ein Symbol der Kontrolle und Verteidigung des Staates. An einem Novembertag 1989 wurde die Berliner Mauer vor den Augen der ganzen Welt wie zufällig geöffnet. (Unterstreichungen hier und im folgenden von der Verfasserin)

> Die Grenze, Schütze Arsch, soll ich rübergehen.
> Ich schoß das Magazin leer, breit daneben.
> Ich war befördert in ein andres Leben.[1]

> ZUR SACHE, THOAS. Auf der Eiserne Vorhang[2]

In dem letzten Theaterstück betrachtet der Autor Thoas als ehemaligen sowjetischen Präsidenten und Iphigenie als die DDR. Die deutsche Wiedervereinigung wurde bereits politisch und wirtschaftlich zwischen Gorbatschov und Kohl vereinbart.

Das Gedicht 'Der 9. November', der Tag der Berliner Maueröffnung, zeigt wie in einem Wachtraum die Auflösung der Grenze zwischen Ost- und West-Berlin, wo Minen vergraben waren und Grenzsoldaten, zum Schießen bereit, wachten.

> Das Brackwasser stachellippig, aufgeschnittene Drähte
> Lautlos, wie im Traum, driften die Tellerminen
> Zurück in den Geschirrschrank. Ein surrealer Moment:
> Mit spitzem Fuß auf dem Weltriß, und kein Schuß fällt.
> Die gehetzte Vernunft, unendlich müde, greift
> Nach dem erstbesten Irrtum ... der Dreckverband platzt.[3]

Nachdem die Berliner Mauer geöffnet wurde, wählten die Menschen der DDR in freier Wahl den Weg, in die BRD aufgenommen zu werden. Ein Ossi fährt dann mit der starken DM über die polnische Grenze: 'in Richtung Grenze [...], um billig zu tanken und einzukaufen [...], da die Grenzer unsichtbar in ihren Häuschen bleiben.'[4] Die harten Devisen brauchen die polnischen Grenzer nicht zu kontrollieren. Während der Ossi sich mit seinen persönlichen Interessen beschäftigt und mit seiner kleinen Überlegenheit zufrieden fühlt, nimmt er nicht wahr, was gleich kommen soll – die Auflösung seines eigenen Staates.

2. Mauer, Wand, Strecke:

Heißt es 'die Mauer', ergibt sich die Assoziation mit der Berliner Mauer. Das Wort zielt zunächst auf die Staatsgrenze der DDR. 'Der Häftling Honecker DIE MAUER STEHT HUNDERT JAHRE'.[5] Um was für Mauern kann es sich aber bei folgenden handeln?

> Als die Mauer fällt / Seh ich die Mauern in mir[6]

> Wand für Wand SAUBER NACH DER ZEICHNUNG
> In meinem Schädel nachgebaut beim Abriß[7]

Diese Mauern im Plural (die Mauern, Wand für Wand) stellen etwas anderes dar: es geht um Bilder der Erinnerungsleistung im Kopf jedes Menschen. Diese Wörter erinnern uns an die konkrete Arbeit und die enorme Zeit, die man ihr gewidmet hat. Mauer und Wand in Plural können in dem Sinne ein Symbol der 40-jährigen Arbeit der Menschen in der DDR sein. Die gleiche Bedeutung hat das Wort: (Eisenbahn-)Strecke.

Die Strecke war, nach zwanzig Jahren, fertig gewesen, sie waren prämiert
worden, dekoriert, und man hatte sie in die Verwaltung gerufen. Wir brauchen
euch nicht mehr, Sachar.[8]

Eisenbahningenieur Sachar Baschkin, der einst überall zu den gefährlich-
sten Baustellen gerufen wurde, lebt nach der Auflösung der Sowjet-Union
ohne Arbeit und eigene Wohnung in einem verlassenen Waggon: 'Eine
Strecke, kein Dasein. Eine eiserne Spur'.[9]

Der Fall der Mauer führt in der Tat zum Verneinen und Zerstören aller
Errungenschaften eines Staates. Der Staat hatte sich zur sozialis-
tisch-kommunistischen Weltanschauung bekannt und wurde praktisch
durch 'Faust und Schweiß' der einzelnen Menschen aufgebaut und unter-
stützt. Jetzt werden die gesamten Leistungen von 40 Jahren zerstört und
damit der Stolz und die Identität der Menschen, die daran mitgearbeitet
haben.

Warum zertrümmert ihr das Fundament?

Das ist die letzte Wand.
                              Sie ists gewesen.
Ich kenne jeden Stein und jede Schweißnaht.
Ich hab es hingestellt, ich kanns zerlegen.
Die deutsche Wertarbeit, ein deutscher Abriß[10]

Bei der Zerstörung der ganzen Arbeitsleistungen, die unter Mauer, Wand
und Strecke vorgestellt werden, steht nun jeder Mensch voller Angst,
bedroht vom Verlust der eigenen Identität.

3. Tor, Bauzaun, Tür(en):
Mit den Wörtern: Tor, Bauzaun, Tür(en) werden nicht direkt Grenzlinien,
sondern Bauteile am Eingang zu Gebäuden und Baustellen gezeigt. Sie
haben jedoch eine gemeinsame Funktion, ein Innen von einem Außen zu
unterscheiden.

ARBEITER Das Tor macht auf. Die Freiheit zieht herein.
UNTERNEHMER Ihr bleibt draußen. Die Freiheit sagt MEIN.[11]

In heißem Wunsch nach Freiheit wurde die Staatsgrenze geöffnet. Die
Leute in der DDR hatten zu der Zeit noch keine Vorstellung von dem, was
im Namen der Freiheit recht bald eintreten sollte: Alle Volkseigenen
Betriebe der DDR wurden in kurzer Zeit von den westlichen Konzernen
angekauft und abgebaut. Zum ersten Mal erfahren jetzt die Leute, was
Arbeitslosigkeit bedeutet. Sie kämpfen um wenige Arbeitsplätze und fallen
in zwei Gruppen: die, die Arbeit haben, und die, die keine haben. Damit
werden schnell neue Grenzlinien unter ihnen gezogen. Diese Linie ist wohl

leichter und kürzer als die frühere Staatsgrenze oder Mauer, jedoch im Alltagsleben öfter und stärker bewußt: '[...] wozu dient <u>ein Bauzaun</u>. Daß man nicht die Arbeit wegnimmt, wie'[12] und weiter:

> Denn überall sind Fremde, die wir fürchten
> Im eigenen Land, die Deutschen hier in Deutschland
> Deutsch sind sie, weil sie draußen sind und drin
> Sind die Ausländer, Feinde in der Firma
> Und selber ich arbeitend bin ein Feind
> Für alle Deutschen draußen ohne Arbeit
> Besser du kennst mich nicht, denn ich bin drin
> Und du hast ihn auch lieber drin als draußen.
> Das sage ich am <u>Bauzaun</u> draußen zu ihr[13]

Der Bauzaun steht zwischen denjenigen mit Arbeit und denen ohne. Er wird der Schutzwall für die drinnen, der ihnen ermöglicht, ihre Arbeit zu behalten. Diejenigen, die draußen ohne Arbeit sind, beneiden die drinnen. Für die, die draußen sind, werden die drinnen allmählich zu imaginierten Fremden/ Feinden, die ihnen den Arbeitsplatz wegnehmen. Die Furcht vor Arbeitslosigkeit einerseits und der Neid gegenüber denen, die Arbeit haben, andererseits bildet für die drinnen und draußen den Nährboden für Haß gegen die Fremden, die Ausländer.

Der Durchgang durch ein Tor oder durch Türen bekommt für die Leute auf einmal einen ganz anderen Sinn. Öfter werden sie von dem bekannten Pförtner beziehungsweise der Pförtnerin am Eingang kontrolliert, wer von ihnen jetzt hinein darf.

> Als Matthes am nächsten Morgen in das Werk wollte, wurde er vom <u>Pförtner</u>, der ihn eben noch, den Finger an die Mütze stippend, grüßte, nach dem Wohin gefragt. Matthes fuhr der kalte Schrecke in die Glieder und er hielt verrenkt an; woher fragt der wohin, kennt er mich nicht? Bin ich ein Fremder, der sich hier verlaufen hat. <u>Der Pförtner</u> aber, der seine Anweisung hatte, stellte ein Bein in den Gang[14]

> Als er ein wenig atemlos die Arbeitsstelle betrat, er hatte sich in den geduldigen Verkehrsmitteln verspätet, wurde ihm der Ausweis abgenötigt von der <u>Pförtne-rin</u>; immer die weibliche Aufsicht nahm es so genau mit ihm, FRIEDRICH WILHELM, und es nutzte nichts zu versichern, daß man hierher gehöre, im Gegenteil schien dieses statement zu erbittern, und sie fragte ungeniert die Daten ab, die sie in Händen hielt.[15]

Matthes und FRIEDRICH WILHELM werden von dem/der Pförtner/in behindert oder mißtrauisch kontrolliert, weil sie keine eigenen Posten mehr in ihren Arbeitsstätten haben. Damit geht ihnen die Grundlage, die Identität verloren. Sie sind ihrer selbst nicht mehr sicher und fühlen sich isoliert, als ob sie 'wie ein Gast im Land'[16] leben. Die einst vertraute Landschaft wird von ihnen auf einmal als 'Kolonie'[17] und 'Exil'[18] erkannt.

Um ihre Identität wieder zu erringen, haben sie durch andere, enge und gefährliche Türen einzutreten, was aber nicht wenig Demütigung und Schmerz für sie bedeutet.

> Der Schulrat, [...], ging einfach in sein Zimmer, wurde aber, als er auf den Schulrat zuschritt, von einer Schranke aufgehalten und mußte durch eine schulterhohe <u>Klapptür</u> treten, die ihn in einen kleinen Kasten einließ, wo er plötzlich festsaß. Es war eine hölzerne Bank darin, nur um zu sprechen mußte er sich recken und das Kinn in eine Kimmung legen, in welcher straffen Haltung er nun des Gegenübers gewahr ward.[19]

> An einer <u>Gittertür</u> überraschte ihn eine Reinigungskraft mit einem klaren Glückauf, 'da sind Sie ja, Konrad', und übergab ihm den überschwappenden Eimer und einen abgearbeiteten, fast borstenlosen Schrubber [...], er hatte nun aber, um anständig zurückzugrüßen, keine Hand frei, doch die große Person faßte ihn schon um die Schulter und duckte ihn unter <u>das Gatter</u> hindurch, weshalb er die eigentliche Räumlichkeit auf allen vieren, wie ein Hund, zu Gesicht bekam.[20]

Der Eintritt durch solche Türen in dem Sinne ist nur denjenigen erlaubt, die sich bekennen: Vorher hatte ich unrecht. Nun muss ich mich verwandeln. Sich-Verwandeln und Durch-die-Tür-Eintreten werden Voraussetzungen für das weitere Leben sein.

> Und er war vorgetreten, hatte vor der Meiern haltgemacht, und war aufgehoben worden, welches Wort er wie eine Medizin auf der Zunge wälzte. Es schien ihm, er sei gut damit weggekommen; und lief, als sie wirkte, berauscht durch <u>die Pendeltüren</u>.[21]

4. Loch, Abgrund, Tod:

Nicht selten mißlingt ihnen der Eintritt in ein neues Leben. Manche Leute fallen in ein Loch oder einen Abgrund und kommen fast um.

> In een <u>Loch</u>. Ick seh noch, et is tief
> Denn wird ma schwarz vor Oochen.[22]

> [...] und ihm kam das alte Bewußtsein abhanden und er stand am <u>Abgrund</u>; ein Schritt nur, ein Sprung, und sie würden das Höllengelächter hören und in der sogenannten <u>Tiefe</u> sein.[23]

In manchen Fällen erfahren sie einen vorläufigen Tod, um wieder ins Leben zu kommen.

> <u>Ich kam abhanden</u> [...]
> Ein Schrecken hatte sie ergriffen
> Daß sie verwandelt war und sah sich gleich:
> Das war ganz deutlich, HIER BIST DU GEWESEN[24]

DASS EUCH DAS LEBEN SCHEIDET. Es ist also alles bedacht, nur nicht
leicht zu begreifen. Sie hat versprochen, treu zu sein bis zum <u>Grab.</u> Bis zum <u>Grab</u>
ist es nur ein Schritt. [...] <u>Daß er tot ist, damit kann man leben,</u> ihre Lebendigkeit
ist das Problem. Sie fühlt eine Lust, wie dieses unpassende weiße Kleid, in das
der Wind greift; ihre Hoffnungen, ihre Pläne! Ihr fröhlicher Leib. Sie könnte
tanzen auf dem frischen <u>Grab.</u>[25]

Die dringende Frage: wie können wir aus diesem Abgrund herauskommen?,
ist zu beantworten mit: bisheriges Leben unverzüglich verneinen und sich
verwandeln. Alle Leuten werden zur Verwandlung gezwungen, als ob es
um ein Massenverwandlungsfieber geht. In manchen Fällen ist es sehr
gefährlich, dem Sterben nah. In manchen Fällen aber spielen Lüge und
Betrügerei hinein, weil die Leute nun an der Schwelle einer völlig
unbekannten Gesellschaft stehen, nämlich einer 'Spaßgesellschaft', in der
eine Flut von Nachrichten, unersättliche Habgier und Unverantwortlichkeit
herrschen.

Nur Mut. Mut haben Sie gehabt
Die Folgen kann ich Ihnen nicht ersparen:
Er zeigt zur <u>Türe,</u> die sperrangeluffsteht
Und wo miteenmal allet rinjeströmt kommt
Na ick bin sprachlos, een Reporter fracht
Mir nach den Herjang, jetzt könnt ick et saren
Erzäln Sie unsern Hörern, was passiert ist
Henriette Knobbe arbeitslos drei Kinder
Und ick muß eenmal noch, in die Bedrängnis
Die Lüge loswern von die Trambahn.[26]

So daß sich die Richterin einer Finte bedient, dergestalt, daß sie den Haftbefehl
kurzerhand aufhebt und den Beklagten bitten läßt, freiwillig zum Prozeß zu
erscheinen. Wildführ verläßt die Vorführzelle und läuft, nicht ohne vor sich hin
zu murren, einmal ums Gebäude, und mitten in dem Schmerz, die Welt in so
ungeheurer Ordnung zu sehen, betritt er das Gericht durch den <u>Haupteingang</u> als
scheinbar freier Mann.[27]

5. Streifen, Strich:

Mit einem Streifen wird die abgeschaffte Staatsgrenze symbolisiert, wo es
keine Gefahr mehr gibt. Das Ziel ist erreicht. Die Utopie hält sich aber nicht
lange. Deshalb bedeutet der Streifen einen Ort, der nicht existiert, das
geträumte Ideal und das ersehnte Ziel der Menschen.

[...] auf die Frage: wo sie seien? Zu antworten: nirgends. Kein Ort weit und breit.
Sie haben aber eine menschliche Spur entdeckt, einen Grenzverhau, der seiner
menschlichen Bestimmung verlustig war; im <u>Streifen</u> zwischen dem doppelten
Zaun hatte hohes Gras gewuchert, in das friedlich eine Schafherde gemengt war.
Sie waren durch den zerschnittenen Maschendraht gestiegen, glücklich verwirrt

> in dem unheimlichen Gelände. So ist es nirgends, hatte Georg gedacht; überall. Und entsetzlicherweise hatte er sich jetzt gänzlich zuhause gefühlt, in der Heimat, es hatte nichts gefehlt [...], betäubt von der Todesstille oder dem Wiesenduft, wunderbar erschossen.[28]

Von dem geträumten Ideal, der Heimat gleich, schreibt Braun noch einmal mit den Worten 'der schmale Raum' und spricht dabei von dem Wohnhaus seiner Kinderzeit, das er besucht.

> Mir fiel ein, was ich wirklich suchte – was ich vorhin nicht hätte sagen können, diese Ruhe und Reizung zugleich, das Verlangen … nach dem, was dazwischen lag, in <u>dem schmalen Raum</u>, das Verlorene, Vergessene, Vertane; der Rest, das Unerreichte … das wir nur ahnen, das wir nicht zu denken wagen –.[29]

Noch schmaler als ein Streifen ist ein Strich, einer Linie gleich. Borges, 90-jähriger Architekt in Brasilien nimmt Jorge, einen Straßenjungen von Rio zu sich und versucht diesen zu erziehen. Der Junge flieht. Der Versuch des Alten scheitert. Der Architekt fühlt sich danach sehr erschöpft und zieht auf seinen architektonischen Entwürfen einen Strich. Mit dem langen Strich macht er Schluß mit seinen beruflichen Leistungen und seinem Warten auf den Fortschritt der Geschichte. Des Nachts liegt der Alte allein wach und hört seine Tür aufspringen. Eine Gruppe der Straßenjungen mit Jorge brechen ein. Der Alte stellt sich totmatt dem entgegen, was kommen soll.

> Die Nächsten, die Kinder, würden die Antwort geben, die Unbekannten, die Ungeheuer. Sie waren zu unterrichten, unerbittlich das Ungewisse zeigend. <u>Der Strich</u> so fest, daß er eine Möglichkeit darstellt, und so dünn, daß er keine endgültige Lösung bietet.[30]

Der Strich des alten Architekten richtet sich in seiner Furcht und Erwartung jetzt auf die Einbrecher, die unbekannten Jungen.

6. Limes:

Brauns neustes Theaterstück *Limes. Mark Aurel* (2002) hat wiederum mit einer Mauer zu tun. Die Hauptperson ist Kaiser Marcus Aurelius im römischen Reich des 2. Jahrhunderts. Er ist Philosoph, Stoiker und Kaiser des römischen Reichs, der, der am meisten Macht hat. Wie benimmt sich die höchste Vernunft, wenn sie die höchste Macht ergriffen hat? Kaiser Mark Aurel widmet die zweite Hälfte seines Lebens dem Kampf gegen die Germanen. In seinen *Selbstbetrachtungen*, den größten philosophischen Schriften der Spätstoa, ist merkwürdigerweise von dem Krieg, der ihn gequält haben soll, gar nicht die Rede. Mit den Worten des Autors Braun kommt Cäser 'im Brettkorsett, das ihn aufrecht hält, in den Staatsgeschäf-ten'.[31] Mark Aurel stopft sich Zäpfchen in die Ohren, um die Welt nicht mehr hören zu müssen. Er ist auch nach Theriak, einem berauschenden Pestmedikament, süchtig. Seine Adligen beschäftigen sich mit List und

Ränken, während sich sein Volk nur für das tägliche Essen und blutige Unterhaltung, den Kampf von Sklaven und Bestien interessiert. Mark Aurel selber verpflichtet sich zur Gelassenheit, gegen sich und alles gleichgültig zu sein. 'Wir wissen viel, aber wir handeln anders'[32] – so sich äußernd, weiß er den Germanen gegenüber keinen anderen Weg, als Krieg zu führen: 'Ich führe nur Krieg, um einen ruhigen Platz zu finden'.[33]

In einem Gespräch über das Stück *Limes. Mark Aurel* äußert Braun:

> Das Draußen ist längst drinnen, [...] Er [Mark Aurel] ist durchlässig, ein empfindsames Material, das in der Tiefe bearbeitet wird. Er ist selbst ein Schlachtfeld, belebt von den Kämpfen, die er führt, um das Reich (sich selbst) zu befrieden.[34]

Kaiser Mark Aurel baut den Limes nicht nur gegen die Barbaren, sondern gleichzeitig errichtet er in seinem Innern eine feste Mauer namens Gleichgültigkeit. Mark Aurel ist schwer erkrankt. Sein Mittel, Theriak, wirkt nicht mehr auf ihn. Sein Körper befindet sich in einer Krise. Galen, sein Leibarzt will wissen: 'wir behandeln die kleine Frage: ob der Körper aushält, und das Denken. Wir sehen es.'[35] Am Ende des Stückes will Mark Aurel sich zugrunde richten, um sich und das römische Reich zu befrieden. Mit der Hilfe seines Leibarztes Galen vollführt er an sich eine Operation: Selbstmord. Ein Furz namens 'die Vernunft' entweicht dem sterbenden Kaiser Mark Aurel.

Limes. Mark Aurel zeigt uns die politische Weltlage am Anfang des 21. Jahrhunderts. Bush, der Präsident der USA, des reichsten und mächtigsten Staates der Welt, nennt seine Gegner 'die Achsenmächte des Bösen' und will gegen sie einen neuen Krieg führen, um der Welt 'Ordnung und Frieden' zu bringen. Sein Interesse liegt an der Durchsetzung des eigenen Rechts der USA, während er sich gegen alles andere 'gelassen' benimmt. In ihm funktioniert der gleiche Mechanismus wie in Mark Aurel. Ein Limes, eine neue Mauer, ist dabei, in unserer Welt aufgebaut zu werden.

7. Zusammenfassung:

Unter dem Kennwort 'Grenzlinien' wurden in diesem Aufsatz die thematischen Schwerpunkte Volker Brauns in den letzten Jahren dargestellt und untersucht. Die Begriffe 1. Grenze, 2. Mauer, 3. Tür(en) und 4. Loch sind als Symbolwörter dafür zu verstehen, was die Menschen der DDR in den zehn Jahren, die dem Fall der Mauer folgten, zu erfahren hatten und wie sie sich dabei fühlten. Die Begriffe 5. Strich und 6. Limes setzt Braun ein, wenn er über die deutschen Verhältnisse hinaus auf die Gesellschaftssysteme unserer Welt am Anfang des 21. Jahrhunderts sieht und tiefe Besorgnis darüber äußert.

> [Giorgio] Badini selbst war Professor in Rom, am Ende seiner Pflichten, und
> genoß die Kür. – Sein Vater nannte eine Hütte sein eigen, und schob mit einer
> Karre los. Giorgio fuhr Automobil, er hatte eine Stadtwohnung, mit Fersehgerät
> und Kühlschränken, er kaufte ein in Supermärkten, er reiste über Kontinente. Er,
> der Sohn des Maurers, lebte wie ein Fürst: wie ein Arbeiter. Was für ein Aufstieg,
> in dreißig Jahren. Sein Thema: la rivoluzione war ihm abhanden gekommen,
> denn sie hatte stattgefunden, wo man sie nicht machte. [...] Er hatte das Interesse
> an Zeitaltern verloren.[36]

Professor Badini, eines Maurers Sohn, genießt sein komfortables Stadtle-
ben, fern von der körperlichen Arbeit. Obwohl er nun Besitzer eines
Landgutes ist, will keiner mehr auf seinem Feld anbauen. Ihm ist das
Interesse an Zeitaltern verloren gegangen. Er wird gegenüber dem
Weltgang immer gleichgültiger. Er fühlt sich jedoch im Innersten
unzufrieden. Ungewiß wartet er auf etwas.

Dann In seiner Rede anläßlich der Verleihung des Georg-Büchnerpreises
meint Braun:

> Ist radikal sein nicht, die Sache an der Wurzel fassen, die der Mensch ist? [...]
> Aber heißt nicht das immer die Wurzel auszureißen? Ist nicht das der Inhalt des
> zupackenden 20. Jahrhunderts? Kamen seine Verwirklichungen nicht Verwüs-
> tung gleich, hat es nicht die Ideen verbraucht wie die Leiber, oder schlimmer
> gesagt: die Ideen realisiert, indem es die Leiber verbrauchte. Man weiß, nach
> seinen Kriegen und Revolutionen, mehr davon, was ein Mensch ist, und nicht
> mehr, wie ihm zu helfen ist; man kennt die Bestialität, aber kaum noch die
> Menschheit.[37]

Braun stellt damit unsere technisierte moderne Gesellschaft und ihre
Lebensart in Frage. Diese Gesellschaft nebst ihrem Komfort, den sie uns
bietet, lässt uns das 'DENKEN ABGEWÖHNEN', dem Schicksal der
Gesellschaft gegenüber gleichgültig sein und dennoch miteinander um
wirtschaftlichen Erfolg kämpfen: 'ER ODER ICH.'[38] Und dazu noch: 'Je
effektiver die materielle Kultur einer Gesellschaft, desto effektiver die
Gewalt.'[39]

Unsere Gesellschaft ist immer schroffer in Arm und Reich geteilt,
genauso unsere Erde in wenige reiche Ländern und zahlreiche arme Länder.
Während wenige reiche Länder ausschließlich den Reichtum genießen,
verbreiten sich an vielen verschiedenen Orten Streit und Unruhe und
vermehren sich auf der Welt die Flüchtlinge. Unter der wirtschaftlichen
Globalisierung geht die Zerstörung der Umwelt weiter.

Am Ende der oben erwähnten Rede stellt uns Braun eine Frage: 'Wie
lange hält uns die Erde aus / Und was werden wir die Freiheit nennen?'[40]
Eine sehr schwere Frage, auf die keiner gleich antworten können wird. Die
Antwort, falls es eine gibt, wird wahrscheinlich von 'den unbekannten,

ungeheuren Kindern' gegeben, die 'Zukunft' heißen. Der alte Architekt
(Braun) kann einen dünnen Strich der Möglichkeit nur auf sie zuziehen.

Anmerkungen

[1] Volker Braun, *Der Staub von Brandenburg*, in: *Volker Braun. Arbeitsbuch*, hg. v. Frank
Hörnigk, Redaktion Barbara Engelhardt und Thomas Irmer, Theater der Zeit;
Literaturforum im Brecht-Haus: Berlin, 1999, 190-207, hier 191.

[2] Volker Braun, *Iphigenie in Freiheit,* Suhrkamp: Frankfurt/M., 1992, 14.

[3] Volker Braun, *Zickzackbrücke. Ein Abrißkalender,* Mitteldeutscher Verlag: Halle,
1992, 83.

[4] *Der Staub von Brandenburg*, 195.

[5] 'Es kann wieder gelernt werden', in: *Zickzackbrücke*, 87.

[6] 'Glasnost', in: *Zickzackbrücke*, 19.

[7] *Der Staub von Brandenburg*, 190.

[8] Volker Braun, 'So stehen die Dinge', in: ders., *Das Wirklichgewollte,* Suhrkamp:
Frankfurt/M., 2000, 30.

[9] Ebd., 38.

[10] *Der Staub von Brandenburg*, 206.

[11] Ebd., 192.

[12] Ebd.

[13] Ebd., 193.

[14] Volker Braun, *Die vier Werkzeugmacher, Sinn und Form*, 48 (1996) 2, 165–180, hier
168.

[15] Volker Braun, 'Die Bestrafung', in: ders., *Texte in zeitlicher Folge*, Band 10,
Mitteldeutscher Verlag: Halle, 1993, 12-15, hier 12.

[16] Volker Braun, 'Lear oder Der Tod der Hundeführer', in: *Texte in zeitlicher Folge*,
Band 10, 28-29, hier 29.

[17] Volker Braun, 'Kolonie', in: *Texte in zeitlicher Folge*, Band 10, 23-24, hier 23.

[18] Volker Braun, 'Entwirklichung. Hommage à K.', in: *Texte in zeitlicher Folge*, Band 10, 46-48, hier 46.

[19] Volker Braun, 'Worauf es hinausläuft', in: *Texte in zeitlicher Folge*, Band 10, 30-41, hier 38.

[20] Ebd., 31.

[21] *Die vier Werkzeugmacher*, 173.

[22] *Der Staub von Brandenburg*, 198.

[23] *Die vier Werkzeugmacher*, 179.

[24] Volker Braun, 'Nachleben', in: ders., *Tumulus*, Suhrkamp: Fraunfurt/M., 1999, 13-14.

[25] Volker Braun, 'Meine Witwenschaft', in: *Texte in zeitlicher Folge*, Band 10, 16-19, hier 18-19.

[26] *Der Staub von Brandenburg*, 199-200.

[27] *Der Staub von Brandenburg*, 197.

[28] Volker Braun, *Das Nichtgelebte*, Faber & Faber: Leipzig, 1995, 18.

[29] Volker Braun, *Wie es gekommen ist. Ausgewählte Prosa*, Suhrkamp: Frankfurt/M., 2002, 169.

[30] 'Was kommt?', in *Das Wirklichgewollte*, 54.

[31] Volker Braun, *Limes. Mark Aurel*, Bühnenmanuskript, henschel SCHAUSPIEL Theater Verlag: Berlin, 2001, 5.

[32] Ebd., 38.

[33] Ebd., 29.

[34] 'Eine Endzeit grüßt die andere. Volker Braun im Gespräch mit Thomas Irmer', *Theater der Zeit*, 57 (2002) 3, 56-57, hier 57.

[35] *Limes. Mark Aurel*, 36.

[36] *Das Wirklichgewollte*, 12.

[37] Volker Braun, *Die Verhältnisse zerbrechen. Rede zur Verleihung des Georg-Büchner-Preises 2000*, Suhrkamp: Frankfurt/M., 2000 [= Sonderdruck edition suhrkamp]), 19-30, hier 25.

[38] Volker Braun, 'Lagerfeld', in: *Tumulus*, 39-41, hier 39.

[39] *Limes. Mark Aurel*, 13.

[40] *Die Verhältnisse zerbrechen*, 30.

Rolf Jucker

Aspekte gesellschaftskritischer Literatur seit 1989
Einige Bemerkungen mit Bezug auf zwei Gedichte von Volker Braun

This essay first tries to argue, provocatively, that the view which since the 1990s has increasingly been taken to be 'commonsensical', namely that political literature is necessarily bad literature, does not stand up to scrutiny. The second part of the essay provides a detailed analysis of two poems by Braun, 'Abschied von Kochberg' and 'Nach dem Massaker der Illusionen' (from the latest volume, *Tumulus*). These readings demonstrate the complex process through which Braun's texts produce political commentaries on our globalised world, and they also aim to counteract the kind of reductionist, superficial interpretation which is often encountered.

> Über literarische Formen muß man die Realität befragen, nicht die Ästhetik, auch nicht die des Realismus. (Bertolt Brecht)[1]

> Mein Instinkt hieß mich Joyce und Nabokov zur Seite legen und die Lektüre von Don DeLillos großem Buch auf später verschieben. An ihre Stelle traten Berichte über Be- und Entwässerung, Zeitschriften, Bücher und Dokumentarfilme über Staudämme, warum man sie baut und was sie bewirken. (Arundhati Roy)[2]

I

Dieses Zitat der indischen Autorin Arundhati Roy – einem Band entnommen, der charakteristischerweise mit 'politische Einmischungen' untertitelt ist – trifft genau den Kern der Sache, um die es mir hier geht: Kann Literatur noch etwas beitragen zum Verständnis unserer Welt, kann sie uns noch hinführen zu den notwendigen Kämpfen, die wir für eine lebenswerte Zukunft aller Menschen – und nicht nur der privilegierten weltweiten Mittel- und Oberschichten – zu führen hätten?

Eigentlich gibt es nur zwei Arten, wie man das Roy-Zitat verstehen kann: Entweder ist Literatur so elitistisch, ästhetizistisch, selbstzentriert und belanglos, daß sie uns tatsächlich nichts mehr über unsere Welt erzählen kann, keine Erklärungskraft mehr besitzt. Mit anderen Worten: Literatur wäre dann nur mehr ein weiteres Element in der gigantischen Unterhaltungs- und Medienmaschine, die uns permanent – wie Noam Chomsky präzise aufgezeigt hat – einen Schleier vor die Augen zieht bzw.

Ablenkungen der verschiedensten Art produziert, damit wir nicht mehr verstehen (und verstehen wollen), was eigentlich in der Welt geschieht.[3]

Oder, so die andere Möglichkeit, Literatur kann tatsächlich dazu beitragen oder zumindest dazu anregen, diesen Schleier aus Ideologie, Propaganda und *entertainment* zu durchdringen. Ich möchte in diesem Aufsatz zeigen, *daß* Literatur das tun kann.

Aufgrund dessen, was gemeinhin *common sense* heutiger Literaturbetrachtung, insbesondere seit dem Umbruch von 1989, zu sein scheint, ist die eben geäußerte These völliger Unsinn. Zwei Dekaden postmoderner Beweisführung hätten mir doch endlich klarmachen sollen, daß Texte auf nichts außerhalb ihrer selbst verweisen, sondern lediglich selbstreferentielle Sprachspiele sind,[4] und Literaturwissenschaft mit nichts als literarischer Form befaßt sein sollte.[5] Selbst Peter Bichsel, beileibe nicht gerade als Postmodernist verschrien, behauptet: 'Das Erzählen, nicht sein Inhalt ist das Ziel der Literatur.'[6] Und Gero von Wilpert definiert in seinem *Sachwörterbuch der Literatur* Belletristik, mit der wir es ja hier zu tun haben, folgendermaßen: sie sei 'nicht zweckgebundene und vom Gegenstand ausgehende Mitteilung von Gedanken, Erkenntnissen, Wissen und Problemen', sondern sie bestehe 'aus sich heraus [...] und [rufe] eine eigene Gegenständlichkeit hervor'.[7]

Die Sachlage scheint klar: Literatur ist ein in sich geschlossener ästhetischer Mikrokosmos, der wie Leibniz' Monade mit der Welt darum herum nichts zu tun hat und damit auch keinerlei Aussagen über diese Welt tätigen kann, mithin auch sicherlich nicht politisch in welchem Sinn auch immer sein kann.

Gerade wenn wir das so scharf formulieren, wird aber ersichtlich, daß dies gar nicht stimmen kann. Ich werde drei Argumente zum Gegenbeweis anführen, nämlich ein literaturhistorisches, ein rezeptionsästhetisches bzw. kommunikationstheoretisches sowie ein politisches.

1. Es gibt ein literaturhistorisches Beispiel dafür, daß die These, Literatur gehe in ihrer Form auf, nicht stimmt: die Konkrete Poesie. Der bewußte Versuch, auf Aussage durch Inhalt, Erzählung, Geschichten zu verzichten, und statt dessen die Form und den formalen Vollzug ins Zentrum zu stellen,[8] hat zwei Resultate gezeitigt. Einerseits erwies sich diese Strategie als eine sehr beschränkte. Es gibt nur so und so viele Arten, wie sprachliches Material graphisch auf einer Seite angeordnet, wie es lautlich artikuliert werden kann, ohne daß sich der Ermüdungseffekt des Das-haben-wir-bereits-Gesehen einstellt. Mit anderen Worten: Obwohl es theoretisch mit Sicherheit unzählige Varianten gibt, scheint sich der

Überraschungs- und Neuigkeitseffekt, von dem die Konkrete Poesie lebt, sehr schnell abzunutzen. Andererseits – und dies ist vielleicht der interessantere Aspekt – ist es der Konkreten Poesie genauso wenig wie etwa der hermetischen Poesie eines Paul Celan gelungen, die Produktion von Weltbezug, von Sinn und Bedeutung zu vermeiden.[9] Oft ganz im Gegenteil: Einer der wichtigsten Vertreter der Konkreten Poesie und gleichzeitig vielleicht einer der besten politischen Lyriker unserer Zeit, Ernst Jandl, definiert Kunst politisch: Sie bestehe darin, 'daß Fesseln abgestreift oder gesprengt werden können, wo keiner sie bisher bemerkt hat.'[10] Das ist nicht nur die subjektive Ansicht des Autors Jandl, dies läßt sich auch belegen anhand vieler seiner bekanntesten Gedichte, wie etwa 'talk', 'falamaleikum', 'wien: heldenplatz', 'schtzngrmm', 'so ein riesen haufen', 'posen, juni 56', 'glückwunsch', 'der wahre vogel' und vielen weiteren.[11] Es scheint also so zu sein, daß selbst die bewußte Verweigerung von Sinn und Bedeutung uns LeserInnen immer dazu herausfordert, daraus Sinn und Bedeutung zu produzieren. Weit davon entfernt, daß dies heißt, daß sprachliche Form für Literatur unbedeutend und nur der Inhalt wichtig sei, scheint es vielmehr zu besagen, daß die Form das spezifische Werkzeug der Literatur ist, um durch die Art und Weise, wie das Material geformt wird, Sinn, Weltbezug und -erklärung, mithin Erkenntnis zu produzieren.[12] Brecht hat dies präzise formuliert: 'Die Form eines Kunstwerkes ist nichts als die vollkommene Organisierung eines Inhalts, ihr Wert daher völlig abhängig von diesem.'[13]

2. Dies bringt mich zum rezeptionsästhetischen Punkt, der gleichzeitig mit der Art und Weise, wie sprachliche, und damit literarische, Kommunikation funktioniert, zu tun hat. Der von Brecht erwähnte Inhalt ist nämlich nur verständlich in Relation zu allem, was wir bereits über die Welt wissen und was wir aus Erfahrung im Umgang mit ihr gelernt haben. D.h., Text ohne Welt, Sprache ohne Bezug auf zu Bedeutendes gibt es gar nicht, jedenfalls nicht, sobald eine Leserin in Aktion tritt. Jede Lektüre beinhaltet folgendes: 'Somit konfiguriert [der Leser beim Lesen] einen *möglichen Ablauf von Ereignissen oder einen möglichen Zustand der Dinge*; [...], wagt er eine Hypothese über Weltstrukturen.'[14] Anders gesagt bedeutet dies, daß wir literarische, aber auch alle anderen Texte gar nicht verstehen können, ohne ständigen Rückbezug auf unsere 'Enzyklopädie', mithin das Weltwissen, das wir bereits besitzen. Und daß dieses Wissen nicht absolute Wahrheit ist, heißt noch lange nicht, daß wir nichts aussagen können:

> Auch wenn es kein *Ding an sich* gibt, auch wenn unsere Erkenntnis situativ,
> holistisch und konstruktiv ist, sprechen wir immer über etwas; sei dieses Etwas
> auch relational, so sprechen wir doch stets über eine *gegebene* Beziehung.[15]

Im Gegenteil, es macht sogar unzweifelhaften Sinn, gewisse Dinge als wahr
zu postulieren[16] und wir alle, auch die überzeugtesten Relativisten, tun dies
natürlich dauernd, ohne daß wir uns dies immer vergegenwärtigen –
ansonsten könnten wir keinen einzigen Tag überleben. Im Gegenzug aber
verunmöglicht die Verabsolutierung der Form jegliche Kommunikation:
'Die Hermetik transformiert das ganze Welttheater in ein Sprachphäno-
men und leugnet zugleich die Mitteilungskraft von Sprache.'[17]

   3. Ich möchte einen letzten Punkt erwähnen, der verständlich macht,
warum in verschiedenen Traditionen, aber insbesondere seit 1989 und dem
sogenannten 'Ende der Geschichte' die Form, die Ästhetik derart privilegiert wird. Diese Tatsache selbst hat politische Gründe. Wird allein der
formale bzw. ästhetische Gehalt von Literatur für betrachtungswürdig
befunden, und alle anderen Aspekte übergangen, dann ist Literatur tatsächlich nichts anderes als ein weiteres Zahnrädchen in der großen
Desinformations- und Ablenkungsmachine, zu der sich die Medien- und
Unterhaltungsindustrie global ausgewachsen hat. Es ist deswegen überhaupt kein Zufall, daß Regierung und Kapital in den USA in den 30er, 40er
und 50er Jahren alles daran setzten, abstrakte Kunst, genauer 'Abstract
Expressionism', zu fördern und durchzusetzen. Abstrakte Kunst *kann* zwar
auch politisch gelesen werden, aber es ist unmöglich, mit ihr eine
bestimmte politische Aussage zu tätigen. Oder andersherum: Es war dem
CIA und der amerikanischen Regierung ein leichtes, 'Abstract Expressionism' für seinen/ihren 'kulturellen Kalten Krieg' strategisch auszunutzen
und einzusetzen, wie Eva Cockcroft und andere nachgewiesen haben.[18]

   Was ich eben zu sagen versuchte, kann man vielleicht ganz schön in
folgendem Zitat von Terry Eagleton zusammenfassen:

> Orwell [wäre] wahrscheinlich recht überrascht gewesen zu hören, daß seine
> Essays so gelesen werden sollten, als seien die von ihm behandelten Themen
> weniger wichtig als die Art, wie er sie darstellt. Bei vielem, was man als
> Literatur klassifiziert, wird der Wahrheitsgehalt und die praktische Relevanz
> dessen, was gesagt wird, sehr wohl als wichtig für die Gesamtwirkung
> angesehen.[19]

Und genau wegen dieser Unausweichlichkeit des Weltbezugs fordert
Brecht von Literaturbetrachtung folgendes:

> Man muß die Literatur nicht von der Literatur aus beurteilen, sondern von der
> Welt aus, z.B. von dem Stück Welt aus, das sie behandelt. Aus der Literaturge-
> schichte soll man nicht eine Geschichte der Beschreibungsarten der Welt
> machen, einen Roman des *Dos Passos* soll man nicht mit einem Roman des

Balzac konfrontieren, sondern mit der Wirklichkeit der New Yorker Slums, die *Dos Passos* beschreibt.[20]

II

An Volker Brauns Werk ließ sich schon immer die Behauptung belegen, daß politisch engagierte Literatur auch gute *Literatur* sein kann.[21] Sein neuester Gedichtband *Tumulus*[22] kann als ein exemplarisches Beispiel dafür gelten, was ich hier zeigen möchte. Einerseits repräsentieren die Texte darin eine intensive Einmischung und Auseinandersetzung mit dem drängenden Problem, wie unsere Welt zukunftsfähig werden kann – vor dem Hintergrund der Geschichte des 20. Jahrhunderts –, andererseits zeigen sie die spezifische Qualität, die Literatur einer solchen Diskussion beigeben kann, nämlich das, was Leute wie Lotman, Eco oder Weimar als Mehrdeutigkeit bzw. Überdeterminierung der literarischen Texte beschrieben haben.[23]

Ich möchte dies anhand zweier Gedichte zeigen.[24]

ABSCHIED VON KOCHBERG

Die Bauern tanzen
Um den Galgen
An dem die Partei hängt, das Gesinde l
Ustig Plakate im Frühling in Prag
ER IST GEKOMMEN. WIR AUCH. DEUTSCHE BANK
Das liebe Zimmer der Utopien
Entläßt den Gast in den Unsinn
ES GILT ALLE VERHÄLTNISSE stehenzulassen
IN DENEN DER MENSCH EIN GEKNECHTETES
Ich stand mit der Karre in Zeutsch
Ein Fuß auf der Bremse ein Fuß auf dem Gas
Die Äste krachten herunter und die Blätter
Wehten UND ELENDES WESEN IST (20)

Ich glaube, wir müssen uns gar nicht darüber unterhalten, daß dies ein politisches Gedicht ist. Es ist immer wieder interessant und heilsam, wenn man sieht, daß viele theoretische Konstrukte – wie etwa jene, die ich eingangs in polemischer Absicht erwähnte – sofort desintegrieren, wenn man sie mit einem konkreten Text in Kontakt bringt.

Das Gedicht ist auf den ersten Blick zu lesen als Zementierung des Status Quo, es offeriert keine Hoffnung, keinen Ausweg: 'Das liebe Zimmer der Utopien / Entläßt den Gast in den Unsinn' sowie: 'ES GILT ALLE VERHÄLTNISSE stehenzulassen / IN DENEN DER MENSCH EIN GEKNECHTETES'. Das Ich des Textes weiß nicht, was es tun soll

('Ein Fuß auf der Bremse ein Fuß auf dem Gas') und ist assoziert mit
'ELENDES WESEN'. Und genau so sind Volker Brauns jüngste Texte
auch von der Kritik gelesen worden: als Ausdruck seiner verlorenen
falschen, weil sozialistischen Hoffnung, als Desillusionierung, als Einge-
ständnis, daß wir am 'Ende der Geschichte'[25] angekommen seien und daß
sein ehemaliger 'Feind', der Kapitalismus, endgültig gesiegt habe.[26]

    Aber der 'Subtext' des Gedichts überlagert diese vorschnelle
Interpretation, fordert sie heraus, baut Ambivalenz und Spannung auf, die
im Text selbst nirgends aufgelöst sind, die mithin von den LeserInnen in
einem Entscheidungsprozeß verarbeitet werden müssen. Schon der Einstieg
ist doppeldeutig: Die Leute tanzen um einen Galgen, an dem die SED hängt
(offenbar, so geben die Anmerkungen Auskunft, ein wahrer Vorfall 'auf
dem Tanzboden des Gasthofs Zum Goldenen Löwen' [43]), im September
1990. Wo aber war das 'Gesinde/l' in den vierzig Jahren zuvor? Wer war
da bereit, weniger gefahrlos, die Partei an den, auch metaphorischen,
Galgen zu hängen? Und welch unschöne Erinnerungen rufen solche verein-
fachten Schuldzuweisungen hervor, von Hexenverbrennungen über
öffentliche Hinrichtungen bis zu Klu-Klux-Klan-Veranstaltungen.

    Doch die ironisch-zynische Umwertung der Oberflächenbedeutung
nimmt eine schärfere Wendung in den nächsten Zeilen, sodaß einem das 'l'
von lustig im Hals stecken bleibt: 'Plakate im Frühling in Prag / ER IST
GEKOMMEN. WIR AUCH. DEUTSCHE BANK'. Die von Braun oft
verwendete Methode der Montage von Zitaten in seine Texte produziert
hier in diesen wenigen Worten Ansätze zu einer historischen Interpretation
unserer Epoche. Die Schamlosigkeit, mit der die Deutsche Bank auf den
Prager Frühling anspielt und sich in der Werbung sozusagen als die zeitgenössische Erfüllung der einstmals damit verbundenen Wünsche und
Hoffnungen anpreist, ist atemberaubend. Die zwei Zeilen machen deutlich,
wie weit wir es seit 1968 gebracht haben. Die Vision, daß die Mehrheit der
Menschen je ein selbstbestimmtes, von staatlicher wie wirtschaftlicher
Unterdrückung und Abhängigkeit freies Leben führen könnte, ist weltweit
zerfallen unter dem Anschlag der neuesten Welle des Kolonialismus, der
sich hinter den Schlagworten 'Liberalisierung', 'freie Marktwirtschaft' und
'Globalisierung' versteckt. Damit zeigt sich die Befreiung von 1989 auch in
einem anderen Licht: zugegeben, und von Braun zum Beispiel nirgends je
bestritten, die staatliche Unterdrückung hat aufgehört, aber ersetzt wurde sie
nur durch eine viel subtilere, letztlich möglicherweise wohl viel schlechter
bekämpfbare wirtschaftliche Subordination, die mittlerweile erschreckende
Ausmaße angenommen hat.[27]

Komplex wird es aber vor allem bei den beiden Zeilen: 'Das liebe Zimmer der Utopien / Entläßt den Gast in den Unsinn'. Da heißt es, daß der Gast aus dem Zeitalter der Utopien in das gegenwärtige eintritt, dem offensichtlich kein Sinn mehr abzugewinnen ist. Dieser realexistierende Kapitalismus scheint alles zu sein, mit dem der Gast noch konfrontiert ist. Gleichzeitig ist aber die Rede vom 'liebe[n]' Zimmer der Utopien. Das kann man, in bekannter Manier, auslegen als Nostalgie nach dem verlorenen Glauben. Es kann aber auch bedeuten, daß man dieses Zimmer immer noch liebt, ihm also Wertschätzung entgegenbringt, auch während man sich nicht (mehr) darin aufhält. Denn der Text sagt nirgends, daß dieses Zimmer zerstört wäre oder daß man nicht dahin zurückkehren könnte. Die zwei Welten des Zimmers der Utopien und des Unsinns scheinen zu koexistieren. Das scheint mir wichtig, weil dies bedeutet, daß nach wie vor Handlungsmöglichkeiten offenstehen. Der ganze Text scheint dies zu implizieren. Falls man den Einstieg interpretiert als die Freude der Bauern über die Befreiung/ Revolution, die dann von einer neuen Starre/ Unterdrückung gefolgt wird, so heißt das immerhin, daß Veränderung möglich ist, selbst wenn sie nicht zum Paradies auf Erden führt. Dieses Motiv wird ja auch aufgenommen in 'Ein Fuß auf der Bremse ein Fuß auf dem Gas': Das Ich ist zwar im Moment wie gelähmt, aber es hat die Möglichkeit, das eine oder andere zu tun.

Braun bedient sich dann einer weiteren Strategie, die wiederum auf die Anregung von Denkprozessen bei den LeserInnen zielt, mithin nicht auf die unkritische Akzeptanz des Bestehenden. Der Text benennt in der Umkehrung des Marx/Engels-Zitats dasjenige schwarz auf weiß, wovon wir eigentlich alle wissen, daß es wahr ist, obwohl es in der öffentlichen Arena unmöglich so zugegeben werden könnte. Dadurch werden wir als LeserInnen sozusagen in eine moralische Revolte gezwungen: 'ES GILT ALLE VERHÄLTNISSE stehenzulassen / IN DENEN DER MENSCH EIN GEKNECHTETES / [...] / UND ELENDES WESEN IST'.[28] Die bloße Ersetzung des ursprünglichen Wortes 'umzuwerfen' mit 'stehenzulassen' offenbart die moralische Absurdität der neuen Forderung mit einem Schlag, sodaß wir zumindest einige Gedanken daran verschwenden sollten, was dies denn für ein 'Unsinn' ist, in dem wir leben, und ob wir nicht besser das Zimmer der Utopien neu möblieren sollten.

Als zweiten Text möchte ich zum Abschluß noch einen leider zu kurzen Blick auf 'Nach dem Massaker der Illusionen' werfen.

NACH DEM MASSAKER DER ILLUSIONEN

Guevara unter der Rollbahn mit abgehackten
Händen, 'der wühlt nicht weiter' wie
Wenn die Ideen begraben sind
Kommen die Knochen heraus
Ein Staatsbegräbnis AUS FURCHT VOR DER AUFERSTEHUNG
Das Haupt voll Blut und Wunden Marketing
GEHT EINMAL EUREN PHRASEN NACH
BIS ZU DEM PUNKT WO SIE VERKÖRPERT WERDEN
Waleri Chodemtschuk, zugeschüttet
Im Sarkophag des Reaktors, kann warten
Wie lange hält uns die Erde aus
Und was werden wir die Freiheit nennen (28)

Genauso wie in 'Abschied von Kochberg' scheint hier die pessimistische
Sicht auf Geschichte und des Autors ehemalige Illusionen (bezüglich
Sozialismus und Hoffnung) offensichtlich, allein schon durch den Titel.
'Die Ideen [sind] begraben'; und der vielzitierte Ausruf von Mercier in
Büchners *Dantons Tod* wird in der Regel immer auf die Versprechungen
des Marxismus bzw. Sozialismus – so genau ist man da ja nie – gemünzt,
die sich dann bei der Umsetzung in die Praxis als Blutbad verkörperten.

Ich denke jedoch, daß dies eine verkürzte Interpretation des Textes
ist. Denn Guevara, in der Intention der CIA und ihrer Auftraggeber stillge-
stellt für immer, fängt, Jahre nach seinem Tod auch ohne Hände wieder an
zu wühlen. Man will die Ideen endgültig entsorgen, aber schon kommen die
Knochen zum Vorschein, um wieder daran zu erinnern. Und auch das
kubanische Staatsbegräbnis, das der heiligen Ikone der Revolution[29]
zugedacht wird, ist dem Versuch gewidmet, Guevaras Ideen für immer zu
begraben. Aber die Motivation ist nicht Sicherheit und Überlegenheit im
Angesicht der Tatsache, daß sich diese Ideen für immer überholt hätten,
sondern 'FURCHT VOR DER AUFERSTEHUNG'.

Vielleicht sollten wir auch die Büchner-Passage ebenso wie den
Ausdruck 'Massaker der Illusionen' anders verstehen, nicht immer nur
bezogen auf ein untergegangenes Gesellschaftssystem, dem wir ganz
gefahrlos hinterher lachen können. Direkt vor 'GEHT EINMAL EUREN
PHRASEN NACH / BIS ZU DEM PUNKT WO SIE VERKÖRPERT
WERDEN' steht 'Marketing': Die Phrasen, denen wir offenbar nachgehen
sollen, um ihre Verkörperung zu bedenken, sind jene der heutigen Zeit, jene
der weltweiten Werbeindustrie, dem Schmiermittel des real existierenden
Kapitalismus. Dieser Phrasen sind viele: 'Markt', 'Freihandel', 'Demokra-

tie', 'Freiheit', 'Globalisierung', und wenn wir anfangen, ihnen nachzuge-
hen bis zu ihrer Verkörperung, wenn wir ihre realen politischen, sozialen,
ökonomischen und ökologischen Kosten aufzurechnen beginnen, dann
sehen wir schnell, daß Dantons Antwort auf Mercier ('Man arbeitet
heutzutage alles in Menschenfleisch'[30]) immer noch stimmt.[31]

Was ich hier eben vorgeschlagen habe, so würde ich behaupten, ist
nicht spekulative Überinterpretation, denn das Gedicht führt ein Beispiel für
eine solche Illusion, für eine furchtbare Verkörperung leichtsinniger
Phrasen an: Der Unfall in Tschernobyl als Chiffre für das unsanfte 'Massaker der Illusion' unserer Technik- und Fortschrittsgläubigkeit, die in den
fünfziger Jahren von der Atomenergie als der billigsten, unbegrenzten
Energiequelle sprach, welche sich dann in den Achtzigern als unkontrol-
lierbar gefährliche, teuerste, ökonomisch jenseits der staatlichen Subven-
tionsmilliarden niemals rentable Sackgasse erwies.[32] D.h., daß wir nach
dem Massaker der Illusionen bezüglich des staatlich verordneten Sozialismus endlich mit dem Massaker der heutigen Illusionen bezüglich des real
existierenden Kapitalismus beginnen müssen, wollen wir Zukunftsfähigkeit
erlangen: 'Wie lange hält uns die Erde aus'. Die letzte Zeile fordert uns
ganz direkt wieder zum Nachdenken über Utopien, alternative Entwicklungen und einen anderen Umgang mit Welt heraus: Einer der im ideologischen Krieg des Westens wohl meistmißbrauchten Begriffe, nämlich
'Freiheit', scheint es dringend nötig zu haben, daß wir ihn neu definieren,
ihn wieder mit Sinn füllen.

Da ich es hasse, Ihnen, liebe LeserInnen, das Nachdenken über das
Gesagte durch eine handliche Schlußfolgerung abzunehmen, lasse ich
Braun das letzte Wort haben, da er die Dinge sowieso besser benennen
kann, als ich es je vermöchte:

> Wie denkt man in einer Zeit, deren im Grund für unerreichbar gehaltne Utopie
> das bloße Überleben der Gattung ist? [...] Tatsächlich herrscht die Idee, keine
> Idee haben zu dürfen, keine an die Wurzel gehende Kritik, keine Theorie,
> sondern enthaltsam, also gedankenlos die rätselhafte Megamaschine zu ölen, zu
> entstören, vielleicht auch nur zu ignorieren oder ignorant zu verdoppeln. [...] Wo
> man sich um die Wahrheit nicht schert, läuft die kulinarische Urzeit, der süchtige
> Mythenkonsum, bedient durch Titanic-Künste.[33]

Anmerkungen

[1] Bertolt Brecht, 'Weite und Vielfalt der realistischen Schreibweise' (1938), in: ders.,
Schriften 2, Teil 1: 1933-1942, Aufbau: Berlin; Weimar; Suhrkamp: Frankfurt/M.,

1993 [=Werke. Große kommentierte Berliner und Frankfurter Ausgabe; Bd. 22.1], 424-433, hier 433.

[2] Arundhati Roy, '... dann ertrinken wir eben: Der Widerstand gegen das Narmada-Stauprojekt', in: dies., *Das Ende der Illusion. Politische Einmischungen*, Blessing: München, 1999, 9-114, hier 17.

[3] Siehe unter anderem: Noam Chomsky, 'The Manufacture of Consent', in: *The Chomsky Reader*, hg. von James Peck, Serpent's Tail: London, 1988, 121-136, sowie ders., *Necessary Illusions: Thought Control in Democratic Societies*, Pluto Press: London, 1989.

[4] Diese Definition von Literatur hat allerdings eine lange Tradition, wozu etwa die sogenannten 'New Critics' aus den USA gehörten. Stefan Collini hat dies auf den Punkt gebracht: 'Schließlich legitimierte sich diese Praxis, besonders in den USA, zentral mit einem Konzept des literarischen Werks als "ästhetischen Gegenstandes". Als solcher war es eigenständig zielgerichtet, und der Kritiker hatte die Dynamik seiner autarken Bedeutung zu entfalten.' (Stefan Collini, 'Einführung: Die begrenzbare und die unbegrenzbare Interpretation', in: Umberto Eco, *Zwischen Autor und Text. Interpretation und Überinterpretation*, mit Einwürfen von Richard Rorty, Jonathan Culler, Christine Brooke-Rose und Stefan Collini, aus dem Englischen von Hans Günter Holl, Carl Hanser: München, 1994, 7-28, hier 11-12)

[5] Siehe: 'Insofern verfolgt die Literaturwissenschaft als eigenständige Disziplin das Projekt, die semiotischen Mechanismen der Literatur, die unterschiedlichen Strategien ihrer Formen, systematisch zu verstehen.' (Jonathan Culler, 'Ein Plädoyer für die Überinterpretation', in: Eco, *Zwischen Autor und Text*, 120-134, hier 128)

[6] Peter Bichsel, *Der Leser. Das Erzählen. Frankfurter Poetik-Vorlesungen*, Luchterhand: Darmstadt; Neuwied, 1982 [=Sammlung Luchterhand 438], 8.

[7] Gero von Wilpert, *Sachwörterbuch der Literatur*, Kröner: Stuttgart, [6]1979 [=Kröners Taschenausgabe; Bd. 231], 463.

[8] Siehe etwa Wilperts Definition: 'internationale Strömung der modernen Lyrik, die von den sprachlichen Elementen als konkretem Material ausgeht, sie von ihrer Funktionalität zu erlösen sucht und sie gemäß ihrem Klangcharakter nach rein klanglichen Gesetzen unter Verzicht auf jede Aussage oder Mitteilung neu kombiniert' (*Sachwörterbuch der Literatur*, 424-425).

[9] Zu Celan siehe die Studie von Marlies Janz, die den grundsätzlich politischen Gehalt von Celans Lyrik herausarbeitet, *Vom Engagement absoluter Poesie. Zur Lyrik und Ästhetik Paul Celans*, Athenäum: Königstein/Ts., 1984.

[10] Ernst Jandl, *Das Öffnen und Schließen des Mundes. Frankfurter Poetik-Vorlesungen*, Luchterhand: Darmstadt; Neuwied, 1985 [=Sammlung Luchterhand 567], 23.

[11] Siehe Ernst Jandl, *Gesammelte Werke*, 3 Bände, Luchterhand: Darmstadt; Neuwied, 1985, Bde. 1 und 2.

[12] Werner Mittenzwei formuliert dies in bezug auf Brecht folgendermaßen: 'Das Wesentliche der Brechtschen Methode liegt nicht in dem bloßen Fremd-Machen oder gar Deformieren der Dinge, sondern in dem darauf folgenden Schritt: wie nämlich durch die Verfremdung der Dinge die Klarheit der Erkenntnis entsteht.' (Werner Mittenzwei, 'Die Brecht-Lukács-Debatte', *Sinn und Form*, 19 (1967) 1, 235-270, hier 253)

[13] Bertolt Brecht, *Schriften zum Theater*, Aufbau: Berlin/Ost, 1964, Bd. 1, 247 (zitiert nach: Werner Mittenzwei, 245). Vgl. auch: 'Eine Idee in der Kunst ist immer ein Modell – denn sie schafft ein Abbild der Wirklichkeit. Infolgedessen ist eine künstlerische Idee außerhalb einer sie realisierenden Struktur undenkbar. Der Dualismus Form - Inhalt muß ersetzt werden durch den Begriff der Idee, die sich in einer adäquaten Struktur realisiert und außerhalb dieser Struktur nicht vorhanden ist.' (Jurij M. Lotman, *Die Struktur literarischer Texte*, Wilhelm Fink: München, 1986 [=UTB 103], 27)

[14] Umberto Eco, *Lector in fabula. Die Mitarbeit der Interpretation in erzählenden Texten*, Carl Hanser: München, 1987, 143.

[15] Umberto Eco, 'Erwiderung', in: Eco, *Zwischen Autor und Text*, 150-162, hier 154-155. Vgl. dazu auch: ders., *Die Grenzen der Interpretation*, Carl Hanser: München, 1992.

[16] 'Deshalb bin ich überzeugt, daß Hiroshima bombardiert wurde, Dachau und Buchenwald existierten. Gleichermaßen sicher bin ich, daß die homerischen Texte, wenngleich ihr Autor ungewiß ist, vor der *Göttlichen Komödie* entstanden und daß man sie kaum als eine bewußte Allegorie der Passion Christi interpretieren kann.' (Eco, 'Erwiderung', 161)

[17] Umberto Eco, 'Interpretation und Geschichte', in: Eco, *Zwischen Autor und Text*, 29-51, hier 39.

[18] 'Intelligente und raffinierte Kalte Krieger wie Braden und seine Kollegen innerhalb des CIA erkannten, daß oppositionelle Intellektuelle, die selber glaubten, aus freiem Willen zu handeln, nützliche Werkzeuge im internationalen Propagandakrieg sein könnten. Reiche und mächtige Kunstmäzene wie Rockefeller und Whitney, welche die Museen kontrollieren und mithelfen, die Außenpolitik zu überwachen, begreifen ebenfalls den Wert von Kultur in der Politik. Der Künstler erschafft frei. Aber seine Arbeiten werden von anderen für deren Zwecke gefördert und benutzt. Rockefeller, durch Barr und andere Mitarbeiter des Museums, das seine Mutter gegründet hatte und die

Familie kontrollierte [=Museum of Modern Art], verwendete den Abstrakten Expressionismus, "das Symbol für politische Freiheit", ganz bewußt für politische Zwecke.' (Eva Cockcroft, 'Abstract Expressionism, Weapon of the Cold War', *Art Forum*, 12 (June 1974), 39-41, hier 41). Siehe auch: Christopher Lasch, 'The Cultural Cold War', *The Nation*, 11.9.1967, 198-212, sowie: Serge Guilbaut, *How New York Stole the Idea of Modern Art. Abstract Expressionism, Freedom, and the Cold War*, translated by Arthur Goldhammer, Chicago University Press: Chicago; London, 1983. Für einen aktuellen Versuch der Whitney-Erben, eine Hans Haake-Installation im Whitney Museum of American Art mit Sponsoringentzug zu verhindern, siehe: 'Neues vom Provokateur Haake', *Die WochenZeitung*, No. 11, 16.3.2000, 19.

[19] Terry Eagleton, *Einführung in die Literaturtheorie*, Metzler: Stuttgart, 1988 [=Sammlung Metzler; 246]), 9.

[20] Bertolt Brecht, '[Über die eigene Arbeit]' (1938), in: ders., *Schriften 2, Teil 1: 1933-1942*, 445-449, hier 449.

[21] Helmut Peitsch hat sehr schön gezeigt, wie durch eine spezifische (und falsche) Rezeption des Begriffs 'litterature engagée' die Diskussion darüber von Anfang an und bis heute mit einem negativen Vorurteil aufgeladen wurde, während demgegenüber der Begriff des jeglicher Bindung und Verantwortung enthobenen 'Nonkonformisten' privilegiert wurde. Dies ist etwa an folgender Formulierung von Alfred Andersch zu sehen, die heutige Vorurteile immer noch informiert: 'Es gibt einen einzigen Grundverrat, der einem Schriftsteller niemals verziehen werden kann: wenn er sich zu politischen Entscheidungen bekennt, welche die Freiheit der Literatur einschränken.' (zit. nach: Helmut Peitsch, 'Die Gruppe 47 und das Konzept des Engagements', in: *The Gruppe 47 Fifty Years on. A Re-Appraisal of its Literary and Political Significance*, ed. by Stuart Parkes and John J. White, Rodopi: Amsterdam; Atlanta, 1999 [=German Monitor; No. 45], 25-51, hier 37)

[22] Volker Braun, *Tumulus*, Suhrkamp: Frankfurt/M., 1999. – Verweise im folgenden in Klammern im Text.

[23] Vgl. Umberto Eco, *Das offene Kunstwerk*, Suhrkamp: Frankfurt/M., 1977 [=stw 222], 8, 11; Lotman, 27, 96, 121; Klaus Weimar, *Enzyklopädie der Literaturwissenschaft*, Francke: München, 1980 [=UTB 1034], 105.

[24] Ich möchte hier noch klarstellen, daß ich keinesfalls beanspruche, daß diese Interpretationen alleinseligmachend sind. Ich deklariere ja klar meine Erkenntnisabsicht (Welthaltigkeit, Welterklärung), daraufhin lese ich die Texte und lasse ich mich von ihnen anregen. Wir tragen sowieso immer unsere Erkenntnisinteressen an die Texte heran ('Wir [interpretieren] literarische Werke immer bis zu einem gewissen Grad im Lichte unserer eigenen Interessen' [Eagleton, 13], 'in diesem Sinne ist eine völlig neutrale Aussage gar nicht möglich.' [ebd., 15]). Deshalb halte ich es für sinnvoller, meine Interessen zu deklarieren.

[25] Vgl. 'Traumtext' (in: *Tumulus*, 7-9), eine Polemik gegen das Palaver vom 'Ende der Geschichte'.

[26] Michael Braun etwa übertitelt seine Rezension von *Tumulus* mit 'Abschied von der Zukunft' (in: *die tageszeitung*, 6.5.1999, 14).

[27] Vgl. dazu: Rolf Jucker, 'Zur Kritik der realexistierenden Utopie des Status Quo', in: *Zeitgenössische Utopieentwürfe in Literatur und Gesellschaft. Zur Kontroverse seit den achtziger Jahren*, hg. von Rolf Jucker, Rodopi: Amsterdam; Atlanta, 1997 [=Amsterdamer Beiträge zur neueren Germanistik; Bd. 41]), 13-78.

[28] Vgl. das Originalzitat: 'Die Kritik der Religion endet mit der Lehre, *daß der Mensch das höchste Wesen für den Menschen* sei, also mit dem *kategorischen Imperativ, alle Verhältnisse umzuwerfen*, in denen der Mensch ein erniedrigtes, ein geknechtetes, ein verlassenes, ein verächtliches Wesen ist, Verhältnisse, die man nicht besser schildern kann als durch den Ausruf eines Franzosen bei einer projektierten Hundesteuer: Arme Hunde! Man will euch wie Menschen behandeln!' (Marx, *Zur Kritik der Hegelschen Rechtsphilosophie. Einleitung*, in: Marx/Engels, *Werke*, Dietz: Berlin, 1957, Bd. 1, 385-386)

[29] Braun ein Kenner und subtiler Kommentator der Problematik schon in seinem Stück *Guevara oder der Sonnenstaat* (siehe: Volker Braun, *Guevara oder der Sonnenstaat* (1975), in: ders., *Texte in zeitlicher Folge*, Mitteldeutscher Verlag: Halle; Leipzig, 1990, Bd. 5, 113-175).

[30] Georg Büchner, *Dantons Tod*, in: ders., *Sämtliche Werke und Briefe*, 2 Bände, Historisch-kritische Ausgabe mit Kommentar hg. von Werner R. Lehmann, Ch. Wegner: Hamburg, 7-75, hier 52.

[31] Das Gedicht 'Plinius grüßt Tacitus' geht diesen Kosten des westlichen Systems nach, ist aber eine Aufforderung, angesichts der Katastrophe nicht im Elfenbeinturm/ am Schreibtisch zu verharren, sondern diese zu erforschen, untersuchen, verstehen (17-19). Vgl. zu den Kosten auch nochmals: Jucker, 'Zur Kritik der realexistierenden Utopie des Status Quo'.

[32] Siehe dazu: Norman Myers, with Jennifer Kent, *Perverse Subsidies. Tax $s Undercutting Our Economies and Environments Alike*, International Institute for Sustainable Development: Winnipeg, 1998, 66-69; sowie: *The Madness of Nuclear Energy, Special Issue, The Ecologist*, 29 (1999) 7.

[33] Volker Braun, *Der Staub von Brandenburg*, in: *Volker Braun. Arbeitsbuch*, hg. von Frank Hörnigk zum 60. Geburtstag von Volker Braun, Theater der Zeit/Literaturforum im Brecht-Haus: Berlin, 1999, 190-205, hier 204-205.

Wilfried Grauert

Nach der Natur leben
Zivilisationskritik in Volker Brauns *Der Wendehals*[1]

In his dialogue narrative *Der Wendehals oder Trotzdestonichts* (1995), Volker Braun deals with the situation after the collapse of 'really existing socialism' in 1989. Analysing living conditions during the 'turn' (*Wende*) through the identity-project of the *Wendehals*, the author criticises the impact of technical civilization, based on mass consumption and its associated risks; moreover he imagines the possibility of another, 'proper' 'turn': to a civilization built upon a non-instrumental relationship between humankind and nature. As regards literary form, Braun uses a complex technique of re-writing and palimpsest: referring back to Diderot's *Le Neveu de Rameau*, he argues for a new discourse of enlightenment which embeds the development of society and civilisation within the process of nature.

Schreiben in den 1990er Jahren

Um die Bewegungen von Autorpositionen auf dem Feld der deutschsprachigen Gegenwartsliteratur zu beschreiben, muss man nicht gleich Metaphern wie Achterbahn oder Zickzackkurve bemühen, wie sie bei der Kommentierung von Börsennotierungen verwendet werden. Jedoch lassen sich bei einem Rückblick auf die 90er Jahre erhebliche Schwankungen der literarischen Konjunktur ausmachen. Gegen Ende der deutschen Zweistaatlichkeit läutete Frank Schirrmacher den Abschied von der deutschen Nachkriegsliteratur ein, nachdem er zuvor durch die Christa-Wolf-Schelte eine Steilvorlage für den deutsch-deutschen Literaturstreit geliefert hatte.[2] In dieser Debatte über die literarisch-ästhetische Intelligenz der DDR, bei der es vor allem um deren moralisches und politisches Verhalten ging, manifestierte sich ein Prozess kultureller Umwertung. Die Art und Weise, wie hier Kritik geübt wurde, ließ vermuten, dass auch ein Stellvertreterkrieg geführt wurde, bei dem es darum ging, die kulturellen Leistungen von Intellektuellen aus der DDR überhaupt abzuwerten und ästhetische Positionen durchzusetzen, die in der Bundesrepublik maßgebend waren.

Einflussreiche Kritiker, wie z. B. Uwe Wittstock, verfolgten das Ziel, die anglo-amerikanische Gegenwartsliteratur im Zentrum des literarischen Marktes zu positionieren, was zu polemischen Auseinandersetzungen mit zeitgenössischen Autoren sowie über Traditionen der deutschen Literatur führte.[3] Dass diese Umorientierung mit den Imperativen der 'Erlebnisgesellschaft' (Gerhard Schulze), vulgo 'Spaßgesellschaft', korrespondierte, ist evident. Die Erfolge dieser 'neuen deutschen Literatur' mit ihren selbstreferenziellen Texten sind allerdings nicht nur

als Effekte einer Marketingstrategie zu betrachten, sondern auch der literarischen Qualität vieler Werke geschuldet. Die literaturprogrammatische
Fokussierung auf 'Leselust' (Wittstock) bildete gewiss auch den Nährboden für den Aufschwung der deutschsprachigen Popliteratur bzw. des
'Literatur-Pop' (von Stuckrad-Barre), der zahlreichen jungen AutorInnen
erfolgreiche Debüts ermöglichte.[4]

Wenn in den literarischen Debatten am Ende der 90er Jahre die auf
Leselust oder selbstreferenzielles Schreiben gerichteten ästhetischen
Normen radikal in Frage gestellt wurden, so hängt dies vor allem mit dem
Phänomen Michel Houellebecq zusammen.[5] Dass dieser Autor in
Deutschland so viel Aufmerksamkeit findet, liegt auch und gerade darin
begründet, dass er mit der Beliebigkeitsrhetorik der sog. Postmoderne
Schluss macht und, statt sich auf die Unterhaltung des Lesepublikums zu
konzentrieren, grundlegende Fragen der menschlichen Existenz und
gesellschaftlicher Verhältnisse thematisiert – jenseits von Unverbindlichkeit, mit der Aura existenzialistischer Literatur. Diese intellektuelle und
ästhetische Orientierung erscheint insofern als 'Ironie des Schicksals', als
es dem offensiven westdeutschen Feuilleton bei den kulturellen Umwer-
tungen im Zuge der deutschen Vereinigung vor allem darum ging, die
hegemoniale Position einer tendenziell ästhetizistischen Literatur gegen
eine engagierte Literatur zu verteidigen. Denn in der Literatur aus der
DDR sahen viele die Wiedergängerin einer moralisch und politisch
fundierten Literatur, die im Verlauf der Postmoderne-Debatte in der alten
Bundesrepublik als anachronistisch vorgeführt, diskreditiert und verabschiedet worden war (Beispiel: Heinrich Böll).[6]

Die kulturellen Folgen, die die terroristischen Anschläge vom 11.
September 2001 zeitigten, überlappen sich mit der durch Houellebecq
ausgelösten Umorientierung; die Unterhaltungsfunktion von Literatur
sowie die normative Unverbindlichkeit ästhetischer Praxis treten hinter
neue Formen literarischer Thematisierung zurück: es geht um grundsätzliche Fragen, ja um eine Revision des gegenwärtig herrschenden Zivilisa-
tionsmodells. Die entwickelte technische Zivilisation ist durch einen
Prozess forcierter Modernisierung gekennzeichnet, der mit seinen
technologischen Standards sowie seinen ökonomischen Strukturen und
Mechanismen tiefgreifende Veränderungen in verschiedenen Lebenswel-
ten und Zivilisationsformen bewirkt, und dies weltweit. Die Frage, wie der
laufende Globalisierungsprozess zu gestalten sei, und zwar sowohl auf der
ökologischen wie auf der anthropologischen Ebene, wird auch zum Sujet
intellektueller und imaginativer Arbeit.

Den thematischen Kursus von der Wende zur Globalisierung hat Volker Braun während der 90er Jahre direkt durchgemacht – in ständiger Auseinandersetzung mit den Verhältnissen nach dem gesellschaftlichen Umbruch in Ostdeutschland, immer mit einem Blick zurück auf die alten Zustände. Dabei geht es ihm immer auch um Reflexion seiner Autorschaft und der gesellschaftlichen Funktion von Literatur.[7] Seine kritische und widerständige Schreibstrategie, deren Radius er seit Ende der 70er Jahre vom realen Sozialismus auf die technische Zivilisation ausweitete, entwickelt er zu einer differenzierten Zivilisationskritik, deren Fokus die aktuellen Probleme des gesellschaftlichen Modernisierungsprozesses bilden. Zwar liegt der Schwerpunkt in den frühen 90er Jahren auf dem Thema Wende ('Wie es gekommen ist', 'Das Eigentum', *Die Zickzackbrücke*), doch thematisiert schon *Iphigenie in Freiheit*, vor allem aber *Böhmen am Meer*, eindringlich die zivilisationskritische Dimension.[8]

Wenn ich im Folgenden die Dialogerzählung *Der Wendehals* (1995) untersuche, so deshalb, weil der Autor in diesem Werk das Thema Wende, den Umbruch im Herbst 1989, in gewisser Weise abschließt. Er verschiebt es auf eine andere Ebene und denkt es grundsätzlich anders, nämlich als Wende zu einer anderen, humanen, ökologisch und sozial orientierten Zivilisation. Außer durch intellektuelle Radikalität zeichnet sich dieser Schlüsseltext der 'Wendeliteratur' durch formales Raffinement aus: zur Engführung und zum Sprachwitz des Dialogs kommt die stereophone Struktur (Intermezzi) sowie die markante Intertextualität (Diderots *Rameaus Neffe*). Indem Braun im Unterschied zu anderen zeitgenössischen Autoren den thematischen Horizont der Wendezeit überschreitet, und zwar in Richtung Zivilisationskritik, knüpft er an den Prosatext *Bodenloser Satz* (1988)[9] an. Zugleich bereitet er den Erzählungsband *Das Wirklichgewollte* (2000)[10] vor, zumal dessen letzte Erzählung 'Was kommt?', in der Globalisierung als Schlüsselbegriff in einer Diagnose der Gegenwart auftaucht. Eine Wiederaufnahme des Gesprächs über den Wendehals könnte insofern nützlich sein, als die Rezeption dieses Werks in der von westdeutschen Beiträgern dominierten Literaturkritik und -wissenschaft schleppend, oberflächlich und vorwiegend im Zeichen polemischer Abwicklung verläuft.[11]

Zur Wendehals-Figur: Lernprozesse und Identitätsentwurf
Auch im *Wendehals*-Text greift Braun zunächst die Frage auf, die ihn nach der Wende gleichsam traumatisch beschäftigt: das Problem der persönlichen und partizipativen Identität sowie seines Selbstverständnisses

als Autor.[12] Während die Werke von 1989 und aus den frühneunziger Jahren vor allem vom Trauma des Utopie- und Identitätsverlustes geprägt sind, entsteht durch die Trauerarbeit eine Schreibweise, die satirische und komische Elemente verknüpft und den komplexen Vorgängen der Trennungsprozesse und Befreiungsversuche gerecht wird.[13] Christine Cosentino spricht sich gegen eine eindimensionale Lektüre der *Wendehals*-Erzählung aus und plädiert für ein differenziertes Bild:[14] der Text dürfe nicht als 'Satire auf Konsumrausch, Völlerei und Nihilismus der kapitalistischen Gesellschaft' gelesen werde; er biete auch 'positive Möglichkeiten der Kapitalismuskritik' (178). Ins Zentrum ihrer Deutung stellt sie die Identitätsproblematik, die sie aus einer Analyse der Erzähl-situation entwickelt ('komplizierte Erzählstrategie', 181): Die Unterhal-tung zwischen ER und ICH sei als ein Selbstgespräch zu lesen; ICH und ER seien 'Gedankenprojektionen, also Denkfiguren des im Text agieren-den erzählenden Ich' (179); in ihren Dialogen würden die Widersprüche der neuen Verhältnisse ausgetragen, die Schwierigkeiten der Identitätsbil-dung demonstriert. Die Gestaltung der Titelfigur gewinne dem 'negativ befrachteten Wendehalsbegriff neue Dimensionen' ab (180); die 'satiri-sche Überhöhung der ICH-Inflation' (ER redet ICH immer wieder mit Titeln an, die Autoritätspersonen bezeichnen) spiegele 'letztlich den Gedanken der Deflation' [der Ich-Instanz]. Die ironische Rollengestaltung führe zu einer 'Demontage der Denkfiguren ICH und ER'; dem entsprä-chen 'Überlegungen zur entwerteten Rolle des Autors in der saturierten Wohlstandsgesellschaft'. Auch am Schluss der Dialogerzählung findet Cosentino ihren differenzierten Ansatz bestätigt: zum einen herrsche ein 'Sinndefizit' (181), zum anderen gebe es ein 'neues Selbstbewußtsein', das jedoch 'eher auf einen existenziellen Gestus des Überlebens als gelas-senes Weitermachen schließen' lasse. Wie sich die neuen Verhältnisse (die 'sinnlichen Freuden der Freiheit in der gewendeten Zeit') auf ICH und ER auswirken würden, das bleibe offen; konsequent urteilt Cosentino abschließend: 'Brauns Wendehals ist ein erster, noch zielloser Schritt' (182).

Wenn ich Cosentinos Ansatz auch gern folge, so kann ich mich mit ihrer These von der 'Demontage der Denkfiguren ICH und ER' nicht anfreunden, ebenso wenig mit der These von der 'entwerteten Rolle des Autors'; in beidem setze ich auf produktive Konzepte wie Lernprozesse und Identitätsentwürfe. Die Lebenslagen der Protagonisten sind durch die Folgen des deutsch-deutschen Vereinigungsprozesses bedingt: sie haben ihre soziale Rolle und persönliche Identität verloren, zugleich ihre Utopie, das Projekt einer sozialistischen Gesellschaft in Deutschland. Im Bewusst-sein, dass ihnen ein 'neues Leben' beschert ist – Schabers Neubeginn wird durch das negative Urteil einer Prüfungskommission sowie die kamerad-schaftliche Hilfe einer Seilschaft markiert –, machen sie sich daran, eine neue Identität für Schaber zu konstruieren. Zu diesem Zweck erkunden und prüfen die beiden Helden die neuen Verhältnisse.

Diese Identitätssuche wird als eine Folge von Streifzügen durch Berlin-Mitte und den Außenbezirk Hellersdorf gestaltet, als eine Expedi-tion in das durch den gesellschaftlichen Umbruch geprägte Ostdeutschland (Handlungsebene); denn die Episoden sind in das Alltagsleben bzw. in Institutionen sozioökonomischer oder kultureller Subsysteme eingebettet, an denen Strukturen und Mechanismen der neuen Gesellschaft demons-triert werden. Dies geschieht in den Gesprächen der beiden Helden, die die eigentliche Handlung der Erzählung bilden (Konzept-Ebene). Was die formale Gestaltung der Dialoge betrifft, so markiert deren asymmetrische Struktur die Funktion der Gespräche, in denen Schaber der Prüfling, ICH der Prüfer ist. Diese Folge von virtuos inszenierten Prüfungsgesprächen liest sich wie eine Parodie auf die Praxis der 'Evaluierung', wie sie nach der Wende in den ostdeutschen Ländern üblich wurde. Die parodistische Darstellung treibt der Autor insofern konsequent auf die Spitze, als er die Entwicklung des Probanden nicht mit der bestandenen Prüfung und der Aufnahme in die neue Gesellschaft abbrechen lässt. Vielmehr lässt er ihn gegenüber den neu eingerichteten Verhältnissen eine kritische Position einnehmen, sodass nun gleichsam die neue Gesellschaft auf dem Prüfstand steht.

Wird im ersten Teil der Erzählung (Warenhaus-, Restaurant-, Gertrauden- sowie Treuhand-Episode) Schabers Rollenwechsel vom Simplex zum Konvertiten dargestellt, so wird im Hellersdorf-Teil (Straßenhändler-/Propagandisten-, Spargel-Szene) die Entwicklung einer zivilisationskritischen Haltung betont. Als er ein Loblied auf die neue Gesellschaft und deren Programm singt, in dessen Mittelpunkt das Konsumerlebnis steht, das Sinnlichkeit und Genuss, Individualisierung und Autonomie suggeriert, lässt der Autor-Erzähler die Situation umschlagen: dadurch, dass Schaber Opfer aggressiver Gewalt wird, ist er in der Lage, seine Einsicht in die Dialektik der Konsum- und Erlebnisge-sellschaft und deren Risiko- und Zerstörungspotential zu artikulieren ('Es muß ja nicht die letzte Wende sein', *WH* 98; 'Aber, wenn es alle ... erleben wollten, würde die Erde untergehen', *WH* 100). Indem Schaber diese Erkenntnis formuliert, darf er der Zustimmung von ICH sicher sein; denn in diesem Punkt vertreten beide dieselbe Position, und zwar sowohl auf der Ebene der Systemkritik (ökologisch-soziale Zivilisation versus Erlebnisgesellschaft) als auch auf der Ebene der Methode (dialektische Kritik der Erfahrung versus Ideologie). Dies zeigt sich auch, wenn sie gemeinsam das Lied 'Frühlingsglaube' von Ludwig Uhland singen, dessen letzte Zeile das Prinzip der radikalen Veränderung feiert ('Nun muss sich alles, alles wenden', *WH* 99). In diesem Zusammenhang geht es, abgesehen von der Verteilungsfrage, immer wieder um das Problem der Ressourcen, also des Verbrauchs und der Zerstörung der Natur. Auf diese Einsicht hin ist die Konstruktion der Wendehals-Figur angelegt.

Wenn ICH sich am Schluss der Erzählung vornimmt, die eigene Position sowie die neuen Verhältnisse weiterhin zu überprüfen, wird freilich ein beträchtlicher Unterschied sichtbar: Während Schaber seine Integration trotz mancherlei Bedenken schnell vollzieht, lässt sich sein kritischer Mitbürger Zeit für eine sorgfältige Prüfung der Situation. Der Wendehals scheint zwar seine Lektion gelernt zu haben, doch ist nicht sicher, ob Schaber sein Handeln an den erworbenen Erkenntnissen orientieren wird. ICH dagegen, der seine Lebenspraxis nach der regulativen Idee des autonomen Denkens ausrichtet, wird die Verhältnisse und ihre Entwicklung gemäß seinen Grundsätzen prüfen; indem er sein Handeln einschlägig orientiert, wird sich seine neue Identität entfalten. Ungeachtet dieses Unterschiedes wird am Ende der Identitätssuche als vorläufige Bilanz das gemeinsame Projekt einer humanen Zivilisation avisiert, die zum einen einen anderen Umgang mit der Natur anstrebt, die zum anderen auf der neuen demokratischen Gesellschaftsordnung beruht und deren Bürger von der Möglichkeit Gebrauch machen, kritisch und utopisch zu denken. Dies gilt umso mehr, wenn man den Text letztlich als ein Selbstgespräch des Autor-Erzählers liest.

Deutlich wird das Strukturprinzip herausgestellt, das die neue Gesellschaft organisiert und ihre Entwicklung bestimmt, Veränderungen um jeden Preis. Um dieses Moment zu markieren, fundiert Braun die formale Gestaltung des Textes entschieden auf den Begriffen Wende, Wandel, Wandlung bzw. Veränderung: so werden Handlungs- bzw. Gesprächsverlauf, Personen(Konstellationen) sowie Werte und Normen ebenso durch das Strukturelement des Wandels bestimmt wie Stoffe und Motive. Vor allem aber und durchgängig arbeitet er mit dem Sprachmaterial, dem immer wieder neue semantische Aspekte abgewonnen werden (vgl. den gleichsam programmatisch verwendeten Untertitel der Erzählung: 'oder Trotzdestonichts'); dieser spielerische Umgang mit Wörtern

und Gedanken lässt sich als Ausdruck des Möglichkeitssinnes und der
Offenheit des geschichtlichen Prozesses verstehen.

Vor diesem Hintergrund wird offenbar, dass und wie Braun die
Titelfigur inszeniert. Der Ausdruck 'Wendehals' ist durch die Rede, die
Christa Wolf am 4. November 1989 auf dem Alexanderplatz gehalten hat,
ins Bewusstsein der Öffentlichkeit getreten. In ihrem sprachkritischen
Kommentar zur 'Wende' weist die Autorin auch auf den Typus 'Wendehals' hin, eine Art Sozialcharakter, der in Zeiten eines Umbruchs häufig
Konjunktur habe ('Verblüfft beobachten wir die Wendigen, im Volks-
mund "Wendehälse" genannt, die, laut Lexikon, sich "rasch und leicht
einer gegebenen Situation anpassen, sich in ihr geschickt bewegen, sie zu
nutzen verstehen"').[15] Unmittelbar auf das Kurzporträt folgt das negative
moralische Urteil. Auch wenn andere sich mit einer Verurteilung opportu-
nistischen Verhaltens zurückhalten, z. B. Christoph Hein ('Opportunismus
ist ein Menschenrecht'), so wird man insgesamt sagen können, dass die
Stigmatisierung des 'Wendehals'-Typus überwiegt. Dieses Urteil dürfte
vor allem daraus resultieren, dass der 'Wendehals' als eine Charakter-
maske gilt, weil er, wenigstens vorübergehend, ohne Identität zu leben
scheint oder, anders gesagt, in einer neuen Rolle funktioniert, ohne schon
eine neue persönliche Identität zu haben.

Indem Volker Braun diesen Typus zum Helden und Reflexionsme-
dium einer satirischen Darstellung der Wendezeit bzw. der neuen gesellschaftlichen Verhältnisse wählt, funktioniert er den 'Wendehals' um: aus
der moralisch negativ besetzten Bezeichnung macht er einen positiv inten-
dierten Kampfbegriff. Dies gelingt ihm, weil er die Fähigkeit, sich zu
verändern, radikal historisiert und eine Zeit nach der 'Wende' evoziert;
ferner deshalb, weil er die Epochenbezeichnung 'Wende' in einen anderen
Kontext stellt, nämlich im Hinblick auf die Schaffung einer neuen Zivilisation. Damit gelingt es Braun eine partizipative Identität zu skizzieren,
die über den Horizont des ostdeutschen Umbruchs hinaus wirksam werden
kann.

Der Reflexionsprozess, den der Wendehals durchmacht, verweist
auch auf den neuen normativen Rahmen, das heißt die grundgesetzlich
garantierten Freiheiten als Konstituenten einer kritischen Öffentlichkeit;
Kritik und Selbstkritik fungieren als Instrumente des neuen Denkens.
Indem der Wendehals, unter der Ägide des Autor-Ichs, das neue Denken
praktiziert, übt er sich in den kulturellen Normen einer demokratisch
verfassten Gesellschaft, die seine Lernprozesse erst möglich machen. Und
die Skepsis des Autors gegenüber dem aktuellen Zustand von Gesellschaft

und Zivilisation und gegenüber möglichen, ja wahrscheinlichen riskanten Entwicklungen wird durch seine Genugtuung über die Erfahrung der Freiheit ausbalanciert, die das neue Denken gewährt. Dies mag sich auch daraus erklären, dass der Autor in der neuen Gesellschaft genießen kann, worauf sein jahrzehntelanger Kampf für eine Demokratisierung der DDR-Gesellschaft zielte, nämlich selbstbestimmtes Denken (jenseits des Offizialdiskurses) und als Pendant dazu eine kritische Öffentlichkeit (vgl. etwa den 'Rimbaud'-Essay).[16]

Zum Autor-Kommentar: Zivilisationskritik und utopische Dimension
Mit Cosentinos Schlussfolgerung, dass 'Brauns Wendehals [...] ein erster, zielloser Schritt' [sei],[17] kann ich mich, bezogen auf die Titelfigur und eingedenk meiner einschlägigen Skizze, nur unter Vorbehalt einverstanden erklären; auf die *Wendehals*-Erzählung als Ganzes bezogen lässt sich ihre These nicht halten, denn über den formal deutlich markierten Autor-Kommentar wird eine klare Zielvorstellung (Werkintention bzw. Perspektive) angeregt. Dass es Braun im *Wendehals*-Dialog auch um die Problematisierung der Autoridentität geht und welchen Stellenwert er dieser Frage gibt, wird daraus deutlich, dass dieses Thema einen Rahmen bildet. Gleich am Anfang des Textes kommt der Erzähler auf die Situation des Schriftstellers zu sprechen (Widerspruch zwischen sozioökonomischem Status und kultureller Autonomie) und am Ende skizziert er eine Funktionsbestimmung der Literatur (Rekurs auf Lessing). Hier ist nicht der Ort, das Thema Autoridentität zu behandeln; ein Hinweis soll genügen: Mit der neuen geistigen Freiheit korrespondiert das Konzept einer autonomen Literatur, das an die Stelle der verfügten Ideologie und des ästhetischen Offizialdiskurs die individuelle Erfahrung und deren reflexive Erhellung als Bezugspunkte für die ästhetische Orientierung setzt, sodass es zum Abschied von der Präzeptorrolle kommt. Durch diese Revision sehe ich im Unterschied zu Cosentino die Rolle des Autors aufgewertet, was sich an den offensiven Interventionen in zwei hervorgehobenen Passagen zeigt, die als Autor-Kommentar fungieren: der Schulze- und der Acker-Episode. Cosentino berücksichtigt diese beiden Intermezzi nicht, erwähnt sie nicht einmal. Fiedler behandelt allein das Selbstgespräch der Acker-Episode, aber nur inhaltlich, und dies nur eindimensional, indem er das darin evozierte Ende der DDR als Vorausdeutung auf einen umfassenderen Untergang deutet, die Position des *alter ego* bezieht er nicht ein.[18]

Fast genau in der Mitte des ersten Teils, zwischen die erste und zweite Behandlung gesellschaftlicher Grundfragen, die die Berlin-Expedition auf der konzeptionellen Ebene ausmachen (Arbeit/ Arbeitslosigkeit, Konsum, Geschlechterverhältnis, Ideologie/ Wirtschaftssystem), hat der Autor-Erzähler einen Einschub montiert, der typographisch ausgezeichnet (Kursivdruck) und mit der Überschrift 'Zur Orientierung (nach Schulze)' versehen ist (*WH* 45-46). Diese Passage verweist auf Gerhard Schulzes soziologischen Bestseller *Die Erlebnisgesellschaft*, der in den frühneunziger Jahren die gesellschaftstheoretische Debatte in der Bundesrepublik bestimmte.[19] Dabei kommt es dem Erzähler nicht etwa darauf an, Schulzes kultursoziologischen Entwurf ausführlich darzustellen und grundsätzlich zu diskutieren. Vielmehr begnügt er sich damit, einige Aspekte dieses Gesellschaftstypus und der ihn prägenden Strukturen zu problematisieren: so die Nicht-Planbarkeit von Erlebnissen, die egozentrische Denkweise der Konsumenten, die Diffusität der Ziele, um deren Befriedigung es geht, die Reduktion des Verhaltens auf Reaktionen, das Interesse an einer Gewissheit jenseits der Beliebigkeit, der Verlust des Bezugs zu einem Ganzen, die Relativierung der Lüge.

Die Schreibstrategie des Autors offenbart sich darin, dass der Einschub ausschließlich aus Sätzen besteht, die der Autor aus Schulzes Buch übernommen hat.[20] Dabei nimmt er häufig Veränderungen vor: z. B. indem er die Fachsprache verschlankt und so die Aussagen lesbarer macht, ohne ihre Bedeutung zu verändern; oder indem er Wörter einfügt, die sich weniger auf den Inhalt beziehen als auf die kommunikative Funktion (Autor- bzw. Leserperspektive). An zwei Stellen greift er jedoch inhaltlich ein, wohl in der Absicht, den Leser zu einer kritischen Einstellung gegenüber der 'Erlebnisgesellschaft' zu bewegen. Zunächst lässt er einen Satz weg, der, indem er an die Eigenaktivität des Konsumenten appelliert, eine Alternative ausdrückt, die positiv zu bewerten ist ('Sobald wir den unentrinnbaren Strom der Erlebnisse nicht mehr hinnehmen, wie er gerade kommt, sondern [selbst zu regulieren versuchen, handeln wir erlebnisrational]', *WH* 45 bzw. 430). Offensichtlich soll die Leerstelle den Leser dazu bringen, seinerseits die weggelassene Alternative zu ergänzen und dabei zu praktizieren, worauf der Appell des Autors an die Selbsttätigkeit zielt: aktiv werden statt in Passivität oder im Status eines Objektes zu verharren. Ferner ergänzt er eine Passage über das Genie und die Marginalisierung, ja den Missbrauch der Kreativität (438), indem er den Aktionsradius um den Bereich Gesellschaft erweitert ('Siehe die Gesellschaft', *WH* 46). Dies kann als gewünschte Orientierung des kreativen Potentials bzw. der ästhetischen Intelligenz auf gesellschaftliche Probleme gelesen werden, statt auf subjektzentrierte (innere) Erlebnisse, und zwar, gegen den Strich gelesen, als Renaissance einer 'Meinung zum Ganzen' (ebd.).

Resümiert man die inhaltlich begründeten Eingriffe in die Vorlage, so ist evident, dass Braun die von Schulze an der Gesellschaft der (alten) Bundesrepublik entwickelte Konzeption 'Erlebnisgesellschaft' kritisch aufnimmt. Dies signalisiert gerade der letzte Satz der Passage, der durch eine Leerzeile abgesetzt ist und gleichsam als Resümee fungiert ('Es ist immer weniger möglich, von dem was gebraucht wird, auf das zu schließen, was ist', *WH* 46). Dialektisch gelesen, wird die Strategie des Autors deutlich: dass es wünschenswert ist, Güter und Dienstleistungen nach ihrem Gebrauchswert auszuwählen und eine kritische Haltung gegenüber den bestehenden Verhältnissen insgesamt einzunehmen bzw. zu praktizieren. Die in der Schulze-Sequenz skizzierte Ideologie der 'Erlebnisgesellschaft', die nicht etwa aus der Figuren-, sondern aus der Autorperspektive dargestellt wird, erfüllt mehrere Funktionen: zum einen dient sie zur Darstellung des Selbstverständnisses der (aus der Sicht der ostdeutschen Bürger) neuen Gesellschaft; zum anderen liefert sie einen Rahmen, an dem sich die Bürger der neuen Bundesländer mit ihren gesellschaftlichen Erfahrungen orientieren und an dem sie ihre Erfahrungen überprüfen können. Aus der Diskrepanz, die zwischen dem Anspruch und der Wirklichkeit besteht, die dieses Konzept vermittelt, zumal vor dem Hintergrund des *status quo* in Ostdeutschland, entwickelt der Autor-Erzähler seine kritische Einschätzung des Umbruchs – dies impliziert auch einen anderen Umgang mit der Natur (Schonen der Ressourcen, nichtinstrumentelles Naturverhältnis).

Die Schulze-Passage korrespondiert mit einem zweiten Intermezzo, dem expliziten Selbstgespräch des Autor-Erzählers in der Acker-Episode, in der die kritische Darstellung des Umbruchs radikalisiert wird (*WH* 82-83). In der einleitenden Asylantenheim-Episode, die sowohl auf der Handlungsebene (Taxifahrt) als auch der konzeptionellen Ebene (Selbstgespräch) in besonderer Weise markiert ist, werden die schlimmsten Deformationen offenbar, die der Umbruch hervorgerufen hat: Ausländerfeindlichkeit und Fremdenhass, die mit einer neo-nationalistischen Position einhergehen.[21] Als Antwort auf den Regressionsschub, den Gewaltphantasien und -taten signalisieren, beginnen die beiden Helden, indem sie Hegel-Zitate austauschen, ein Gespräch über die Bestimmung des Menschen, das der Ich-Erzähler jedoch brüsk abbricht. Das folgende Selbstgespräch des Autor-Erzählers ist als ein innerer Dialog gestaltet, dessen kurze, sentenzartigen Sätze, Schlag auf Schlag wechseln und (aus der Perspektive des Autors gesehen) Zitate und Selbstzitate enthalten. Dieser enggeführte und assoziative Austausch wirkt wie eine zugespitzte Auseinandersetzung zwischen zwei *dramatis personae*. Der Autor beschränkt sich nicht auf eine immanente Kritik der 'Erlebnisgesellschaft', vielmehr trifft sein kritisches Urteil das System, das dieses Modell determiniert: die technische Zivilisation kapitalistischer Provenienz, wie sie die bundesrepublikanische Gesellschaft in entwickelter Form darstellt.

Das Zentrum des Selbstgesprächs bildet das Verhältnis zwischen Mensch und Natur, dessen Relevanz durch ein nicht markiertes Zitat aus Lessings bürgerlichem Trauerspiel *Emilia Galotti* angedeutet wird ('Wer über gewisse Dinge den Verstand nicht verliert, hat keinen zu verlieren. – Gewisse Dinge, ha ... das ist Erde, Acker, Schlamm', *WH* 82). Der historische Ort dieser Reflexionen ist die Situation nach dem gesellschaftlichen Umbruch in Ostdeutschland: durch die Schließung von Industriebetrieben, deren Emissionen umweltschädlich waren, hat sich die ökonomische Lage der Bevölkerung verschlechtert, der ökologische Zustand der Natur dagegen verbessert. Das Scheitern des Projektes einer sozialistischen Gesellschaft als Industriegesellschaft erhält insofern einen Sinn, als der Umbau der Industrieproduktion in Ostdeutschland zugleich als epochales Signal verstanden wird, das die Notwendigkeit einer ökologisch und sozialverträglich geprägten humanen Zivilisation evoziert – und deren Möglichkeit; denn am Schluss des Selbstgesprächs wird, vermittelt über dialektische Wortspiele, eine kritische und subversive Haltung suggeriert.

Eingerahmt wird dieser innere Dialog durch zwei Sequenzen, in denen der Ich-Erzähler sein Verhältnis zur Natur darstellt. Zu Anfang drückt er seine affektive Beziehung aus und imaginiert ein mimetisches Naturverhältnis ('Ich starre zärtlich auf das Feld', ebd.); am Ende beschwört er, gleichsam als Kontrapunkt zum instrumentellen Naturverhältnis, das den sozialistischen Aufbau kennzeichnete, eine Umkehr, eine Rückkehr zur Mimesis ('Halt inne, sag ich, nicht weiter. Wenn ich dir folgen soll, dummer Mensch. Geh auf das Feld. Die Dotterblumen. Die Quecken. Tritt sachte auf! Besinn dich!', *WH* 83). An dieser Schlußfolgerung wird deutlich, dass das Selbstgespräch aus der Perspektive des Autor-Erzählers die Funktion hat, der Frage nach der Bestimmung des Menschen eine neue Dimension zu geben, die über den eingangs durch die Hegel-Zitate skizzierten Horizont hinausgeht; damit macht er zugleich einen Vorschlag für die aktuelle Debatte über eine neue partizipative Identität, die strategisch als Gegensatz zur in der Asylantenheim-Episode skizzierten neo-nationalistischen Position fungiert. Die Vision bricht, vermittelt über eine dialektische Kritik der technischen Zivilisation, mit dem Hauptstrang der abendländischen Tradition, nämlich der Herrschaft der instrumentellen Vernunft und des selbstbezüglichen Individualismus. Sie beschwört eine Zivilisation, die auf einer Allianz zwischen Mensch und Natur beruht und als Gegenmodell zur 'Erlebnisgesellschaft' eine utopische Dimension imaginiert.

Die zivilisationskritische Wirkungsstrategie von Brauns Dialogerzählung ist auch Ergebnis einer Auseinandersetzung des Autors mit Hegel und so ideologiegeschichtlich verortet. In dem Gespräch über Schabers Bibliothek, deren größter Teil als Müll entsorgt werden soll, geht es in einer Parodie auf das Thema Abwicklung darum, die Klassiker der sozialistischen Theorie neu zu bewerten (*WH* 37-44). Dabei wird Lenin und Stalin die Schuld am Scheitern des Aufbaus einer sozialistischen Gesellschaft gegeben, Engels die falsche Weichenstellung bei der Entwicklung der Theorie der sozialistischen Gesellschaft zugeschrieben, während für Marx' Analyse der bürgerlich-kapitalistischen Gesellschaft eine neue Lektüre in Aussicht gestellt wird. Auch Luxemburg, Guevara und Dutschke werden positiv bewertet, wohl wegen ihrer Forderung nach Demokratie, jedoch in Bezug auf die aktuelle politisch-ideologische Situation als inopportun eingestuft. In diesem Kontext wird die Rückkehr zu Hegel propagiert, dem Theoretiker der bürgerlichen Gesellschaft. Und wenn der Erzähler und Schaber nach der Asylantenheim-Szene im Hellersdorf-Teil, in der Ausländerfeindlichkeit die Möglichkeit eines Rückfalls in die Barbarei evozieren, Hegel-Zitate austauschen, steht die Idee der bürgerlichen Gesellschaft erneut auf dem Prüfstand. Beunruhigt, ja verstört über die emotionale und kognitive Verunsicherung, die durch die Verwerfungen des ostdeutschen Umbruchs hervorgerufen wurden, suchen die beiden Helden nach einem politisch-ideologischen Projekt, das eine stabile normative Orientierung anzubieten hat.

Der Rückgriff auf Hegel gilt gewiss dessen Begriff der Allgemeinheit, an dem sich das bürgerliche Individuum orientiert, wenn es ein 'kommunales Leben' entwerfen will.[22] Allerdings ist der Erzähler mit dem Rekurs auf dieses Gesellschaftsmodell insofern nicht zufrieden, als die Vermittlung von Selbstverwirklichung und Allgemeinheit darin lediglich im gesellschaftlichen Bereich erörtert wird. Das Verhältnis des Menschen zur Natur findet in Hegels Konzeption der bürgerlichen Gesellschaft keine Berücksichtigung. Angesichts der Ausformung der modernen Gesellschaft als Industriegesellschaft glaubt Braun jedoch, auf die Dimension Natur nicht verzichten zu können; und mit Blick auf die technische Entwicklung und ihr zerstörerisches Potential plädiert er für ein nicht-instrumentelles Naturverhältnis – als unerlässliches Element zivilisatorischer Reflexion und als *conditio sine qua non* einer humanen Zivilisation.[23] Indem er die Natur als zentralen Bezugspunkt von Allgemeinheit begreift und dem Verhältnis zur Natur eine wichtige Rolle im historischen Prozess zuweist, enthüllt sich sein widersprüchliches Verhältnis zu Hegel: zum einen hält er an dessen Begriff der Allgemeinheit fest, zum anderen erweitert er seinen Inhalt beträchtlich. Damit aktualisiert Braun auch die Tradition der naturphilosophischen Vorstellungen des undogmatischen Marxismus, wie sie sich etwa in Blochs Konzept einer Allianz von Mensch und Natur zeigen,[24] und verbündet sich mit anderen modernen ökologischen Positionen.[25]

Hommage à Diderot oder Nach der Natur leben

Den Anspruch auf intellektuelle Radikalität und ästhetisches Raffinement, den Braun mit der *Wendehals*-Erzählung erhebt, signalisiert auch der Bezug auf Diderots Dialog *Rameaus Neffe*, der den gesamten Text fundiert und auf vielfältige Weise gestaltet wird.[26] Dass sowohl Cosentino wie auch Fiedler diese intertextuelle Dimension nicht berücksichtigen, ja nicht einmal erwähnen, überrascht, zumal sich das Spiel mit dem Prätext förmlich aufdrängt: Der narrative Eingang mündet in einen Dialog, dessen beide Gesprächspartner ICH und ER genannt werden; bei Diderot heißen sie Moi und Lui. Die Anfangsszenen finden jeweils an belebten Stellen von Paris bzw. Berlin statt, an denen der Zeitgeist sich manifestiert, im Café de la Régence in der Nähe des Palais Royal bzw. in der Fußgängerzone am Alexanderplatz. Bei der Gestaltung des Dialogs gibt es viele Referenzen, Entlehnungen von Themen und Konzepten, Übernahmen und Variationen von Motiven sowie Anklänge bei der Inszenierung von Raum und Zeit. Was den Aufbau der Erzählung und die Gestaltung des Gesprächs angeht, so gliedert Diderot diesen *tour d'horizon* in Episoden, die einander überlappen. Braun übernimmt diese kompositorische Struktur, verändert sie aber dadurch, dass er die Unterhaltung der beiden Helden auf zentrale Probleme konzentriert, die der gesellschaftliche Umbruch mit sich bringt. Er bettet die Gespräche in Situationen ein, in denen die neue Gesellschaft unmittelbar erfahren wird.

Darüber hinaus überformt er die pragmatische Ebene, die Unterhaltungen zwischen ER und ICH, durch eine Kommentarebene, indem er zwei Intermezzi einschiebt – die Schulze-Passage und die Acker-Episode –, in denen der Umbruch von 1989 sowie das neue Gesellschaftssystem aus der Autorperspektive problematisiert werden. Wirkungsästhetisch unterscheidet sich *Der Wendehals* von *Rameaus Neffe* vor allem darin, dass und wie die Figur des Titelhelden umgestaltet wird: Während die Gestalt des Lui-Rameau sich nicht verändert, akzentuiert Braun gerade die Wandlung seines zeitgenössischen Pendants (dies gilt potenziell auch für den Ich-Erzähler im Gegensatz zu Moi-Diderot) und hebt damit die Veränderbarkeit der Person und der bestehenden Verhältnisse hervor.[27] Entsprechend der zivilisationskritischen Strategie beschwört der Autor die Möglichkeit des ökologischen Umbaus der technischen Zivilisation und deutet dessen psychische und soziale Implikationen an. Indem er die Vorgangs- und Denkfigur der 'Wende' (auf verschiedenen Ebenen) als strukturierendes Prinzip verwendet, wirkt die *Wendehals*-Erzählung wegen ihrer monothematischen Konstruktion wie ein fugierter Text.

Durch den demonstrativen Rekurs auf Diderots satirischen Dialogroman, der im vorrevolutionären Paris spielt, unterstreicht der Autor den zeitdiagnostischen Anspruch seiner Erzählung: Lässt der Aufklärer Diderot Moi und Lui die gesellschaftlichen Widersprüche vor dem Hintergrund des Epochenumbruchs von der feudalen zur bürgerlichen Gesellschaft erörtern, so der Aufklärer Braun ICH und ER die Widersprüche der Erlebnisgesellschaft vor dem Hintergrund der möglichen Weiterentwicklung der kapitalistisch strukturierten technischen Zivilisation zu einer humanen, umwelt- und sozialverträglichen Zivilisation. Diese Erörterung ist Teil der Suche nach einer neuen persönlichen und sozialen Identität, die die Expedition durch die neuen Verhältnisse in Ostdeutschland motiviert, einer Suche, die zivilisationskritisch fundiert ist. Wenn es dabei auch um die Reflexion einer neuen Moral geht, so gilt es vor allem, den Widerspruch zwischen Einzel- und Allgemeininteresse zu lösen. Dies schließt das Problem ein, wie das Individuum motiviert werden kann, gegen eigene Bedürfnisse und Interessen zu handeln oder, genauer gesagt, sie zu begrenzen.

Dass ein Rekurs auf Diderots Werk helfen kann, Brauns Text zu erhellen, das mag durch einen Hinweis auf eine zentrale Denkfigur des französischen Aufklärers deutlich werden. Dabei beziehe ich mich zunächst auf eine Interpretation von Peter Bürger, für den die zentrale Fragestellung von *Rameaus Neffe* darin besteht, 'ob es eine vernünftige, den Interessen der Handelnden nicht widerstreitende Begründung moralischen Verhaltens gibt'.[28] So führen Lui-Rameau und Moi-Diderot nicht nur kontroverse Diskussionen über das Genie (Schaffung materieller Werte und Wirkung in der Gegenwart versus Schaffung ideeller Werte und Wirkung auch in der Zukunft) und das Glück des Menschen (unbeschränkte Entfaltung physischer Bedürfnisse versus reflektierte Entfaltung physischer und moralischer Bedürfnisse), sondern vertreten auch in Fragen der menschlichen Natur und der Erziehung gegensätzliche Positionen (unmittelbare Befriedigung der eigenen Bedürfnisse ohne jede Rücksichtnahme auf andere und totale Anpassung an das herrschende System versus Berücksichtigung von Interessen der anderen und bedingte Anpassung). Da Lui-Rameau die schlechte Gegenwart bejahe und sich gegen deren Kritik sperre, erübrige sich eine Fortsetzung der Diskussion mit Moi-Diderot.

Bei der Darstellung des Lösungsversuchs, den Diderot macht, geht Bürger von dessen Unterscheidung zwischen 'künstlerischer sensibilité und moralischer insensibilité' (63) aus. Auf die Frage von Moi-Diderot, 'wie es zu [seiner] moralischen insensibilité gekommen' sei und 'warum er trotz seiner Musikalität noch kein Werk geschaffen' habe, verweise Rameau zum einen auf einen physiologischen Determinismus, zum anderen auf den Einfluss der bestehenden gesellschaftlichen Verhältnisse. In dieser materialistischen Deutung des Verhältnisses zwischen Individuum und Gesellschaft sieht Bürger Diderots Lösung:

> Seine [Diderots] Hoffnung geht dabei wohl dahin, die Notwendigkeit moralischen Handelns möchte sich ex negativo ergeben. Wenn diese Deutung zutrifft, dann wäre in dem Dialog der Versuch zu sehen, die Notwendigkeit moralischen Verhaltens in dem Entsetzen vor den Folgen eines konsequenten Amoralismus zu begründen. (66)

Einerseits ist die nachhaltige Wirkung von Diderots Denkfigur der Negativdidaxe in Brauns *Wendehals*-Dialog leicht zu erkennen, und zwar in der dialektischen Kritik am Konsum, wie er in der 'Erlebnisgesellschaft' praktiziert wird. Andererseits greift ihre Wirkung insofern nicht mehr, als sowohl ER wie auch ICH (im Unterschied zu Lui und Moi) sich verändern. Der von Braun vorgenommene Eingriff lässt sich auch als Reminiszenz an Diderots 'Nachtrag zu Bougainvilles Reise' lesen: Wenn es gegen Ende des Dialogs zwischen A und B darum geht, den Widerspruch zwischen dem natürlichen und dem moralischen Menschen aufzulösen, so gelingt es den beiden Diskutanten, den Gegensatz durch eine Konstruktion zu überbrücken, die eine soziale Reformdiskussion mit moralischer Strenge vermittelt. Zum einen komme es darauf an, 'unsinnige [die menschliche Natur unterdrückende] Gesetze' zu kritisieren und zu reformieren, zum anderen darauf, die Gesetze bis zu ihrer Novellierung einzuhalten.[29] Denkt man diese Doppelstrategie als Implikation, so erweisen sich die menschliche Natur und die handlungsleitende Orientierung an ihr als Fluchtpunkt der gesellschaftlichen und zivilisatorischen Entwicklung, als deren regulative Idee. Der Prozess der Zivilisation wäre letztlich an die Naturgeschichte gekoppelt, ja in die Evolution der Natur eingebettet.

Die Art und Weise, wie Braun seine zivilisationskritische Wirkungsintention in *Der Wendehals oder Trotzdestonichts* zuspitzt und dabei einen hohen literarischen Anspruch verwirklicht, gibt dem Werk seinem Rang. Insgesamt zeugen die Texte, die der Autor seit dem Herbst 1989 veröffentlicht hat, von einer intensiven Auseinandersetzung mit dem gesellschaftlichen Umbruch; Stichworte: Systemwechsel, psychische und soziale Folgen, Identitätskrise, Utopieverlust, Zivilisationskrise sowie Revision der Autorrolle. Indem Braun die zeitgenössische Gesellschaft unter zivilisationskritischem Aspekt darstellt, hält er an der Schreibstrategie fest, die seine Texte seit Mitte der 70er Jahre kennzeichnet. Damals kommt es insofern zu einer thematischen Verschiebung, als die Sozialismuskritik durch Zivilisationskritik abgelöst wird (Revision der Prometheus-Figur u.a.). War für Brecht der Kampf gegen den Faschismus das Kraftzentrum seiner poetischen Produktion, so wird es für Braun nun der Kampf gegen die technische Zivilisation, die durch Herrschaft über die äußere und die innere Natur sowie von Menschen über Menschen charakterisiert ist. Da der reale Sozialismus keine Lösungen für die ökologische Frage anbietet, ebenso wenig für das Problem der kulturellen und politischen Freiheit, erscheint und gilt er als obsolet (vgl. vor allem *Bodenloser Satz*). Diese zivilisationskritische Thematisierung der Gesellschaft und Geschichte bestimmt auch die Texte, mit denen Braun nach den Zusammenbruch des realen Sozialismus auf die entwickelte technische Zivilisation mit ihrer 'naturwüchsigen' und forcierten Dynamik reagiert (vgl. *Iphigenie in Freiheit, Böhmen am Meer*). Diese Schreibstrategie gilt gleichermaßen für den Prosaband *Das Wirklichgewollte* (2000), zumal für die Erzählung 'Was kommt?'. Darin wird die Gegenwart unter dem Aspekt der Globalisierung betrachtet und die Gattungsgeschichte als Teil der Evolution der Natur.[30] Dass die Art und Weise, wie die Menschen mit der Natur, mit sich selbst sowie mit ihresgleichen umgehen, radikal anders gedacht und entsprechend geändert werden kann (Motto: von Grund auf anders), dazu rufen Brauns Texte auf. Dem Autor geht es darum, mit seinen Lesern Möglichkeiten des Daseins zu erkunden und den Möglichkeitssinn zu entwickeln.[31]

Anmerkungen

[1] Volker Braun, *Der Wendehals oder Trotzdestonichts*, in: *Der Wendehals. Eine Unterhaltung,* Suhrkamp: Frankfurt/M., 1995. Im folgenden zitiert als *WH* und Seitenzahl. Die Taschenbuchausgabe (*Trotzdestonichts*, Suhrkamp: Franfurt/M., 2000) enthält neben den Anekdoten 'Die Fußgängerzone' auch die Erzählung 'Das Nichtgelebte', sodass die *Wendehals*-Erzählung den Mittelteil eines Triptychons bildet.

[2] Frank Schirrmacher, '"Dem Druck des härteren, strengeren Lebens standhalten". Auch eine Studie über den autoritären Charakter: Christa Wolfs Aufsätze, Reden und ihre jüngste Erzählung *Was bleibt*', *Frankfurter Allgemeine Zeitung*, 2.6.1990; ders., 'Abschied von der Literatur der Bundesrepublik. Neue Pässe, neue Identitäten, neue Lebensläufe: über die Kündigung einiger Mythen des westdeutschen Bewußtseins', *Frankfurter Allgemeine Zeitung*, 2.10.1990. – Zum sogenannten deutschen Literaturstreit vgl. Karl Deiritz und Hannes Krauss (Hg.), *Der deutsch-deutsche Literaturstreit oder 'Freunde, es spricht sich schlecht mit gebundener Zunge'. Analysen und Materialien*, Luchterhand: Hamburg; Zürich, 1991; Thomas Anz (Hg.), *'Es geht nicht um Christa Wolf'. Der Literaturstreit im vereinten Deutschland*, erweiterte Neuausgabe, Fischer: Frankfurt/M., 1995.

[3] Uwe Wittstock, *Leselust. Wie unterhaltsam ist die neue deutsche Literatur?* Luchterhand: München, 1995.

[4] Inzwischen spricht man in diesem Zusammenhang rückblickend von 'Scheinblüte', so Rainer Moritz in *Literaturen*, (2003) 1/2, 77.

[5] Thomas Steinfeld (Hg.), *Das Phänomen Houellebecq*, DuMont: Köln, 2001.

[6] Zur Situation der deutschen Gegenwartsliteratur vgl. die Beiträge in: Andrea Köhler, Rainer Moritz (Hg.), *Maulhelden und Königskinder*, Reclam: Leipzig, 1998; zur ostdeutschen Literatur vgl. die umfassende Darstellung der Wendezeit in: Wolfgang Emmerich, *Kleine Literaturgeschichte der DDR*, erweiterte Neuausgabe, Kiepenheuer: Leipzig, 1996, 435-525 sowie *DDR-Literatur der neunziger Jahre, Text und Kritik. Sonderband*, edition text + kritik: München, 2000.

[7] Beatrix Langner, 'Salto postmortale. Sechzehn Thesen über die verspäteten Klassiker der DDR-Literatur: Christa Wolf und Volker Braun', in: *DDR-Literatur der neunziger Jahre*, 48-61.

[8] Alle genannten Texte zugänglich in: Volker Braun, *Texte in zeitlicher Folge*, Band 10, Mitteldeutscher Verlag: Halle, 1993, außer: *Die Zickzackbrücke*, Mitteldeutscher Verlag: Halle, 1992.

[9] Volker Braun, *Bodenloser Satz*, Suhrkamp: Frankfurt/M., 1990.

[10] Volker Braun, *Das Wirklichgewollte*, Suhrkamp: Frankfurt/M., 2000.

[11] Vgl. die Abschnitte zu Brauns *Wendehals* in folgenden Standardwerken zur (ost)deutschen Gegenwartsliteratur: Emmerich, 503; Verena Kirchner, Heinz-Peter Preußer, 'Volker Braun', in: *Kritisches Lexikon der deutschsprachigen Gegenwartsliteratur (KLG)*, hg. v. Heinz Ludwig Arnold (edition text + kritik: München, 1998), 59. Nlg. [Stand 1.4.1998], 2001, 17-18.

[12] Im Unterschied zur kollektiven Identität markiert der Begriff der partizipativen Identität eine bei aller Teilhabe vorhandene Differenz zur Kollektivität; vgl. Alois Hahn, '"Partizipative Identitäten"', in: Herfried Münkler (Hg.), *Furcht und Faszination. Facetten der Fremdheit*, Akademie Verlag: Berlin, 1997, 115-158, hier 115-118.

[13] Theodore Fiedler, 'Trauma, Mourning, Laughter. Volker Braun's Response to the Wende', *Colloquia Germanica*, 30 (1997) 4, 335-347.

[14] Christine Cosentino, 'Ostdeutsche Autoren Mitte der neunziger Jahre: Volker Braun, Brigitte Burmeister und Reinhard Jirgl', *The Germanic Review*, 71 (1996) 3, 177-194.

[15] Christa Wolf, 'Sprache der Wende. Rede auf dem Alexanderplatz', in: dies.: *Reden im Herbst*, Aufbau: Berlin; Weimar, 1990, 120.

[16] 'Rimbaud. Ein Psalm der Aktualität', *Texte in zeitlicher Folge*, Band 8, 1992, 7-42. – Vgl. Wilfried Grauert, *Ästhetische Modernisierung bei Volker Braun. Studien zu Texten aus den achtziger Jahren*, Königshausen & Neumann: Würzburg, 1995, darin den Abschnitt 'Abschied von der Präzeptorrolle' (194-206) sowie die 'Schlussbetrachtung' (207-222).

[17] Cosentino, 182.

[18] Fiedler, 344.

[19] Gerhard Schulze, *Die Erlebnisgesellschaft. Kultursoziologie der Gegenwart*, Campus: Frankfurt/M.; New York, 1992.

[20] Alle Zitate stammen aus dem 9. Kapitel 'Der Erlebnismarkt', in: Schulze, 417-457.

[21] An dieser Stelle kommt es zur einzigen autoritären Intervention des Erzählers gegen Schaber, als dieser einen Stein auf Asylbewerber werfen will (*WH* 76-77).

[22] Den Begriff 'kommunales Leben' übernehme ich von Michael Theunissen, *Selbstverwirklichung und Allgemeinheit. Zur Kritik des gegenwärtigen Bewußtseins*, de Gruyter: Berlin; New York, 1982, 42; im Folgenden in Anlehnung an diese Studie.

– Vgl. dazu Hegels These, dass es 'die Bestimmung der Individuen ist, ein allgemeines Leben zu leben' (in: *Grundlagen der Philosophie des Rechts* [1820], § 258).

[23] Meine Betonung des gesellschaftlichen bzw. zivilisatorischen Bezugs steht im Gegensatz zu Beatrix Langner, die auch die *Wendehals*-Erzählung in eine Entwicklung von Brauns Schreibstrategie stellt, die zu 'modellhafte[r] Abstraktion über den Mythos' führe (Langner, 34).

[24] Vgl. die folgende Erläuterung von Theunissen: 'So wie das kommunale Leben mit Natur zu tun hat, als Befreiung der Natur in uns, so gehört umgekehrt die Natur außer uns zu einem der Allgemeinheit sich öffnenden kommunalen Leben, im selben Maße jedenfalls, wie der Umgang mit ihr, in praktischer Umsetzung der konkreten Utopie von Bloch bis Marcuse, darauf aus ist, in ihr den Partner wiederzufinden, den ihre Degradierung zum Objekt von Herrschaft verdrängte' (Theunissen, 46-47).

[25] Eine Übersicht über die zeitgenössische Diskussion aus erziehungswissenschaftlicher Sicht gibt Rolf Jucker, *Our Common Illiteracy. Education as if the Earth and People Mattered*, Peter Lang: Frankfurt/M., 2002. Zum neuen Diskurs um Natur vgl. auch Gernot Böhme, *Die Natur vor uns. Naturphilosophie in pragmatischer Hinsicht*, Die Graue Edition: Zug, 2002.

[26] Dass und wie sehr Braun mit Diderot vertraut ist, demonstriert Isabella von Treskow, *Französische Aufklärung und sozialistische Wirklichkeit. Denis Diderot Jacques le fataliste als Modell für Volker Brauns* Hinze-Kunze-Roman, Königshausen & Neumann: Würzburg, 1996.

[27] Die Vorstellung der ständigen Veränderung als Prinzip der Materie steht im Mittelpunkt von Diderots Dialogfolge 'd'Alemberts Traum'; vgl. Ralph-Rainer Wuthenow, *Diderot zur Einführung*, Junius: Hamburg, 1994, 145-160.

[28] Peter Bürger, 'Moral und Gesellschaft bei Diderot und Sade', in: ders., *Aktualität und Geschichtlichkeit. Studien zum gesellschaftlichen Funktionswandel der Literatur*, Suhrkamp: Frankfurt/M., 1977, 48-80, bes. 55-66; Zitat: 60.

[29] Denis Diderot, 'Nachtrag zu Bougainvilles Reise', in: ders., *Das erzählerische Werk*, Bd. 4, [1978/79], Aufbau: Berlin, 1995, 275-339, hier: 338.

[30] 'Was kommt?', in: *Das Wirklichgewollte*, 43-55, hier: 53-54; vgl. auch Brauns Vortrag '"Dem Geyer gleich." Goethe und Kafka in der Natur', *Goethe-Jahrbuch*, 116 (1999), 158-167.

[31] Siehe Volker Braun, *Die Verhältnisse zerbrechen. Rede zur Verleihung des Georg-Büchner-Preises 2000*, Suhrkamp: Frankfurt/M., 2000; vgl. dazu Wilfried Grauert:

'Houellebecqs Ekel und Brauns Neugier. Positionen literarischer Zivilisationskritik', *neue deutsche literatur*, 50 (2002) 1, Heft No. 541, 64-77.

Anna Chiarloni

Das Wirklichgewollte. Eine Interpretation

In the three short, dense stories of *Das Wirklichgewollte*, Braun illustrates how radical the split between generations really is today. This essay deals primarily with the first story, which is analysed through the perspectives of the various characters. Braun depicts the contradictions in extreme starkness in order to make clear that social peace and stability is unachievable without equality.

> Ich finde eine unaufhörliche Ungleichheit in der Gesellschaft, in der Menschennatur eine entsetzliche Geduld. (Volker Braun)[1]

1.

Lange nach der Wende hat man Volker Braun als authentischen Dichter des untergehenden Sozialismus bezeichnet. War es eine ungewollte Beschränkung? Es ist frappierend zu beobachten, wie man ihn noch 1992, als seine *Iphigenie in Freiheit* erschien, die mit Orest die wohlbekannte westliche Sprache der Treuhand sprach, in Deutschland als einen Schriftsteller beschrieben hat, der sich dem westlichen Leser sperre.[2] Man warf ihm vor, die DDR-Werte verinnerlicht zu haben, am Sozialismus, am Arbeiter, am Wir festzuhalten. Von Idealen und Utopien nicht abzulassen. Auf seine andere, verschwundene Welt zu pochen. Abgesehen davon, daß aus meiner italienischen Perspektive jene gesellschaftlichen Werte nicht so obsolet scheinen – obwohl unsere aktuelle Regierung geneigt ist, sie auszuradieren –, könnte man denken, daß solche einschränkenden Bemerkungen Braun nützlich gewesen sind. Daß sie ihm den Anstoß gegeben haben, nach neuen Wegen zu suchen, den Blick ins Ausland zu werfen und sich mit Ereignissen zu beschäftigen, die nicht direkt das vereinigte Deutschland betreffen. In der Tat evoziert *Das Wirklichgewollte* breitere Horizonte.[3] Durch die drei Geschichten entdeckt der Leser eine grenzüberschreitende Zeitgenossenschaft, die sich um den Globus spannt, wenn auch einige Rezensenten, vom bekannten Pawlov-Reflex geleitet, weiter in seinem Werk den innerdeutschen Konflikt erfassen wollen.[4]

Es handelt sich um einen schmalen Band mit drei kurzen Erzählungen, die das große Thema der weltweiten Jetztzeit, das der Völkerwanderung, behandeln. Verteilt auf drei Länder – Italien, Russland und Brasilien – wirkt die Sammlung wie ein Schauplatz des *hic et ubique*. Man kommt bei diesem Buch schnell in ein politisches, umfassendes Räsonieren. Was in diesen Texten passiert, verweist auf Europa und auf Brasilien, implizit aber auch auf ein geographisches Anderswo, auf Fragen, die ein globales Nachdenken hervorrufen. Andererseits aber wird der Ort der jeweiligen Handlung mit Genauigkeit präsentiert. In einer lakonischen, makellosen Sprache findet jeder Raum seine eigene Geschichte, weist auch auf Ungleichzeitigkeiten hin, die präzis dargestellt werden und den Kontext knapp aber mächtig differenzieren.

Ich werde mich mit der ersten Erzählung befassen, die sich in Italien abspielt und den Buchtitel trägt. Worum geht es in diesen knappen dreizehn Seiten? Zwei hungrige Albaner – ein Mädchen und ein junger Mann – brechen in ein Landhaus ein. Statt die Polizei zu rufen, gelingt es Giorgio Badini, dem alten Besitzer, ein Gespräch einzuleiten. Beide Flüchtlinge werden beherbergt, gewaschen, ernährt. Trotzdem wird der Gastgeber am Ende vom Flüchtling mit einem Messerstich verletzt. Der Text schließt mit einer Frage des blutenden Badini, die ohne Antwort bleibt: 'Was wollen sie?'

Diese Geschichte dreht sich wie ein schrecklich schwerer Stein einen steilen Abhang hinunter. Erledigt wird jener Traum der Gastfreundschaft, der anfangs gelungen scheint. Das Landhaus wird zum Schlachthaus der Illusionen und der Leser steht vor den Scherben eines Versuchs, den Nächsten zu verstehen, ihm zu helfen. Basierte Badinis Versuch auf einem tief sitzenden Mißverständnis? Wir werden sehen.

Zu dieser Erzählung schafft der Autor einen idyllischen Rahmen. Das alte Ehepaar Badini wandert abends durch einen Olivenhain. Dem Leser wird ein genußreicher Blick auf die *campagna romana* angeboten: gemächliche Menschen im milden Dämmerlicht, die windbehangenen Hügel, der volle Mond zart an den Himmel genagelt. Wie oft bei Braun hat der Raum eine Historie und die Landschaft wird in den folgenden Seiten mit sozialpolitischen Elementen vermählt. Die Geschichte des Landguts wird zum Schauplatz einer Familien- und Klassengeschichte, die sich als genaues Porträt von Giorgio Badini konstituiert. Wir stehen vor einer Familien-Szenerie, die im Nachkriegs-Italien nicht unüblich war: Als Sohn eines Maurers hat Badini studiert und ist Professor in Rom geworden. Von der Hütte zur Stadtwohnung, von der Karre zum Automobil also. Nun bezieht er Rente und genießt das Leben in seinem erkauften Paradies an der Seite seiner Frau Lucia. Badinis Aufstieg stellt Entwicklung, Sinn, Fortschritt dar. Doch wird dieser Figur eine vielschichtige Rolle zugeteilt. Anfangs tritt Badini auf wie der Held eines Märchens. Als das Ehepaar vom Ausflug zurückkommt und die Küche von den zwei schmutzigen,

frechen Eindringlingen besetzt findet, stöhnt Lucia fauchend auf, während
der Gelehrte, ehrwürdig und vertrauensvoll wie eine Patriarchenfigur, der
bedrohlichen Lage Herr wird.

> Und vollkommen ruhig zog er die Aneinanderhaftenden, die Messer ergriffen
> hatten, auseinander, sonderte ein Mädchen und einen Jungen, die sich, an seiner
> Hand, sofort still hielten; und in der großen Gefahr, in der sie alle waren,
> standen sie wie zur Andacht gezwungen, minutenlang starr. Durch das Türloch
> floß die warme Nacht. (10)

Im zwielichtigen Präteritum entsteht ein kleines *Notturno*, das zauberhaft
die Zeit aufhebt und eine träumerische Entfremdung, eine Entstellung der
Welt ins Sonderbare schafft. In der Mitte eine männliche, quasi franziska-
nische, milde Figur, von den jungen Leuten umschlossen, daneben steht
die Frau. Wenn man aber in den Text genau hineinhört, dann spürt der
Leser, daß dieses zarte Bild etwas Zweideutiges enthält:

> Die alte Badini sah ihren kaltblütigen Gemahl unentwegt lächeln, er hielt die
> fremden Tatzen wie einen Fund, den er nicht loslassen durfte, die eine warme
> und die andere eiskalte, des Mädchens, und eine sonderbare Zufriedenheit
> durchzog ihn, für die er keinen Grund hätte angeben können. (10)

Sonderbare Zufriedenheit? Die Erscheinung des Fremden mag auf Badinis
Einbildungskraft gewirkt haben, oder ist sonst irgendein physischer
Einfluß im Spiel? Brauns Sprache läßt etwas erraten. Das Wort 'Tatzen'
weist auf eine Charakteristik der Albaner hin, auf eine Triebnatur, die sich
durch den ganzen Text wie ein Kontinuum zieht. In Badinis Wahrnehmung hat das junge Paar etwas Kreatürliches, wenn nicht Tierisches.
Später werden die Albaner von ihm 'Unmenschen' genannt. Ihr junges
Blut hat etwas von Freiwild. Etwas, das man fangen kann? Weil es eben
wie ein 'Fund' herren- und geschichtslos ist? Es sei hier zwischendurch
bemerkt, daß auch der alte Borges vom dritten Erzählstück seinen 'Fang'
– den kleinen auf der Straße Brasiliens gefundenen Dreckskerl – nicht
mehr loslassen will (45). Beide alten Männer werden von der wilden
Ursprünglichkeit der Jugend angesogen. Beide werden von ihren Krallen
verwundet. Für Badini sind die jungen Albaner zwei 'Vögel' (11), die
gleich wieder auffliegen könnten, sie stellen ein stummes, instinktives
Leben dar. Ihr brauender, schwarzer Zigeunerblick spricht von einer
unbekannten Ferne. Das alte Ehepaar vertritt dagegen die Seßhaftigkeit
einer satten abendländischen Welt, die abgelebte, teilweise sterile
Elemente in sich trägt. Dieser Aspekt wird von Braun besonders durch
Badinis Figur fein ziseliert.

Der Maurersohn hat sich früher mit der *rivoluzione* beschäftigt, aber
das Thema ist 'ihm abhanden gekommen, denn sie hatte stattgefunden, wo

man sie nicht machte' (12).[5] Daher hat Badini 'das Interesse an Zeitaltern
verloren', er genießt 'seinen Opportunismus' und übersetzt alte Schriften.
Der Akademiker lebt also im Staub alter Bücher, in einer Zeit, die tonlos
tickt. Seine lange vorwärtsstrebenden Einsichten sind irgendwo stecken-
geblieben und trotz seiner 'überschüssigen, ungebrauchten Kraft' (13)
scheint er verkarstet in einer abgelebten Ordnung zu sein, die etwa an
Figuren wie die von Aschenbach erinnert. Daher spürt er plötzlich eine
'rohe Freude' angesichts dieser Flüchtlinge (16). Sie haben etwas
Ursprüngliches, wie aus der Erde Gewachsenes. Es sind Wandermenschen
mit staubigem Fuß, sind ihm Berg und Tal. Vielleicht auch *res nullius*?
Bemerkenswert, wie Braun mit der Sprache arbeitet. Schon das Wort
'Opportunismus' ist bezeichnend, es kommt von *ob portus*, wörtlich *zur
Fahrt bequem*. Badini ist also jemand, der sich innerlich aus Nützlich-
keitserwägungen schnell der Lage anpaßt und sie zu genießen weiß. Dabei
bringt aber das Wort auch einen marxistischen Nachgeschmack mit sich,
der mit einem Begriff von *Sonderung* assoziiert wird.[6] Und hat nicht
Badini anfangs das Paar gesondert? Eine Geste, die sich später mit
anderen Folgen wiederholt.

     Interessant ist auch zu bemerken, wie der Autor durch winzige
Details in Gesten und Gebärden eine gewisse spießige, monotone
Sparsamkeit der alten Leute abzeichnet. Das wirkt besonders treffend. Wie
Badini zum Beispiel, der gerne jeden Morgen 'hundert Schritte' läuft, um
seine Habe zu besichtigen, vom Baum schlechte Pflaumen pickt – die
guten werden ja von der lieben Frau eingeweckt und im Kühlschrank
aufbewahrt:

> Er war untätig, aber nicht unbeschäftigt, und ging nicht hinaus, ohne Äpfel
> aufzusammeln oder schlechte Pflaumen vom Baum zu lesen und gewissenhaft
> in den Mund zu stecken.[7] So wenig er für sie tat, so wenig geizte die Natur. Es
> war das Paradies. Er war im Stande der Unschuld: er hatte nicht gearbeitet hier.
> Er hatte sich nicht an ihr vergriffen. (15)

Ist Badini ein milder Parasit, im etymologischen Sinn ein *Tischgenosse*
der Natur? Das wäre zu scharf formuliert. Aufgabe des Gelehrten ist wohl,
ab und zu 'die Vögel zu verscheuchen' (15). Aber er ist ein Mann, der
eine kultivierte Wohlstandsbeschäftigung betreibt, die keinerlei soziale
Spannung mehr enthält. Jemand, der beschränkt lebt und mit der 'Wollust
seiner Lage' (15) vor der Scham der armen Flüchtlinge gerne prahlt. Der
phantasiert, ob er nicht diese seine Beute als Hauspersonal für seinen
'Palast' (14) mit Turm und Terrasse verwenden könnte.

     Im Vergleich mit den derben Albanern scheint Badini andere
Waffen in der Hand zu haben: Erfahrung, elegante Selbstbeherrschung,

Kultur. Dies wenigstens ist der Vorteil seiner Jahre, daß er sich seiner Meisterschaft jeden Augenblick in Gelassenheit sicher fühlt. Doch etwas bleibt anfangs verborgen: seine lederne Hand kennt auch etwas Wildes, Regelloses. Im Umgang mit den jungen, nackten 'Unmenschen' bewegt sich sein Blut. Zuerst, als ihm die junge Frau nackt erscheint, reagiert der Alte in der Form einer Selbstzensur: '… und an dem Weib durfte man sich nicht vergreifen'(14). Aber ein Zug seines Innern, ihm ist noch nicht deutlich, wohin, beunruhigt Badini. Später gelingt es ihm, das junge Paar zu sondern: während eines gemeinsamen Ausflugs nimmt er das Mädchen bei der Hand, führt es auf die Wiesen hinaus. Braun verwendet hier ein ganzes Register von Sinnesalphabeten und in der gleitenden Gestik, in der Skala von Halbtönen und in der darauf folgenden Leerstelle erkennt man seine Größe. Allein mit dem Mädchen – rutscht Badini, der kinderlose Mann, allmählich von einem selbstbetrügerischen väterlichen Gefühl, das nach leiblicher Berührung verlangt, in eine erotische Neigung. Und das dürre Scheit gerät in Flammen:

> Der Alte hatte indessen sein Zieh-Kind hinter einige Böschungen gebracht, wo er außer Atem innehielt und sich mit einem Ärmel übers Gesicht fuhr, und mit dem anderen Ärmel über das Gesicht des Weibes. Er tat das sachlich, wie ein Maurer über eine Fuge wischt. Die Person ließ es soweit zu. Giorgio, vor ihr im Wege stehend, sog ihren Atem ein und betrachtete, die Fingerkuppen zuhilfe nehmend, das Gesicht, das Kinn des Gewächses. Man stand ganz nah aber bedeckt von der Nachhut, deren Nähe die Sinne wunderbar süßte. Er drückte die Zungenspitze wählerisch zwischen seine Lippen. Dann faßte er Luisa an den Schulterblättern und strich an den glatten, heißen Armen entlang, und Luisa fragte: Was wollen Sie? (18)

Im Text fällt diese Frage zum zweiten Mal und stellt damit einen ambivalenten Parallelismus her. Es war Lucia, die anfangs dieselbe Frage an die Eindringlinge gestellt hatte. Und immer wieder fällt diese Frage im Kontext einer extremen Konfrontation. Soll das heißen, daß *Das Wirklichgewollte* eine Konstellation menschlicher Triebe bezeichnet? Oder gar die ganze Spanne?

Ich lasse die Frage offen und versuche nun die Handlung aus der Perspektive von Badinis Frau zu betrachten.

2.

Auch Lucia hat ein doppeltes Profil. Zuerst erscheint sie neben ihrem 'kaltblütigen Gemahl' als ängstlich stöhnende Alte. Später erlebt sie der Leser als eine ordentliche, saubere Hausfrau, die Marmelade kocht und die Lebenszeit unterhält. Das Frotteetuch in der Hand, zwingt sie ungeduldig die schmutzigen Flüchtlinge zur Waschung, aber draußen am Brunnen, um das Bad zu schonen.[8] Für sie sind die Albaner 'Einbrecher', daher reizt sie ihren Mann: 'Polizia, Polizia', damit Badini sie meldet (15). Trotzdem federt etwas in ihrem verfilzten Herzen, auch sie spürt die sinnliche Anziehungskraft, die vom fremden Paar ausgeht. In gedämpfter Art signalisiert auch Lucia eine gewisse Kontinuität zwischen mütterlichen und erotischen Empfindungen. Diese Frau hätte Kinder mit ihrer Milch aufziehen können. Ja: hätte, da sie keine Kinder geboren hat. Und nun trocknet sie versteinert in ihrem alten Mädchenkleid aus, das sie auf dem Land abträgt. Ganz? Mit Gjergj, dem jungen Albaner, versucht sie beim Spaziergang kleine, beinahe pflanzliche Bewegungen, wagt von hinter seinem Rücken her eine halbe Umhalsung. Aber sie fühlt seine frechen 'schwarzen Lupen' auf ihren Altersflecken:

> Ihre Hand lag auf seiner jungen Haut auf der Folter. [...] Zu welchem Terror war ein junger Geliebter fähig. Was hätte sie gegeben, über das Schulterblatt zu streichen. (17)

Man kann Gustav Seibt zustimmen: Brauns Poesie nimmt das Dasein des Menschen in dem Schmerz und der Lust der Körper wahr.[9]

Zwei Paare, die sich kreuzen: ein wohl bekanntes Muster, doch bleibt jede mögliche Wahlverwandtschaft in diesem Text ausgeschlossen. Noch mehr. Die erotische Szene des jungen Paares in der *Capanna* betont den schiefen Bruch zwischen den Generationen, sie wirkt wie das Hohngelächter biologischer Reproduktion. Badini weiß, daß jenes Glück ihm nicht mehr zugedacht sein kann. Dieses Gefühl erzeugt 'Haß', wirkt unterschwellig wie eine Besessenheit, die sein gewalktes Herz durchdringt. Die Sequenz der Vorgänge verdeutlicht, was Braun zeigen will.

Abends hockt das Ehepaar Badini wieder zusammen, Seite an Seite auf der Erde, im Zirpen der mediterranen Landschaft. Nun neigt die Erzählung zum Philosophischen. Es schwebt eine gewisse *Sommerstück*-Stimmung in diesem Gespräch über Leben und Tod.[10] Hier gewinnt Lucia die Funktion einer Figur, die über 'die Wahrheit' spricht. Damit wird ihr eine gehobene, existentialistische Rolle zugeteilt. Psychologisch gesprochen wirkt diese Veränderung etwas unerwartet, sie dient aber dazu, das Profil eines alternden Ehepaares tiefer zu differenzieren. Im Abendgespräch tauschen die beiden den Atem, die bloßen Seelen, Philemon und Baucis moderner Art. Es ist aber die Frau, die das Vorgefühl einer unerbittlichen Auflösung früher als der Mann spürt. Lucia fühlt an ihrem Körper den Übergriff der Zeit, die Dämmerungsschere, die beide mitnehmen wird. 'Daß es zuende geht' will aber Badini nicht hören (22). Sie dagegen möchte den Mann die Mühe lehren, seine Alterssinnlichkeit zu beschneiden: 'Du stinkst und stirbst'. Und ihm beben die Sinne, ihm wird die Lebenszeit zu kurz, ihm springt das Herz in der Brust: 'Er würgte sie, in dem Wutanfall, und legte sich auf sie wie ein Stein; den sie mit ihren Wurzeln umfaßte.' (22) Weist der dumpf alliterierende Satz auf die implizite Gewalt einer vergreisten, erstarrenden Gesellschaft hin, in der seit Jahren junge Flüchtlinge aus Ost-Europa landen? Wenn das Paar der Kern einer Gesellschaft ist, dann kann man wohl die Badinis als Spätzeit-Symptome der westlichen Welt betrachten.

In *Das Wirklichgewollte* ist Italien als Ort einer Implosion bezeichnet. Badinis Alltag zerfällt an dem Druck, der von außen kommt. Es ist aber klar, daß Braun ein Paar-System verwendet, das sich nicht nur auf Italien und Albanien bezieht, sondern ein aktuelles Globalproblem meint. Daher scheinen mir neben den schon erwähnten Konflikten von Zeiten und Menschen (alt/jung; reich/arm; männlich/weiblich) die halbversteckten Symmetrien wichtig. Zuerst ein stilistisches Merkmal: Kein Satz, der nicht einen Doppelsinn, keine Szene, die nicht ihre Entsprechung hätte. Grinst anfangs Badini, wird Gjergj am Ende auch grinsen. Die Symmetrie ist also das Prinzip, das die Erzählung strukturiert. Interessant ist es zu bemerken, daß sie nicht durch den Dialog läuft – die Albaner sind ja fast stumm, nichts läßt sich von ihnen ablauschen – sondern auktorial eingebaut wird.

Auffallend ist die Namengebung, die symbolisch gleich nach der Waschung auftaucht:[11] Giorgio und Lucia heißen die Alten, Gjergj und Luisa die Jungen. Das Motiv der Assonanz, das hier und in der dritten Erzählung den männlichen Figuren sogar patronymisch erklingt, schafft einen Echo-Effekt, als ob das albanische Paar eine Projektion des italienischen wäre. Die Namen betonen das Prinzip der menschlichen Gleichheit auch da, wo die Bedingungen anders sind. Egalität ist nicht nur eine politische Maxime, sie ist für Braun *res naturae*.

3.

Mögen auch alle Menschen im weitesten Sinn verwandt sein, ist der Unterschied in den Bedingungen dagegen eklatant. Was wollen sie? fragt Lucia, ja – was wollen und was sind diese entheimateten Albaner mit ihren nimmersatten Hungerzungen? Ohne es direkt zu beschreiben, evoziert die Erzählung den geschichtlichen Hintergrund, der nach 1989 vor unseren westlichen Augen erscheint.

Die Albaner kommen aus einem Land, das alle Hoffnungen verloren hat. Zu Hause haben sie selber keine Zukunft. Nun leben sie zwischen den Welten, zwischen einem Land, von dem sie nichts außer einer obsoleten, daher zu verdrängenden Ideologie geerbt haben, und einem anderen wie Italien, das dazu neigt, sie einzufangen und in ein Lager zu zwingen, um sie als Objekte einer Biopolitik zu behandeln. Mit seinem Film *Lamerica* hat 1994 der Regisseur Gianni Amelio diese tragische Gegebenheiten der Welt gezeigt.[12]

Doch zurück zum Text. Luisa und Gjergj haben ein neues Land gefunden, sind aber in diesem Land als *sans papiers* verbannte Narren. Mit ihrer schütteren Sprache bleiben sie unbekannt. Ihr Kinderglaube an die heile, reiche Welt, die sie wohl nur vom Fernsehen kannten, ist angeblich schon vernichtet worden. Als Badini sie ausfragt, ob sie der Polizei entkommen seien, hebt Luisa die Hände vor die Brust und schüttelt flehend den Kopf. Was heißt die Geste? Fürchtet sie, für ein Strichmädchen gehalten zu werden? Hat sie von der Staatsgewalt sprechen hören, oder sie sogar erfahren? Erlebt haben beide den Hunger in einem Land, das Fremdarbeit braucht, aber den Flüchtlingen, den Ausgegrenzten keine Arbeit gibt. Vom Weltlauf entlassen, muß das Paar zusammenhalten. Aber Luisa ist in Badinis Fadenkreuz geraten. Seine Alterssinnlichkeit verscheucht sie und läßt sie aus der Handlung verschwinden.

Das darf nicht mißverstanden werden. Will der Text neue, spontane Lebensversuche verneinen? Ganz und gar nicht. Ohne Badinis Anfangsgeste, ohne Borges' Elan wären wir als Menschen schon verloren. Aber Braun will jene Kluft zwischen Armut und Wohlstand zeigen, die dumpf im Inneren arbeitet, bis sie das Gespräch verhindert. Die Erzählung zeigt auch, wie gewisse Begriffe wie Hybridität oder *Métissage*, die heute zum fortschrittlichen Diskurs gehören, sich nicht so leicht verwirklichen lassen.

Das ist ein Problem, das Braun schon 1991 in einer Kurzprosa aus einer internen Perspektive magistral thematisiert hatte: 'Die Fremden' beschreibt die Ankunft einer Gruppe von Flüchtlingen in einer 'aufgeklärten' Gemeinde.[13] Hier erzählt ein Ich, das zu den Einwohnern gehört und durch Hinweise auf ein Wir stolz seine – d.h. unsere – ordentliche, satte Gemeinschaft vertritt. Die abgeschabten Fremden werden durch den Wald geführt, bis zu einer Bleibe, die abseits liegt, 'wo sie ungestört, unbehelligt sind'. Sie bekommen Stuben, Speiseraum, Sanitäranlagen: 'Ein Paradies, wenn man es pfleglich behandelt und in Ordnung hält'. Aber die Fremden sind unruhig, sogar verzweifelt. In der graphisch bewegten, vielschichtigen Bemerkung des Erzählers vernimmt der Leser Enttäuschung und Angst:

> Nicht daß wir Dankbarkeit erwarten; aber sie sind uns ein Rätsel. Sie stehen mit ihren Koffern auf der Treppe und halten Rat. *Was wollen sie?* (Sie wollen alles, was wir haben. Aber alles, was wir haben, brauchen sie nicht). Es sind schon

sehr andersdenkende Wesen. Ich bin nicht streng, ich lasse jeden leben, aber man fragt sich doch, wie.[14]

Man sollte diese knappe Seite in der Schule lesen. Ich kenne keinen anderen Text, der so nuanciert über die präskriptive, paternalistische Haltung der wohlmeinenden Besitzenden dieser Welt berichtet. Und ich bin sicher, daß jeder, der ehrlich mit sich umgeht, zugeben muß, daß er sich selbst schon bei solchen intoleranten Gefühlen ertappt hat. 'Die Fremden' verweist auf jene bekannte Erzählskizze von Max Frisch, die den ersten Entwurf für *Andorra* bildete.[15] Hier gibt es aber keine Gewalt, es sind die Fremden, die schweigend zum Bahnhof marschieren. Erst das Wort 'Rampe', das in den unpersönlichen Schlußsatz fällt, vibriert, wie von einer fernen geschichtlichen Gewalt erschüttert: 'Man sieht sie zuletzt an der Rampe stehen'.

Wie verhält sich *Das Wirklichgewollte* zu diesem früheren Text? Wir stehen vor einer komplexeren Variante derselben Situation. Der Kern dieser Erzählung liegt in Badinis Bezeichnung: die Flüchtlinge sind keine Verbrecher, und doch sie sind 'Unmenschen'. Dieses Wort hat eine Tradition, die ein Akademiker wie Badini kennt. Bei Goethe wird der Flüchtling, der Unbehauste, mit dem Unmenschen 'ohne Zweck und Ruh' gleichgesetzt.[16] Noch mehr. Unmensch ist jemand – um in der Sprache Herders zu reden –, dem die innere Wohlgestalt, das Gefühl und Bestreben des *honesti* fehlt. Er ist ein Tier oder Halbtier.[17] Braun aktualisiert scharf das Thema. In Badinis Wahrnehmung spiegelt sich die Haltung vieler meiner Landsleute wieder: Wer keinen Paß hat, ist heute ein Unmensch – eine *non persona*. Daher kann man ruhig versuchen, von solchen Menschen, die nachts von rostigen rußigen Schiffen in die italienische Brandung hinausgeworfen werden, zu profitieren. Aber Luisa, das 'Gewächs', wehrt sich: Sie reagiert als 'Person' gegen Badinis Brunst. Was danach passiert, weiß der Leser nicht, im Text gibt es eine Leerstelle. Ein Indiz läßt uns aber den Grund des tragischen Schlusses erraten. 'Die Flüchtlinge waren nachts nicht im Haus'. (22) Warum entfernen sie sich? Hat Luisa das Geschehen Gjergj anvertraut? Und will sich der junge Albaner am nächsten Morgen rächen, während Badini seinerseits ihn wegscheucht? 'Grußlos' erscheint Gjergj am nächsten Morgen. Fürchtet der Junge, daß Badini Luisa mißbrauchen könnte? Womöglich weiß er, daß viele Mädchen, die aus Albanien kommen, in die italienische Prostitution getrieben werden. Dann kommt die blutige Antwort des Flüchtlings.

Der Junge ist Akteur eines Schocks, eines unerwarteten, brutalen Umbruchs, der vom revolutionären Muster abweicht. Schauplatz ist nicht

ein Palast oder eine Fabrik, auch kein Büro, wie für die historische Avantgarde üblich war. Vereinzelt steht hier der Rebell in einem Landhaus,
keiner Klasse zugehörig. Hier ist auch keine Masse, keine Revolution am
Werk, vielmehr eine sich ausbreitende Anarchie.[18] Der Leser steht vor
dem letzten Fragezeichen mit dem Vorgefühl einer sich anbahnenden
Auflösung, die uns allen bevorsteht. Kein Zufall, daß diesmal die Frage
nicht mehr an die Albaner gestellt wird, sondern an Lucia.

Im Niemandsland, wohin die Geschichte sie gejagt hat, sind die
Flüchtlinge nicht einer Aussage fähig, die ihre Bedürfnisse vermittelt. Der
historische Rahmen erlaubt ihnen nicht, verstanden zu werden, er hat
ihnen die Rolle des Asozialen zugeteilt. Das ist Brauns konspirativer
Realismus: der Dichter schreibt im Namen dieser stummen Besiegten des
vergangenen Jahrhunderts. Keineswegs steht er damit in der Fortsetzung
des Realismus im Sinne des 19. Jahrhunderts, weil seine Prosa nicht auf
der Grundlage eines teleologischen Erzählens entsteht. Braun erfaßt hier
die Gegensätze in äußerster Schärfe, er steigt tief in die Unterwelt des
Bewußtseins hinab, um uns zu zeigen, wie die Dinge stehen. Angesicht
der Gewalt unserer Übergangszeit faßt er die Sache an der Wurzel und
nimmt Stellung. Bei fehlender Egalität ist keine Ordnung, kein großer
Frieden möglich. Das ist der umfassende Zusammenhang dieser
Erzählung.

Die Geschichte bleibt offen, das ist oft bemerkt worden. Ja – das
alte Motto 'kommt uns nicht mit Fertigem!' ist immer noch gültig. Braun
beschreibt einen Zustand fundamentaler Fremdheit, bei dem seine Kunst
als ganz feiner Gradmesser fungiert, für den sie aber kein direktes
Heilmittel sein kann. *Das Wirklichgewollte* ist ein Such-Text, um den
Blick zu schärfen für die heutigen Widersprüche. In der Rede zum
Büchnerpreis hat Braun seine Haltung klar formuliert: 'Keine Antwort auf
dieser Bühne, nicht die rasche, die noch immer Geschichte schreibt – nur
das sinnliche Argument der Widersprüche, das uns rigoros in die Wirklichkeit führt; das ist *die Handlung* der Kunst'.[19]

Anmerkungen

[1] Volker Braun, *Die Verhältnisse zerbrechen. Rede zur Verleihung des Georg-
Büchner-Preises 2000*, Suhrkamp: Frankfurt/M., 2000 [= Sonderdruck edition
suhrkamp], 19-30, hier 23.

[2] Helmut Böttiger, 'Gebrochen, zerstückelt, versandet' [Rezension zu *Die Zickzackbrücke* und *Iphigenie in Freiheit*], *Frankfurter Rundschau*, 8.8.1992, 4.

[3] Volker Braun, *Das Wirklichgewollte,* Suhrkamp: Frankfurt/M., 2000. Von nun an wird die Seite in Klammern zitiert.

[4] Angesichts des pessimistischen Schlusses von Brauns Erzählungen bemerkt H. G. Soldat: 'Tue Gutes, und das Ergebnis wird Gewalt sein. Vielleicht muss man dies sogar als literarisches Fazit der Vereinigung, des Untergangs der DDR, ansehen. Es passte zu ihm' (*Rheinischer Merkur,* 29.9.2000, 9).

[5] 'Ein grausamer, begreiflicher Witz der Geschichte' lesen wir dabei. Wer spricht? Dies ist eine der seltenen Stellen, wo Braun eine Gemeinsamkeit mit dem Leser zu sichern sucht, hier hören wir seine Stimme, er grinst bitter mit, indem er sich selbst autobiographisch einmischt.

[6] Vgl. Duden, *Deutsches Universalwörterbuch*, Bibliographisches Institut: Mannheim; Wien; Zürich, 1989, Stichwort *Opportunismus.*

[7] Wobei wir von den albanischen Flüchtlingen anfangs erfahren haben, daß sie 'die Einweckgläser halb geleert oder umgeworfen' hatten, ganz so, 'als lebe man nur einmal und käme nicht wieder – denn so ist es ja' (9).

[8] Ein Verfahren, das übrigens im kleinbürgerlichen oder bäuerlichen Italien noch verbreitet ist.

[9] Gustav Seibt, *Das Wirklichgelungene. Laudatio auf Volker Braun zum Büchnerpreis 2000,* in: Volker Braun, *Die Verhältnisse zerbrechen. Rede zur Verleihung des Georg-Büchner-Preises 2000,* Suhrkamp: Frankfurt/M., 2000 [= Sonderdruck edition suhrkamp]), 7-18, hier 15.

[10] Ich beziehe mich auf den Roman von Christa Wolf, *Sommerstück,* Aufbau-Verlag: Berlin; Weimar, 1989.

[11] Die Szene der Waschung hat die symbolische Valenz einer Purifikation, sie erscheint in allen drei Erzählungen und zeigt den Versuch einer Aufnahme der Außenstehenden in die Gesellschaft.

[12] Im Jahr 2003, in dieser Stunde, in der ich schreibe, hat ein Politiker, dessen Partei in der Regierung sitzt, getrennte Eisenbahnwagen für Ausländer vorgeschlagen (*La Stampa,* 16.1.2003).

[13] Volker Braun, 'Die Fremden', in: ders., *Wir befinden uns soweit wohl. Wir sind erst einmal am Ende. Äußerungen,* Suhrkamp: Frankfurt/M., 1998, 67-68.

[14] Ebd.

[15] Max Frisch, 'Du sollst dir kein Bildnis machen', *Schweizer Annalen,* 3 (1946-47), 11-16.

[16] Johann Wolfgang von Goethe, *Faust,* in: ders., *Werke. Hamburger Ausgabe in 14 Bänden*, Deutscher Taschenbuch Verlag: München, 1981, Bd. 3, 415. Im Hinblick auf Gretchen klagt sich Faust an: 'Ha! bin ich nicht der Flüchtling, Unbehauste, / Der Unmensch ohne Zweck und Ruh, / Der wie ein Wassersturz von Fels zu Felsen brauste, / Begierig wütend nach dem Abgrund zu?'

[17] Johann Gottfried von Herder, *Briefe zur Beförderung der Humanität. 2 Bände*, Aufbau: Berlin; Weimar, 1971, Bd. 1, 386. Dazu kommt auch die Tatsache, daß 'Unmensch' seit dem Erscheinen von *Aus dem Wörterbuch des Unmenschen* (1945) konnotiert ist und zum Sprachschrott des Dritten Reiches gezählt wird.

[18] Vgl. Dieter Schlenstedt, 'Was wollen sie? Das Ungewisse unerbittlich zeigen' [Rezension von *Das Wirklichgewollte*], *NDL*, 49 (2001) 1, Heft No. 535, 169–172, hier 170.

[19] Volker Braun, *Die Verhältnisse zerbrechen*, 29.

Klaus Schuhmann

Warum soll ich Mode werden – Volker Brauns Gedicht 'Lagerfeld'[1]

Amongst the poems which Volker Braun selected for the volume *Tumulus*, 'Lagerfeld' occupies a very special place. It is not just the culminating keystone of the collection; it also assumes significance through the way in which the author uses the semantics of a contemporary personal name and the aura associated with it in the world of fashion. This allows him to develop a multidimensional analysis of our times within which the past and present and the present and the past are woven together, penetrating and illuminating each other.

in memoriam Walfried Hartinger

Unter den namhaften Dramatikern der DDR-Literatur ist Volker Braun jener, der die antike Überlieferung als Stofffundus und Gleichnisspiegel erst spät für sich entdeckte. Während Heiner Müller und Peter Hacks in den sechziger Jahren bei den großen Dramatikern der griechischen Antike – Sophokles und Aristophanes – fündig wurden, nachdem sie mit Theaterstücken, in denen Gegenwartskonflikte dargestellt wurden, auf obrigkeitliche Einsprüche und Verbote gestoßen waren (Müller mit *Die Umsiedlerin*, Hacks mit *Die Sorgen und die Macht*), blieb Volker Braun beharrlich bei der Gegenwartsdarstellung, freilich um den Preis, diese Stücke erst mehrere Jahre nach ihrer Entstehung (bei *Die Kipper* dauerte es fast ein Jahrzehnt) auf der Bühne zu sehen. Mehr noch: Braun begab sich mit *Lenins Tod* und *T.* auch in den sechziger Jahren weiter unerschrocken auf Konfliktfelder, deren Darstellung in der DDR als Tabu galt. Diese Texte kamen erst 1989 im 2. Band der Stücke-Ausgabe vor die Augen der Leser, noch immer nicht aber vor die des Publikums.[2] Einige Stück-Texte dieses Bandes lassen indes erkennen, dass sich der Dramatiker in den achtziger Jahren auf neuem Terrain bewegte, dort nämlich, wo er auf vorgeformte Stoffe zurückgriff und ihnen auf vermittelte Weise einschrieb, was in Gegenwartsstücken offen zutage liegt. Antiken Stoffen und Vorlagen näherte er sich jedoch explizit erst in den neunziger Jahren, ablesbar am Gedichtband *Tumulus*, der 1999 erschien, und an einem Theatertext mit dem Titel *Limes. Mark Aurel* (veröffentlicht zuerst in *Theater der Zeit* im März 2002).[3] Im dem Stückabdruck vorangestellten Gespräch antwortete der Autor auf die Frage nach dem 'heutige(n) Interesse am späten Rom' und danach, ob es sich dabei um eine 'Zeitdiagnose' handele: 'Unbedingt, und die Frage stellt sich nicht: ob es etwas verheutigt. Das Theater ist unmittelbar. Es bedient sich für seine Demonstrationen des Menschen, desselben Materials wie die Geschichte.'[4] Geschichte in diesem Sinn war für diesen Autor freilich schon Jahrzehnte früher bedeutsam geworden, als er sich anschickte, die Gegenwart als eine Zeitdimension zu vertiefen, deren Abläufe in ihrer Widersprüchlichkeit erst dann als historische begriffen und in ihrer wirklichen Größendimension erkannt werden, wenn nicht mehr einzelne Personen allein als Handlungsträger agieren, sondern das Volk darin einbezogen wird. Das konnte an der älteren und jüngeren Geschichte Rußlands vorgeführt werden: in *Dmitri* (nach Schillers *Demetrius*-Fragment)[5] und in der Revolutionstrilogie *Der Eisenwagen*,[6] *Lenins Tod* und *T..*

Diese Hinwendung zur Geschichte spiegelt sich auch im Gedichtschaffen Brauns und manifestiert sich am sinnfälligsten im 1979 erschienenen Band *Training des aufrechten Gangs*, in dem bereits zwei Gedichte dem Titel nach in die römische Geschichte ausgreifen: 'Teutoburger Wald' und 'Neuer Zweck der Armee Hadrians'.[7] Im Gedichtband *Tumulus* schlägt der Text mit dem Titel 'Der Totenhügel' (16), der das Kriegsthema wieder aufnimmt, den Bogen direkt zu den beiden früheren, während das nachfolgende mit der Überschrift 'Plinius grüßt Tacitus' (17-19) unmittelbar auf die Quellen verweist, aus denen Braun in den neunziger Jahren seine stofflich-thematischen Anleihen bezieht. Es sind die Geschichtsschreiber der damaligen Zeit, die es dem Lyriker erlauben, Wirklichkeit in jener beziehungsreichen Vielschichtigkeit darzustellen, die für die meisten seiner Texte zutrifft, die seit den siebziger Jahren 'Der Stoff zum Leben' genannt werden.[8] 'Lagerfeld' hat Braun mit Bedacht einen Platz am Schluss des Buches von 1999 angewiesen. Ihn gilt es genauer zu bestimmen.

Lagerfeld: welcher Name könnte sprechender sein als dieser in seiner ursprünglichen Bedeutung, mit der sich Krieg (man denke an 'Wallensteins Lager') und Schlachtfeld mühelos assoziieren lassen, noch dazu, wenn man durch Vertauschung der beiden Nomina leicht zum Kompositum Feldlager gelangt. Und welcher Name verrät weniger über das Metier jenes Mannes, der diesen Namen gleichsam wie eine Marke trägt, bei deren Nennung alle Welt sogleich weiß, was sie beim Anblick des hier gemeinten Namensträgers zu imaginieren hat: einen ebenso exklusiv wie exotisch wirkenden Modeschöpfer, der wie ein römischer Kaiser eine Welt sein Eigen nennen kann. Wer Augenzeuge einer seiner Modeinszenierungen wurde – ob vor Ort oder im Fernsehen – weiß, dass er einem Spektakel beigewohnt hat, das an jene Spiele erinnert, die nicht weit entfernt von den noch heute zu sehenden Ruinen der antiken Stadt Jahrhunderte zuvor in jener Arena stattfanden, die alle Welt unter dem Namen Colosseum kennt. Es bedurfte also – scheint es – nur eines Gedankensprungs, um die römische Antike und die globalisierte Welt des ausgehenden 20. Jahrhunderts miteinander zu verbinden.

Gleich zu Beginn des Gedichts werden Ort und Zeit der Handlung vielschichtig miteinander verklammert: die als 'offen' im Sinne aller möglichen Schaustellungen deklarierte Stadt erinnert an einen Filmtitel, der sich für den geschichtskundigen Leser mit jenen Jahren verbindet, als Italien in den 2. Weltkrieg involviert war und die Stadt einem 'Feldlager' glich, während 'Laufsteg' und 'Mode' in die Zeit der 'Jahrtausendwende' verweisen und den im Gedichttitel genannten Namen nun unverwechselbar als den mit 'Mode' und 'Laufsteg' in den Medien präsenten Modemacher fixieren. Dessen Kreationen, als 'Panzerhemden' bezeichnet, dienen nicht allein einem schönen Zweck, für den das banale Sammelwort Bekleidung steht, sondern auch als Berufskleidung für jene Männer, die von alters her 'Gladiatoren' genannt werden, befasst mit einer 'alten Übung', die in anderer Gestalt in den 'Kämpfen um den Arbeitsplatz' bis in die Gegenwart hinein erhalten geblieben ist. Und so wie Cäsar einst ein 'Imperium' regierte, leistet sich der Herrscher im Reich der Mode ein Vergnügen der besonderen Art, indem er sich einen Traum erfüllt. Damit sind die Zeitebenen hinreichend in ein Verhältnis der Korrespondenz gebracht und auch lexikalisch auf zwei Sprachebenen formiert: der des schönen Scheins, den Mode erzeugt, und der der sozialen Wirklichkeit von einst und jetzt. 'Oben' und 'unten' stehen sich zeitübergreifend als Kombattanten gegenüber und zeigen die soziale Grundstruktur der multiplen Welten des Lyrikers und Dramatikers Volker Braun, die so ihre Entsprechung findet. Darin steht der deutsche Modekaiser, der in Rom Hof hält, im Kontext mit zwei angestammten Geschichtskaisern, die nicht Lagerfeld heißen, aber Feldlager brauchten, um ihre Machtträume in ihren Imperien ausleben zu können. An die Stelle der 'zwei Gladiatoren' treten nun auf der Königsebene zwei nicht mehr namenlose 'Handwerker', die ebenfalls in 'Würgegriffen' geübt sind. Ihre Namen verraten jedoch nicht schon auf den ersten Blick, wer sie sind: der Commodus genannte ist kein anderer als der Kaiser Marcus Antonius, der 'Afrikaner' dagegen ist schon von Hause aus ein Mann des Feldlagers, der es in dieser Eigenschaft ebenfalls bis zum Imperator brachte. Septimus Severus und Lagerfeld gehören, obwohl durch Zeitalter voneinander getrennt, zusammen, denn das heutige Wort 'Winterkollektion', das mühelos das Reimwort Invasion nach sich ziehen könnte, wird mit einem historischen Namen verbunden, der ebenfalls in die Zeit der Imperatoren zurückverweist. Indes: im 20. Jahrhundert sind nicht 'Panzerhemden' gefragt, sondern Kleider, wie sie die Models des Modemachers tragen, die Braun wie Krieger in 'Rudeln' auftreten lässt. Mit den Kaisern verbindet sich das Schlachtfest, mit Lagerfeld das 'Fest der Schönheit'. Wieder sind es Welten, die unvereinbar und doch in einem Zusammenhang miteinander stehen, auch wenn es der Schönheitsanwalt nicht wahrhaben will. Die 'geteilte Welt' begegnet ihm als 'geteilte Kundschaft'. Der Modezar weiß nur zu gut, dass das Abendkleid der Helena Christensen zu den Luxusartikeln einer Welt gehört, die zwar schöner, aber nicht besser gemacht werden kann. Er gleicht darin einem Ästheten der Jahrhundertwende, der es nur noch darauf abgesehen hat, den Schein des Schönen hervorzurufen, der Scheinwelt entsprechend, in der er lebt.

Schon in diesem Textteil ist thematisch angelegt, was im Mittelteil in das gedankliche Zentrum tritt: 'Dafür haben sie die Schule besucht ER ODER ICH'. Dies bezog sich im Eingangspart auf die antiken Gladiatoren und in einem ferneren Sinn ebenfalls auf die beiden Handwerker mit den kaiserlichen Namen. Nun tritt es im Wortgewand 'Killer' als verbürgter Bubenstreich eines amerikanischen Schülers aus Springfield in Erscheinung: als Handanlegen mittels Schusswaffe. Die Schule des Lebens verlangt nach dem Umgang mit der Schusswaffe. Dabei geht Schülermord mit technischem Fortschritt einher: der Mörder sitzt in 'Papierkleidern' in Gewahrsam, die wohl nicht aus dem Haus Lagerfeld stammen. Dass eine solche Art von Kriminalität nicht aus jugendlichem Übermut geboren wird, zeigt der Verweis auf die 'Arbeitsämter', wo jene offenbar vergebens nach sinnvoller Beschäftigung nachgefragt haben, die inzwischen in der Schule des Lebens anderes gelernt haben, um leben zu können: Fingerfertigkeit, hier ein anderes Wort für Diebstahl. Dass der Umgang mit diesen Ämtern und die geringe Aussicht auf Erfolg wirtschaftliche Gründe haben, veranschaulicht Braun durch die Fokussierung des Verbs 'warten', das in seiner Mehrfachbedeutung gebraucht wird:

> [...] Es kann lange warten
> Wer Arbeit hat wartet die Automaten
> Sie warten darauf, etwas warten zu dürfen (40)

Was auf dem Feld der Technik als künftigem Schlachtfeld Mode und als 'Arbeit' von den Erfindern dieser Art als Fortschritt angepriesen werden könnte, führt der Autor wieder zusammen als die Perversion dessen, worauf nicht nur Braun in den Jahrzehnten vorher seine Hoffnung gesetzt hatte. Nun ist der utopische Entwurf von einst zum abstoßenden Zerrbild

einer Zukunft geworden, die dem Menschen kaum noch Raum zur Selbstverwirklichung lässt; als

> Eine Maschine mit Gliedmaßen geschlechtsneutral
> Das Mannequin für die Arbeit von morgen
> AM ENDE DES TAGES BIST DU EIN PRODUKT (40)

Textlich bereits vorbereitet, wird nun auch thematisch die Präsenz des
Verfassers im eigenen Text dominant, gekoppelt an Verben, die anzeigen,
dass sich diese Person wie in einem Theater vorkommt, dem zu entkom-
men ein Vorläufer den Weg gezeigt hat: Kleist. Dieser Name ist neu in
Volker Brauns Gedankenwelt und versinnbildlicht, was Jahre zuvor bei
Günter Kunert, Christa Wolf und Heiner Müller schon als Paradigma des
Konflikts zwischen Geist und Macht mit Anleihen beim preußischen
Dichter umrissen wurde:

> DER EINZIGE ORT WO ES WOHLTUT
> VERZWEIFELN Der ausgelassene Kleist
> In Stimmings Krug MEINE GANZE JAUCHZENDE SORGE
> EINEN ABGRUND TIEF GENUG ZU FINDEN legt Hand an
> Ein Doppelpunkt bei Potsdam Das Warten auf nichts
> Das ist das Drama: es gibt keine Handlung
> Wir wissen es anders und handeln nicht [...] (41)

Die Wiederkehr eines Vorgangs, der hier 'Handanlegen' heißt, markiert
überdeutlich den Unterschied zu jenen Handwerkern, die zur Erreichung
dieses Ziels nur Mord und Totschlag gelernt haben. Wenn Kleist die Hand
gebraucht, richtet er die Waffe gegen sich selbst, froh darüber, den Weg
gefunden zu haben, der seinem Leben ein Ende setzte. Verläuft hier eine
dem Ende des Jahrhunderts angemessene, für Braun neue Traditionslinie,
die von Kleist über Beckett zu ihm führt, den die Geschichte Roms und
die der globalisierten Welt diese Erkenntnis gelehrt hat?

Nicht zufällig wohl wird am Schluss des Textes jener schon ins
Spiel gebrachte Commodus als Zeuge dieses absurden Theaters angerufen,
ein Mann also, dessen Geschichte einst als Vorlage für heroische Dramen
taugte, wie sie William Shakespeare zu seiner Zeit schrieb. Der Held der
neuen Zeit dagegen ist nur ein Modemacher, der durch Schönheitszauber
zum Weltbeherrscher geworden ist. Und dieses Spektakel, das alle
Bühnenkunst an Wirksamkeit in den Schatten stellt, heißt 'Lagerfeld oder
Die Gelassenheit'.

Der Schreiber dieses Textes sieht dem Treiben des Schönheitspro-
duzenten jedoch nicht gelassen zu, denn das Modespektakel fungiert in
seiner Wirkung auf ihn wie ein Desillusionierungsdrama, das ihm nach
dem Rimbaud-Essay der achtziger Jahre[9] nun zur Nachwende-Definition
des eigenen Tuns in den neunziger Jahren verhilft: als 'Idiot im 3. Jahrtau-

send'. Dass es sich dabei nicht um ein Aperçu des Augenblicks handelt, sondern eine ernst gemeinte Selbstbestimmung des Schriftstellers in der Spaßgesellschaft, hat der Lyriker in seiner Rede zum Büchner-Preis unterstrichen, in der er das Wort 'Idiot' gegen den 'Narr' eingetauscht hat.[10] Die Diskrepanz zwischen Autorwille und Produktnachfrage in der Welt des ausgehenden Jahrhunderts ist durch keinen Kompromiss überbrückbar. Autoren wie Volker Braun sind in ihr nicht gefragt – nicht einmal mehr im Berliner Ensemble. Auch das Theater ist zum Bestandteil des Modewechsels geworden, so wie Lagerfeld mit seinen Modellen, die auf dem Laufsteg bestimmen, was zeitgemäß ist. Da kann der Schriftsteller, der nicht zum 'Produkt' werden möchte, nur abwinken:

> Warum soll ich Mode werden
> In der Wegwerfgesellschaft
> Das Stadion voll letzter Schreie Ideen
> Roms letzte Epoche des Unernsts
> Sehn Sie nun das Finale ICH ODER ICH
> Salute, Barbaren (41)

Für den Schriftsteller des 20. Jahrhunderts heißt die Kampfregel aber nicht mehr wie im Kaiserdrama (und im Stadion, wo die Gladiatoren kämpfen) 'ER ODER ICH', sondern 'ICH ODER ICH'. Er ist sich selbst zum Gegenspieler geworden. Auf eine Verwechslungskomödie dürfte dieser Widerstreit jedoch kaum hinauslaufen. Eher schon auf ein Satyrspiel, wie es nach der Tragödie einst gegeben wurde.

In Brauns 'Lagerfeld'-Text treffen mehrere Themen aufeinander, die er in den neunziger Jahren auch in Prosa oder als Theaterstück aufgenommen hat. Der entfremdeten Arbeit und den ihres Eigentums beraubten Arbeitern begegnet man in *Die vier Werkzeugmacher*,[11] die inzwischen auch im Hörspiel präsent sind.[12] Die römische Geschichte lieferte mannigfachen Stoff für den Gedichtband *Tumulus* und das Drama *Limes. Marc Aurel*. Mit Kleists 'Michael Kohlhaas' hat Braun die Problematik von Recht und Gerechtigkeit auf die Tagesordnung gesetzt, wie sie in der Szenenfolge *Der Staub von Brandenburg* gezeigt wird.[13] In diesen Texten wird – wie in den meisten, die unter dem Titel 'Der Stoff zum Leben 4: TUMULUS' zusammengestellt wurden – gezeigt, was Braun mit einem Brecht-Motto ankündigte:

> Vergiß nicht, dies sind die Jahre
> Wo es nicht gilt zu siegen, sondern
> Die Niederlagen zu erfechten. (11)

Anmerkungen

[1] Volker Braun, 'Lagerfeld', in: ders., *Tumulus*, Suhrkamp: Frankfurt/M., 1999, 39-41. Alle weiteren Zitate zu diesem Gedicht und zum Band werden im Text mit Seitenzahlen in Klammern ausgewiesen.

[2] Volker Braun, *Lenins Tod*, T., in: ders., *Stücke 2*, mit einem Nachwort von Klaus Schuhmann, Henschel: Berlin, 1989 [wiederabgedruckt in Volker Braun, *Texte in zeitlicher Folge*, Band 3, Mitteldeutscher Verlag: Halle; Leipzig, 1990, 113-188 bzw. 189-255].

[3] Volker Braun, *Limes. Mark Aurel*, Theater der Zeit, 57 (2002) 3, 58-70.

[4] 'Eine Endzeit grüßt die andere. Volker Braun im Gespräch mit Thomas Irmer', *Theater der Zeit*, 57 (2002) 3, 56-57, hier 57.

[5] *Texte in zeitlicher Folge*, Band 6, 1991, 157-219.

[6] *Texte in zeitlicher Folge*, Band 7, 1991, 231-238.

[7] Volker Braun, *Training des aufrechten Gangs*, Mitteldeutscher Verlag: Halle, 1979, 26-27 bzw. 30-31.

[8] Die gesammelte Einzelausgabe *Der Stoff zum Leben 1-3* erschien bei Suhrkamp: Frankfurt/M., 1990; 'Der Stoff zum Leben 4' in: *Tumulus*, 11-35.

[9] 'Rimbaud. Ein Psalm der Aktualität', *Texte in zeitlicher Folge*, Band 8, 1992, 7-42.

[10] Volker Braun, *Die Verhältnisse zerbrechen. Rede zur Verleihung des Georg-Büchner-Preises 2000*, Suhrkamp: Frankfurt/M., 2000 [= Sonderdruck edition suhrkamp]), 19-30.

[11] Volker Braun, *Die vier Werkzeugmacher*, Suhrkamp: Frankfurt/M., 1996.

[12] Volker Braun, *Die Geschichte von den vier Werkzeugmachern*, Regie Jörg Jannings, mit Hermann Beyer, Renate Krößner, Volker Braun u.a., Radio Kultur (SFB/ORB), 4.5.1999, 22 Uhr.

[13] Volker Braun, *Der Staub von Brandenburg*, in: *Volker Braun. Arbeitsbuch*, hg. v. Frank Hörnigk, Redaktion Barbara Engelhardt und Thomas Irmer, Theater der Zeit; Literaturforum im Brecht-Haus: Berlin, 1999, 190-207.

Peter Geist

'Worte und Knochen' – Überlegungen zu Volker Brauns Gedicht 'Andres Wachtlied'

This essay in interpretation accepts the challenge of the complexity of the poem 'Andres Wachtlied' in order to clarify the numerous cross-connections with regard to semantics, motifs and intertextuality. Special emphasis is placed on the relationship to Büchner, to earlier texts by Braun himself and in particular to various texts by Goethe ('Über den Granit', *Faust II*, and the poems 'Prometheus' and 'Harzreise im Winter'). The poem in question not only confronts the view of nature and the world in the era of German Classicism with the experiences of 20th-century history; it also exhibits its own strategies of viewing natural and social history as a single entity. This particular approach to writing is shown as a logical consequence of developments within Braun's poetics since the 1980s, and the text is placed in the context of more recent poems, particularly those collected in *Tumulus*.

Wolfgang Fritz Haug mutmaßt im *Theater der Zeit*-Arbeitsbuch, das 1999 dem 60. Geburtstag des Autors Volker Braun gewidmet ist, über die Zukunft des 'Roten Orpheus' in 'tauber Zeit':[1] 'Es ist, als erlaubten die Verhältnisse ihm zunächst nurmehr, Felsenmelodien in den zuzementierten Horizont zu meißeln. Von fremdem Text durchquert und intensiv zusammengeschoben, nehmen sie, obgleich weiterhin "an alle" gerichtet, Züge orphischer Rätselhaftigkeit an.'[2] Im *Jahrbuch der Lyrik 2001* veröffentlicht Volker Braun das Gedicht 'Andres Wachtlied',[3] einen streng gebauten Text von neun vierzeiligen Strophen und einer fünfzeiligen Schlussstrophe. Ein Gedicht, bei dessen Lektüre ich an die Sätze Haugs denken musste und das mich doch eigentümlich in den Bann schlug. In der Tat, es verlohnt sich, mit Bedacht durch den Text zu gehen und seinen Reichtum zu entdecken.[4]

1	**Andres Wachtlied**
2	
3	Weiß die Schneise eisig
4	Dunkel der Untergrund
5	Wo ich stehe
6	Heiter, schlotternden Leibs.
7	
8	Bäume hingelegt
9	Auf! die kahlen Hälftlinge
10	Die ich im Auge halte
11	Ein Laufseher
12	

13	Wer sind die zwei im Gehölz
14	Ignaz zieht den Karren
15	Martin murmelt:
16	Vergiß es.
17	
18	Das Geschiebe den Berg hinauf
19	Worte und Knochen
20	Ein Steinbruch bei Weimar
21	Edel Mensch sei der
22	
23	Umstände, welche die Arbeitszeit
24	Sind auf ein nicht mehr zu verdichtendes
25	F.d.R: Schiller
26	Obersturmführer
27	
28	Sind es Vulkane
29	Die die Gebirge bilden
30	Oder setzt das Wasser ordent-
31	Lich es zusammen.
32	
33	Winterstein, Minister in Ruhe
34	Und unter Fußtritten
35	Ging, eine rauchend
36	Über die Postenkette
37	
38	Oder das Meer steigt
39	An Nebels statt
40	Wieder, mein Bester
41	Zum Rennsteig!
42	
43	Müßt mir meine Erde
44	Doch lassen stehn
45	Und die Öfen
46	In deren Glut
47	
48	Wintersommer
49	Lebenslänglich
50	Ein Grabgewölke
51	Dickichtschauer
52	Die du aus Adern wässerst.

In der Überschrift 'Andres Wachtlied' scheint auf den ersten Blick, umgangssprachlich üblich, ein 'e' eliminiert worden zu sein. Wenn Volker Braun ein 'anderes Wachtlied' anstimmt, stellt sich die Frage, auf was sich das 'andere' hier bezieht. Bezieht es sich auf das Wachtlied des

Turmwärters Lynkeus aus Goethes *Faust*? Dafür sprächen mehrere Text-
indizien: In der sechsten Strophe spielt Braun auf die Neptunismus-
Vulkanismus-Debatte an, die in der Goethe-Zeit die gelehrten Gemüter
erhitzte und Eingang fand in den zweiten Teil des *Faust*. Die Eingangs-
verse in der achten Strophe des Braun-Gedichts 'Oder das Meer steigt /
An Nebels statt' lassen an das Türmerlied denken, in dem es heißt:

> Wüßt' ich irgend mich zu finden?
> Zinne? Turm? geschloßnes Tor?
> Nebel schwanken, Nebel schwinden,
> Solche Göttin tritt hervor!
>
> Aug' und Brust ihr zugewendet,
> Sog ich an den milden Glanz;
> Diese Schönheit, wie sie blendet,
> Blendete mich Armen ganz.
>
> Ich vergaß des Wächters Pflichten,
> Völlig das beschworne Horn;
> Drohe nur, mich zu vernichten –
> Schönheit bändigt allen Zorn.[5]

Das Motiv des bewaffneten Wächters, der, in Einsamkeit befangen, das
Gegenteil seiner unfrohen Pflicht imaginiert, wurde zudem ein häufiger
Topos in der Romantik, so bei Achim von Arnim in den 'Kronenwäch-
tern', geradezu idealtypisch bei Eichendorf:

> Mein Gewehr im Arme steh ich
> Hier verloren auf der Wacht,
> Still nach jener Gegend seh ich,
> Hab so oft dahin gedacht!
>
> Fernher Abendglocken klingen
> Durch die schöne Einsamkeit;
> So, wenn wir zusammen gingen,
> Hört ich's oft in alter Zeit.
>
> Wolken da wie Türme prangen,
> Als säh ich im Dunst mein Wien,
> Und die Donau hell ergangen
> Zwischen Burgen durch das Grün.
>
> Doch wie fern sind Strom und Türme!
> Wer da wohnt, denkt mein noch kaum,
> Herbstlich rauschen schon die Stürme,
> Und ich stehe wie im Traum.[6]

Ohne Zweifel zeichnet Braun in seinem Gedicht eine vergleichbare Situation des Ich, in der Wahrnehmung und Imagination, Erinnerung und geschichtlich befrachtete Assoziation ineinander verschwimmen. Der Gedichttitel setzt den literarisch einigermaßen vorgeprägten Leser jedoch noch auf eine andere Spur, wenn man die auf der Hand liegende Umprägung von Goethes 'Wanderers Nachtlied' einmal vernachlässigt: 'Andres Wachtlied' öffnete dann einen intertextuellen Bezugsraum zu Büchners *Woyzeck*, eine, wenn man Brauns intensive Auseinandersetzung mit Büchner bedenkt, naheliegende Möglichkeit. Andres heißt der Compagnon Woyzecks, der von Büchner stöckeschneidend eingeführt wird, mit dem Protagonisten in einem Bett schläft und der vorzuführen hat, dass Kameraderie auf gleicher sozialer Stufenleiter keine Gewähr für Nähe, gar Verstehen bietet. Wie Woyzeck auch er ein 'überflüssiger Mensch', dem Braun in seiner Büchnerpreisrede seine Solidarität nicht verweigert.[7] In der ersten Fassung des *Woyzeck* lässt Büchner zu Beginn des Stücks den Andres ein Lied zum Besten geben, das in seiner rätselhaften Naivität eine Vorahnung gibt zum folgenden bösen Spiel, in dem Woyzeck der Gejagte sein wird:

> Da ist die schöne Jägerei,
> Schießen steht Jedem frei;
> Da möcht' ich Jäger seyn,
> Da möcht ich hin.

> Läuft dort e Has vorbey,
> Frägt mich ob ich Jäger sey.
> Jäger bin ich auch schon gewesen,
> Schießen kann ich aber nit.[8]

In der 'Vorläufigen Reinschrift' ersetzt es Büchner durch ein Volkslied, das auch heute noch zum Kanon des schulmäßig Gelernten gehört. Andres singt es, um sich Woyzecks Halluzinationen zu entziehen. Später wird Andres im Wirtshaus mit Handwerksburschen das Lied 'Ein Jäger aus der Pfalz' anstimmen und so auf die Eingangsszene zurückverweisen, die auf freiem Feld, fernab der Stadt spielt:

> WOYZECK. Ja Andres; den Streif da über das Gras
>   hin, da rollt Abends der Kopf, es hob ihn einmal
>   einer auf, er meint' es war' ein Igel. Drei Tag und
>   drei Nächt und er lag auf den Hobelspänen (leise)
>   Andres, das waren die Freimaurer, ich hab's, die
>   Freimaurer, still!
> ANDRES (singt.)
>   Saßen dort zwei Hasen,
>   Fraßen ab das grüne, grüne Gras...

WOYZECK. Still! Es geht was!
ANDRES.
    Fraßen ab das grüne, grüne Gras
    Bis auf den Rasen.[9]

Dieses 'Wachtlied' des Andres, der damit die Zumutungen der paranoischen Rede Woyzecks verdrängt, sich mit dem Kameraden verständigen zu sollen, ist nicht unberechtigt auf das Braun-Gedicht beziehbar, in dem nicht zuletzt Jäger und Gejagte, Bewacher und Bewachte am Ettersberg die Grundsituation bestimmen. Konsequenz einer solchen Deutung wäre freilich, rezeptiv die Distanz des Autors zur Sprecherfigur mitzudenken. Dem Leser wird so eine gehörige Mitarbeit an der Texterschließung zugemutet, Einfühlungsstrategien erweisen sich als untauglich.

Dass die Überschrift eines Gedichtes die Lektüre lenkt, ist eine basale Tatsache; dass eine so vieldeutig ausschwingende Überschrift wie in diesem Falle orientieren möchte, die Komplexität des Gedichtes wahrnehmen zu wollen, eine Avance, die nicht ausgeschlagen werden sollte.

In der ersten Strophe fällt, merkwürdig genug bei Braun, zunächst eine onomatopoetische und nicht semantische Komponente ins Gewicht: In den Umfassungsversen wird fünfmal der Diphtong 'ei', dafür zweimal in Vers zwei der dunkle 'u'-Vokal bemüht: Der Effekt ist ein Spannungsaufbau, der dann semantisch bekräftigt wird: 'Heiter, schlotternden Leibs'. Der Sprecher, in der Gegenwärtigkeit des Ettersberges – 'Ein Steinbruch bei Weimar' – nimmt das augenblickliche Unwohlsein in einer dreifach akzentuierten Kälte 'Weiß die Schneise eisig' offenbar in einer erhöhten Empfänglichkeit für Signale wahr: 'Dunkel der Untergrund'. Das Wort 'Untergrund' ist bei Braun nicht allein mit den Konnotationen des Subversiven, des nicht Rationalisierbaren abrufbar. Es steht auch für die Empfänglichkeit von einer anderen Art von Kontaktnahme, die Braun in einem Gespräch mit Silvia und Dieter Schlenstedt so beschreibt:

> Und man hat zu tun mit einem ungeheuren Personal von Toten, die aus dem Untergrund, aus einem anderen Reich reden. Das heißt, man schafft sich einen anderen Gesprächskreis, von Leuten, die ihre Erfahrungen gemacht haben.[10]

Interessant ist hier nicht minder die korrektive Erweiterung eines Braunschen Grundwortes, des Homonyms 'Grund', das ja im poetischen Text Ortsbezeichnung und Kausalität ineinandersehen lässt. Sein Stück *Großer Frieden*, geschrieben in den siebziger Jahren, schließt mit den Versen:

> Die neuen Zeiten, von den alten wund
> Sind neu genug erst, wenn wir aufrecht stehn.
> Die Plage dauert und kann uns vergehn.
> In unsern Händen halten wir den Grund.[11]

In 'Material V: Burghammer' ist der Sog nach unten, in die Tiefenschichten des Gewordenseins, viel stärker spürbar als die Gegenbewegung, der 'Weg voran':

> Ich will die Welt von unten sehn Kollege
> Wo sie schwarz wird oder was weiß ich
> Ich zieh mich nicht heraus aus meinem Loch
> Und für den Letzten soll die Welt gemacht sein
> Der Weg voran führt einmal auf den Grund[12]

Nun, in den neunziger Jahren, erscheint der 'Weg voran' in aktuell-historischer Hinsicht gründlich versperrt, der Verfolg existentiell substantiellen Terraingewinns bedingt das Sich-Einlassen auf die Untergründigkeiten der Existenz, den Untergrund der Geschichte.

Die Zeile 6 'Heiter, schlotternden Leibs' fasst den körperhaft erlebbaren Widerstreit heiterer Gegenwärtigkeit und einfühlender Vergegenwärtigung hier stattgehabter Depravierung des elementar Menschlichen in ein disparates Bild. In der zweiten Strophe verschwimmen Gegenwartswahrnehmung von Natur und sich aufdrängende KZ-Bilder so ineinander, dass sie nicht mehr entkoppelt werden können. Die gespenstische Szenerie gewinnt zusätzlich an Eindringlichkeit durch die Eingriffe in die Lexik, die der Autor vornimmt. Ein Verfahren, das Braun bisher äußerst sparsam verwendete.[13] Durch Hinzufügung des Buchstabens 'l' werden Neuworte – 'Hälftlinge' aus 'Häftlinge', 'Laufseher' aus 'Aufseher' – generiert, deren ursprüngliche Semantik aufgehoben erscheint und zugleich nachvollziehbar erweitert wird. In der zehnten Verszeile bindet der Sprecher die Überzeichnungsszenerie an den unmittelbaren Augenschein und münzt die Findung des 'Laufsehers' – auch diese ein möglicher Rückverweis auf die Andres-Lieder bei Büchner – auf sich. So gelingt es Braun in wenigen Strichen, einen Sprachraum zu erschaffen, in dem Wahrnehmung, Reflexion und Imagination verwoben und geschichtliche Distanzen eingeschmolzen werden können.

In der dritten Strophe erblickt der 'Laufseher' 'zwei im Gehölz': eine Beobachtungssituation, die über das archaisierende Signalwort 'Gehölz' an das Brecht-Gedicht 'Der Einarmige im Gehölz'[14] aus den 'Buckower Elegien' denken lässt. Das im Sommer 1953 geschriebene Gedicht zentriert den Widerspalt zwischen mitleidheischendem Augenschein kreatürlicher Bedürftigkeit des 'Einarmigen' und dem Wissen um dessen einstige Machteingebundenheit in den NS-Terror:

> [...] Ächzend
> Richtet er sich auf, streckt die Hand hoch, zu spüren
> Ob es regnet. Die Hand hoch

Der gefürchtete SS-Mann.[15]

Die 'zwei im Gehölz' werden merkwürdigerweise mit Vornamen bedacht: 'Ignaz' und 'Martin'. Ein charakteristisch jüdischer und ein charakteristisch deutscher Vorname, die hier metonymisch verwendet werden. 'Ignaz zieht den Karren' assoziiert jene Strafarbeit von KZ-Häftlingen, die darin bestand, dass diese einen schweren, mit Steinen gefüllten Karren über die Lagerstraße ziehen mussten. Zugleich verweisen die beiden Vornamen auf die Debatte zwischen Ignaz Bubis und Martin Walser, die sich nach der Paulskirchen-Rede von Walser zur Verleihung des Deutschen Friedenspreises 1998 entspann, in der Walser das Recht auf Entlastung von geschichtlicher Verantwortung für Auschwitz einklagte. Walser in seiner Rede:

> Kein ernstzunehmender Mensch leugnet Auschwitz; kein noch zurechnungsfähiger Mensch deutelt an der Grauenhaftigkeit von Auschwitz herum; wenn mir aber jeden Tag in den Medien diese Vergangenheit vorgehalten wird, merke ich, daß sich in mir etwas gegen diese Dauerpräsentation unserer Schande wehrt.[16]

Walser wollte das Erinnern auf den persönlichen Raum begrenzt sehen und forderte in der Konsequenz das Einstellen schmerzhafter Erinnerungsarbeit in der Gesellschaft. Seine Rede bekam, bis auf wenige Ausnahmen, auch deshalb soviel spontanen Beifall von den Spitzen der bundesrepublikanischen Gesellschaft, weil sie die Möglichkeit eines privatistischen Geschichtsbewusstseins offerierte, die genau der mit Hilfe der deutschen Sozialdemokratie in der Regierungsverantwortung durchgesetzten neoliberalen Ideologie entsprach: Die Suggestion der Auflösung kollektiver Verantwortlichkeiten zugunsten der 'AG Deutschland' und projizierter 'Ich-AGs' korrespondiert seitenverkehrt mit den Forderungen nach Entsorgung geschichtlicher Verantwortung in personalisierbare Sagas, die von Strukturen der Vernichtungsindustrie wohlweislich schwätzend schweigt. Volker Braun hingegen personalisiert im Gedicht, um den Rückschluss zu kollektiven Erinnerungen wachzuhalten, vor allem auch zu den zu Phrasen abgesunkenen Humanitätsansprüchen der deutschen Klassik. Deshalb in den nächsten Versen 'das Geschiebe den Berg hinauf / Worte und Knochen', deshalb das verschobene Zitat von Goethes 'Edel sei der Mensch' in 'Edel Mensch sei der'. Doch dies ist nur ein Aspekt. 'Das Geschiebe den Berg hinauf' bereitet die 'geologiehistorischen' Strophen 6 und 8 vor, lässt die Anstrengungen von Häftlingen in eins setzen mit tektonischen Bewegungen machtvoller Naturgewalten. In der Lyrik Volker Brauns haben Bewegungsarten und Fortbewegungsmittel stets eine herausragende metaphorische Rolle gespielt – vom 'Schiff im

Land'[17] in den sechziger Jahren über 'Vom Besteigen hoher Berge'[18] in den siebzigern, dem 'Eisenwagen'[19] und 'Das gebremste Leben'[20] in den achtzigern bis zur 'Karre in Zeutsch / Ein Fuß auf der Bremse ein Fuß auf dem Gas'[21] in den neunzigern. Stets noch fokussieren Gefährte und Bewegungsverben an zentraler Stelle die Intention, nach geschichtlichen Bewegungen und Stauräumen zu fragen und danach, wohin die Reise geht. 'Das Geschiebe den Berg hinauf' aber hält nicht einmal den Trost der Camus'schen Anstrengung des Sisyphos bereit; es ist Strafe und verzweifeltes Bemühen. Die Kombination 'Worte und Knochen' erinnert deshalb fatal an eine andere, genussvollere Anstrengung, an die

> Suche nach dem Stoff (zum Schreiben, zum Leben), um gegebenenfalls den Tod zu finden. Die Mechanismen des Zeitalters auseinanderschrauben, die Beziehungen zerfasern nach dem geheimen Blut der Geschichte,[22]

wie es in der poetologisch präzisen Definition in den siebziger Jahren heißt. Diese Definition des 'Stoff zum Leben' übergreift immerhin die Wendezeit und führt zu den Zentralgedichten des Bandes *Tumulus*. 'Worte und Knochen' überführen Lebenstätigkeiten – Leben, Schreiben – nun in ihre Zerfallsprodukte: Worte und Knochen. 'Ein Steinbruch bei Weimar' schrägt in diesem Zusammenhang Symbolworte der Klassik ('Weimar') und der Avantgarde ('Steinbruch') ineinander – eine Konstellation, die Braun lebenslang vertraut gewesen ist und nun durchstört wird durch die Gegenwärtigkeit aufgerufener Entsetzlichkeit. Dass Brecht Shakespeare als literarischen Steinbruch betrachtete, ist hinlänglich bekannt, ebenso die Steinbruch-Extasen Heiner Müllers. 'Ich habe', schreibt Braun in seiner 1997 geschriebenen Würdigung von Peter Weiss, 'die *Ästhetik des Widerstands* immer als Steinbruch betrachtet, als immenses Material, freigelegt für andere Generationen'.[23] Braun nimmt diese in den Ästhetiken des 20. Jahrhunderts geläufige Beerbungsmetapher im Zeitalter der industriellen Reproduktion im Angesicht ihrer unmittelbar realgeschichtlichen Präsenz auf: In den Konzentrationslagern wurde die antike Degradierungsmaschine von Menschen in pure körperliche Verwertungsinstanz körperlicher Arbeit übernommen; die Steinbrucharbeit in den KZs wie auch das Karrenziehen in Buchenwald diente zuförderst der Erniedrigung.

Anschließend montiert Braun nun in den Text Ausrisse aus einem – nach Auskünften des Autors – authentischen Bericht eines Obersturm(bann)führers, der zu allem Hohn auch noch Schiller hieß. Ein Zeugnis, das die über die Zeiten gleichbleibenden Verwertungsinteressen der Industrie dokumentiert. 'F.d.R:' – für die Richtigkeit bürgt Schiller.

Unvermittelt schwenkt der Text auf die Neptunismus-Vulkanismus-Debatte um die Erdentstehung, die im 18. Jahrhundert als 'Basaltstreit' in die Wissenschaftsgeschichte einging. Goethe tendierte zu den eher evolutionär-theologischen Vorstellungen der Neptunisten[24] und spielt im *Faust II*-Dialog zwischen Thales und Anaxagoras sowie im 'Hochgebirgs'-Dialog zwischen Faust und Mephistopheles die Positionen der beiden Lager durch. In philosophischer Hinsicht und nicht zuletzt als Leiter der Bergwerkskommission in Weimar, der er ab 1777 war, interessierte er sich lebhaft für die Auseinandersetzungen zwischen evolutionären und revolutionären Weltentstehungsbildern. Braun kommt recht umfänglich in gleich zwei Strophen (6 und 8) auf diese historische Debatte zurück. Die Strophen binden sich ein in die zahlreichen Goethe-Anspielungen, aber auch in Toposketten elementaren Geschehens (Z. 4: 'Dunkel der Untergrund', Z. 18: 'das Geschiebe den Berg hinauf', Z. 46: 'In deren Glut'), sie erfüllen somit eine Scharnierfunktion. Nicht zu überlesen ist die feingewirkte Ironie, wenn Braun in den Versen 30/31 ausgerechnet das Wort 'ordentlich' trennt: 'Oder setzt das Wasser ordent- / Lich es zusammen.' Die achte Strophe lässt sich zudem als ironische, gleichsam zeitenverkehrte (geologische Zukunft statt Vergangenheit, Ansteigen der Meere statt Sedimentbildung in ihrem Rückgang) Replik auf Goethes Aufsatz 'Über den Granit' lesen, in dem dieser in erhabener Geste reflektiert:

> Diese Klippe, sage ich zu mir selber, stand schroffer, zackiger, höher in die Wolken, da dieser Gipfel noch als eine meerumfloßne Insel in den alten Wassern dastand, um sie sauste der Geist, der über den Wogen brütete, und in ihrem weiten Schoße die höheren Berge aus den Trümmern des Urgebirges und aus ihren Trümmern und den Resten der eigenen Bewohner die späteren und ferneren Berge sich bildeten. [...] Aber bald setzen sich diesem Leben neue Szenen der Zerstörungen entgegen. In der Ferne heben sich tobende Vulkan in die Höhe, sie scheinen der Welt den Untergang zu drohen, jedoch unerschüttert bleibt die Grundfeste, auf der ich noch sicher ruhe, indes die Bewohner der fernen Ufer und Inseln unter dem untreuen Boden begraben werden.[25]

Die Strophen 6 und 8 klammern eine Strophe ein, in der auf ein verbürgtes Geschehnis rekurriert wird: Der gleich nach der Besetzung Österreichs am 15. März 1938 verhaftete österreichische Justizminister und Generalprokurator Robert Winterstein wurde in das KZ Buchenwald eingeliefert, wo er am 13. April 1940 umgebracht wurde. Die Wendung 'Minister in Ruhe' (statt amtlich 'im Ruhestand') verweist diskret auf jenen anderen Minister in anderer Zeit, der unter der später nach ihm benannten Eiche tatsächlich dort Ruhe finden konnte von den politischen Tagesgeschäften: Goethe selbstredend. Doch damit nicht genug: Braun verknüpft die makabre Geschichte des Todes von Winterstein mit dem Erdgeschehen, wie es von diesem Ort aus groß gedacht werden konnte: 'Vulkane' (Z. 28) – 'eine

rauchend' (Z. 35) – 'Öfen' (Z. 45) – 'Glut' (Z.46), zum anderen 'Gebirge'
(Z. 29) – 'Postenkette' (Z. 36) – 'Rennsteig' (Z. 41). In diesen Verweiszu-
sammenhängen dämmert ein Goethetext herauf, der am Schluss des
Gedichts zitiert wird. In der 'Harzreise im Winter' heißt es:

> Winterströme stürzen vom Felsen
> In seine Psalmen,
> Und Altar des lieblichsten Danks
> Wird ihm des gefürchteten Gipfels
> Schneebehangner Scheitel,
> Den mit Geisterreihen
> Kränzten ahnende Völker.[26]

'Winterstein [...] / Ging [...] / Über die Postenkette' (Braun) korrespondiert mit 'Winterströme stürzen vom Felsen' (Goethe); 'Weiß die Schneise
eisig / [...] / Bäume hingelegt / Auf! Die kahlen Hälftlinge' überschreibt
palimpsestiös die Goethezeilen 'Schneebehangener Scheitel, / Den mit
Geisterreihen / Kränzten ahnende Völker'. Wo Goethe die Verwandlung
geschauter Natur in die Feier warmherzigen Gefühls ('Altar des lieb-
lichsten Danks') und dichterischer Energie ('Psalmen') preist, zeichnet
Braun eine Landschaft des menschengemachten Schrecklichen.

In Verszeile 40 wendet sich der Sprecher an einen Gesprächspartner, und dies mit der salopp-intimen Anrede 'Mein Bester!'. Die Fülle der
Goethe-Zitate legt die Vermutung nahe, dass niemand anders als der
Weimarer Geheimrat gemeint sein kann, zumal dieser den Ettersberg zu
seinem Lieblingsort auserkoren hatte. Dichter-Anreden haben bei Braun
Tradition und folgen fast immer dem Prinzip, das Verhältnis von Nähe
und Distanz zu bestimmen.[27] Die neunte Strophe beginnt mit einem leicht
abgewandelten Zitat aus dem Goethischen 'Prometheus'. Bei Goethe heißt
es:

> Mußt mir meine Erde
> Doch lassen stehn
> Und meine Hütte, die du nicht gebaut,
> Und meinen Herd,
> Um dessen Glut
> Du mich beneidest.[28]

In den Zeilen 45 und 46 überschreibt Braun den Goethe-Text mit dem
Verweis auf Buchenwald / Auschwitz: 'Und die Öfen / In deren Glut'. Der
Satz wird abgebrochen, der Leser ist angehalten, die schwer auszuhaltende
Vorstellung der massenhaften Menschenverbrennung hinzuzufügen.

Die Schlussstrophe durchbricht das Prinzip des vierversigen
Strophenaufbaus. Die aneinandergereihten Komposita erzeugen den
Eindruck statischer Kompaktheit und Kryptik. Die Antinomiebildung

'Wintersommer' trägt den Stempel des Unvereinbaren nur zu deutlich, wiewohl es die durch das Gedicht geführten Gegensatzzeichen von Kälte ('eisig', 'schlotternden Leibs', 'Nebel') und Hitze ('Vulkane', 'rauchend', 'Öfen', 'Glut') sprachlich zusammenfügt. Die Findung 'Grabgewölke' erinnert entfernt an Paul Celans 'Todesfuge'.[29] Allerdings lässt einer der sanftesten Rundumblicke Goethes in 'Harzreise im Winter' stutzen, in der er den Einsamen freundlich bedenkt:

> Aber den Einsamen hüll'
> In Deine Goldwolken
> Umgib ihn mit Wintergrün
> Bis die Rose wieder heranreift[30]

Die 'Goldwolken' depravieren zum 'Grabgewölke', aus 'Wintergrün' zieht Braun das antonymische 'Wintersommer': Die Vereinbarungsgesten, die Goethe in mild stimmender Höhe exemplifiziert, sie können nicht mehr greifen, die Beruhigung des Felsenblicks ist durchaus trügerisch.

Die Schlusszeilen montiert Volker Braun mit Direkt-Zitaten Goethes aus dessen 'Harzreise im Winter':

> In Dickichtsschauer
> Drängt sich das rauhe Wild,
> Und mit den Sperlingen
> Haben längst die Reichen
> In ihre Sümpfe sich gesenkt.
> [...]
> Du stehst mit unerforschtem Busen
> Geheimnisvoll offenbar
> Über der erstaunten Welt
> Und schaust aus Wolken
> Auf ihre Reiche und Herrlichkeit,
> Die du aus den Adern deiner Brüder
> Neben dir wässerst.[31]

Der Gegensatz zwischen Goethes Erhabenheitspathos in seinem großen Denk-Gesang auch über den Entwurf des Dichterbildes und Brauns Verknappungslakonik könnte kaum größer sein:

> Wintersommer
> Lebenslänglich
> Ein Grabgewölke
> Dickichtschauer
> Die du aus Adern wässerst.[32]

Die Schlussverse in 'Andres Wachtlied' bezeugen auf diesem Hintergrund eine in Sprache gebannte Trauer um die Unwiederbringlichkeit, noch mit einem Selbst- und Weltbewusstsein auftreten zu können, wie es Goethe eigen war. Aus den Goethe-Worten wird statt dessen ein körperliches

Entsetzen destilliert, das das sprechende Ich erfasst und es hindert, zu vergessen. Volker Brauns 'Andres Wachtlied' ist somit als Memorial, als Gang in die Tiefe individuellen und kollektiven Gedächtnisses, als Widerstandsarbeit gegen die neudeutsche Vergessenskultur zu lesen. Dabei geht der Autor bis an die Grenze des Nachvollziehbaren. Braun beruft sich auf Peter Weiss: 'das absolut nonkonformistische, das Anormale, in dem sich vielleicht einmal die wahre Vernunft zeigen wird'.[33]

Das ist der Punkt, von dem aus die Gedichte zu glänzen anfangen können: in eben dieser Zusammenfügung des absurd Erscheinenden, des Inkommensurablen, das aber das Lebendige einschließt und es ermöglicht. Brauns Gedicht knüpft an die Grabungsarbeit an, die den Gedichtband *Tumulus* zentral bestimmt. Aufschlussreich ist in diesem Zusammenhang die Bemerkung Brauns, wonach '*Tumulus* [...] auch der vierte Teil von *Stoff zum Leben* (sei). Der Stoff wird aus den Gräbern geholt.'[34] Poetologisch ist sich Braun weitgehend treu geblieben. Schon seit langem war der Bruch, die Störung, die Zersplitterung und Stimmenanreicherung des Materials, die Selbstzitierung aus älteren eigenen Werken vorgängiges Prinzip einer prozesshaft ausgestellten Arbeit der lyrischen Subjektivität. Seit Ende der siebziger Jahre mutete Braun diese Arbeit gegen die Deckgebirge der Ideologien seinen Lesern zu, einschließlich des Schmerzes, der mit der Verdunkelung seiner Hoffnung auf eine andere Gangart in der Geschichte verbunden war. Und diese Zumutung war stets glaubhaft existentiell begründet. Bereits im Rimbaud-Essay ließ er wissen:

> Freunde und Feinde warten auf meine endgültige Reise ins Aus, den Abgang vom Gerät. Sie sagen ihn voraus als die Konsequenz: die Zerreißprobe endet. [...] Aber ich bin nicht nur das zerrissene Fleisch, ich bin es auch, der es zerreißt. Ich entkomme nicht, es sei denn über die eigene Grenze.[35]

Wo ist diese nun? Braun setzt gleichsam zurück zu den von Bahro inspirierten Überlegungen im Umkreis seines Stückes *Großer Frieden*, nur ohne einen anderen Ausgang zu akzentuieren: 'Eine Umwälzung, die nicht den Grund berührt, der die Arbeit ist, versumpft und findet sich wieder in alter Geschichte.'[36]

In einem bereits 1981 geschriebenen 'Traumtext' imaginiert er, ungeschützt durch hoffensträchtige Einreden, diese Versumpfung, besser: dieses Sedimentierungsgeschehen von Menschheitsgeschichte zu Boschhafter Aber-Natur ohne Höllenausgang:

> Als sie fort sind, nimmt die Landschaft, in die ich falle, kalte, große Dimensionen an. Felswände, dunkle Winkel, zahllose knirschende Brücken und Räderwerke, die ich mit Interesse betrachte; gefährliche Leitern und rostige Eisenträger, über die ich balanciere, Geröll, Stacheldraht, überall tropfender

Schleim. [...] Das Gebirge, das ich für unnahbar hielt, erkenne ich als die geronnenen und kommunen Strukturen der Geschichte. Ich finde sie wie beschrieben, verwittert, grotesk. Mich erfüllt plötzlich eine kalte ruhige Freude.[37]

Die Bildwelten, in die das Ich nun taucht, grundierten etliche Texte der achtziger Jahre.[38] Diese Umorientierung auf die systemübergreifende zivilisatorische Megamaschine sieht er nach 1989 durch den Gang der Vereinigungs-Dinge nach dem kurzen Herbst der Anarchie bestätigt.

Noch einmal beginnen, mein Leben beginnen. ÜBER DIE GRENZE GEHEN. Mit ihr leben. Es ist ein Traum, nicht wahr. Die bessere Welt ist, wo man kämpft[39],

lässt er die Figur des Wilhelm, bevor dieser stirbt, im Stück *Die Über-gangsgesellschaft* (entstanden 1982) sagen. Ende der neunziger Jahre muss sich Braun fragen: 'Das Gefühl, daß sich das Leben in Pornografie verwandelt, oder was ist das, wenn keine Kämpfe mehr stattfinden.'[40]

Brauns Grundthema von Jugend an, die Demokratisierung hochgradig autoritärer, parasitärer Gesellschaften, ist ja mitnichten erledigt, denn feudaler Staatssozialismus und high-tech-Kapitalismus beruhen beide auf der Unterwerfung der inneren und äußeren Natur des Menschen, der Fetischisierung entfremdeter Arbeit, der Spreizung von Verstand und Vernunft in instrumenteller Rationalität und Humanitätsdefiziten. Braun: 'Es kann kein Zufall sein, dass die eine Gesellschaft die andere in Grün ist und sich unsere Erfahrungen ähneln wie ein Überraschungsei dem anderen.'[41] Dieser fastfröhliche Sarkasmus allerdings ist auch Untertreibung; denn das Entsetzen, die Wut und die Trauer schlagen in etlichen Gedichten der neunziger Jahre zu Buche.

Und das Spiel ist gelaufen. Im übrigen bin ich der Meinung
Daß der Sozialismus zerstört werden muß, und
Mir gefällt die Sache der Besiegten,

endet cato'sch ein Gedicht aus den frühen neunzigern, 'DAS THEATER DER TOTEN',[42] das nicht in *Tumulus* aufgenommen wurde. Die Arbeit nun heißt Archäologie: 'Wenn die Ideen begraben sind, kommen die Knochen heraus.'[43] Kein Zufall, dass es zwei Groß-Topoi sind, die zentrale Stellung im Band einnehmen: der des Begrabenwerdens (bzw. -seins) ('Tumulus', 'Plinius grüßt Tacitus', 'Das Nachleben') und der der Tötungsmaschinen ('Schreiben im Schredder', 'In der Strafkolonie'). Der Trick: Hier wird die Haltung eines Untoten, lebendig Begrabenen eingenommen, eines 'Verrückten / aus der Vorzeit, die die Hoffnung kannte.'[44] Eine Autorposition, die sich gar nicht so erstaunlicherweise variiert auch bei anderen Lyrikern, Heiner Müller, Harald Gerlach, Karl Mickel oder bei Wilhelm Bartsch findet.[45]

Geschichte wird zum Geschichteten der Ablagerungen früheren Lebens, Liebens – und Sterbens, zum 'tektonischen Vorgang, als [...] Vorgang in der Tiefe'.[46] Bereits in seiner Leipziger Poetik-Vorlesung in der Umbruchszeit 1989 hat Braun die Arbeit des Dichters auf den Punkt zu bringen versucht, dieses 'Geschichteten' habhaft werden zu können:

> es läßt sich aber ein Verfahren denken, das einen überlegten Abstieg in diese Tiefe vollzieht, so daß wir die Augen aufbehalten und die ganze Mächtigkeit der Formation wahrnehmen
>
> ein archäologisches,
> erkundendes Verfahren
>
> die Deckgebirge des Scheins abtragend
> Schicht für Schicht aufdeckend
> immer tiefer grabend[47]

Es ist, nicht zuletzt für das Verständnis von 'Andres Wachtlied', außerordentlich aufschlussreich, dass Braun in diesem Zusammenhang gehäuft begriffliche Anleihen an dem Fachwortschatz aus Geographie, Mineralogie oder dem Bergbau nimmt. Braun im Interview 1999:

> Es wäre zu fragen, wie weit wir herausgetreten waren aus dem Alten, ob das ein Schritt aus der Formation hinaus war. Es war die gleiche Art des Produzierens. Insofern ist Rückkehr, Restauration nur bedingt richtig. Auch das Alte ist sich nicht gleich geblieben, und wir bewegten uns im Großen in demselben Gemenge. Es ist dasselbe Sediment, in dem wir wühlen. Man muß das ohne Aufregung sehn. Diese Sonden, Gänge, die da geschaufelt werden, die nicht bloß brachiale, die auch feine und noble Episoden waren – dies alles bleibt merkwürdig und wird für alle Zeiten ein Gegenstand des Betrachtens sein. Diese Versuche, sich herauszuschlagen, die in tiefere Löcher führten oder schmerzlich versackten. Es war, es ist das bürgerlich-proletarische Zeitalter mit seinen utopischen Querschlägen im tauben Gestein.[48]

Das Einspeisen naturwissenschaftlicher Begriffe als Embleme in geschichtsphilosophisches Reflektieren, das Braun seit *Bodenloser Satz* forciert, erlaubt es ihm zudem, sein radikalisiertes Natur- mit dem Gesellschaftsverständnis zusammenzudenken. Immerhin beendete Braun die Rede zur Verleihung des Büchner-Preises mit den Sätzen: 'Wie lange hält uns die Erde aus / Und was werden wir die Freiheit nennen?'[49] In diesem Kontext erhält die spekulative 'Wachtlied'-Erwägung, das Meer stiege wieder zum Rennsteig, weitere Plausibilität:

> Was interessiert, ist nicht Geographie, sondern Geologie. Die Erfahrung wird uns zuteil im Moment, wo ihr Grund versinkt. In der Niederlage, wo die

Einbildungen versickern. Eine Verwerfung der Geschichte von Grund aus mit Grund, die die Figuren verwandelt.[50]

Diese Geste sarkastischer Erhabenheit ist ein Grundzug in Gedichten und Gesprächsäußerungen Brauns – 'Der Kannibalismus unter Galaxien'[51] – wirft der Gesprächspartner auf Dieter Schlenstedts Bitte um 'Themenwechsel' ein. Es ist dabei eher die dem Erhabenen benachbarte Kategorie des Grotesken denn die Peilung skurrilen Humors, die Braun interessiert, auch wenn er kundgibt:

> Es ist jetzt unsere Niederlage, die wir errungen haben, mein Gelingen, das ein Scheitern ist, unsere nicht ohne Gelächter zu rekapitulierende Lage. [...] Wo ist [...] der *heimische Boden*, um Stellung zu nehmen, nachdem die Fronten verlassen sind, Ost/West, aber die Kämpfe, die Unterwerfungen weitergehn als Geschäft des engineering instruction.[52]

Der unheimliche Boden ist nun z.B. ein vor 5000 Jahren für einen Hochgestellten errichteter bretonischer Totenhügel. Topographische Punkte, aber auch Landschaften sind für Braun fast immer symbolische, geschichtsphilosophisch aufgeladene Topoi, so auch hier. Nur dass es nicht mehr Chiffren von möglicher Emanzipation ('Vom Besteigen hoher Berge', 'Höhlengleichnis'[53]), sondern Grabstätten der Hoffnung sind: Auffällig deshalb die Neigung zum Zusammenziehen wenig kommensurabler Ereignisse, die allein verbindet, dass sie den Beteiligten als Geschichte machende Einschnitte unmittelbar bewusst wurden: Etwa die Seeschlacht im Gallischen Krieg und der Fall der Mauer in 'Der Totenhügel'.[54] Das Gedicht besitzt eine Mittelachse, auf der chiastisch Einzelleben und Schicksale von Weltreichen gekreuzt werden. In diesem Gedicht und vergleichbaren Gedichten mittlerer Länge in *Tumulus* wie 'Abschied von Kochberg', 'Das Magma in der Brust des Tuareg' oder 'Nach dem Massaker der Illusionen'[55] situiert Braun jähe Momente des Eingedenkens. Die üblichen harten Schnitte zwischen Wahrnehmung, Reflexion, Zitat bzw. Selbstzitat fungieren als Verdichtungsmomente (zumeist eines Erschreckens) wie auch rasche Wechsel der Perspektiven und Rollen: 'Identitätstausch'[56] ist in dieser Hinsicht ein aufschlussreiches Signalwort. Nun resultiert der Verlust der 'Zentralperspektive' nicht aus den neunziger Jahren, aber sie blieb gleichsam ein Bezugspunkt, an dem sich das Ich in seiner Multiperspektivität abarbeiten konnte: Im 'Auf-Sich-Geworfen-Sein' fehlt jetzt gleichsam das Gegenüber der Balancemöglichkeit:

> *Ein Riß*
> *In der Existenz* [...] Das Minenfeld
> Deiner Kompromisse
> Geht langsam hoch. Passé
> Politisches Tier

Vergiß die Witterung des Ziels.
Abgewickelt
    ausgeschieden
        verrutscht
Ohne Zentralperspektive
    Fällt dein leichter Leib durch den Rost;
    PARTEI UND STAAT, der kurze Abgang
      Der Seilschaft
        Von der Eifer-Nordwand[57]

Was aber bei Braun nie verloren geht, ist die elementare Genussfähigkeit, der Trotz der Lebenskräfte gegen die Zumutungen der Zurüstungsapparate. Diese unverkapselte Lust, durch die Lebensstufen hindurch bewahrt, das erscheint ihm im Gegensatz zu den monströsen Gesellschaftsbauten als das 'Normalste' auf der Welt und somit als 'fortgesetzter Widerstand':[58] die Sehnsucht nach Leben, Freude, Sinnlichkeit, Genuss nicht der Macht, sondern der Gleichheit im Austausch von Gedanken, Bestätigungen, Körperflüssigkeiten und Berührungen, der anderen 'Dickichtschauer / Die du aus Adern wässerst', um ein letztes Mal auf 'Andres Wachtlied' zurückzukommen. Weil, wie Hans Kaufmann 1999 anmerkt, 'was ihm durch den Kopf gegangen ist, ist ihm auch durch Mark und Bein gegangen.'[59] Das Gedicht 'Weststrand' endet mit Versen, deren Motivik nicht von ungefähr an eines der fröhlicheren Gedichte aus den frühen siebziger Jahren erinnert: 'Die Austern':[60]

      Sie schlürfen die Muscheln
     Eine Nacht nach der andern
   Betäubt mit Zitronen
Und ich hoffte wieder, mich der Dinge
   Die mich treffen
    Ein Erwählter
     Würdig zu zeigen.[61]

Anmerkungen

[1] Wolfgang Fritz Haug, 'Roter Orpheus, taube Zeit', in: *Volker Braun Arbeitsbuch*, hg. v. Frank Hörnigk, Theater der Zeit / Literaturforum im Brecht-Haus: Berlin, 1999, 80-83, hier 80.

[2] Ebd., 81.

[3] Volker Braun, 'Andres Wachtlied', in: *Jahrbuch der Lyrik 2001*, hg. v. Christoph Buchwald und Ludwig Harig, C.H. Beck: München, 2000, 24-26.

[4] Erste Anregungen hierfür erhielt ich während einer Tagung in Vlotho 2000, die sich dem Werk Volker Brauns widmete, vor allem von Wilfried Grauert und Katrin Bothe.

[5] Johann Wolfgang von Goethe, *Faust. Eine Tragödie*, in: *Goethes Werke. Hamburger Ausgabe in 14 Bänden*, hg. v. Erich Trunz, Christian Wegner: Hamburg, 1948ff., Bd. 3, 279.

[6] Joseph von Eichendorff, 'Auf der Feldwacht', in: Eichendorff, *Werke*, Winkler: München, 1970ff., Band 1, 163-164.

[7] Volker Braun, *Die Verhältnisse zerbrechen. Rede zur Verleihung des Georg-Büchner-Preises 2000*, Suhrkamp: Frankfurt/M., 2000 [= Sonderdruck edition suhrkamp], 19-30, hier 26.

[8] Georg Büchner, 'Woyzeck. Erste Fassung. Szenengruppe 2', in: *Sämtliche Werke und Briefe, Historisch-kritische Ausgabe mit Kommentar (Hamburger Ausgabe)*, hg. v. Werner R. Lehmann, Christian Wegner: Reinbek, 1967-1971, Bd. 1, 156.

[9] Ebd., 168.

[10] 'Schichtwechsel oder Die Verlagerung des geheimen Punkts. Volker Braun im Gespräch mit Silvia und Dieter Schlenstedt', März 1999, in: *Volker Braun Arbeitsbuch*, 174-188, hier 176-177.

[11] Volker Braun, *Großer Frieden,* in: *Im Querschnitt. Volker Braun*, Mitteldeutscher Verlag: Halle; Leipzig, 1978, 229-292, hier 292.

[12] Volker Braun, 'Material V: Burghammer', in: Braun, *Langsamer knirschender Morgen*, Mitteldeutscher Verlag: Halle; Leipzig, 1987, 33-36, hier 35.

[13] Vgl. etwa die 'Fanfarisierung' des Wortes 'Solidarität' in die Bedeutungsverkommenheit am Ende von 'Der Frieden': 'DIE SOLIDARI / TÄTERÄTÄH'. Doch sind solche Operationen an den Wortkörpern bisher die große Ausnahme gewesen.

[14] Bertolt Brecht, 'Der Einarmige im Gehölz', in: Brecht, *Gedichte*, Bd. VII, Aufbau: Berlin; Weimar, 1969, 18.

[15] Ebd.

[16] Martin Walser, 'Erfahrungen beim Verfassen einer Sonntagsrede', Suhrkamp: Frankfurt/M., 1998, 17.

[17] Volker Braun, 'Schiff im Land', in: Braun, *Lustgarten. Preußen.* Ausgewählte Gedichte, Suhrkamp: Frankfurt/M., 1996, 11-14.

[18] Volker Braun, 'Vom Besteigen hoher Berge', in: Braun, *Training des aufrechten Gangs*, Mitteldeutscher Verlag: Halle (Saale), 1976, 34-35.

[19] Volker Braun, 'Material VIII: Der Eisenwagen', in: *Langsamer knirschender Morgen*, 49-53.

[20] Volker Braun, 'Das gebremste Leben', in: *Langsamer knirschender Morgen*, 42-43.

[21] Volker Braun, 'Abschied von Kochberg', in: Braun, *Tumulus*, Suhrkamp: Frankfurt/M., 1999, 20.

[22] Volker Braun, 'Definition', in: *Training des aufrechten Gangs*, 59.

[23] Volker Braun, 'Ein Ort für Peter Weiss', in: Braun, *Wir befinden uns soweit wohl. Wir sind erst einmal am Ende. Äußerungen*, Suhrkamp: Frankfurt/M., 1998, 164-174, hier 168.

[24] Vgl. Johann Wolfgang von Goethe, 'Über den Granit', in: *Goethes Werke. Hamburger Ausgabe*, Bd. 13, 255-256.

[25] Ebd.

[26] Johann Wolfgang Goethe, 'Harzreise im Winter', in: Goethe, *Berliner Ausgabe, Poetische Werke*, hg. v. Siegfried Seidel, Aufbau: Berlin; Weimar, 1965, Bd. 1, 316-318, hier 318.

[27] Vgl. z.B. Volker Braun, 'An Friedrich Hölderlin', 'Im Ilmtal', in: Braun, *Gegen die symmetrische Welt*, Mitteldeutscher Verlag: Halle; Leipzig, 1974; 'Zu Hermlin, Die einen und die anderen', 'Zu Brecht, Die Wahrheit einigt', in: *Training des aufrechten Gangs*; 'Bericht über Iwan Ossipow. Nach Angaben Komarows', 'Lessings Tod', in: *Langsamer knirschender Morgen*, u.v.m.

[28] Johann Wolfgang von Goethe, 'Prometheus', in: *Berliner Ausgabe*, Bd. 1, 327-328, hier 327.

[29] Vgl. Paul Celan, 'Todesfuge', in: Celan, *Gedichte in zwei Bänden*, Suhrkamp: Frankfurt/M., 1975, 39-42.

[30] Goethe, 'Harzreise im Winter', 318.

[31] Ebd., 316, 318.

[32] 'Andres Wachtlied', 26.

[33] 'Ein Ort für Peter Weiss', 171.

[34] 'Schichtwechsel', 177.

[35] Volker Braun, 'Rimbaud. Ein Psalm der Aktualität', in: Braun, *Verheerende Folgen mangelnden Anscheins innerbetrieblicher Demokratie*, Reclam: Leipzig, 1988, 95-120, hier 101.

[36] Volker Braun, 'Die Müdigkeit beim Gedanken an die Macht', in: *Wir befinden uns soweit wohl*, 117-119, hier 118.

[37] Volker Braun, 'Traumtext', in: *Verheerende Folgen ...*, 74.

[38] Vgl. z.B. die Schlusssequenzen von 'Der Eisenwagen' oder das Teilstück 'An der armorikanischen Küste' im 'Rimbaud-Essay'.

[39] Volker Braun, 'Die Übergangsgesellschaft', in: Braun, *Stücke 2*, Henschel: Berlin, 1989, 144.

[40] Volker Braun, 'Traumtext', in: *Tumulus*, 7-9, hier 8.

[41] 'Die Müdigkeit beim Gedanken an die Macht', 119.

[42] Volker Braun, 'Das Theater der Toten', in: *Lustgarten. Preußen*, 146.

[43] Volker Braun, 'Nach dem Massaker der Illusionen', in: *Tumulus*, 28; siehe auch: *Die Verhältnisse zerbrechen*, 25.

[44] Volker Braun, 'Das Nachleben', in: *Tumulus*, 14.

[45] Vgl. Heiner Müller, 'Fremder Blick: Abschied von Berlin' (287), 'Und gehe weiter in die Landschaft' (309), in: Müller, *Werke 1. Die Gedichte*, Suhrkamp: Frankfurt/M., 1998; Karl Mickel, 'Grabung', in: *Jahrbuch der Lyrik 2001*, 24; Harald Gerlach, 'Orte', in: Gerlach, *Nirgends und zu keiner Stunde. Gedichte*, Aufbau: Berlin, 1998, 5; Wilhelm Bartsch, 'Verlorene Erde. Nach Walter Bauer', in: Bartsch, *Gen Ginnunga-gap. Gedichte*, Mitteldeutscher Verlag: Halle (Saale), 1994, 14.

[46] 'Schichtwechsel', 181.

[47] Volker Braun, 'Leipziger Vorlesung', in: *Wir befinden uns soweit wohl*, 29-50, hier 46.

[48] 'Schichtwechsel', 183.

[49] *Die Verhältnisse zerbrechen*, 30.

[50] 'Schichtwechsel', 182.

[51] Ebd., 185.

[52] 'Ein Ort für Peter Weiss', 169-170 [Hervorhebung im Original].

[53] Vgl. Volker Braun, 'Vom Besteigen hoher Berge' (34), 'Höhlengleichnis' (60), in: *Training des aufrechten Gangs*.

[54] Volker Braun, 'Der Totenhügel', in: *Tumulus*, 16.

[55] Volker Braun, 'Abschied von Kochberg' (20); 'Das Magma in der Brust des Tuareg' (24); 'Nach dem Massaker der Illusionen' (28), in: *Tumulus*.

[56] 'Das Magma in der Brust des Tuareg', 24.

[57] Volker Braun, 'Der Weststrand', in: *Lustgarten. Preußen*, 149-158, hier 151.

[58] Hans Kaufmann, 'Fortgesetzter Widerstand', in: *Volker Braun Arbeitsbuch*, 74.

[59] Ebd., 76.

[60] Volker Braun, 'Die Austern', in: *Gegen die symmetrische Welt*, 11.

[61] 'Der Weststrand', 155.

Ruth J. Owen

Time in Volker Braun's Poetry

In Braun's pre-unification collections, the present predominates grammatically and structurally and it is exalted metaphorically as a peak of restlessness, culinary adventure, or sublime revelation. Drawing together chronologically disparate poems to conceive of them as parts in a long-term *Auseinandersetzung* with the nature of time, this essay examines how Braun variously inscribes the temporal moment. Readings of five poems spanning the period between 1964 and 1996 – 'Könnt ich die Augenblicke leben', 'Die Austern', 'Der Mittag', 'Das Nachleben' and 'Der Reißwolf' – reveal contrasting constructions of the bodily experience of time in terms of presence and absence. They also posit relationships between time and the work of art which indicate a radical poetological shift after Germany's unification of 1990.

In the final volume of Volker Braun's *Texte in zeitlicher Folge*, a note by the author intimates that Germany's unification in 1990 rendered some of his works anachronistic and even incomprehensible: 'Der Wechsel der Zeiten hat die Texte verfremdet. […] Für den heutigen Markt hätte ich nicht die Masse Papier bedruckt: sondern gefragt, was jetzt begreiflich ist.'[1] According to this statement, the present can invalidate writing which at other times would be valid: Braun points to unification as an end-point for at least some texts.[2] One reason why 1990 could be perceived as so corrosive of comprehensibility was precisely because the pre-unification 'Wende' period had appeared to be the culmination of Braun's literary project, its 'right' time. A year prior to unification, he had been re-publishing or re-presenting poems decades after they were written: they seemed apt and applicable to a greater extent than ever before.[3] Looking back to the Alexanderplatz rally of that time, Braun stated, 'Die Zeit war da, auf die viele von uns, Lebende und Tote, hingearbeitet haben'.[4] These words, addressed to fellow writers at the March 1990 'Schriftstellerkongreß', express a sense of literature as directed towards a specific era, which seemed to be coming into being at the 'Wende'. Braun had long regarded poetry as fundamentally related to an incipient future: twenty years before, in another speech to the 'Schriftstellerverband', 'Wie Poesie' (III, 293-299), he made this connection: 'Die Poesie […] schreibt sich also nicht aus Vergangnem her sondern aus dem Zukünftigen, das in den wirklichen Beziehungen schon enthalten ist.' (III, 298-299)

This sourcing of poetry in the future was not superseded until an interpretation of the early 'Wende' movement as a manifestation of poetry:

> Nun müssen wir Poesie nicht aus der Zukunft reißen. Wir erleben, wie sie in
> unserem Augenblick geboren wird, nicht nur als scharfer Text der Tafeln und
> Transparente, mehr noch im Grundgefühl des Anspruchs auf Austrag der
> Widersprüche, auf das Ende der Schrecken im Vorschein der Schönheit, den
> unsere Demonstrationen machen.[5]

In this view, the 'Wende' was fundamentally poetical, a present full of
poetry. When the 'Wende' passed, however, many texts seemed (if only to
Braun himself) to have been undermined. Unification obviously changed
fundamentally the conditions of literary production and reception in
Braun's Germany. Even prior to this however, his re-writing of existing
poems (as exemplified by some of the poems discussed below), the
publication of different versions at different times, indicates an erosion of
extant texts over time and the poet's compulsion to re-construct or
supplement them.

The tension between what is temporary or provisional ('Vorläufiges') and what endures ('Bleibendes') is not only contextual however,
but also a recurrent theme of Braun's poetry itself. It is memorably
addressed in the 1962 poem 'Vorläufiges' (I, 61), where the voice of
future writers is posited.[6] Writers' roles are presented here as a function of
time. In part this can be seen to follow the lyric 'wir' of Brecht's poem
'Vom armen BB' who declares, 'Wir wissen, daß wir Vorläufige sind /
Und nach uns wird kommen: nichts Nennenswertes'.[7] In Brecht's poem
this is a 'wir' of urban, middle-class gentlemen looking forward, whereas
in Braun's poem the 'wir' are writers in the future looking back at writers
of the present. Braun's third and fourth stanzas compare 'ihr' and 'wir'
and, at the close of the poem, the writing 'wir' of the future announce to
the present writers who precede them, 'Und auch ihr werdet für die
Befreiung der Menschheit schreiben und für ihre Qual: / Weil sie nur
vorläufig ist, werdet ihr Vorläufige sein'. Due to a dynamic social course,
writers are not writing for posterity then – the poem cannot defy time in
this sense – but the lyric perspective can usefully look back at the present
from the future, thus defying time in another sense.

The tension between 'Vorläufiges' and 'Bleibendes' is also more
generally manifest where Braun's poems are structured by repetitions of
'noch' or 'jetzt' (for example 'noch' in 'Schlacht bei Fehrbellin' [I, 57] or
in 'Meine Damen und Herrn' [I, 72] and 'jetzt' in 'Vom Bestiegen hoher
Berge' [V, 81]). Time is always divided in such poems; there is a constant
assessment of progress, the present ever measured against other times.
This essay will focus on five poems which not only have time as a central
and directly treated theme, but suggest quite different perceptions of time

and different strategies for writing it. Braun's note 'Eine große Zeit für Kunst?' (I, 238-246) of 1966 links the motion of reality to poetic structure: 'Die Gesetze der Bewegung der Wirklichkeit müssen Gesetze des strukturellen Aufbaus des Gedichts sein'. This can be interpreted as the antithesis of Günter Eich's aspiration, expressed in a note written in 1968, to write 'Gedichte ohne die Dimension Zeit'.[8] Braun's numerous lines which commence with 'noch' thus reflect in the structure of a poem the degree of continuity amid an ongoing process of change. Likewise, inescapable repetitions of 'jetzt' insist on divergences from a past reality and from a future reality. The predominant mode is one of restlessness. Braun's note suggests too a reason for some poems being re-written, namely to express the present speed of time, its relative stagnation or its acceleration for instance, in poetic structure itself.

Sensitivity to time as a continuum of units is articulated in an early love poem which exists in two versions, a rhyming version 'Könnt ich die Augenblicke leben' (I, 67-68) from the 'Annatomie' cycle of 1964, and 'Die Augenblicke' (III, 88-89) of 1965 in which end-rhymes and stanza breaks have been removed. The formal changes of the later version lessen repetition and patterning, evoking a loss of control and a wilder pace. The switch from the sea to the river as an image of the summer is paradigmatic for the more pronounced flow and movement in the second version.

> KÖNNT ICH DIE AUGENBLICKE leben, nicht nur den Tag.
> Den Tropfen Tag, der mir zerspringt
> Nicht nur das Meer des Sommers. O sinkt
> Stunden, nicht weg unter der Jahre Trommelschlag.
>
> Könnt ich in dir dich lieben: nicht aller Fraun
> Fleisch unter deinem Fleisch. Dein Wort
> Verstehn: im Schrei der Million. Nicht auf dir fort-
> Treibend starr zu allen Stirnen und Schenkeln schaun.
>
> Ah alle Sekunden verlassen mich. Nur das Leben rast ganz durch mich.
> Auf das Grün malt sich künftiger Zeiten Rot.
> Und weg fallen die Blätter, alle, in Kot.
>
> Ich reiße die Zeit mir her, in der wir uns alle lieben. So hart
> Bin ich gegen mich: ich verzichte täglich auf dich.
> Und mit dir verliere ich alles, die Gegenwart.

Die Augenblicke

Könnt ich die Augenblicke leben, nicht nur den Tag.
Den bloßen Tag, der mir zerläuft
Nicht nur den Fluß des Sommers. Sinkt
Stunden, nicht weg mir unter der Jahre Trommelschlag. Und
Könnt ich in dir dich lieben: nicht aller Fraun
Fleisch unter deinem Fleisch. Deine Sprache
Verstehn: im Schrei der Million. Nicht auf dir fort-
Treibend starr zu allen Stirnen und Schenkeln sehn.
Ah alle Sekunden verlassen mich. Nur der Sommer rast ganz durch mich.
Und weg fallen die Blätter, alle. Ich reiße
Die Zeit mir her, in der wir uns alle lieben. So hart
Bin ich gegen mich: ich verzichte täglich auf dich.
Und mit dir verliere ich alles, auch mich.

This poem (in either version) laments an inability to live in the smallest particles of time, such as moments and hours.[9] The first image of time as a sea or a running river develops with the use of watery sibilants in lines 2-4 and is thus recalled with the resurgence of sibilants in lines 6-9. The second image of time as a drumbeat can be linked to the irregular rhythm which pulses through the poem in fits and starts: use of mid-line caesuras, along with enjambment (most pressingly across lines 7-8), repetition, and 'und' to counteract line breaks, makes the rhythm frantic. Lines 1 and 5 recoup the conventional link between 'leben' and 'lieben' through the parallel structuring of 'Könnt ich die Augenblicke leben' and 'Könnt ich in dir dich lieben'. This poem classifies life in terms of temporal units – the moment, the day, the summer – of which only the larger units are perceptible to the lyric subject. Such a hierarchy of temporal divisions is set in parallel with the 'units' of love, which comprise the 'du', womankind, and human speech, respectively. As the summer can only be experienced whole, so the beloved 'du', a particle of love-experience equivalent to the temporal moment, is imperceptible: only the female body can be experienced, not a particular individual's body. Thus one of the fundamental conventions of the lyric poem, namely an 'ich' declaring love for a 'du', is deemed impossible here. In line 9, the human seems to be stationary and time is an external force which rushes up and through one. Units of time are the active grammatical subject in this line of the poem and the human is twice a sentence-ending object, here rueing abandonment by the seconds as though they were past lovers. Within two lines the subject-object relationship is reversed, however: 'Ich reiße / Die Zeit mir her' establishes the human subject as taking control and choosing love for all over 'du' or indeed over 'ich'. This choice, the privileging of the collective over the individual, correlates with a privileging of one time over another, as well as with the unsought inability to experience the small units of time individually. Reality here lies not in the single moment, only the collected moments, not the single day, only the collected days, not the single 'wir' of 'du' plus 'ich', only the collective 'wir alle'.

In contrast to the missed moments of 'Die Augenblicke', the poem 'Die Austern' (IV, 74-75) of 1973 is a paean to the single moment. The wish 'Könnt ich die Augenblicke leben' is realized in 'Die Austern'. Indeed, the transitory moment of sensation seems to be the definition of 'wirklich leben' as it is alluded to in the opening line of this poem.

Die Austern (Für Alain Lance)

Ich lebe nicht oft wirklich, du seit Stunden
In meiner Küche brichst die eingereisten
(Mit viel Papieren) Austern auf, und mit
Schmerzender Hand in dem Plasteschurz

Singst du. Und die Wolfs, an nichts mehr
Denken die da als ans Fressen, was sie
Wie alles, gründlich tun. Das sind noch Menschen.
Und ich, mit viel Zitrone, betäube

Die nackten Tierchen erst und meinen Gaumen
Und schlucke mutlos, während du zwei Dutzend
Schlürfst mit Wollust und Ekel, diese kleinen
Fotzen der See. So, sage ich nun, das

Leben zwischen Gier und Abscheu
Zergehen lassen auf der Zunge, ja.

The two opening phrases – 'Ich lebe nicht oft wirklich' here and 'Könnt ich die Augenblicke leben' of the previous poem – both use 'leben' to refer to being fully alive as opposed to merely existing. Whereas sexual love demolished the experiencing of life in the previously discussed poem, here the casual sensuality of eating ('Fressen') epitomizes what it is to live and be fully human, 'noch Menschen'. Lacking investment in either the past or the future, this is a concentration of experience in the moment. The human subject is metonymically a mouth, 'Gaumen' and 'Zunge', organs for tasting and for speaking. This poem plays humorously with sexual allusion where the oysters, traditionally aphrodisiac food of course, are designated 'nackte Tierchen' and 'Fotzen der See', but the experience here is not exclusive to a 'du' and an 'ich' but social and shared (with 'die Wolfs'). Brecht's song line 'Erst kommt das Fressen' is cast in a new light by the presentation of 'Fressen' in this poem, as celebrating momentary taste on the tongue.[10] Sensation can be a poetological principle too: like an oyster, broken open and consumed, the poem dissolves on the tongue. Retarding elements, such as the parenthetical phrase in line 3 or 'die da' in line 6, suggest a savouring of language. The moment in this poem is about a sensory experience of the material, a celebration of the culinary appreciation which Brecht designated unfruitful and second-rate.[11]

The poem 'Der Mittag' (V, 61-62), written in 1975, asserts a more mystical link between the moment and 'leben': the subjective perception of time articulated in this text suggests a stretching of the moment so that it becomes a version of Goethe's 'eternal' moment.[12] A lone lyric 'ich' undergoes a secularised epiphany (emphasized by the repeated allusion to truth). That is, the midday which penetrates the concrete walls and floods the chairs, as a supernatural force, brings an 'Erscheinung / Aus Jahren und Schrecksekunden' – time as an apparition.

Der Mittag

Ich liege nackt auf dem Laken
Mit meinem müden Gesicht, meinen Händen
Meiner unwirschen Brust
Auf einem weißen Laken im Mittag
Der durch die Betonwände schießt
Und meine Stühle überflutet, meine leeren Schuhe
Überrascht von einer plötzlichen
Atemlosen Erscheinung
Aus Jahren und Schrecksekunden, ich liege nackt
Und überströmt, ein alter Mann
Von Erinnerungen und Formularen
Und kenne nicht Tier noch Mensch
In ihrer strengen Unterscheidung
Noch die Beamten und die Zensuren
Der höheren Vernunft
Bin ich von Sinnen? oder im Gegenteil
Ich fühle mich leben
Weit entfernt von den vorgedruckten
Versammlungen und vollsynchronisierten Berichten
Da bin ich gestorben, das ist die Wahrheit

> Und ihr seid es für mich
> In den unterwürfigen Tänzen
> Die das Fleisch gefrieren lassen
> Aber ich fühle mich leben, weit entfernt davon!
> Meine Artgenossen, das ist die Wahrheit
> An diesem plötzlichen Mittag
> Der mich durchstürzt
> Und ausräumt, in meiner Abwesenheit
> Auf einem weißen Laken
> Und ausfüllt mit seiner leuchtenden
> Klarheit.

Epiphany here is the product of the interaction of the naked body – the face, hands, breast of the opening lines – and time. The stand-alone declaration of line 17, 'Ich fühle mich leben' (which is repeated seven lines below), pinpoints the effect of the intense expanded moment. The antithesis of this vital feeling is described in temporal terms too – 'vorgedruckt' and 'vollsynchronisiert' characterize the deathly. The life-giving time, midday, has a spatial impact, removing the 'ich': this displacement is emphasized through the repetition of the phrase 'weit entfernt' and because the absence of the lyric subject is the condition for the 'Klarheit' alluded to at the poem's close. That clarity belongs to the midday, as the possessive pronoun declares. An old man, the lyric subject, is completely alone, rather than engaging the human contact described in 'Die Augenblicke' or 'Die Austern': the sole interaction is with time itself, 'dieser plötzliche Mittag / Der mich durchstürzt / Und ausräumt'. Time falls through the lyric 'ich' and empties out the social identity, to bring a clarity and primal peace that is represented by the white sheet. In its allusion to another reality and a fulfilled present, this poem relates to Braun's statement 'Wie Poesie?' (III, 293-299) of 1970:

> Er [der poetische Vorgang] schafft uns eine neue Wirklichkeit – wie schon die Notierung eine scheinbare Wirklichkeit enthält –, aber sie läßt uns frei. In ihr können wir andre sein und doch wir selber, wir können Möglichkeiten durchspielen und mit uns umgehn, Ungewohntes erproben und andere Bedürfnisse mitleben, also: wir können uns verhalten. Das ist es, was das Gedicht auslöst: es löst uns von unsrer alten Existenz. Wir gehn über uns selbst hinaus, wir werden reicher. Wir fühlen unsre Wesentlichkeit. (III, 295)

As in the epiphany poem 'Der Mittag', 'fühlen' is key here: writing engenders a new feeling, enacting something 'other' but also allowing one to become more fully oneself, that is to recover identity, in particular by rehearsing new possibilities.

That poetological principle of non-fixity, of the poem as a liberation from an old existence, is inverted in Braun's poem 'Das Nachleben' (IX, 60-62). Earlier anxiety about what is fixed and finished, the rejection of atemporality, is superseded in this 1988 text by the pursuit of preservation and petrifaction. Whereas in the 1975 poem 'Die Grenze' (VI, 70-71) there is a horror of 'Gips in dem Hals' and of a 'Kopf voll Zement', now a plaster cast is not imposed by 'Polizisten' but sought by the subject and applied to the body by an artist. The title 'Das Nachleben' itself points to new concerns: firstly, not life itself but an afterlife and secondly, artwork as a mimetic representation, modelled on life. The mask is atemporal, surviving for posterity, but it also defies time in a less obvious sense: it makes being seen by future generations possible now. 'Ich fühlte jetzt die Nachwelt auf mich starren' reinvents the moment of feeling identified above: it is no longer the epitome of 'wirklich leben' but rather a moment of narcissistic fancy. At the end of the poem, the process of waiting for the plaster to dry yields 'die starre Maske', whereupon the acoustic link between 'starren' and 'starr' emphasizes the presentation of rigidity and petrifaction as the condition for an afterlife before a later audience.

'Das Nachleben' develops the motif of the artist's mask from the 1964 poem 'Meine Damen und Herrn' (I, 72-73). Taken together, this pair of poems exemplifies the representation of time in terms of two opposites: a solidifying, petrifying and preserving for the long term, as against the fleshy, sensual performance of the moment. In 'Meine Damen und Herrn' the mask is undergoing an incomplete process of incorporation and has not yet replaced the face: 'Noch ist die Maske nicht ins Fleisch gewachsen'. The self can escape the physical shell, but 'noch' implies a process whereby the present is continuous with the past and, at some future point, the self can expect to become fixed within the skin. Prominent repetitions of 'noch' suggest both that the performer's relationship to his audience is intact, and also that it is under pressure: the mask threatens to fix the face (and the performance, the text) to one expression.[13] In 'Das Nachleben', the identity of the lyric subject which originated in the 'Vorzeit, die die Hoffnung kannte' must now be restricted to one facet for posterity: the plaster and the verbs 'arretieren' and 'gefangen' indicate a sense of restriction and imprisonment which becomes necessary because time has been redefined as imminently discontinuous.

In 'Das Nachleben', references to parts of the body proliferate.[14] The modelled face is a *memento mori* precisely because it is only a

memento of life: the mask as an attempt to stabilize a simple Now is
inevitably also hollowed by absence. In the other poems discussed, other
people's bodies and the embodied self are used to posit less defensive
bodily interactions with time. The body is not only the manifestation of
mortality, of what does not endure: it is the temporal, unfinished self and
its appearance and experience is always contingent upon time. Throughout
the poems here, human body parts have been evoked in connection with
temporality: in 'Die Augenblicke' the 'Fleisch', 'Stirnen' and 'Schenkeln', in 'Die Austern' the 'Hand', 'Gaumen', 'Fotzen' and 'Zunge'. Two
references to the naked subject of 'Der Mittag' are reinforced by allusion
to 'Gesicht', 'Hände', 'Brust' and 'Fleisch'. The whole and the partial are
exemplified physically as well as temporally: the moment is associated
with the experience of the embodied, temporal self, and where the moment
cannot be experienced, neither can the individual body.

  Identity is always a function of time in Braun's poems: both
disappear together in the 1991 poem 'Der Reißwolf' (X, 56). The
collapsing of time into an abyss, the mouth of a shredding machine, is part
of an expression of the lyric subject's helplessness. Time is now unfixed
and disappears not merely as a series of moments but wholesale: the
teleological model disintegrates completely. Shredding has become the
action of memory – 'Der Reißwolf erinnert sich bruchstückhaft'. Remem-
brance is no process of preservation or reassembly here but rather of
tearing and breakdown. Whilst it recalls the unlived moments of 'Die
Augenblicke', suggesting that everything is slipping away at speed, this is
the ultimate expression of a more profound and far-reaching de-
constructive force after 1990, which dismantles time. The passivity of the
lyric subject now contrasts with the active statement 'Ich reiße die Zeit
mir her' of the earlier poem.

  In 1996 a post-GDR version of 'Das Nachleben' re-interprets the
attempt to stabilize identity in the face of a 'Vorzeit' on the one hand and
a 'Nachwelt' on the other.[15] Now the world has changed from 'die Welt,
[…] / In der ich mich doch nicht verloren fühlte' into 'die Welt, […] / Die
ich nicht kannte'. The degree of alienation has increased, as is confirmed
by other motifs of finality in the cycle 'Der Stoff zum Leben 4: Tumulus'
– not only the death mask, but also the burial mound and sarcophagus –
reverse an almost exclusive focus on the living and provisional in previous
collections. Continuity with Braun's earlier poetry may be suggested by
the label 'Der Stoff zum Leben', the continuation of an old cycle, but this
'material for living' contrasts with the title image of the tumulus (an

ancient burial mound): now it is a life after a death. In the poem 'Der Totenhügel' (16), the opening of the GDR border, the crucial historical vanishing-point, is also 'Eine Minute in Meiner Zeit'. Like the repetition of 'mein' at the end of 'Das Eigentum' (X, 52), the first person possessive is emphasized (by capitalization) in this final line: 'Unsere Zeit' (a cliché of official GDR discourse) has been superseded by the individual's 'Meine Zeit'. This new kind of unshared, non-collective time is a time in limbo, a cleft between 'die Vorzeit' and 'die Nachwelt'.

The relationship construed between writing and time has shifted: a facial cast corresponds to textual fixity amid temporal flux, in opposition to the conception of writers as 'Vorläufige' and in opposition to the sensory appreciation of the tongue-tingling oyster. The human's temporal limit was scarcely a concern earlier, when the poem could express an appreciation of the expansive moment that brings epiphany. Likewise, the moment of sensation represented a release from the past and the future. In the 1990s, we find poetry which traces time's inescapable reduction and contraction of experience, as it hastens into a shredding machine or is fixed in reproduction for a neverending 'after'. In Braun's poetry at the end of the twentieth century, deathliness is everywhere: where previously it privileged 'Leben', now there is only 'Nachleben'. 'Coming after' is no longer the experience of a new generation looking back on great revolutionary struggles, but rather the experience of being cast beyond a vanishing-point. The poem as production of the present, at a peak in time, gives way to a poem facing foreshortened time: the imperative is not to effect motion but to mark the dissolving self, albeit by a motionless reproduction. Thus the traditional idea of art fixing what would otherwise be lost is treated ambivalently: the subject who sits 'ganz stille' and 'ganz unbeweglich' is eager to be released. In the words of Braun's American contemporary John Ashbery,

> Once you have decided there is no alternative to remaining motionless you must still learn to cope with the onrushing tide of time and all the confusing phenomena it bears in its wake, some of which perfectly resemble the unfinished but seemingly salvageable states of reality at cross-purposes with itself that first caused you to grow restless.[16]

Notes

I am grateful to Karen Leeder both for her insightful comments on an early draft of this essay and for many discussions which have informed my readings of Braun's poems.

[1] Volker Braun, 'Editorische Notiz 2', in: Volker Braun, *Texte in zeitlicher Folge*, Band X, Mitteldeutscher Verlag: Halle; Leipzig, 1989-1993, 219. Further references to *Texte in zeitlicher Folge* are given in the main text by volume and page numbers.

[2] Likewise, the lyric subject of Braun's famous 1990 poem 'Das Eigentum' (X, 52) declares, 'Und unverständlich wird mein ganzer Text'.

[3] Volker Braun, *Wir befinden uns soweit wohl. Wir sind erst einmal am Ende. Äußerungen*, Suhrkamp: Frankfurt/M., 1998, 29. In Leipzig on 8 November 1989 Braun read texts he had written over the last five to ten years, under the title 'Texte zur Wende'. The 1971 poem 'Die Morgendämmerung', interpolated into the 'Leipziger Vorlesung', exemplifies how the 'Wende' seemed to be the 'dawn' which his writing had long been anticipating. Braun's title *Training des aufrechten Gangs* (V, 57-112) had also become a commonplace metaphor in announcements and headlines in autumn 1989.

[4] Volker Braun, 'Das Unersetzliche wird unser Thema bleiben', *neue deutsche literatur*, 38 (1990) 6, 6-9 (here: 6).

[5] *Wir befinden uns soweit wohl*, 29.

[6] Compare the poem 'Bleibendes' (II, 68-69) which closes 'uns bleibt / Immer der Kampf: und es bleibt die Zeit des Volkes'. See Christine Cosentino and Wolfgang Ertl, *Zur Lyrik Volker Brauns*, Forum Academicum: Königstein/Ts., 1984, 77.

[7] Bertolt Brecht, 'Vom armen BB', in: ders., *Werke: Große kommentierte Berliner und Frankfurter Ausgabe*, XI, Aufbau: Berlin; Weimar; Suhrkamp: Frankfurt/M., 1989-2000, 119-120 (here: 120).

[8] Günter Eich, 'Thesen zur Lyrik', in: Ludwig Völker, ed., *Lyriktheorie: Texte vom Barock bis zur Gegenwart*, Reclam: Stuttgart, 1990, 416.

[9] See for comparison in Braun's plays, 'Die Bedeutung des Augenblicks', in: Ulrich Profitlich, *Volker Braun*, Fink: München, 1985, 73-75, which examines the moment as a favourable opportunity.

[10] Bertolt Brecht, *Die Dreigroschenoper*, *Werke*, II, 229-322 (here: 284).

[11] On the culinary as unfruitful, see Brecht, 'Über die Verwendung von Musik für ein episches Theater', *Werke*, XXII, 155-164 (here: 163) and 'Gespräch über Klassiker', *Werke*, XXI, 309-315 (here: 310).

[12] On the moment as a concept in Goethe, see Andreas Anglet, 'Augenblick', in: Bernd Witte, ed., *Goethe Handbuch*, IV, Metzler: Stuttgart; Weimar, 1998, 92-94 and Bruno Hillebrand, *"Der Augenblick ist Ewigkeit": Goethes wohltemperiertes Verhältnis zur Zeit*, Akademie der Wissenschaften und der Literatur: Mainz, 1997.

[13] See Cosentino and Ertl, 31, on this poem's questioning 'wann und ob das dichterische Wort einer absichernden Schutzmaske bedarf und ob diese Maske zur Stagnation führen, d.h. zur "bleibenden Maske" erstarren kann'.

[14] 'Kopf', 'Haar', 'Stirn', 'Augenlider', 'Lippen' (twice), 'Kinn', 'Nasenlöcher', 'Augen', 'Skelett', 'Arme', 'Hand' (twice), 'Mund', 'Herz', 'Schläfenbein'.

[15] Volker Braun, 'Das Nachleben', in: ders., *Tumulus*, Suhrkamp: Frankfurt/M., 1999, 13-15.

[16] John Ashbery, *Three Poems*, Penguin: New York, 1977, 90-91.

Moray McGowan

'Machen wir uns auf in das Land hinein.'
Volker Braun's *Übergangsgesellschaft*: 'Übergangstheater',
'übergangenes Theater', 'Metatheater'?

Noting Volker Braun's ambivalent position as a critical artist in the GDR, this chapter traces how *Die Übergangsgesellschaft*, though written in 1982, became so closely associated with the 'Wende' of 1989 as to overshadow its other qualities. Exploring the multiple meanings of 'Übergang', the play's reception and its metatheatrical aspects, the chapter argues that the play's density of reference and utopian energies, while very GDR-specific, make it a remarkable drama of more than historical interest.

I: Übergangstheater

> Vor zwanzig Jahren sagte eine Bühnenfigur provozierend: 'Das ist das lang-
> weiligste Land der Erde.' Jetzt sage ich gelassen, es ist das interessanteste
> Land. Denn unsere Interessen sind stärker ins Spiel gekommen. Machen wir
> uns auf in das Land hinein.[1]

Here, in 'Die Erfahrung der Freiheit', an essay in *Neues Deutschland* on 11/12 November 1989, amidst the bewildered euphoria at the opening of the Berlin Wall, Volker Braun recalls the verdict of his figure Paul Bauch on the GDR in *Die Kipper* (1966). This reference, by this author, with this appeal for action to the 'wir'-collective for whom he presumes to speak, and published in this newspaper, at this moment, sheds much light on his subjective and objective position in GDR society, both in that state's latter decades and in its death throes. Reflecting on Braun's self-positioning at this moment of transition helps clarify the senses in which his play *Die Übergangsgesellschaft* (premiered 1987 in Bremen, with its GDR premiere at the Maxim Gorki Theater Berlin in 1988), while it came to be seen as one of the principal artistic articulations of the mentalities, sensibilities and energies underlying the German 'Wende' of 1989/90,[2] both is and is not a play about this moment (beyond the simple point that it was written in 1982).

The play's setting, a decaying villa confiscated from a Nazi armaments profiteer and occupied by the family of recently deceased SED functionary Walter Höchst, whose biography, including exile in Moscow in the Nazi years, echoes that of the Ulbricht generation, and whose patriarchal presence hangs over house and family like a Stalinist Bernarda Alba, is unmistakeably allegorical. A polluted river, piles of rubbish and the irregular howling of a siren triggered by power surges point to the GDR's economic, environmental and infrastructural crises (VIII, 125, 129,

134). The 'Grund-Stück' (title of the first main scene) of GDR socialism is literally and metaphorically built on borrowed and corrupt foundations and crumbling under its own inadequacies. Braun's adaptation of the house motif and central constellation of figures from Chekhov's *Three Sisters*, but also his intensification of the Chekhovian themes of ennui, social impotence and the relationship of hope to disillusion, generate a devastating image of 'der real existierende Sozialismus'.

Olga, the teacher, obsessed with petty convention, displays how the socialist founder generation's ideals have shrivelled. Mascha, the historian, is nearly blind from having to avoid seeing the obvious. Irina, the telephonist, is aggressively alienated by the futile predictability of her life. Where they exist, emotional and sexual relationships are hollow and dysfunctional. But above all, the utopias which sustained the early GDR cannot survive even as the false consolation available to the three sisters in Chekhov's play. As the writer Anton puts it: 'Wir haben die Morgenröte entrollt, um in der Dämmerung zu wohnen.' (VIII, 147) The brief hope that Honecker's succession in 1971 would bring real reform is long gone. Thus, instead of the mild flutter caused mid-way through the *Three Sisters* by an offstage fire some streets away, *Die Übergangsgesellschaft* ends with one of the sisters, Irina, torching the socialist family house itself. And yet to argue, as Dieter Kranz does in 2002, that 'der Brand der Villa auf der Bühne des Maxim Gorki Theaters den Zusammenbruch des sozialistischen deutschen Staates vorweggenommen hatte', while describing accurately a view of the play established in and since 1989, is a retrospective revision of how the first GDR production was performed and received in 1988 and hinders a fuller engagement with the text itself.[3]

For the 'Übergang' the play invokes has dimensions only partly encompassed by the events and experiences of the 'Wende': on the one hand, particularly in the scene 'Der Flug' which follows 'Grund-Stück' (and precedes the final 'Finita la Comedia!'), the 'Grenzen' and 'Übergänge' which the stage figures explore in a quasi-therapeutic play-within-a-play are, with one exception, not political or socio-economic ones. On the other hand, given that in Marxist terms the 'Übergangsgesellschaft' is the transitional stage which socialism represents between capitalism and communism, a temporary stage which the declaration of 'real existierender Sozialismus' had rendered seemingly permanent, the destruction of the house at the end of the play can be read not as ushering in an 'Übergangsgesellschaft' and certainly not as heralding the 'Zusammenbruch' of the GDR in the sense of its transition from socialism to capitalism. Rather, it expresses a utopian dialectic: the contradictions of the socialist 'Übergangsgesellschaft' leading to conflagration, beyond which the next stage of history lies open.[4]

This utopian moment appeared briefly real in autumn 1989, making the GDR suddenly 'das interessanteste Land'. The pair of opposites is telling: 'Das langweiligste Land der Erde' had become a widespread characterisation of the GDR, but is surely less subversive than is often suggested. Recalling Galilei's remark in Brecht's *Leben des Galilei*, 'Unglücklich das Land, das Helden nötig hat', there may be much worse kinds of country than the boring. One of the legitimating, but not wholly false, narratives of 'real existierender Sozialismus' was that it smoothed out the extremes of capitalist societies. Taken out of context and turned into a popular aphorism, Paul Bauch's dictum no more fundamentally destabilised the *status quo* than did, say, the jibes of GDR cabaret. Using the party newspaper *Neues Deutschland*, so shortly after the democratisation process had begun, to remind his readers of Bauch's verdict, Braun demonstrates ambivalences common among critical GDR writers. Firstly, for all his criticism, the backlash it provoked and the courage he displayed in sustaining this criticism, his position remains within more than beyond the socialist pale. Secondly, alongside profound disillusion he still hoped for reform of the GDR from within. Thus instead of shunning *Neues Deutschland* as discredited, he implicitly endorses it as the potential mouthpiece of change.

In Braun's 'arbeitsnotizen' on *Die Übergangsgesellschaft* is an entry dated 25.9.82:

> von kochberg zurück mit der ÜBERGANGSGESELLSCHAFT. wir wissen, es ist die hauptsache, das leben zu ändern, d.h. das eigene ... aber wir wollen uns nicht aus unseren halterungen reißen, weil wir sonst elende wären, verdammte, entlassene, denen niemand die hand gibt, außer den künftigen freien unvorstellbaren menschen. man muß aber in das elende gehen. (VIII, 164)

Changing how one lives is a disorienting, lonely step into the wilderness, which the individual instinctively resists and yet must take.[5] If – one cannot be certain – the 'wir' of this text is that of the *Neues Deutschland* article seven years later, then that article's call: 'Machen wir uns auf in das Land hinein' suggests a utopian sense that self-liberation from the 'halterungen' might, in this exceptional moment, not be a step into 'elend' but into 'das Land', a country unified in a collective act of liberation.

This suggests nostalgia for the pioneer solidarity of the GDR's foundation years ('Lasst uns pflügen, lasst uns bauen'), which still affects many of Braun's generation. But what 'Land' is this, which the collective 'wir' still remain outside after forty years of GDR socialism? It may reflect that the people (if they are the 'wir') have never truly been part of the project carried out in their name. Or perhaps the people are the 'Land'? This would, unconsciously perhaps, reflect the divorce of critical artists from the majority of the GDR population for whom they believed they spoke, a divorce which would become ever clearer as the 'Wende' progressed. For the Kochberg from which Braun has just returned with the draft of *Die Übergangsgesellschaft* was, we read in the autobiography of Manfred Wekwerth, the then *Intendant* of the Berliner Ensemble and President of the *Akademie der Künste*, a Chekhovian retreat complete with cherry orchard (and faulty siren!) where the 'Wekwerths, Matthusens, Baums, Brauns, Mittenzweis' spent the summer of 1982.[6] Wekwerth's claim that at least one of that house party recognised herself in the play becomes more than mere gossip: 'Wir', in this alternative reading, refers not to the GDR population as a whole, but to rather more restricted circles of like-minded critical socialists, predominantly artists and intellectuals. Braun's elation in November 1989 is then that of the 'wir' of Kochberg glimpsing the illusory prospect of rejoining the larger collective.

But there is another level to Braun's use of 'Land' here, which is interwoven with his sustained critical engagement with his identity as a GDR writer. In 'Traumtext' (1981) he relives the meetings of the Berlin *Bezirksverband der Schriftsteller* in 1976-77 at which the critics of Wolf Biermann's expulsion were disciplined (VII, 243-244). In the dream, he revolts, quoting Peter Weiss's *Ästhetik des Widerstands*: 'WENN WIR UNS NICHT BEFREIEN, BLEIBT ES FÜR UNS OHNE FOLGEN.' In reality, Braun succumbed to pressure; within days he had substantially retracted his original support for Biermann.[7] Precisely because of his dogged principles, Braun is haunted by this moment of compromise; it recurs frequently in his texts. *Die Übergangsgesellschaft* too is an act of exorcism of what Braun perceives as his failure of courage at a decisive moment.

This exorcism takes place through the characterisation of the writer figure Anton, in particular certain intertextual subtleties. Dense intertextual reference is characteristic of Braun's work, and in *Die Übergangsgesellschaft* it is not restricted to the central structural presence of Chekhov's *Three Sisters*. The borrowings from Frantz Fanon and Aimé Césaire in Wilhelm's angry speech linking European class struggle with Caribbean slave revolts have been widely noted.[8] More complex, arguably, is the way quotations are used, partly self-ironically, to display the contradictions in Anton. Critics have identified Anton with Heiner Müller,[9] based partly on Anton's self-deprecating reference to posterity naming 'ein verkommenes Ufer bei Straußberg' after him (Müller's play *Verkommenes Ufer Medeamaterial Landschaft mit Argonauten*, set in Straußberg, appeared in 1983). But when near the play's conclusion Mascha reads from one of Anton's works, ending 'DIE BLEIBE, DIE ICH SUCHE, IST KEIN STAAT' (VIII, 160), this is taken from a poem by Braun himself, 'Das Lehen' (1980; VIII, 75-76). The line comes verbatim from 'Die Partei', a song by FDJ lyricist Louis Fürnberg.[10] Just when Wilhelm and the sisters, in different ways, have begun to assert their subjective identity in the scene 'Der Flug', Mascha's reading of Anton's text is a reminder that he remains symbiotically entangled with the system he attacks. He characterises himself as an 'Abrißarbeiter' whose literary purpose is 'das wieder wegzureißen, was die Ideologen hinbaun.' But he also plans to buy the house from the family: 'Krieg den Palästen' he intones, then he 'prüft zufrieden die Wand' (VIII, 136).[11]

Another reference is at once more oblique, more subtle, and more devastating. In 'Der Flug', Anton imagines landing at Rome airport and breathing the air of Italy:

O WIE FÜHL ICH IN ROM MICH SO FROH! GEDENK ICH DER ZEITEN, / DA MICH EIN GRAULICHER TAG HINTEN IM NORDEN UMFING, / TRÜBE DER HIMMEL UND SCHWER AUF MEINE SCHEITEL SICH SENKTE, / FARB- UND GESTALTLOS DIE WELT UM DEN ERMATTE-TEN LAG (VIII, 145)

This is the opening of Goethe's seventh Roman Elegy, which projects onto Italy desires unfulfilled in the grey north. In the closing lines, unquoted (suppressed?) by Anton, Goethe begs to return to Rome, die and be buried there surrounded by classical monuments. But when he wrote these lines in 1778, Goethe was actually back in Weimar, developing his career as poet, scientist and minister of state. While Goethe was arguably able to keep his cosmopolitan forehead above the provincial Weimar horizon, Anton, his travel privileges notwithstanding, remains 'der Bürger meines Staates […] Paul Anton, DDR. Ich sehe nicht aus ihrem Loch, meine Augendeckel sind zugeklebt, ich komme mit den Signalen aus, die sie mir sendet. Es reicht für die Nationalliteratur.' (VIII, 146) Thus far, audience members might just follow both the reference and the ironic contrast to Goethe and his work's status as 'Weltliteratur'.

But there is a further dimension here. While Goethe lived on till 1832, his son August died in Rome in 1830 and was buried in the very graveyard, near the pyramid of Cestius, to which the poem alludes. The link suggests the inconsistency, perhaps even hypocrisy of writers like Anton who celebrate the superiority of foreign places yet cling to the GDR state which is the target of their coruscation. Braun had partly withdrawn his support for the protests against Wolf Biermann's expulsion, whereas Thomas Brasch, for example, had been driven to emigrate. Brasch's chronological age, only six years younger than Braun, is less relevant than his uncompromising stance, and his first book after the Biermann affair was the novel *Vor den Vätern sterben die Söhne* (1977).

How much of this even a GDR audience, alert for every allusion, could pick up, is doubtful. Some of these nuances may even have been unconscious for Braun himself. But his obsessive return to the Biermann controversy makes it probable that via allusion to a work of the 'Erbe' he has laid a trail to his inner sense of self-betrayal. Thus *Die Übergangsgesellschaft* is not only a profound critique of state and society, but engages too with Braun's embroilment with the system he criticises.

Anton is not Braun in a simplistic sense; the principles and utopian energies Braun articulates in other texts of the early 1980s find expression in this play in other figures such as Mette, the actress, or Wilhelm, Spanish Civil War veteran and brother of the dead SED patriarch. In 'Rimbaud. Ein Psalm der Aktualität' (1984) Braun compares the radical loneliness of Rimbaud's artistic position to his own. At one point he turns his back on the state-encouraged identification with liberation struggles in the Third World: 'Gehen wir wieder in das alte Land hinein. Keine Ausflüchte; wir müssen ins Innere gehn. Das ist ein schrecklicher Gang.' (VIII, 35-36) In a text entitled '21., 22. August 1984', Braun exclaims: 'Es ist alles gesagt. In der *Übergangsgesellschaft* bin ich in den ANDEREN übergegangen / Der vor anderen Fragen steht.'[12]

Thus the 'Land' of which he writes in November 1989 may be the as yet uncharted territory beyond the border one steps over in the act of 'Übergang', of subjective as opposed to socio-economic liberation and the abandonment of comfortable delusions.[13] This reading of 'Übergang' is central to *Die Übergangsgesellschaft*. Weiss's words from *Ästhetik des Widerstands* which Braun's dream suggests he wishes he had spoken at the writer's meetings in 1976/77 are cited verbatim by Wilhelm, after he has recognised that while his life's struggle has not changed the world, 'Die bessere Welt ist, wo man kämpft'. Fortified by this experience, in contrast to the younger generation, who have inherited the rhetoric of socialist struggle without the reality, Wilhelm experiences before he dies a utopian moment in his brief relationship with Mette: 'Noch einmal beginnen, mein Leben beginnen. ÜBER DIE GRENZE GEHN.' (VIII, 158) Much more than Anton's unchanged position of compromise, Mette's night with Wilhelm and her decision to separate from Walter signal the severing of GDR artists' partnership with the state.

The Rimbaud essay reiterates Braun's view that emigration is not the answer to the 'Zerreißprobe' life in the GDR represents for him: 'Ich entkomme nicht, es sei denn über die eigene Grenze.' (VIII, 17) This sense of the 'Grenze' as a threshold within the self is far more important in *Die Übergangsgesellschaft* than the material one. The only figure whose fantasy in 'Der Flug' includes emigration to the West is Walter. As the son of the dead patriarch he shares his name and is the heir of his power, though the socialist goals he still pays lip service to have been reduced to production targets. The revolution 'soll sich in aller Beschei-denheit an die Lokomotive hängen, die das Kapital auf die Reise schickt.' (VIII, 144-145) The bankruptcy of the socialist project, once it is reduced to aping capitalism in an economic race which, on these terms, it is bound to lose, is revealed in his fantasy of being kidnapped to the West where the efficiencies of the market will enable him to achieve his targets.

Thus Walter echoes a stock figure of socialist realism, the techno-cratic expert with fascist tendencies who is lured to the West. When Wilhelm, his dead father's brother, tears open his shirt and begins narrating his anarchist-tinged biography, Walter intervenes with abuse, threats of 'Kriegsrecht' and physical force. He closes the shutters, declaring menacingly: 'Wir haben Maßnahmen getroffen.' '*Panzerketten*' can be heard outside, evoking the history of military intervention in Eastern Europe to crush emanations of democratic socialism, whether 1953 in East Berlin, 1956 in Budapest or 1968 in Prague (VIII, 151).

But Braun reveals tragedy in Walter. At the conclusion of his own dream, Walter cries when confronted with the truth of a life wasted in pursuit of empty goals: 'was ist das für ein Sack der zur Stange hält, der seine Pflicht erfüllt, für ein höheres Wesen, für ein Idiot, für ein Neuer Mensch.' (VIII, 145) Thus while Braun has transformed the failed, indeci-sive and passive brother Andrej in Chekhov's *Three Sisters* into a dynamic and successful manager, his Walter is neither a 'Mißgriff'[14] nor an 'übertriebene, karikaturistische Stilisierung'[15] but a man whose bluster serves to hide his sense of failure too.

II: Übergangenes Theater

The 'wir' rhetoric of Braun's November 1989 *Neues Deutschland* article seemingly reverses the Rimbaud essay's rejection of 'der künstlichen Steigerung der braven Ichs zu einem behaupteten WIR'. Wishful thinking, perhaps, blocks out the awareness that 'Ich gehöre diesem Volk an, und bin doch ein Landstreicher: unbediensteter Autor. Das Privileg ist asozial.' (VIII, 29 & 17) For a euphoric moment, a link seemed to be forged from Peter Weiss's 'Wenn wir uns nicht befreien, bleibt es für uns ohne Folgen' via Wilhelm's 'Die bessere Welt ist, wo man kämpft' to the slogan of those GDR citizens who in Autumn 1989 rejected the now easy route of emigration in favour of staying to fight for reform: 'Wir bleiben hier.' Thus *Die Übergangsgesellschaft* did, briefly, become a play for and about the 'Wende'. But it is primarily about what Braun, many years before it actually came about, hoped such a 'Wende' might be, and for a brief moment, captured in his *Neues Deutschland* essay, mistook it for.

In any case, 'Übergang' is not reducible to processes of transition within one specific society or socio-economic structure, or even from one such structure to another. Well before the GDR's demise Braun saw its stagnation, actual or latent authoritarianism and environmental destructiveness as part of a much wider corruption of the enlightenment project: the 'Mord an Mutter Erde', Braun would call it in *Iphigenie in Freiheit* (X, 134). Braun's alternative, Rolf Jucker notes, is neither pleasant nor populist: 'Askese, Exil und Armut'.[16] In his notes to *Transit Europa* (1985) Braun deploys the term 'Übergang' to describe a condition humanity (perhaps more accurately, the First and Second World) is both already in, since it has rendered its present existence largely untenable, and also, for that same reason, must now enter:

> und das exil kann nur modell sein für die heutige befindlichkeit, für unser aller leben im übergang: die wir den alten kontinent unserer gefährlichen gewohnheit und anmaßenden wünsche verlassen müssen, ohne doch das neue ufer zu erkennen zwischen uns. (IX, 141)

This, arguably, is the state of things at the end of *Die Übergangsgesellschaft*: the burnt-down house is not just the GDR, destroyed by its own contradictions; it is also a world rendering itself physically and spiritually uninhabitable and yet also – in terms of the play's utopian vision, and thus too its lasting historical importance – freeing itself to step into an unknown future.

But then the delay before the play reached the stage made it seem as if designed to accompany the 'Wende'. And the very qualities of its first GDR production in 1988, in which the ensemble appeared to be investing all their artistic and social experience into a magnificent swansong for a society in eclipse, created a thrilling but temporary relevance that disguised the play's wider significance. All the metaphors of border crossings, flight and transition (such as Uwe Saeger's play *Flugversuch*, 1988, or the hang-gliding scene which ended Christoph Schroth's production of Schiller's *Wilhelm Tell* in Schwerin in 1989) now became literal, but not in the way these artists had intended. Their texts and productions became part of a narrative markedly different from the one in which they had been conceived.

The GDR of the late 1980s offered special circumstances for the production of theatre. While the old guard around Honecker tightened their hold in a desperate rearguard action against the pressures for reform, at other levels change was underway. In September 1988, for example, Deputy Minister of Culture Siegfried Böttger, himself a former actor, director and *Intendant*, published proposals for widespread liberalisations of the theatre system and engaged in active dialogue.[17] The repertoire too was opening up significantly before the Wall did, with GDR premieres from the mid 1980s on of previously shunned works by Western dramatists from Beckett and Sartre to Bernhard, and of long suppressed works by GDR authors, such as Braun's own *Lenins Tod* (written 1970, GDR premiere 1987). Moreover, this took place in a densely populated and relatively well-resourced theatrical landscape. Directors, designers and actors were immensely experienced in engaging critically, if often indirectly, with their society, and ironically, the ceaseless attentions of the censors reassured ensembles of the importance of what they were doing. A collective 'wir' (problematic, as we have seen, but still uniting vestiges of a common socialist project) still embraced authors, ensembles and audiences, whose awareness of the depth of crisis was all the more widespread and shared for still being furiously ignored in the state's official media. In this climate, plays such as Christoph Hein's *Ritter der Tafelrunde* (1989) became alternative narratives of the GDR nation.

Die Übergangsgesellschaft too finally became available to directors just at the time when the need to engage with the ossification of GDR socialism, the crises of utopian vision and the tensions between the subjective and the collective had reached an intense pitch. The 'Panzerketten' did not, of course, roll in 1989 as they had done previously. But who, in 1988, despite Gorbachev, could be sure they would not roll again? Consequently, this uncertain menace acted as a powerful counterpoint to the utopian energies and images of revolt.

Thomas Langhoff's production of *Die Übergangsgesellschaft* at the Maxim Gorki Theater (30 March 1988) was not his first attempt to get the play performed,[18] and even now Albert Hetterle, *Intendant* since 1968 and a member of the *SED-Bezirksleitung*, felt he needed to protect Langhoff by taking the key part of Wilhelm.[19] In 1979 Langhoff had directed the production of Chekhov's *Three Sisters* which had inspired Braun. Now he was staging the work which declared the untenability of the lives and mentalities of Chekhov's figures: 'Ein Zustand des Sich-Eingerichtet-Habens ist vorbei', commented Ingeborg Pietzsch in *Theater der Zeit*, praising the play's uncompromising presentation of unpalatable truths and its attack on dishonesty, opportunism and hypocrisy in GDR society. 'Und die Menschen, die gleichsam der Unbeweglichkeit verfallen waren, sind nun aufgeschreckt, verstört, irgendwie verändert.'[20] 'Betroffenheit' was a recurrent term in audience reactions,[21] at the close of the first perform-ance, there was stunned silence (and some departures), before the applause eventually became sustained and tumultuous.[22]

Inevitably, Gerhard Ebert, in *Neues Deutschland*, tried to downplay the premiere's significance: despite the production's qualities, the play was 'eben nur ein Stein im Mosaik unserer sozialistischen Dramatik'.[23] But many reviews managed, by claiming for example that Braun 'für den Sozialismus glüht',[24] to argue that his play, despite its negative perspective on the state of the GDR, released utopian energies for a socialist future.

Langhoff kept the set simple: a rubbish strewn garden, the faded grandeur of the house suggested only by the high glass doors, and by one large room in which, especially in the 'Flug' scene, the fluctuations of the figure's relationships with each other and the world were expressed in sequences in which the furniture was constantly reordered: pushed against walls, climbed on, piled into heaps. This stage business suggests a second allegory of the GDR alongside that of the house: a ship moving, possibly rudderless and certainly with the near-unmanœuvrability of a liner, towards disaster, whilst on the deck of this socialist Titanic, the passengers and crew shifted the deckchairs around. Superficial reforms were not changing and would not change the course of the ship towards the iceberg. This reading is retrospective, some of its plausibility stemming from the subsequent foundering of the GDR, but is supported by elements of the 1988 production itself.[25] It has shaped many subsequent recollections: 'Ein ersehnter Weltuntergang fand statt', declares Christoph Funke of Langhoff's production in 2002.[26]

In Dresden (director: Irmgard Lange, 16 September 1988), Jens Büttner's set further emphasised the state of decay, and with it the decay of the state: the traces of the Russian villa's former grandeur still evident in Langhoff's production were gone, the walls now just tattered cardboard, packing paper and scraps of *Neues Deutschland*. In the final scene, the floor, strewn thickly with the same grey paper, split open, leaving a trench dividing the stage, and the world, in two before the house itself collapsed. In Leipzig (12 November 1988), Karl Georg Kayser placed the audience in the seats the Chekhov figures of the opening scene had just left, emphasising what one reviewer called the audience's 'Eingebundensein in eine Gesellschaft des Übergangs.'[27] At the Nationaltheater Weimar, Volker Walther's set for Christina Emig-Könning's production (28 January 1989) draped the vast stage in red velvet around a space, both building-site and bomb-site, with bricks, sandheaps and a metal construction, part fountain, part waste-pipe, which unpredictably spewed water. Against the red backdrop of socialism as official spectacle, the reality was an ambivalent mixture of aspiration and flawed realisation, 'Chemie und rote Fahnen [...] Verfall oder Aufbau', a cabaret-like comedy acted out in a sandpit.[28]

Die Übergangsgesellschaft had eight GDR productions between March 1988 and October 1989. In 1989, it had the fourth largest number of performances of any play in the GDR theatre, beaten only by a cabaret revue, a one-man show and a Christmas play. That year, it was seen by the third-largest total audience.[29] Almost every performance at the Maxim Gorki Theater was a sell-out, most being followed by discussions with the audience, a key communicative process in a country 'mit verordnetem öffentlichen Bewußtsein' (cast member Ruth Reinecke). From October 1989 (not before!) records were kept of these discussions which chart the further growth in audiences' sense of the play's contemporaniety as the 'Wende' approached and then unfolded. However, Reinecke notes too the extraordinarily rapid change of perceived meaning to which contemporary plays and productions were exposed: 'Zuschauer beschrieben das noch vor wenigen Wochen aktuelle Gegenwartsstück nunmehr als Stück zur Vergangenheitsbewältigung.'[30] Then, in the course of 1990, the East German public's interest in theatre, especially serious GDR theatre, melted away. Neither *Die Übergangsgesellschaft* nor Braun's other plays could sustain more than a marginal presence by the mid-1990s. This kind of theatre, with its subtle allusions, its dense and multi-layered intertextuality, and its insistent engagement with the historical dilemmas of critical socialism was itself 'übergangen'.

III: Metatheater

Die Übergangsgesellschaft is an implicit and explicit engagement with the existing and potential place and practice of theatre.[31] In the prologue, figures from the *Three Sisters* stir from their 'Gazetüchern' to speak passages of Chekhov bemoaning the negativity of their lives, shot through with hope for a better future. From the start, these are accompanied by Wilhelm's impatient mocking (VIII, 127). When the Chekhov characters come to a gurgling, teeth-grinding halt, Wilhelm dismisses them curtly; 'Das ist das Ende der Vorstellung.' This is of course the response of a Spanish Civil War veteran, a man who has countered the alienation and impotence of modern humanity through direct political struggle.

But his dismissive comment does not end the scene. It is followed by a prominent, capitalised text not attributed to any one figure:

DAS, WAS WIR AUSÜBEN, BLIND SÜFFISANT, IN DEN ANZÜGEN VON KÜNSTLERN ... ICH LAUFE MORGEN IN EINEN BETONKLOTZ UND ORGANISIERE MIR EINE INSZENIERUNG VON ... DASS WIR SO GUT AUFGEHOBEN SIND IN SO REICHEN INSTITUTIONEN, DASS ES UNS UNMÖGLICH IST, IRGENDETWAS NEUES, EIGENE ENTDE-CKUNGEN ZU MACHEN ... ES IST LANGWEILIG, BELANGLOS, ERLERNBAR. ABER KEIN ÜBERGANG, KEINE VERWANDLUNG ... ICH GLAUBE, THEATER KANN IN EINEM ZIMMER STATTFINDEN, AN EINEM ORT, DEN W I R BESTIMMEN MÜSSEN, UND EINER ZEIT, DIE UNS IST (VIII, 128)

Whether authorial or not, this view of the established theatre is damning, stressing not only that the stagnation articulated in *The Three Sisters* is still present in GDR society – the usual and perfectly justified reading of the play – but also that the process of staging and playing Chekhov, and the canon generally, within the established GDR theatre is sterile and predictable. Taking its cue from this, the Leipzig production of *Die Über-gangsgesellschaft* read the play as responding not only to social crisis but also to a theatrical one, as 'das Aufbegehren des Schauspielers gegen die Institution Theater'.[32] 'Übergang' and 'Verwandlung', moments of transition and transformation, vital to both real theatre and real social development, are to be found elsewhere than in the institution of theatre: in social spaces whose creative potential is not negated by being part of official narratives of culture, in places and at times which the actors (in a double sense) determine.

A moment of theatre of this kind occurs when the actress Mette initiates the sequence of narrated dreams, 'Der Flug', which effectively forms a play within a play. She herself longs to replace pretence with radical subjectivity: 'Ich will mich nicht an mich halten. [...] Ich will mich verschwenden. [...] Das Land hat keinen Namen. Ich bin dort.' (VIII, 143)[33] Not every figure achieves a positive transformation; Olga for example, is so enmeshed in her patriarchal upbringing that loosening her inhibitions results only in masochistic fantasies (VIII, 149). But Irina both frees herself from patriarchal reliance on her brother Walter and commits the act which puts the whole system Walter represents to the flames.

Precisely at the time Braun was writing *Die Übergangsgesellschaft* in 1982, a theatre group, Zinnober, was emerging in East Berlin, whose experimental approach resembled an 'Übergang' in Braun's sense.[34] Zinnober sought to overcome alienation by bringing theatre and practical life together in autonomous spaces and collective processes. Ironically, the state's attempt to reintegrate and regulate free theatre groups such as Zinnober unleashed extensive processes of debate that soon focused far more on the sclerotic condition of the established theatre. This led, in the GDR's final years, to proposals for quite radical reforms such as the 'Perspektivkonzeption zur Entwicklung der Theaterkunst in der DDR' (1988),[35] before these too were swept away by the collapse of the state itself. Internationally, Zinnober's approach, two decades after the emergence of comparable alternative theatre in the West, was not new, just as Irina's arson (unless one sees it as entirely allegorical rather than as psychologically motivated) in some ways resembles the *Rote Armee Fraktion*'s first fire-bombing of a Frankfurt departmental store in 1969. But imported into the GDR, Zinnober's integration of its aesthetic practice with alternative modes of living and the performance of theatre outside the society's sanctioned cultural spaces were distinctly unsettling: for example, *Traumhaft*, explorations of mental, psychological and cultural spaces, performed in 1985 after a two year phase of experimental living, group dynamic experiment, improvisation and rehearsal. 'Die Spielerinnen und Spieler laborierten nun mit ihren eigenen Körpern, mit ihren existenziellen Spannungen und Träumen, und stellten sich bloß. Sie wollten die Trennung der Welt in Realität und Kunst überwinden.'[36]

Thus the theatre the prologue of *Die Übergangsgesellschaft* calls for was indeed being attempted, by Zinnober, at the time. And because it was six further years before a GDR theatre actually performed Braun's play, by then others had for some time been practising this alternative. Moreover, they had been doing so outside the established system within which, in fact, Braun's vision of an alternative was eventually articulated. 'Krieg den Palästen', calls Anton, echoing Büchner. But in an irony which Braun's portrayal of Anton accentuates, many of the established theatres in the GDR, no less than the West, were architecturally, topographically, but also organisationally, closer to the palaces than the huts.

A photograph by Harald Hauswald shows young men at a café in Weissensee, East Berlin, in 1983, enjoying the sunshine (a decade later, they would be joining their Western neighbours on Mediterranean beaches). On one man's back is tattooed: 'nur wenn ich träume bin ich frei'.[37] At least until the fateful moment when the lifting of restrictions coincided with the invasion of consumer values, it was not just the GDR's critical intellectuals who experienced the dialectic tension between the actual and the potential, the real and the dreamed.[38] Moreover, this tension is of course not limited to dictatorships. *Die Übergangsgesellschaft*, a play whose very form is shaped by this tension, is about far more than the GDR and certainly about far more than the 'Wende' of the late 1980s.

It is also part of Volker Braun's own lifelong artistic 'Übergang', his resistance to the social determinations which turn free individuals into the 'Strichmännchen der Planung', as Mette puts it in 'Der Flug' (VIII, 150). In a volume marking Braun's sixtieth birthday in 1999, Daniela Danz's essay describes A.R. Penck's painting *Der Übergang* (1963), reprinted on the cover of Braun's *Lustgarten. Preußen*, an anthology of his work over forty years:

> Ein Strichmensch mit ausgebreiteten Armen und zu Flügeln gespreizten Fingern, die ins Lehre greifen, balanciert über einen Steg, den das Feuer aus dem Abgrund, den er überbrückt, schon in Brand gesetzt hat. Die Luft ist voll Rauch, und rot glüht der Widerschein des Feuers über dem einen Land. [...] Die haltlosen Hände sind noch in einem, schon im anderen Land, der Mensch aber dazwischen.[39]

Notes

[1] *Texte in zeitlicher Folge*, Band 10, Mitteldeutscher Verlag: Halle, 1993, 163-167, here 167. Quotations from this edition will be identified by Roman volume and Arabic page numbers in the text.

[2] Cited as such, indeed, in quasi-official publications such as the handbook *Cultural Life in the Federal Republic of Germany*, Inter Nationes: Bonn, 1993, 83.

[3] 'Der Spätentwickler. Thomas Langhoff', in: Julia Niehaus, Manfred Möckl and Harald Müller, eds., *Maxim Gorki Theater. 50 Jahre und kein Ende*, Theater der Zeit: Berlin, 2002, 70-73, here 73. Claudia Schmidt makes essentially the same claim: *Rückzüge und Aufbrüche. Zur DDR-Literatur in der Gorbatschow-Ära*, Peter Lang: Frankfurt/M., 1995, 129.

[4] See: Wilfried Grauert, *Ästhetische Modernisierung bei Volker Braun. Studien zu Texten aus den achtziger Jahren*, Königshausen & Neumann: Würzburg, 1995, 34-36; see also 41ff. on the role of Ernst Bloch's *Prinzip Hoffnung* for Braun.

[5] In this respect, reading Braun's concept of 'Übergang' as a 'sense of peace' seems misplaced: Carol Anne Costabile-Heming, *Intertextual Exile. Volker Braun's Dramatic Re-Vision of GDR Society*, Georg Olms: Hildesheim, 1997, 190.

[6] Manfred Wekwerth, *Erinnern ist Leben. Eine dramatische Autobiographie*, Faber & Faber: Leipzig, 2000, 316-318.

[7] See e.g. Wolfgang Emmerich, *Kleine Literaturgeschichte der DDR*, second, expanded edition, Aufbau: Berlin, 2000, 255.

[8] See e.g. Florian Vaßen, 'Vom Fliegen ins "innerste Afrika". Volker Brauns Komödie *Die Übergangsgesellschaft* – Stillstand und Grenzüberschreitung', in: Richard Weber, ed., *Deutsches Drama der 80er Jahre*, Suhrkamp: Frankfurt/M., 1992, 87-106, here 97.

[9] e.g Georg Hensel, *Spiel's noch einmal. Das Theater der achtziger Jahre*, Suhrkamp: Frankfurt/M., 1995, 11.

[10] Spotting such references presupposes having grown up with FDJ songs – another reason the play met with puzzlement in West Germany.

[11] cf. Schmidt, 165.

[12] '21., 22. August 1984', in: *Verheerende Folgen mangelnden Anscheins innerbetrieblicher Demokratie. Schriften*, Suhrkamp: Frankfurt/M., 1988, 143-155, here 154.

[13] Though not, as Braun's angry portrayal of 'Der Mensch ohne Zugehörigkeit' makes clear, a matter of uncommitted self-realisation 'während bei Renault die Tausenden auf die Straße fliegen, [...] während Kriege vorbereitet werden, [...] während die Kinder Eritreas verhungern, während die Mülldeponien wachsen [...] während die Wälder sterben.' (IX, 159-162, here 162) For Braun, liberation from ideological blinkers makes real political commitment more, not less necessary.

[14] Erika Stephan, 'Die Übergangsgesellschaft. Komödie von Volker Braun', in: Siegfried Rönisch, ed., *DDR-Literatur '88 im Gespräch*, Aufbau: Berlin; Weimar, 1989, 166-178, here 173.

[15] Grauert, 63.

[16] 'Von der "Ziehvielisation" (1959) zur "Zuvielisation" (1987): Zivilisationskritik im Werk Volker Brauns', in: Rolf Jucker, ed., *Volker Braun*, University of Wales Press: Cardiff, 1995, 55-67, here 63.

[17] See: '"Das Ministerium ist für die Theater da..." Mit Siegfried Böttger, Stellverteter des Ministers für Kultur, sprach Hans-Rainer John', *Theater der Zeit* 44 (1989) 6, 7-12.

[18] See: '"Wir sind keine Trottel mehr" – Ein Gespräch mit Thomas Langhoff', *Süddeutsche Zeitung*, 21.10.1988.

[19] See: Christoph Funke, '"Wenn wir uns nicht selbst befreien..." Über Albert Hetterle', in: Julia Niehaus *et al.*, 122-128. Both the Berliner Ensemble and the Deutsches Theater, though they premiered other Braun plays in 1988, fought shy of *Die Übergangsgesellschaft*.

[20] 'Versuch zu fliegen. *Die Übergangsgesellschaft* von Volker Braun als DDR-Erstaufführung am Maxim Gorki Theater Berlin', *Theater der Zeit*, 43 (1988) 5, 57-58.

[21] e.g. comments by Birgit Gysi and Lily Leder, in: 'Drei Schwestern heute', *Theater der Zeit*, 43 (1988) 8, 15-16.

[22] See e.g. Kranz, 'Der Spätentwickler. Thomas Langhoff', 73.

[23] 'Aus synthetischen Hüllen gepeilt. Tschechows *Drei Schwestern. Die Übergangsgesellschaft* von Volker Braun am Maxim Gorki Theater', *Neues Deutschland*, 8.4.1988.

[24] Henryk Goldberg, in the FDJ paper *Junge Welt*, 2/3.4.1988, quoted in: 'Pressestimmen', *Theater der Zeit*, 43 (1988) 8, 16; cf. Dieter Krebs, *Berliner Zeitung*, 7.4.1988, reprinted in the same issue of *Theater der Zeit*, who saw the play as fighting 'für sozialistische Moral' against petit-bourgeois tendencies.

[25] I am very indebted to Barry Murnane, student in my drama option at Trinity College Dublin in 2002-3, for this suggestive image of 'shifting the deckchairs on the Titanic'.

[26] Funke, '"Wenn wir uns nicht selbst befreien..."', 128.

[27] Ingeborg Pietzsch, 'Überraschungen. *Die Übergangsgesellschaft* von Volker Braun in Leipzig und Weimar', *Theater der Zeit*, 44 (1989) 8, 15-16.

[28] Pietzsch, 'Überraschungen', 16.

[29] See Deutscher Bühnenverein, ed., *Wer spielte was? Bühnenrepertoire der DDR. Spielzeiten 1988, 1989, 1. Halbjahr 1990*, Mykenae: Darmstadt, o.J., 238-244.

[30] Ruth Reinecke, 'Für einen Augenblick: Theater der Zeit', in: Julia Niehaus *et al.*, 84-86.

[31] Briefly treated in e.g. Vaßen, 99, or Ulrich Profitlich, *Volker Braun. Studien zu seinem dramatischen und erzählerischen Werk*, Fink: Munich, 1985, 68.

[32] Director Karl Georg Kayser, quoted in: Pietzsch, 'Überraschungen', 15-16.

[33] 'Mette', a low German form of Mathilde (the powerful fighter) may conceivably also refer to her meta-theatrical function.

[34] On Zinnober and the processes set in motion by the state's attempt to control it and similar alternative groups, see Petra Stuber, *Spielräume und Grenzen. Studien zum DDR-Theater*, Christoph Links: Berlin, 1998, 244-253.

[35] See Peter Ullrich, 'Wie soll unser Theater morgen aussehen', *Theater der Zeit*, 43 (1988) 11, 11-13; the debate continued intermittently until the end of 1989.

[36] Stuber, 252.

[37] Harald Hauswald, *Seitenwechsel. Fotographien 1979-1999*, Aufbau: Berlin, 1999, 123.

[38] Of course, this man might just be a tattooed critical intellectual...

[39] 'Zeichen in Gemengelage', in: Frank Hörnigk, ed., *Volker Braun. Arbeitsbuch*, Theater der Zeit: Berlin, 1999, 113-115, here 113. See also Braun, *Lustgarten, Preußen. Ausgewählte Gedichte*, Suhrkamp: Frankfurt/M., 1996.

Götz Wienold

Volker Braun, *Böhmen am Meer*:
Gedruckte Fassungen und einige Lesarten[1]

In an earlier essay, a range of literary texts were explored which are based on the motif 'Böhmen am Meer' from Shakespeare's *Winter's Tale*: apart from Volker Braun's play, Franz Fühmann's story with the same title, Ingeborg Bachmann's poem 'Böhmen liegt am Meer' and Franz Werfel's *Das Reich Gottes in Böhmen*. This utopian motif seems to have cropped up only in 20th-century literature. Following the belated realisation that a later, distinct print version of Braun's *Böhmen am Meer* exists – as well as a third, unpublished version, according to Braun himself – this essay sets out to compare the two versions. There are many significant differences as regards the cast of characters and the number of scenes. The role of Julia is augmented and the collapse of the desired utopias seems more pronounced in the second version, while the explicit connection to Shakespeare's *Tempest* seems weakened. Pavel remains alive and Bardolph cannot lay claim to Pavel's son Vaclav. Socialism is not just not realised; it has become unrecognisable through the filth of oppression and environmental destruction. But the West has to be rejected as well. What can become of the human beings who have survived all this, and what hope is there for their children?

Groß war die Überraschung, als ich, kurz nachdem mein Aufsatz zu literarischen Werken mit dem Motiv und z.T. auch dem Titel *Böhmen am Meer* erschienen war,[2] den zehnten Band der *Texte in zeitlicher Folge* von Volker Braun in die Hände bekam und feststellte, daß sein *Böhmen am Meer* in dieser Ausgabe von 1993 sehr erhebliche Unterschiede zur im Jahr vorher bei Suhrkamp erschienenen Ausgabe aufwies, die allein ich kannte und herangezogen hatte. Die Unterschiede betreffen nicht das Motiv der fraglichen Utopie 'Böhmen am Meer', die Stellen, die ich bei der Erörterung des Motivs und seiner verschiedentlichen Ausdeutung aus Brauns Stück angeführt habe, sind in beiden Fassungen gleich; es läßt sich sogar behaupten, wie ich noch zeigen will, daß das Motiv und Thema 'Böhmen am Meer' stärker geworden ist. Diesen Zusammenhang brauche ich also nicht neu aufzurollen. Wohl aber scheint mir *Böhmen am Meer* in den beiden gedruckten Fassungen so unterschiedlich, daß ich diejenigen, die freundlicherweise den genannten Aufsatz gelesen haben bzw. lesen, doch über diesen Punkt nicht unverständigt lassen möchte.

Band 10 der *Texte in zeitlicher Folge*[3] – er war vorher für mich in Japan nicht zu erhalten gewesen, ich hatte auch nirgends Hinweise auf unterschiedliche Fassungen gesehen, soviel also zu meiner Entschuldigung – enthält zusätzlich zum Stück[4] '[Ursprünglicher Stückschluß]'[5]

(97), '[Ausreise]' (97-100), 'Der Kannibale' (101-103), '[Arbeitsnotizen]' (104-107) und 'Herausgerissene Szene' (107-111) sowie vier Abbildungen von der Uraufführung im Berliner Schillertheater 1992 (112-115).[6] Die 'Nachweise' am Ende dieses zehnten Bandes (211) lassen keine Unterschiede erwarten; sobald man aber den Text zu lesen beginnt, zeigt sich rasch, wie erheblich die beiden Drucke voneinander abweichen.[7] Auf der anderen Seite zeigen die beiden Drucke des nur mit geringem Abstand veröffentlichten und uraufgeführten Stücks *Iphigenie in Freiheit*[8] keine Abweichungen.[9] Wenn Braun auch sonst wohl schon öfters verschiedene Fassungen, erarbeitet hat, 1992-93 geht es speziell um *Böhmen am Meer*.

Im folgenden bezeichne ich die beiden im Druck vorliegenden Fassungen als D 92 (= Druck 92) (Suhrkamp) und D 93 (= Druck 93) (Mitteldeutscher Verlag). Die Unterschiede sind so zahlreich, daß sie alle anzuführen reichlich umständlich würde. Ich beschränke mich auf wichtigere. Ich hoffe, es gelingt dabei auch ein neuer Blick auf das Stück.

Noch einmal in aller Kürze: Von einer Touristeninsel flüchten die Touristen, da eine Algenpest jeden, der ins Meer geht, mit grünen Algen vollklebt. Pavel, ein Tscheche, der seiner Einstellung wegen nach '68 Prag verlassen mußte, lebt hier mit seiner Frau Julia und seinem Sohn Vaclav. Nach der 'Wende' hat er zwei 'Freunde' eingeladen, den Amerikaner Bardolph und den Russen Michail. Es kommt zu einer Aufrechnung zwischen den drei Männern und zwischen den Besuchern und Julia, da sowohl Bardolph als Michail auf sie Ansprüche zu haben glauben, und sogar den Sohn für sich möchten. Falls es auch so etwas wie eine Abrechnung in dem Stück gibt, dann geht sie eher zu Lasten Pavels als der Besucher. Julia weist allerdings Bardolph und Michail zurück. Während des Stücks weht starker Wind, von Windstößen getrieben, landen manchmal Personen in ihrem nächsten Auftritt, ein Sturm zieht auf, ein Sturmflut naht, am Ende droht sie über die Insel hereinzubrechen, Julia begrüßt diese.[10]

In D 93 treten zwei Figuren weniger auf, das Paar Raja, Michails Tochter, und Robert, der Physikstudent, der ihr zur Ausreise aus der Sowjetunion verhalf. Michail hat aber auch in D 93 eine Tochter, die die Sowjetunion verlassen hat; sie heißt jetzt Ludmilla (D 93, 72, 83, 90); Ludmilla tritt allerdings nicht auf, ja gegen Ende heißt es – recht unvermittelt – einmal, sie sei tot (D 93, 90). Allerdings vermeint Michail einen Moment seine Tochter in einer 'das Flittchen' genannten Person zu sehen, als er diese das erste Mal sieht (D 93, 70). Das Flittchen tritt auch in D 92 auf, und hat dort, wie in D 93, eine lockere Beziehung zu Vaclav,

Pavels, biologisch aber Bardolphs Sohn, den auch Michail gern der eigenen früheren Beziehung zu Pavels Frau Julia wegen für sich reklamieren möchte, das aber nicht kann, weil er die physische Ähnlichkeit zwischen Bardolph und Vaclav bemerkt. Diese ganze Konstellation teilen beide Versionen. Das Flittchen übernimmt in D 93 eine Reihe von Zügen Rajas[11] und wird von einigen Lucia genannt. Robert ist im Plot noch vorhanden, das Verhältnis zu Michails Tochter und die Fraglichkeit der Beziehung zwischen beiden werden erwähnt (D 93, 76f.), er tritt nur nicht mehr auf. Damit fallen auch die Szenen zwischen Raja und Robert weg und das ganze Stück ist in D 93 um ein Bild kürzer. Bild 5, das in D 92 in der Hauptsache die Beziehung zwischen Raja und Robert in einer Szene nur zwischen beiden ausführt, ist mit Bild 6 von D 92 zu einem Bild zusammengezogen (D 93, Bild 5). In diesem Bild (D 92, 6, D 93, 5) belabern, das ist wohl erlaubt zu sagen, Michail und Bardolph, das Verhältnis Raja – Robert bzw. Flittchen-Lucia – Robert, die Rivalität hinsichtlich Frau und Sohn wird deutlich, und die spätere Fassung enthält hier einige Einschübe, ist in anderem wieder kürzer. Julia insistiert nun in diesem Bild in beiden Versionen, jeweils mit kleinem Zögern, darauf, daß Vaclav Pavels Kind sei.[12] Wie wir das nehmen können, da schon angedeutet wurde, er sei Bardolph[13] ähnlich, darüber später etwas mehr.

Ebenfalls gestrichen ist eine Szene zwischen Raja und Robert in Bild 8 der älteren Fassung, in der Raja Robert erklärt, daß sie bei ihm bleiben will. Wenn sie abgegangen ist, übernimmt urplötzlich Julia ihre Position ('umklammert Robert': D 92, 47) und drängt Robert auf, Pavel zu sein ('Er ließ mich immer denken was ich will', 'Mit jedem bin ich anders und bin ich': 47, 50). In der neueren Version ist Julia von Beginn des Bildes (jetzt: Bild 7) allein und führt mit sich selbst Dialoge, in denen sie auch ihre Partner sprechen läßt. Dabei ist einiges aus dem früheren Dialog Robert – Julia in dieses Selbstzwiegespräch – die beiden zitierten Sätze ebenfalls – übernommen.[14] Julias Rolle wird in der neueren Fassung noch stärker als in der vorausliegenden.

Für sich gelesen, scheinen mir die Dialoge zwischen Raja und Robert in der früheren Fassung zu den knisterndsten des Stücks zu gehören. Der Autor hat sie immerhin, wenn auch reduziert und z. T. geändert, ohne Figurenbezeichnungen dem Stücktext unter dem Titel '[Ausreise]' (97-100) nachgestellt. Sie bleiben auch so als ein Stück Dialogkunst in meinen Augen lesenswert bzw. zeigenswert.

Bardolph wird im Personenverzeichnis von D 92, um die Änderungen in diesem nun noch weiter zu verfolgen, 'Industrieller' genannt, in dem von D 93 'Wissenschaftler'. Schon in der früheren Fassung war nicht so stark merklich, was denn eigentlich den 'Industriellen' ausmachte. Bardolph hat Auseinandersetzungen, stärker noch mit Michail als mit Pavel, da erhalten in beiden Versionen politische und historische Zusammenhänge in der jeweiligen Sicht Namen und Deutungen. 'Wissenschaftler' in der neueren Version geworden, kann Bardolph auch etwas vom Robert der älteren Version in der neuen Fassung übernehmen – dazu unten mehr. Bardolph hat aber – laut Pavel – in beiden Versionen eine 'Dreckfabrik' (D 92, 43; D 93, 84), die 'Sprühstoffe' bzw. 'Sprühregen' 'für Vietnam' produziert hat (D 92, 43; D 93, 85). Trotz der Konzentration der Handlung und der Bildfolge lag dem Autor wohl daran, bestimmtes thematisches und motivisches Material zu erhalten. Vielleicht sollte eine Inszenierung Bardolph und Michail auch als Laberer zeigen, Leute, die gern reden und sich gern reden hören, und nicht unbedingt als Interpreten der Welt.[15] Sie sind ja, wie bereits angedeutet, auf jeden Fall auch Spaßmacher und setzen sich gemeinsam in Szene.

Die 'dunklen Gestalten' von D 92 sind im Personenverzeichnis und im Text von 93 'schwarze Gestalten' geworden. Statt sich u.U. einer Konnotation von 'dunkel' anzuschließen, die als 'zweifelhaft', 'fragwürdig' umschrieben werden kann, lädt D 93 dazu ein, eine unmittelbar sinnlich wahrnehmbare Qualität auf die Bühne zu bringen bzw. sich beim Lesen vorzustellen. Auch der 'Fremde' im letzten Bild – in beiden Personenverzeichnissen nicht eigens angeführt – ist 1992 'dunkel', 1993 'schwarz'. D 93 hat zusätzlich noch explizit im Personenverzeichnis 'drei Italiener', die aber schon in D 92 auftraten. Das ermuntert zweifellos von Anfang an anzunehmen, das Stück spiele in Italien. Das ist ansonsten eher nur zu erschließen bzw. vermutend zu inferieren, u.a. über die textlichen Bezüge zu Stücken Shakespeares mit italienischer Kulisse.[16] Darüber weiter unten mehr.

Schwarz: Man kann es durchaus auf die Hautfarbe beziehen. Die Hautfarbe der Figuren Bardolph, Michail, Vaclav, Assia spielt im Stück eine Rolle, ebenfalls wird über Angriffe auf Farbige gesprochen. Michail wird in D 93 auch 'Tatar' genannt. Unter den Beilagen zu D 93 gehört 'Der Kannibale' (101-103) zu diesem Thema. Als ein Haufe dunkler bzw. schwarzer Gestalten sich am gedeckten Tisch bedient, nennt Bardolph sie übrigens 'Kannibalen' (D 92, 55; D 93, 90). Assia hingegen, die auch als Araberin eingeführt wird, nennt es 'Ein Festmahl'. Eine von mehreren unterschiedlichen Darstellungen des (fast eintretenden) Todes Pavels – die Assias – ist, daß Pavel 'auf die Schwarzen geschossen' habe (D 92, 61; D

93, 93). Auch Vaclav einmal zum Flittchen: 'Auch meine Haut ist schwarz. [...] Wie die von Bardolph.' (D 92, 50; D 93, 87).

Die Figur des Flittchens habe ich in der früheren Darstellung nicht erwähnt, weil ich mich dort auf den motivischen Komplex 'Böhmen am Meer' konzentriert habe. Viele ihrer Auftritte sind stumm, sie spricht nur in zwei Bildern (8 bzw. 7 und 10 bzw. 9). Vaclav, nicht viel weniger wortkarg gehalten, beschränkt sich meist auf die Adjektive 'steil' oder 'perfid', die er abwechselnd dann und wann als Kommentare einwirft. Daß er ein wenig mehr zu Wort kommt, geschieht in eben diesen Bildern. Mit 'steil' begrüßt Vaclav in beiden Fassungen am Ende die 'Flut' bzw. den 'Sturm' und behält damit das letzte Wort. Die schwarzen Gestalten haben bis auf den Fremden nichts zu sagen. Das Flittchen und Vaclav sind auch beinahe ausgeschlossen, jedenfalls sind sie am Rande, ihre Welt kann man, wenn überhaupt, eher im Spiel erleben als im Reden.

Im vorangegangenen Aufsatz hatte ich herausgearbeitet, daß in Brauns Stück nicht nur Shakespeares *Wintermärchen* – über das Motiv 'Böhmen am Meer' – aufgegriffen sei, sondern ebenso sein *Sturm*.[17] Pavel sei in gewisser Hinsicht auch Prospero. Züge der Handlung, die das – über den Sturm hinaus – nahelegen, sind geblieben: Pavel ist aus Prag auf die Insel geflüchtet, wie Prospero vor seinem Bruder Antonio auf seine Insel; Prospero holt sich durch den Sturm mit seinem Hilfsgeist Ariel[18] das Schiff mit Antonio an Bord zur Insel, Pavel hat Michail, den er als Russen für seine Vertreibung aus Prag mit verantwortlich macht, auf die Insel geladen; wie Prospero will Pavel nichts von seinen Widersacher-Freunden, am allerwenigsten Rache. Weggefallen ist in D 93 aber eine direkte Entlehnung aus Shakespeares *Sturm*, die 'von einer Stimme' gesprochene Abschiedsrede Prosperos (D 92, 14-15). An der Stelle des Zitats steht jetzt eine sehr kurze, ebenfalls von 'einer Stimme' gesprochene Rede: 'Kein Wörtlein mehr – mein Freund! das dich bedrückt. Kein Sterbenswort. Kein Wort von Politik.' (D 93, 67)[19] Sie ist wie ein Prosasatz gedruckt, schwingt aber – wie vieles in Brauns Stück und das dann oft auch vershaft gedruckt – im Blankvers und klingt shakespearesch genug. Doch das lange Zitat, das direkt zum *Sturm* führt, ist weggefallen, und mit dem Paar Raja – Robert auch die Lesart, in ihrer Beziehung die zwischen Ferdinand und Miranda gespiegelt zu sehen.[20] Vaclav – Flittchen (Lucia) scheinen mir das nicht zu übernehmen. So mag man in der neueren Fassung den *Sturm* schwächer evoziert sehen, dafür *Wintermärchen* und, wie schon angedeutet, damit dessen Motiv 'Böhmen am Meer' stärker. Auch *Das Wintermärchen* hat mit Sizilien schließlich eine Insel als einen Schauplatz. Ablauf und Handlung sind in D 93 straffer, das Motiv, wessen Kind eine oder einer sei und ob es da auf die biologische Vaterschaft und die sexuelle 'Treue' der Frau, sprich: Beziehung zu nur einem Mann, ankomme – das sind, wenn auch ganz anders gewendet, durchaus *Wintermärchen*-Themen. Das rückt stärker ins Zentrum der Aufmerksamkeit, da das zweite Paar mit einer zweiten Handlung, so charakteristisch für die Dramaturgie von *Wintermärchen* und *Sturm*, hier eben Raja und Robert, ausgeschieden sind. Und so rückt auch Julia noch stärker ins Zentrum. Pavels Schmerz ist nicht nur Prag, Pavels Schmerz, so darf man lesen und spielen und dann sehen, ist auch Julia.

Viele Stellen möchte man als bedeutend für das Stück anführen und zitieren. Hier wähle ich nur, und zwar um das eben Gesagte zu verdeutlichen, folgende (D 92, Ende Bild 6; D 93, Ende Bild 5):

> MICHAIL Eins mußt du mir erklären
> *Julia lacht verlegen, wickelt sich in die Schürze.*
> Du warst schwanger, Julia. In Prag. Hast du – um bei Pavel zu bleiben –
> JULIA Nein. *Sie schreit auf.*
> MICHAIL Nein.
> JULIA Es war Pavels ... Kind. In Prag? Er hat es mir gegeben. Und für dich, weil du da warst – hab ich es nicht bekommen. Ich hab es nicht bekommen.
> *Michail versucht, den Satz zu begreifen. Julia wartet mit entsetzlicher Geduld.*
> Du hast es mir genommen.
> MICHAIL Ich verstehe nicht.
> JULIA Nein, nie mehr.
> *Sie lächelt. Michail sackt auf die Knie.*
> MICHAIL Und Pavel wußte es?
> *Windstoß. Bardolph.*
> JULIA *zu Michail:* Wodka. Du riechst drei Meter gegen den Wind.
> BARDOLPH Ja, knien wir vor ihr.
> MICHAIL Vor der Wahrheit ...
> BARDOLPH Wessen Wahrheit.
> *Pavel auf dem Dach. Er schießt in die Luft, oder auch nicht. Bardolph und Michail kippen lachend in den Sand.* (D 93, 78-79)[21]

Eine Lesart, die man in diesen Dialog zwischen Julia und Michail einblenden mag: Michail habe, weil die Sowjetunion (mit anderen Staaten des Warschauer Pakts) die Tschechoslowakei besetzt und auf früheren Kurs zurückgezwungen hat, sich selbst ein Recht auf ein Kind von Julia genommen, und Pavel, wenn er ihr nicht dreinredete, wenn sie mit einem anderen Mann Beziehungen hatte, ihr gerade dadurch das Kind 'gegeben'.

In D 92 ist Pavel am Ende tot. Drei Italiener tragen im letzten Bild (10) die Leiche vor Julia, Bardolph, Michail usw. Auch in der neueren Version wird er im letzten Bild (jetzt 9) auf die Bühne getragen, doch explizite Hinweise, er sei tot, fehlen. Gegen Ende des Bildes hebt er den Kopf.

> BARDOPLH Tatsache ist – daß er lebt.
> MICHAIL Wie, wie?
> *Julia stützt Pavel auf. Die Stimme*: Du bist ein Verbrecher. (D 93, 93-94)

Wer der Verbrecher[22] ist, muß sich der Leser bzw., je nach Aufführung, auch der Zuschauer, wie vieles andere in diesem Stück, zurecht legen. Mit Pavels Überleben mag man eine weitere Veränderung der neuen Fassung zusammenhalten, einen kleinen Einschub – im Vergleich mit Bild 7 der älteren Version – zu Beginn von Bild 6 der neueren:

> *Im Gegenlicht Pavel. Julia.*
> JULIA Wer sind Sie.
> PAVEL Pavels Freund.
> *Julia blickt verwirrt zu ihm hin. Er kommt, in großem Bogen, ins Licht tretend, auf sie zu.*
> JULIA Pavel!
> *Er geht ab. Julia lacht, hält inne, lacht noch einmal auf, geht ab.* (D 93, 79)

Pavel bringt wohl ihr und sich selbst zu Bewußtsein, daß seine Quasi-Freunde auch erotische Partner Julias waren, aber vielleicht bringt er hier auch eine neue Seite seiner Person ins Spiel. Im letzten Bild beider Fassungen sitzt nämlich, wenn Pavel auf die Bühne getragen wird, einer – in D 92 'Fremder' genannt, in D 93 zunächst 'eine schwarze Gestalt', dann 'der Schwarze' – plötzlich mit am Tisch, der sich selbst 'Pavels Freund' nennt (D 92, 60; D 93, 92). Pavel, der einmal im Vergleich mit der Hautfarbe Bardolphs und Michails als 'ein wenig blaß' bezeichnet wird, hat also wohl als einziger der westlichen Figuren – Assia gehört nicht zu ihnen – einen Freund aus der Dritten Welt.

Dazu, daß Pavel – wie lange noch? – am Leben bleibt, gehört nun wohl auch, daß Bardolph nicht mehr die Hand auf Vaclav legt. Aber in was für einer Welt sollen diese Jugendlichen denn jetzt groß werden?

Braun hat in *Böhmen am Meer* viele thematische Komplexe zusammengebracht: das Ende der Sowjetunion und des Warschauer Pakts, das Quasi-Ende des sogenannten Ost-West-Gegensatzes, Fremden- und Farbigen-Hass gegenüber Identifikation mit der 'farbigen' Welt, Umweltzerstörung mit nah bevorstehender Katastrophe, amerikanische Hegemonie und ihr historischer Schmutz, die Zerstörung von so viel Welt und Leben durch Kapitalismus, dann Freiheit im Miteinanderleben in einer Familie und emotionale und sexuelle Freiheit von Frau und Mann, intellektuelle und emotionale Selbstbestimmung, in all dem erfahrene(re) Erwachsene gegenüber damit sich gar nicht zurecht findenden Jugendlichen,[23] zusammen in dem stärker politischen und in dem stärker individuellen Komplex die Enttäuschung und Absurdität einer Situation, in der nichts mehr etwas zu taugen scheint; ich muß gestehen, daß mir an diesem Stück immer noch manches dunkel bleibt. Da hat sich so viel, sollen wir sagen: 'zusammengebraut', worauf kaum zu antworten ist.[24] Angetreten war der Autor Volker Braun mit dem Thema 'Selbstverwirklichung des Individuums im real werdenden (oder auch: gewordenen) Sozialismus' und der Frage: 'Wie wird der Sozialismus, wenn der Sozialist nicht wird?' Gekämpft, verzichtet, gekämpft, beigegeben, gekämpft, verloren, gekämpft. Dann ist eines Tages der Sozialismus, den es real gab, den Braun so, wie es ihn gab, auch immer mehr in kritisches Licht rückte, gar nicht mehr. Was wird dann aus den Sozialisten, die es doch gab und noch gibt?[25] Für die, die ihr Leben dran gesetzt haben, ist es doch einmal, sechzig und mehr geworden, fast vorbei und gewesen – der eine oder andere Hinweis auf eigenes Leben und Erleben in Gedichten des Bandes *Tumulus*, vor allem 'Material XV: Schreiben im Schredder' und 'Die Bucht der Hingeschiedenen'.[26] Man mag Volker Brauns *Böhmen am Meer* gar als einen Schlüsseltext dazu lesen.

Pavel braucht einen Freund, wenn er noch lebt. Wo wird er ihn finden?

Anmerkungen

[1] Dieser Aufsatz ist ein bearbeiteter Wiederabdruck meines Aufsatzes 'Volker Braun, Böhmen am Meer: Gedruckte Fassungen und einige Lesarten', *Dokkyo Daigaku Doitsugakukenkyuu – Dokkyo-Universität Germanistische Forschungsbeiträge*, 46 (2001), 269–281.

[2] Götz Wienold, '*Böhmen am Meer*: Franz Werfel, Franz Fühmann, Volker Braun, Ingeborg Bachmann', *Dokkyo Daigaku Doitsugakukenkyuu – Dokkyo-Universität Germanistische Forschungsbeiträge*, 45 (2001), 1-37. Nachträglich wurde ich noch aufmerksam auf: Alena Wagnerová, 'Böhmen liegt am Meer: Die unvollendete Rückkehr der Libuše Moníková', *Neue Zürcher Zeitung*, Nr. 30, 6.2.2001, 35. Anfragen bei tschechischen Kollegen, ob das Motiv 'Böhmen am Meer' früher in tschechischer oder slowakischer Literatur eine Rolle gespielt habe, führten bisher zu keinem Erfolg.

[3] Volker Braun, *Texte in zeitlicher Folge*, Band 10, Mitteldeutscher Verlag: Halle, 1993.

[4] Volker Braun, *Böhmen am Meer*, in: ders., *Texte in zeitlicher Folge* 10, 61-96.

[5] Titel in [], so heißt es, 'wurden für diese Ausgabe gewählt' (*Texte in zeitlicher Folge* 10, 213).

[6] Eine weitere Abbildung findet sich in der Suhrkamp-Ausgabe (Volker Braun, *Böhmen am Meer*, Suhrkamp: Frankfurt/M., 1992).

[7] Die Berliner Uraufführung folgte offenkundig der Ausgabe im Suhrkamp Verlag – das ergibt sich aus Franz Wille, 'Heimatdrama als Mordmaschine: Lothar Trolles *Hermes in der Stadt* und Volker Brauns *Böhmen am Meer*, zwei Uraufführungen in Ost- und Westberlin', *Theater heute* 33 (1992) 4, 37-39, einem ansonsten verständnislosen Verriß. Willes Rezension von Aufführungen von *Iphigenie in Freiheit* lassen vermuten, daß die Reaktion auf das Stück *Böhmen am Meer* sehr von seiner Reaktion auf die Inszenierung bestimmt war (Franz Wille, 'Zeitgeistshows – Sinn oder Stuß: Reinald Goetz' *Festung* und *Katarakt* in Frankfurt und Volker Brauns *Iphigenie in Freiheit* in Frankfurt und Cottbus', *Theater heute*, 34 (1993) 2, 12-17).

[8] Volker Braun, *Iphigenie in Freiheit*, Suhrkamp: Frankfurt/M., 1992, sowie in: *Texte in zeitlicher Folge* 10, 125-144.

[9] *Texte in zeitlicher Folge* 10 bringt zwei zusätzliche kurze Texte zu *Iphigenie in Freiheit*: '[Arbeitsnotizen]' (144-145) und 'Adresse an das Cottbuser Theater' (145-146). Die Arbeitsnotizen sind auf 4.10.84 und 10.12.90 datiert. Sie deuten an, daß das Stück über längere Zeit entstanden ist und die Imposition der DDR-Situation auf die der Iphigenie auf Tauris (in der goetheschen Version) nicht eine Idee war, die sich erst mit oder nach 1989 ergab.

[10] Der in D 93 beigegebene 'ursprüngliche Stückschluß' beschreibt in einer Regieanweisung, wie die Sturmflut über die Örtlichkeit zieht.

[11] Z.B. kommt Raja bei ihrem ersten Auftritt gerade, grün vor an ihr klebenden Algen, aus dem Meer und erklärt am Ende, sie bleibe am Meer. So nun in D 93 beide Male das Flittchen. Im letzten Bild heißt einmal eine Bühnenanweisung 'Robert läuft zu Raja, und an ihr vorbei' (D 92, 61) und jetzt 'Vaclav läuft auf das Flittchen zu, und an ihm vorbei' (D 93, 93), 'Raja fliegt auf Michail zu, umarmt ihn' (D 92, 33) gegen, an entsprechender Stelle: 'Das Flittchen ... läuft auf Vaclav zu, und an ihm vorbei' (D 93, 76) usw.

[12] D 93 expliziert jetzt, daß Julia und Michail diese Beziehung zueinander in Prag hatten (78). Diese Stelle wird weiter unten zitiert und kommentiert.

[13] Wenn der Name 'Bardolph' durch Shakespeare angeregt ist, dann kann das genauso gut oder eher noch als durch *The Merry Wives of Windsor* – so im früheren Aufsatz – durch *King Henry the Fourth* und *King Henry the Fifth* geschehen sein. Michail und Bardolph führen sich auch schon einmal wie närrisch auf. Eine Stelle, die unten aus anderen Gründen angeführt wird, kann das belegen. Shakespeare nennt Falstaff und seine Begleiter, von denen Bardolph einer ist, 'irregular humorists'.

[14] Anderes, wo Robert physikalische Vorstellungen ins Spiel bringt, ist in eine Szene

zwischen Julia und Bardolph in Bild 5 (neu) übergegangen. Braun brauchte wohl einen Physiker oder Wissenschaftler in seinem Stück, da er mehrfach physikalische Vorstellungen mobilisiert ('Die Welt ist physikalisch unberechenbar', D92, 48; D 93, 78), zu den vielen Anspielungen um Julia herum auch eine mathematische, die 'Julia-Menge': 'Es gibt einen Begriff für das chaotische Ergebnis der immer gleichen Operation, das sich als eine Wolke von unendlich vielen Punkten darstellt: die Julia-Menge' (Robert, D 92, 48, in D 93 in Julias Monolog: 86). Julia wendet in beiden Fassungen das Bild 'Wolke' positiv auf sich selbst. Am Ende wird sie – dies explizit nur in der neueren Version – die Katastrophe der Sturmflut 'jubelnd' begrüßen (D 93, 94).

[15] Letzteres scheinen sie in der Berliner Uraufführung gewesen zu sein (vgl. Wille, 1992). Ich habe allerdings nur diese eine Rezension gelesen.

[16] Wienold, '*Böhmen am Meer*', 10.

[17] Wienold, '*Böhmen am Meer*', 11 ff.

[18] Ariel erscheint in *Böhmen am Meer* nur in einer Anspielung auf das bekannte Waschmittel (D 92, 57; D 93, 97).

[19] 'Kein Sterbenswort' läßt sich doppeldeutig lesen. Dazu, daß Prosperos Abschieds-rede mit dem Satz 'jeder dritte Gedanke mein Grab' – das ist eben auch ein 'Sterbens-wort' – fehlt, paßt auch, daß Pavel am Ende des Stücks überlebt, bevor die Sturmflut eintritt. Dazu weiter unten.

[20] Wienold, '*Böhmen am Meer*', 13.

[21] Der Text ist in beiden Ausgaben gleich, bis auf die zweimalige Erwähnung 'in Prag' und die Angabe 'Windstoß' vor dem Erscheinen Bardolphs in der neueren Version. Daß Michail und Julia Prag für die Schwangerschaft Julias, evtl. auch die Zeugung Vaclavs erwähnen, macht wohl stärker, daß Michail für das Exil der ganzen Familie mit verantwortlich gemacht wird. Die Bühnenangabe 'Windstoß' mag zur Lesart anregen, Julia gibt zu verstehen, Michails Fahne habe mit dem Wind Bardolph herbeigeholt, um so dessen Eindringen in das intime Gespräch abzuwehren.

[22] Pavel nennt einmal Michail und Bardolph ins Gesicht 'Verbrecher' (D 93, 85). An der entsprechenden Stelle von D 92 (43) steht 'Faschisten' (vgl. auch Wienold, '*Böhmen am Meer*', 12). Kurz vorher nennt Pavel auch schon einmal Michail 'Verbrecher' (D 92, 42; D 93, 84).

[23] Vaclav: 'Sie sind alle krank. Sie streiten sich um nichts, um die kaputte Welt.' (D 92, 50; D 93, 87. Hier fehlt das Wort 'alle'). Dazu gehört nun auch, daß Vaclav gleich darauf das Flittchen vergewaltigt. Vaclav (und das Flittchen) muß man wohl für mindestens Jugendliche halten – so zeigt ihn auch ein Foto der Berliner Uraufführung

kaum als 'Kind' (Wille, 1992, 38-39), aber sie werden in einer Bühnenanweisung auch 'die Kinder' genannt (D 93, 77).

[24] In *Das Wirklichgewollte* (Suhrkamp: Frankfurt/M., 2000) erzählt Braun in drei kurzen Geschichten dreimal vom Rencontre zwischen in der Historie groß und alt gewordenen Menschen und total depravierten Jugendlichen der neuen, perspektivelosen historischen Situation. Daß es dreimal sozusagen dasselbe in anderem Gewand ist, deuten auch Namensgleichheiten bzw. -ähnlichkeiten zwischen den Figuren der drei Geschichten an. Jedes Mal geht es anscheinend auf den Mord an einer der beiden Seiten zu. Der letzte Satz bleibt aber jeweils ohne Abschluß und ohne Punkt. Doch 'unvollendete Geschichten' sind das nicht mehr.

[25] Dazu auch einiges in Frank Hörnigk (Hg.), *Volker Braun Arbeitsbuch*, Theater der Zeit; Literaturforum im Brecht-Haus: Berlin, 1999.

[26] Volker Braun, *Tumulus*, Suhrkamp: Frankfurt/M., 1999, 21-23, 29-30. Etwas von dem, was mit Prag geschehen ist, in dem Gedicht 'Material XVI: Strafkolonie', 31-35.

Gerd Labroisse

Interpretative Überlegungen zu Volker Brauns Rede zur Verleihung des Georg-Büchner-Preises 2000: *Die Verhältnisse zerbrechen*[1]

This essay analyses the perspective on the contemporary situation developed by Braun in his Büchner Prize acceptance speech. It traces the thought processes and intertextual writing strategies involved. The main emphasis in this reading of a particularly densely worked-out text is on Braun's examination of the central sociopolitical problem which humankind faces: the relationship between individuals and society.

Die Essay-Ausführungen 'Büchners Briefe' von 1977, auf die Volker Braun in seiner Büchner-Rede als eine Art Vorarbeit selbst hinweist, bieten einen historisch-philosophischen Hintergrund für den neuerlichen Versuch, unter stark veränderten politischen Verhältnissen wiederum eine Standortbestimmung vorzunehmen.

Dort hatte Braun Texte Büchners eingesetzt für die Konzipierung einer weiter reichenden sozialistischen Gesellschaft in moderner historischer Lage. Damals, 'unter anderen Verhältnissen', habe er 'Büchner zitiert, um einen Sprengsatz zu legen', – Sätze, wie ich es verstehe, zum Aufsprengen von Festgefahrenem, Erstarrtem. Jetzt, 'in seinem Namen herzitiert', müsse er sich 'wieder unterminieren', sich in einen Prozess des Öffnens von Verhärtungen begeben, Stellung beziehen auf gefährlichem Boden (22).

An Brieftexten hatte er gezeigt, dass Büchner 'nicht nur über den Horizont der bürgerlichen Revolution hinaus[griff]', sondern auch 'über den Horizont der sozialistischen' (33), denn er habe 'den "Riß" in der Gesellschaft' gesehen, 'in den Abgrund' geschaut (38): 'Büchner blickte in ein Nichts', – woran Braun die Frage knüpft: 'Und wohin denn blicken wir?' (37).

Für ihn stand Büchner in einer Zeit des Zusammenbrechens der Freiheiten der Französischen Revolution und des Aufkommens einer neuen Klasse von Besitzenden durch Verfügen über die Kapitalmacht, habe aber noch nicht, wie wenig später Engels und Marx, 'die ungefügen, gewaltigen Regungen einer Klasse zu deuten vermocht[..], deren Elend allgemein genug war, daß sie aufs Ganze gehen könnte' (37). Büchner habe die damalige Grundsituation auf einen Nenner gebracht:

> *Ich studirte die Geschichte der Revolution. Ich fühlte mich wie zernichtet unter dem gräßlichen Fatalismus der Geschichte. Ich finde in der Menschennatur eine entsetzliche Gleichheit, in den menschlichen Verhältnissen eine unab-*

wendbare Gewalt, Allen und Keinem verliehen. Der Einzelne nur Schaum auf
der Welle, die Größe ein bloßer Zufall, die Herrschaft des Genies ein Puppen-
spiel, ein lächerliches Ringen gegen ein ehernes Gesetz, es zu erkennen das
Höchste, es zu beherrschen unmöglich. [...] Das m u ß ist eins von den
Verdammungsworten, womit der Mensch getauft worden. Der Ausspruch: Es
muß ja Aergerniß kommen, aber wehe dem, durch den es kommt, – ist schau-
derhaft. Was ist das, was in uns lügt, mordet, stiehlt? (40-41)[2]

Dieses Zitat aufgreifend, skizziert Braun als ein Autor der jüngeren
Generation in der DDR die Situation in den 'neuen Verhältnissen': 'Ich
studierte die Geschichte der Oktoberrevolution und watete durch das Blut
der dreißiger Jahre'. Er habe sich 'gegen eine Wand von Bajonetten
wandern' sehen, habe 'die Tinte der Lügen brennen' gespürt auf seiner
Haut: 'Ich schritt nackt und rückhaltlos draufzu: und fühlte mich gestärkt
hervorgehn, mit der ganzen Wahrheit bewaffnet'. Der 'Gang der Dinge'
sei 'blutig, hart, irrational: solange wir geduckt gehn, blind, unserer
Schritte nicht mächtig [...], weil wir die Gangart nicht beherrschen'. Statt
'einzuhalten im fahrlässigen Marsch, das Gelände wahrzunehmen, die
Bewegung zu trainieren', sich als Aufgabe zu stellen: 'Das Training des
aufrechten Gangs' (41). Das nimmt nicht allein den Titel seines zur
gleichen Zeit geschriebenen (1974-1977), 1979 erschienenen Gedicht-
bands *Training des aufrechten Gangs* auf, sondern das darin zur Sprache
Gebrachte. Mit diesem Band beginnt die Wiedergabe seiner ganz intensiven, existente Sozialismus-Formen kritisch einbeziehenden 'Suche nach
dem Stoff (zum Schreiben, zum Leben)', hier wie in den späteren Bänden
konzentriert in den mit 'Material' plus durchlaufender Nummerierung
getitelten Gedicht-Komplexen.[3]

In seinem Essay fährt Braun fort mit dem Hinweis, dass für
Büchner noch nicht der *historische* Materialismus bereit lag. Aus dessen
Sicht konnte Braun nun – Büchners Aussage vom 'muß' als einem
Verdammungswort und das daraus Gefolgerte sprachlich bei der Kontras-
tierung aufnehmend – 'das Neue' formulieren:

> das w i r d ist eins von den Erlösungsworten, die uns in der Kinderkrippe
> buchstabiert werden. Es muß kein Ärgernis kommen. Wir sind dabei, aus der
> Welt zu reißen, was uns lügen, morden, stehlen macht. (41)

Trotz dieser (allgemein formulierten) neuen materialistischen Position sah
Braun 'keinen Grund, an Büchners Bekenntnis einen Abstrich zu
machen': '*Wenn in unserer Zeit etwas helfen soll, so ist es G e w a l t*'.
Denn '[s]olange eine Gesellschaft [...] auf Gewalt beruht' – es ein '"die da
oben und die da unten"' gebe – 'bedarf es der Gegengewalt, sie zu verändern' (35).[4] Selbst in sozialistischen Staaten gäbe es noch 'die verschiedene Stellung der Individuen in der Pyramide der Verfügungsgewalt',

müsse erst noch diese Pyramide zertrümmert werden. Die Organisation einer eigenen Gegengewalt (mittels Volksvertretungen, Grundeinheiten der Partei etc.) sei 'noch im Stadium des Großversuchs' – ganz abgesehen davon, dass das nur ein Nebenprodukt der 'Jahrtausendarbeit' sei: 'die vertikale Arbeitsteilung aufzuheben durch Umwälzung der Produktionsweise von Grund auf' (36).

Diese Skizze der gegenüber Büchners Zeit grundlegend gewandelten (ideologisch-politischen) Verhältnisse gibt zugleich einen Hinweis auf die Richtung von Brauns Suche nach dem Stoff zum Leben.

Stand Büchner in einem 'Zeitenbruch[..]', im 'Moment der Krise des bürgerlichen Vorwärtsdenkens angesichts der Gewalt und Schmerzen des Epochengangs' (19-20), steht Braun zur Zeit dieser Rede selbst in einem, wie ich es formulieren möchte, gedoppelten Zeitenbruch: Die an die Oktoberrevolution 1917 geknüpfte menschheitliche Hoffnung 'Sozialismus' als entscheidende politisch-ideologische Überwindung des bürgerlich-kapitalistischen Systems ist mit dem Zusammenbruch der marxistisch-leninistischen Sozialismus-Realisationen in DDR und Ostblockstaaten untergegangen. Damit verschwinden die politischen Aufschwünge, wie sie Volker Braun im Brief-Essay als das Neue sah.

Für seine Neu-Ortung im Jahr 2000 aktiviert Braun verschiedenartige Texte Büchners, womit er zum einen dessen Modernität zeigt, zum anderen über die Differenz zur Büchner-Zeit die unsere präziser fassen kann. Zugleich gibt das seinem Sprechen und Argumentieren eine dichterisch-historische Fundierung.

Wie Büchner es tat, fragt Braun radikal, wo wir, wieder in einem Zeitenbruch, stehen, wie in diesen Verhältnissen eine '*Möglichkeit des Daseins*' (21) gefunden werden kann, zögernd mit einer schnellen Antwort.

Seine Rede beginnt er mit Worten Dantons, angesichts der Folgen der von ihm selbst initiierten Revolutions-Gewalt fragend: '*Wozu sollen wir Menschen miteinander kämpfen?*' Und lässt Büchners grundsätzliche Frage aus einem Brief an die Eltern folgen: '*Sind wir denn aber nicht in einem ewigen Gewaltzustand?*' Wie eine Antwort folgt Dantons Vermutung über den Grund all der Gewalt und seine eigene, veränderte Haltung:

> *Es wurde ein Fehler gemacht, wie wir geschaffen worden, es fehlt uns was, ich habe keinen Namen dafür, wir werden es uns einander nicht aus den Eingeweiden herauswühlen, was sollen wir uns drum die Leiber aufbrechen?* (19)

Für Volker Braun hat 'angesichts der Gewalt und Schmerzen des Epochengangs' niemand 'die Desillusionierung härter ausgesprochen' als

Büchner (20), der das 'Blutbad der Französischen Revolution' (21) studiert habe, selbst verstrickt in die politischen und sozialen Wirren der verschiedenen Gegenreaktionen.

In Brauns Sicht verlangte Büchners prinzipielle, 'unfeine Frage: *Was ist das, was in uns lügt, mordet, stiehlt?*', nach einer 'Untersuchung der Reflexe und Affekte der Kreatur u n d der Regungen und Zuckungen des großen Leibs der Gattung'. Oder allgemeiner und damit auch die Gegenwart betreffend: die Suche 'nach einer doppelten Lösung: der Mensch und die Gesellschaft' (20).[5] Es geht nicht um ein Problem Mensch, getrennt vom Problem Gesellschaft (oder umgekehrt), vielmehr um das komplizierte, komplexe Ineinander von Individuum und variierenden soziopolitisch-historischen Umfeldern. Der von Danton angesprochene 'gemachte Fehler' (sofern man die menschliche Grundsituation als solchen bezeichnen will) ist für Braun einer 'verwickelterer Natur'.[6]

Hier sei nicht ein 'Zwiespalt von Ideal und Wirklichkeit' zu diagnostizieren gewesen, ging es nicht um Wirklichkeit und Kunst-Idealismus. Büchner habe 'die Risse [gesehen], die durch die Wirklichkeit selbst gehn.[7] Er mußte, er konnte nur die unaushaltbaren Tatsachen zum Sprechen bringen, ungetröstet von einer erhabenen Idee' (21).

Um das auszuführen, musste ihm – in Brauns Verständnis – 'am Drama gelegen sein: nicht nur weil es eine Handlung hat – an dem einzigartigen Vorzug der Kunst, daß i n i h r Denken unmittelbares Tun ist, ein Denken im Material, das nicht [...] wie in der Wissenschaft vom Tun abgelöst und verselbständigt ist'. In der Dichtung konnte er 'jenes subversive, alles Bestehende befragende Verlangen aus[..]drücken: *Möglichkeit des Daseins*' (21).

Auf diese Formel hatte Büchner seinen Lenz im Gespräch mit Kaufmann, sich verwahrend gegen die die Wirklichkeit idealistisch verklärenden Dichter, die eigene Position bringen lassen:

> Ich verlange in Allem – Leben, Möglichkeit des Daseins, und dann ist's gut; wir haben dann nicht zu fragen, ob es schön, ob es häßlich ist, das Gefühl, daß Was geschaffen sey, Leben habe, stehe über diesen Beiden, und sey das einzige Kriterium in Kunstsachen.[8]

Für Volker Braun bot sich solch 'Denken im Material' vor allem im lyrischen Sprechen. In seinen 'Material'-Gedichten und den vielen eng mit ihnen verbundenen Gedichten wird auch das verwortet, was hier für den 'Danton' und 'Brechts Johanna in d[en] Schlachthöfe[n] Chicagos' als ihr 'Stoff' genannt wird: 'die elementaren Vorgänge, historischen Gesten und die würdigen oder elenden Gebärden des Einzelnen in oder mit der Masse'

(21). Das von Braun Büchner zugeschriebene 'subversive [...] befragende Verlangen' ist seine eigene Suche nach dem 'Stoff zum Leben'.[9]

Nach Volker Braun ist Büchners 'Möglichkeit des Daseins' eine 'Losung, die alle die klassischen Sprüche gegenstandslos macht', uns 'aus dem dogmatischen Schlummer' reißt und fragen lässt: 'wo sind wir?' (22)

Auf diesem Hintergrund beginnt Braun eine Skizzierung der gegenüber 1977 grundlegend veränderten Verhältnisse mit von ihm wahrgenommenen 'zwei Menschenzüge[n]':[10] den ersten bildet 'die berühmte Menge, die den Alexanderplatz füllt' (22), den anderen 'die neunzehn Bischofferöder' Kalibergleute, die 'zu Fuß 400 Kilometer' nach Berlin gezogen sind (23).

Beide Züge erscheinen, bildhaft-eindringlich geschildert, als dramatische Aufführungen, konzentriert auf das politische Kerngeschehen. An der Spitze des Zuges am 4. November 1989 in der Hauptstadt 'sieht' Volker Braun ein Spruchband, dessen Text (Worte Camilles in 'Dantons Tod' [I,1]) das im Grunde von allen Teilnehmern dieser größten Massendemonstration in der Geschichte der DDR Geforderte wiedergibt: '*Die Staatsform muß ein durchsichtiges Gewand sein, das sich dicht an den Leib des Volkes schmiegt*' (22).[11] Man stieß (einen bildkräftigen Ausspruch aus der Ansprache Stefan Heyms aufgreifend) 'nur die Fenster auf, um die stickige Luft zu entlassen'. Sie 'verharr[en] im Taumel, in stummer Erwartung, zu nichts entschlossen',[12] verbleiben im Stillstand dieses Protestierens, an dem nichts mehr wird vorbeigehen können. Was sie 'vereint', ist 'das Ungeducktsein: KEINE GEWALT'. Damit ist das Entscheidende genannt: anders als 1789 in Frankreich und 1917 in Russland (und z.T. in Büchners Vormärzzeit), werden hier die Regierenden durch die gewaltfreie offene Kundgabe des Willens einer überwältigenden Menge gleichgesinnter Menschen aufgefordert, ihre Arbeit und Sichtweise so zu ändern, dass die drängenden politisch-gesellschaftlichen Probleme gelöst werden können.

Der von Braun für den Hauptstadt-Protest vorgebrachte Slogan ist der, der im Zentrum der Leipziger Montagsdemonstrationen stand, die den Boden bereiteten für die anstehenden politischen Veränderungen. Auf Spruchbändern wurde gefordert: 'Keine Gewalt', weder von den Teilnehmern, noch von den staatlichen Ordnungskräften. Dieser Forderung kam entscheidende Bedeutung zu bei der berühmt gewordenen, bislang größten Demonstration von etwa 70 000 Menschen am 9. Oktober 1989. Erst im letzten Moment konnte durch Verhandlungen einer Aktionsgruppe das

Einschreiten der nur auf den Einsatzbefehl wartenden Sicherheitskräfte und damit das befürchtete deutsche Tiananmen verhindert werden.[13]

Dem von Braun mit Großbuchstaben hervorgehobenen Slogan folgt, sprachlich äußerst komprimiert, eine geschichtsphilosophische Einschätzung des Vorgangs: 'Sie [die Menge der Demonstrierenden] muß sich nur bewegen, oder stillestehn, und die Geschichte steht still und bewegt sich'. Ist, wie ich es verstehe, die Bewegungsmöglichkeit der Demonstranten bloß ein so oder so, die der Geschichte ist von komplexer Art: das Stoppen/Anhalten des gewöhnlichen Verlaufs ist ein historischer Moment, ist geschichtliches, in den Folgen/Konsequenzen gar nicht absehbares Ereignis. – Die Menge meldet sich, 'wie sie sich versteht', mit realen Slogans wie dem: 'Sägt die Bonzen ab, schützt die Bäume', Volker Braun bietet einen geschichtsträchtigen an mit Zielvorstellung von etwas, was 'noch nicht probiert' wurde: 'Volkseigentum plus Demokratie' (22).[14] Das wäre die Losung gewesen für eine neue, alle Einzelnen sozialistisch verbindende Form von Sozietät. Für deren Realisierung hätte man 'kämpfen' sollen. Doch an diesem Tag ging es primär um die Herstellung elementarer demokratischer Verhältnisse in diesem verkrusteten Regierungssystem. Volkseigentum war dabei überhaupt kein Thema. Dazu wurde es erst im Verlauf der politischen Vereinigung von 1990.[15]

Doch (wie es im Text heißt) diese seine 'letzte Verblendung, die herrlichste Einbildung', ist lediglich 'zu denken', denn *wer soll denn das schöne Ding ins Werk setzen?*'[16] Bei dieser Demonstration sei es 'um fast alles [gegangen]: den Schmuck der Gleichheit, das Allgemeingut', um das, was die Menge beherrscht: 'dieser Gedanke des Daseins, die Leiber schüttelnde Freiheit' (22-23) – anders formuliert: das Miteinander, das Ineinandergehen von Dasein und Freiheit.

Gegen die riesigen Demonstrationszüge in Leipzig und zum Berliner Alexanderplatz ist der der 19 Bischofferöder von Thüringen nach Berlin (1.-16.9.1993) eine 'dürftige Prozession', 'ein Rinnsal des Aufbegehrens'. Gegenüber dem großen Allgemeinen, dem Gang der Geschichte, gehe es bei ihnen 'um fast nichts: die nackte Existenz, eine Privatsache' [!]: 'Sie HUNGERN FÜR ARBEIT vor den Toren der Treuhand'. Das heißt: sie hungern danach, weiter arbeiten zu können/dürfen, kämpfend (im Werk mit Hungerstreik) für den Erhalt ihrer Arbeitsstätte, für das, was ihnen einmal (Art. 10 der Verfassung der DDR) zustand.[17]

Sarkastisch und in auffälliger Sprachgebung legt Volker Braun ihre und überhaupt die mit der Vereinigung entstandene Lage im alten Gebiet der DDR bloß. Die Bischofferöder, konfrontiert mit der von der Treuhand durchzuführenden 'Abwicklung' der volkseigenen Betriebe in Privateigentum, gingen – Braun nimmt Worte Merciers aus 'Dantons Tod' auf – 'ihren Phrasen nach, die sie verkörpern, bis zu dem Punkt, der gemacht wird. Ihrem sogenannten Eigentum, das sie besaßen und nicht besaßen, und das ihnen entzogen wird mit guten Gründen [...]'.[18] Der Entzug dieses Elementaren sei 'die Wunde, die bleibt, die sich nicht schließt wie die Betriebe [...]';[19] 'es ist ein Unglück, das erarbeitet ist, verdient sozusagen [Doppelbedeutung!], die Geschichte schreibt eine Quittung aus [...]': 'Nach dem heißen Brei der Volksdemokratie die kalten Schüsseln des Kapitalismus'. Braun konkludiert, eine Briefstelle Büchners variierend, dabei die Abfolge ändernd: 'Ich finde eine unaufhörliche Ungleichheit in der Gesellschaft, in der Menschennatur eine entsetzliche Geduld' (23).[20]

Das hier seien, wie es heißt, nur zwei Züge aus der Menge der vielen in dieser Zeit. Richtete der erstgenannte sich allgemein gegen die Art und Weise, wie hier der Staat geführt wird, der der Bischofferöder gegen das, was in ihrem speziellen Fall geschieht.

Wurde die Gegenwärtigkeit beider Züge vorbereitet durch eine stark geschichts-philosophische Aufbereitung der Vergangenheitslage, insbesondere Büchners Zeit, folgt nun, im Zusammenhang mit Brauns an sich selbst gestellte Frage, ob er 'einer *Idee* verbunden' gewesen sei, ein Versuch, die heutige geistig-politische Lage gezielt zu umreißen.

Die Frage wird beantwortet mit 'Keiner herrschenden', die genauere nach 'einer Erwartung', einem sich 'mit der Geschichte im Bunde' Sehen, erhält die Antwort 'ja',[21] verbunden mit der Aussage, dass er jetzt 'wie ein Verschwörer [...] an der Wand' stehe, wissend, '"da vorne ist nichts"'. Er könne 'mit der Geschichte keine grundsätzliche Hoffnung verbinden'. Auf die Frage eines ihn Vernehmenden, ob er '[a]us der Täuschung erwacht' sei, 'der Gewißheit', gesteht er: 'Ja'. Seine gegenwärtige Inaktivität mit der Büchners im Frühjahr 1833 teilend, bringt er in Parallele vor:

> Wenn ich an dem, was geschieht – der Zug durch die frankfurter Innenstadt gegen die BANKENMACHT – keinen Teil nehme, so geschieht es aus Unglauben. Ich kann nicht meinen Grundsätzen gemäß handeln.

Zwar habe er in neuerer Zeit erlebt, dass – in Worten Büchners – '*das nothwendige Bedürfniß der großen Masse Umänderungen herbeiführen kann*', doch die Frage bleibe bestehen: 'aber wo sind wir' (24).[22]

Das setzt, nach kurzem Einblenden persönlicher Jugenderfahrungen,[23] eine weit ausholende Positionsbestimmung in Gang. Karl Marx wäre der Auffassung gewesen, 'radikal sein' sei, 'die Sache an der Wurzel

fassen'.[24] Braun fragt sich, ob das nicht immer heiße, 'die Wurzel auszu-
reißen', und das der 'Inhalt des zupackenden 20. Jahrhunderts' sei. Dessen
Verwirklichungen seien 'Verwüstungen gleich[gekommen]', es habe 'die
Ideen verbraucht wie die Leiber', schlimmer: 'die Ideen realisiert, indem
es die Leiber verbrauchte' (25).[25] Nach den Kriegen und Revolutionen
wisse man jetzt, 'was ein Mensch ist', doch 'nicht mehr, wie ihm zu
helfen ist; man kennt die Bestialität, aber kaum noch die Menschheit', ins
Bild gebracht mit Zeilen seines Gedichts (hier in Prosa und nicht gekennzeichnet) mit dem bezeichnenden Titel 'Nach dem Massaker der Illusionen': 'Wenn die Ideen begraben sind, kommen die Knochen heraus'.[26]
Oder waren das (in Büchners Manier kein entwaffnendes Argument
auslassend) für das DDR-System 'die *radikalen* Medizinen für den
Organismus [...], dessen Glieder die Kollektive sind, seine Gangart die
Geschichte', oder 'heroische Kuren in der Kaserne' (25)? Es sei aber zu
sagen:

> Die Ideologie ist [...] r ü c k s i c h t s l o s, wo es v o n G r u n d a u s heißen
> müßte. Wo es [...] um den Menschen ging, war an die Gesellschaft kaum
> gerührt, und wo man die Gesellschaft verändern wollte, wurde nach dem
> Menschen nicht lange gefragt. (26)[27]

Man verblieb somit in der altbekannten Trennung: konzentriert auf den
Menschen als Individuum oder auf die Gesellschaft als solche, jeweils
abgesichert durch (ideologische) Gewissheit, von daher rücksichtslos im
Gegeneinander. Das eingangs auf Grund der 'Verhältnisse' für generell
notwendig gehaltene Suchen nach einer politischen Lösung für ein Ineins
von Mensch und Gesellschaft wurde nicht unternommen. Das habe zur
Folge, dass der Mensch, tritt er heraus aus 'den gigantischen Abstraktio-
nen', 'vereinzelt' stehe, 'ohne politische Halterungen, nicht mehr Klassen
etc. zugehörig'. Er ist den Kämpfen wie dem Bewusstsein davon
'entkommen', ein 'gerettetes', doch nun 'transhistorisches Wesen' (26),
ein abstrahiertes Wesen ohne geschichtliche Grundierung.

   Jetzt, zu Ende des 20. Jahrhunderts, sei der Mensch jedoch wieder
'an seinem altbekannten Werk, [...] Herrschaftsverhältnisse einzuüben'.
Die 'Staaten' hielten ihn, den 'Kunden', an zur 'Kapitalräson': dem
(Büchner variierend) 'vorauseilende[n] Fatalismus der Regierungen, der
dem *Geldaristokratismus* Platz macht', von dem er gesagt habe: '*lieber
soll es bleiben, wie es jetzt ist*'. Was für Büchner Grundzustand der Welt
war – 'gräßliche[r] Fatalismus der Geschichte' –, erscheint heute als
einspielendes Verhalten von Regierungen, nämlich Raum zu bieten einem
Neokapitalismus, der modernen Form des Geldaristokratismus, auf den

auch jetzt besser zu verzichten wäre. Traditionelle Staatsräson wird zur Räson gegenüber dem Kapital.[28]

Zugespitzt auf den Zustand in den neuen ostdeutschen Ländern, beinhaltet das für Braun: 'Eine Revolution, die kein Brot gibt, und eine Demokratie, die die Arbeit nimmt, sind keine ernsthaften Avancen'. Büchner hätte 'einen andern Begriff von Menschenrechten' gehabt, 'als unser Grundgefühl und das Grundgesetz empfinden'. Für Braun ist der aus dem Kampf der Ideologien, insbesondere dem Marxismus-Leninismus in DDR-Ausprägung, 'Gerettete[..]' realiter ein 'Ausgegrenzte[r]' geworden, einer ohne politische Halterungen, ohne Gegenwehr-Möglichkeit. Er ist 'ein anderer Woyzeck', schärfer: 'ein überflüssiger Mensch'. Die Hauptleute und Doktoren gehen 'ihren globalen Experimenten' nach, die Waffenverkäufer bieten mehr und anderes an als 'Messer für zwee Grosche': 'man soll einen ökonomischen Tod haben'. Das letzte ist wörtlicher Büchner-Text aus der Kramladen-Szene im 'Woyzeck'[29] mit einer entscheidenden Abänderung: statt 'Er' (Woyzeck mit Kauf des 'wohlfeil[en]' Messers) jetzt 'man', was die neue Situation des Menschen ins Allgemeine hebt [auch der Tod muss sich noch rechnen], zugleich die ostdeutsche Lage 'dramatisch' steigert (26).

Diese steht im Zentrum des anschließenden Abschnitts, dessen einleitende Doppelfrage 'Wo sind wir? (wo sind die Bischofferöder?' die Blickrichtung angibt. Die vor der zweiten Frage eingefügte runde Klammer öffnet die mit '*Lieber Georg*' beginnende Passage, die damit die Form brieflicher Mitteilungen erhält (26-27). Wie Büchner an den Dichter-Kritiker Gutzkow, schreibt nun Volker Braun an den ihm verwandten Büchner, dabei Teile von dessen Brief wörtlich übernehmend. Der Brief beginnt mit der Nachricht von etwas eigentlich Un-Denkbarem: 'daß Leuna, die Wiege der Chemie, einmal Synonym für Schmiergeld werden würde'. Nicht zu verstehen sei, dass 'eine so große Sache wie die deutsche Einheit kaufmännisch so schlecht erledigt wird, daß man den Markt auf die B r a c h e stellt'. Die nächste Mitteilung beginnt mit als Zitat ausgewiesenem '*Übrigens, um aufrichtig zu sein*' und fährt mit wörtlicher Übernahme von Büchners Kritik fort, die dort Gemeinten und deren politischen Ansatz transformierend: 'die "ehemaligen Bürgerrechtler", die sich so nennen lassen [dort: 'Sie und Ihre Freunde'], scheinen mir nicht grade den klügsten Weg geschlichen [dort: neutrales 'gegangen'] zu sein. Die Gesellschaft mittelst der Akten [dort: 'der Idee, von der *gebildeten* Klasse aus'] reformieren? Unmöglich'.[30] Völlig konträr zu solcher Absicht steht, dass, wie jetzt berichtet, 'den Kalikumpeln die Einsicht in die Fusionsverträge verweigert wurde, als jene *gewaltige* Überschreibung passierte, die das Papier scheut'.[31] Mit Büchner wird die Frage gestellt: 'Und *die große Klasse*?' Wie bei ihm werden die ihr gegenüber gebrauchten 'zwei Hebel' genannt, doch jetzt nicht 'materielles Elend und *religiöser Fanatismus*', sondern 'materieller Anreiz und Entmutigung der demokratischen Interessen, mit Verweis auf ihr Vorleben'.[32] Mit einem sich entgegenstemmenden 'Und doch' wird, den Brief beendend, die Überzeugung ausgesprochen, der Satz (Büchner aufnehmend): 'man muß *die Bildung eines neuen geistigen Lebens im V o l k suchen*, einmal wieder seine ungeheuerliche Wahrheit erweisen' werde.

Ein neuer Ansatz beginnt mit Worten Philippeaus aus *Dantons Tod* gesprochen im Kreis der Freunde am Abend vor ihrer Hinrichtung:

> *Meine Freunde, man braucht gerade nicht hoch über der Erde zu stehen, um von all dem wirren Schwanken und Flimmern nichts mehr zu sehen und die Augen von einigen großen, göttlichen Linien erfüllt zu haben.*[33]

Selbst wenn dem so ist, bleibe die Frage: 'wozu kämpfen?' Die erneut vorgebrachte Eingangsfrage [Dantons] wird in dieser Komprimierung (und nach diesem Philippeau-Zitat) eine nach dem Wozu eines Kämpfens überhaupt. Eine erste Antwort greift die von Danton selbst gegebene auf, bezieht sie auf uns, auf deutsche Verhältnisse, versieht sie aber mit einem Fragezeichen: 'Sollten nicht wenigstens wir uns auf unserm guten deutschen Teig nebeneinander setzen und Ruhe haben?' Der anschließende ironisierende Kurzvergleich damaliger Zustände in Hessen mit den heutigen setzt (unmarkiert) eine Textstelle aus *Leonce und Lena* ein, wenn es heißt, dass man die 'Untertanen oder Staatsbürger' jetzt 'nicht mehr gerade so stellen [muß], daß der Wind von der Küche über sie geht' (28).[34] Das hessische Elend von heute sei eines, 'das uns nicht drückt, da es ein hoch entwickeltes [...], ein vornehmes Elend' ist, das sich in dieser Form 'ein Rätsel' bleibe (wie die zu Beginn umschriebenen 'Verhältnisse' für Büchner): 'Der Einzelne, die Sozietät? Was weiß sich als die Lösung' (28).

Was jetzt in Form von Fragen ohne Fragezeichen erscheint – ich nehme eine Formulierung vom Absatzbeginn auf –, 'ist nun einmal keine Frage': es ist eine Beschreibung der Gegenwartslage. Wahrzunehmen wären von einer 'Gewalt' gezeugte 'riesige Menschenzüge auf den Kontinenten', 'Gespensterzüge von Verlorenen im SCHRANKENLOSEN' [in einem grenzenlos gewordenen/werdenden Weltzustand?]. Es ist zu fragen, ob unser 'vornehmes Elend' – sich zeigend als Sich-Bescheiden im abgegrenzten eigenen Wohlergehen, Einrichten in unsere Verhältnisse als

'Lösung' und ohne ausmachbares alt-bürgerliches Vorwärtsdenken – einfach die Form ist, 'nicht anteilzunehmen am Hunger der Welt'. Immer noch seien, wie in der Zeit Dantons, 'die Fußstapfen der Freiheit [...] Gräber, und die Demokratie geht auf Bombenteppichen'. Die 'Gewaltlosigkeit neuer Revolutionen' wird wohl noch 'beantwortet werden von archaischsten Ritualen einer WELTORDNUNG' – nackter Gewalt im Namen der jeweils an der Macht befindlichen Herrschaftsordnung.[35] Konkludierend heißt es: 'Der Abbruch der Alternativen zur bürgerlichen Gesellschaft im Augenblick, da diese selbst verschwindet, bewirkt die Spannung, das Drama, den kopflosen Kampf unserer gegenwärtigen Aufführung [...]' (einbezogen Büchners Fragen schleppende Figuren).

Wie ein Echo auf Lenzens Satz: *'Ich verlange in allem – Leben, und dann ists gut'*,[36] wirke ein Konzept der Zapatistas:

> Es kommt darauf an, eine Welt zu schaffen, nicht wie die Macht sie will, nicht wie wir sie wollen, sondern eine Welt, in die viele Welten passen, so viele Welten wie nötig sind, daß jeder Mann und jede Frau ihren Begriff von Würde leben. (28-29)[37]

Marxens These: 'Es kömmt drauf an, sie [die Welt] zu *verändern*', erfährt hier eine (in meinem Verständnis) entscheidende Neufassung. Das weitreichende Konzept übersteigt den dialektischen wie überhaupt jeden traditionell dualistischen Grundansatz, will es doch jedem Einzelnen seinen Entfaltungsraum in einer in sich offenen, Vielfältigkeit gewährenden Gesellschafts-Verfassung bieten. Das wäre die Lösung des 'Rätsels' par excellence – sofern die angesprochenen Menschen und insbesondere die realen politisch-gesellschaftlichen Zustände das überhaupt möglich machen. Das marxistische Konzept, das über die Oktoberrevolution realisiert werden sollte, hatte ursprünglich auch die Perspektive einer 'Assoziation, worin die freie Entwicklung eines jeden die Bedingung für die freie Entwicklung aller ist'.[38]

Dass selbst bei solch einer beglückend wirkenden Zapatista-Vision die Frage nach dem Inhalt von Würde bleibt, zeigt Brauns anschließendes Beispiel, mit dem er wieder einschwenkt auf die im Bild der beiden Züge angesprochene eigenen Lage. Am 'Ende des Zugs' sieht er eine schmächtige junge Frau, 'festgenommen in Leipzig', deren zweijähriges Kind bei der Zwangsräumung ihrer Wohnung 'am 10. Juli 2000' verhungert aufgefunden wurde: 'Welche Liebe, welche Härte braucht es, dieses doppelte Rätsel zu raten', – 'doppelt' im Sinne von Verstärkung des Sowieso-Rätsels des Daseins, hier wohl: dass selbst die natürlichste Liebesbeziehung Mutter-Kleinstkind in Vergessenheit zu geraten vermag, in ein Abwesendsein aller 'Würde'.[39]

Der letzte Denkabschnitt beginnt mit der Überlegung, dass er nicht die
Sorge seiner Gegner teile, uns sei 'das Thema' abhanden gekommen: 'es
könnte sein, daß wir dem Thema abhanden kommen'. Für Volker Braun
ist 'die Frage der Fragen', ob *die Muse* sich, wie bei Büchner, 'wieder
als Samson verkleidet und ihr Ehrgeiz auf eine bunte Jacke geht' – im
Gewand eines Scharfrichters oder dem eines Narren.[40] 'Keine Antwort auf
dieser Bühne', schon gar nicht 'die rasche, die noch immer Geschichte
schreibt'. Die auf der Bühne mögliche sinnliche Präsentation der Widersprüche führe uns 'rigoros in die Wirklichkeit': 'das ist *die Handlung* der
Kunst'. Das Drama, jene 'unversöhnte Dichtart', die uns die 'Unerträg-
lichkeit eines permanenten Zustands' und 'die Ausweglosigkeit zugleich'
vorführe, lasse *'Möglichkeit des Daseins* [...] "nur noch in einer alles
Gewesene und Gedachte übersteigenden" Alternative offen' (29).

    Jetzt kann die Unterschiedenheit seiner Lage nach dem Zusammen-
bruch des in der DDR Aufgebauten gegenüber den Folgeproblemen der
Französischen Revolution für Büchner klar herausgestellt werden. Dazu
wird die Danton-Passage vom Rede-Beginn formulierungsmäßig wieder
aufgenommen, doch so variiert, dass die Differenz hervortritt und mit ihr
die Grundbedingung für ein Neues.

    Nach Büchner wurde *'ein Fehler gemacht, wie wir geschaffen
worden'*, für Braun wurde 'ein Fehler gemacht, wie die Gesellschaft
geschaffen worden, und wir machen ihn, indem wir uns in dem Zustand
erhalten'. Nach beiden 'fehlt uns was': Büchner hat *'keinen Namen dafür'*,
für Braun hat es 'keinen Namen mehr'.

    Da bei Büchner der Fehler einer in der Konstruktion des Menschen
ist, somit existentiell vorgegeben, ist er nicht *'aus den Eingeweiden
heraus[zu]wühlen'*, nicht durch ein *'[A]ufbrechen'* der Leiber zu beseiti-
gen. Entschieden anders liegt das bei Braun: ein 'Fehler' geschah beim
Schaffen von 'Gesellschaft', somit in der immer von Menschen geschaffenen Organisationsform für das Miteinander vieler Einzelner. Von daher
kann er fortfahren mit 'und wir machen ihn, indem wir uns in dem
Zustand erhalten'. Da keine Konstruktion an sich, wäre ihrer Fehlerhaftig-
keit beizukommen, doch nicht durch ein Herauswühlen 'aus den
Strukturen', sondern durch Zerbrechen geschaffener 'Verhältnisse' (29).

    Das Angehen des 'Rätsel'-Verhältnisses 'Mensch und Gesellschaft'
war bei Büchner konzentriert auf Grundprobleme des Menschen als
Individuum, fokussiert auf das Durchsetzen politischer Freiheiten und
freiem Denken im Sinne der Französischen Revolution, auf politische

Fundierung des Einzelwesens. Das Pendant Gesellschaft erfuhr keine dieser entsprechende Beachtung.

Im Essay von 1977 konnte Braun die mit der Oktoberrevolution in Gang gebrachte Alternative zur bürgerlichen Gesellschaft – Schaffung einer sozialistischen klassenlosen Gesellschaft unter Führung der marxistischen Partei – positiv aufgreifen, sie kreativ weiterdenken durch Hinterfragen des als polar begriffenen Verhältnisses Mensch und Gesellschaft. Im Jahr 2000 ist der Zusammenbruch der staatlich-gesellschaftlichen Realisierungen dieser Alternative durch Überbetonen von 'Gesellschaft' gegenüber dem Einzelnen mit allen Konsequenzen zu konstatieren. Parallel dazu ist eine Re-Stabilisierung der weiter gelaufenen Bürgergesellschaft zu sehen: ein erneutes Einüben in bekannte 'Herrschaftsverhältnisse', jetzt mit 'Kapitalräson', einem Neokapitalismus volle Ausübung zugestehend, für den der Einzelne nichts gilt und die Gesellschaft nur eine willkommene Schutzhülle ist für sein Vorgehen.

In keiner Weise wird 'alles Gewesene und Gedachte' überstiegen. Volker Braun kann keine Ansätze beobachten für eine Alternative zu den bisherigen Quasi-Lösungen: Betonen eines Pols bei Hintanstellung des anderen. Die bloße Fortführung des Individuum-Konzepts zeigt keine Lösungsversuche hinsichtlich neuer Gesellschaftsformen, keine für die andrängenden Menschenzüge/Flüchtlingsströme, auch keine gegen die drohenden Auswirkungen der globalen neokapitalistischen Wirtschaftsaktivitäten.

Ein solches 'Übersteigen', führt man Brauns Hinweise weiter aus, hieße: eine Alternative höherer Ordnung zu finden, eine grundsätzliche Neubestimmung des Verhältnisses Mensch und Gesellschaft als einem Ineinander, einer Zusammengehörigkeit von beidem, und das unter Einbeziehung historisch-gesellschaftlicher Gegebenheiten. War das Training des aufrechten Gangs das zu Fordernde in realsozialistischen Staatsgebilden, jetzt muss das auf Grund der Erfahrung der entstandenen Verhältnisse ergänzt werden mit Realisierungen solch neuartiger Beziehungen zwischen dem Einzelnen und der Sozietät.

Eine 'Rätsel'-Lösung ist zu begreifen als immer erneut zu stellende Frage, wie ein gesellschaftliches Problem angesichts der historischen Entwicklungen und Individual-Befindlichkeiten in Offenheit und ohne Gewalt anzugehen ist – eine perpetuierende Aufgabe für jeweilige Jetztzeit in Vorbereitung auf von ihr zu erwartende Zukunft. Das angeführte Zapatista-Konzept klingt nur gut, doch es geht auf utopistisch Allgemeines unter Ausklammerung von real Gegebenem: damit ist es für mich sogar ein Rückfall hinter Marx.

Da wir, in der Sicht Brauns, allem Anschein nach die jetzt vorhandenen Verhältnisse nicht zerbrechen werden, vielmehr darin verharren trotz unseres Wissens von dem, was unweigerlich an Problemen auf uns zukommt, damit in Kauf nehmend, dass sie uns zerbrechen, schließt seine Rede (wieder wie Büchner fragend und zögernd) mit der letzten, beängstigenden Doppelzeile seines Gedichts 'Nach dem Massaker der Illusionen': 'Wie lange hält uns die Erde aus / Und was werden wir die Freiheit nennen?' (30)

Brauns Büchner-Rede ist weit mehr als eine Büchner würdigende Dankesrede für die Preis-Zuerkennung. Sie ist ein sehr durchdacht komponiertes, sorgfältig gearbeitetes literarisches Aussage-Geflecht mit starker innerer Logik der Darlegungs-Schritte. Sie setzt sehr variiert unterschiedliche Büchner-Texte ein, um die übergreifende Sicht zu erzielen: als Parallele oder zur Verdeutlichung der Differenz zum heutigen 'Zeitenbruch', als Aussage-Verstärkung, doch auch zur Stützung der eigenen geschichtsphilosophischen Betrachtungen zur Gesamt- wie zur Besonderheit der gegenwärtigen deutschen Lage.

Sie ist ein bedeutender poetischer Text im Oeuvre Volker Brauns, dem eine eigenständige Position zuzusprechen ist.

Anmerkungen

[1] Volker Braun, *Die Verhältnisse zerbrechen. Rede zur Verleihung des Georg-Büchner-Preises 2000*, Suhrkamp: Frankfurt/M., 2000 [= Sonderdruck edition suhrkamp], 19-30. Darin auch Gustav Seibts 'Laudatio auf Volker Braun', 7-18, und ein Wiederabdruck von Brauns 'Büchners Briefe', 31-47. Künftig zitiert mit Seitenzahl in Klammern. Da Büchner-Zitate kursiviert wiedergegeben sind, behalte ich das bei, so auch gelegentlichen Sperrdruck. Für Verweise benutze ich: *Georg Büchner, Sämtliche Werke und Briefe*, hg. v. Werner R. Lehmann, Band 1 u. 2, Christian Wegner: Hamburg, 1967 u. 1971. Künftig zitiert mit B, 1 resp. 2, Seitenzahl.

[2] Aus dem sog. Fatalismusbrief an die Braut (nach dem 10.3.1834) [B, 2, 425-426].

[3] Volker Braun, *Training des aufrechten Gangs*, Mitteldeutscher Verlag: Halle; Leipzig, 1979. Darin 'Material I-IV'. Mit dem Zitierten beginnt der Kurzprosatext 'Definition' (59), der zu dem mit 'Der Stoff zum Leben' überschriebenen Komplex gehört (41-65). – Die gesammelte Einzelausgabe *Der Stoff zum Leben 1-3* erschien bei

Suhrkamp: Frankfurt/M., 1990; 'Der Stoff zum Leben 4' in: Volker Braun, *Tumulus*, Suhrkamp: Frankfurt/M., 1999, 11-35.

[4] Brief an die Familie (5.4.1833) [B, 2, 416].

[5] Die beiden Danton-Zitate (II,1)[B, 1, 32]; Brief an die Familie, 416-417, hier 416.

[6] Die Komparativ-Form verstehe ich hier nicht nur als Abhebung vom 'Philosoph[en] in Königsberg' und 'ein[em] Zoologe[n] in Zürich', viel mehr als eine Verstärkung, eine Verschärfung (was dem Gebrauch weiterer Komparativformen in diesem Abschnitt entspricht).

[7] Der Deputierte Thomas Payne spricht in *Dantons Tod* (III,1) von einem 'Riß in der Schöpfung von oben bis unten' (B, 1, 48).

[8] *Lenz* (B, 1, 77-101, hier 86). Das steht in Zusammenhang mit einer Hervorhebung Shakespeares, Kritik am Idealismus und Lenzens Auffassung vom Dichter.

[9] Für mich liegt nicht nur Brauns dichterische Stärke im Gedicht, in der DDR bot Lyrik zudem eher Raum für solcherart dichterisch-vorausweisende Ortungen. Dramatik als auf Theater-Öffentlichkeit angelegt, unterlag besonders stark Restriktionen, Prosa war am einfachsten auf vorhandene 'realistische' Wiedergabe zu überprüfen. Auch bei so anderen Umständen sollen Schwierigkeiten für eine Lyrik-Publikation nicht vergessen sein, gerade nicht bei Braun.

[10] Mit 'Zug' wird ein in der Arbeiterbewegung und dann in der DDR-Literatur gebräuchliches Bild verwendet, z.B. als Ausdruck gesammelter Kraft der Arbeiter in 'der Zug von Millionen' im Kampflied 'Brüder, zur Sonne, zur Freiheit' (Str. 2, Vers 1), in: *Mit Gesang wird gekämpft*, Dietz: Berlin/DDR, 1967, 11.

[11] Mit dem gleichen Bild (vorangetragenes Spruchband am 4.11.1989), ergänzt mit der Angabe, dass das 'der Satz eines deutschen Schriftstellers' ist, begann Braun seine Rede zur Eröffnung des Außerordentlichen Schriftstellerkongresses am 1. März 1990. In: Volker Braun, *Wir befinden uns soweit wohl. Wir sind erst einmal am Ende. Äußerungen*, Suhrkamp: Frankfurt/M., 1998 (es 2088), 51-54, hier 51.

[12] Eine gewisse Parallele zu Büchners Zögern mit Antworten, doch was bei Büchner denkerisches Kalkül war, bleibt hier stark im Gefühlsmäßigen.

[13] Der am Nachmittag vom Leiter des Gewandhausorchesters, Kurt Masur, im Radio verlesene Aufruf benannte die keineswegs umstürzlerische Zielsetzung: 'Wir brauchen freien Meinungsaustausch über die Weiterführung des Sozialismus in unserem Land' und bat – mit Erfolg – 'um Besonnenheit, damit der friedliche Dialog möglich wird'. Zu den Vorgängen vgl. Heinrich August Winkler, *Der lange Weg nach Westen*, C.H.

Beck: München, 2000, Band II, 502-503. – Siehe auch Brauns Gedicht 'Tiananmen' in *Der Stoff zum Leben 1-3*, 90-92 (dazu die Anm., 100).

[14] Der Slogan ist ein Selbstzitat Brauns aus seinem Beitrag 'Die Erfahrung der Freiheit', Erstabdruck in *Neues Deutschland*, 11./12. November 1989, danach in: *Wir befinden uns soweit wohl...*, 18-22, hier 21. Im Beitrag heißt es: 'VOLKSEIGENTUM PLUS DEMOKRATIE, das ist noch nicht probiert, noch nirgends in der Welt. Das wird man meinen, wenn man sagt: made in GDR. DIE VERFÜGUNGSGEWALT DER PRODUZENTEN'. Das ist ein Bekräftigen der sozialistischen Alternative zur bürgerlichen Gesellschaft in modernisierter Form: einer nicht mehr zentralistischen, sondern 'demokratischen', direkt volksverbundenen politischen Organisierung, einem Sozialismus ohne spezielle Partei/Führungselite.

[15] Dass es sich hier um eine persönliche Losung Brauns handelt, ist auch damit zu stützen, dass solche Losung nicht erscheint im Archiv des Deutschen Historischen Museums in Berlin, auch nicht auszumachen ist in dem mit vielen Fotos bestückten Band *4–11–89. Protestdemonstration Berlin DDR*, hg. v. A. Hahn, G. Pucher, H. Schaller und L. Scharsich, Henschel: Berlin, 1990.

[16] Danton stellt diese Frage (dort: 'all die schönen Dinge'), auf die Philippeau antwortet: 'Wir und die ehrlichen Leute' (I,1) [B, 1, 12].

[17] Ausführliche Berichtgebung über die Bischofferoder Zustände ab Sommer 1993 (auch über die Schließung des Werks am 31.12.1993 hinaus) in *Neues Deutschland*. Den am 16.9. in Berlin vor der Treuhandgesellschaft protestierenden Bischofferodern wurden lediglich Gespräche angeboten.

[18] So Mercier gegen Lacroix' Verwunderung über die vielen in der Conciergerie Festgehaltenen: 'Geht einmal euren Phrasen nach, bis zu dem Punkt wo sie verkörpert werden' (III,3), – was oft zur Guillotine führte (B, 1, 52). Wörtlich übernommen in Brauns Gedicht 'Nach dem Massaker der Illusionen', *Tumulus*, 28 (mit Quellenverweis). – 'Gute Gründe' dürfte sich beziehen auf das 'Gesetz zur Privatisierung und Reorganisation volkseigenen Vermögens (Treuhandgesetz) vom 17. Juni 1990', das fast unverändert übernommen wurde in den Einigungsvertrag. Vgl. Jan Priewe und Rudolf Hickel, *Der Preis der Einheit. Bilanz und Perspektiven der deutschen Vereinigung*, Fischer: Frankfurt/M., 1991 (Tb.-Nr. 11272), 165. Für die Formulierungen zu 'Eigentum' vgl. Brauns Gedicht 'Das Eigentum' in: *Die Zickzackbrücke*, Mitteldeutscher Verlag: Halle, 1992, 84.

[19] Möglicher Bezug auf Heiner Müllers Büchner-Preis-Rede 'Die Wunde Woyzeck' (Heiner Müller, *Shakespeare Factory 2*, Rotbuch: Berlin, 1989 [Texte 9], 261-263).

[20] Im Fatalismusbrief: 'Ich finde in der Menschennatur eine entsetzliche Gleichheit, in den menschlichen Verhältnissen eine unabwendbare Gewalt [...]' (B, 2, 425).

[21] Wie an seinem Werk abzulesen, wandelte sich Brauns Verhältnis zu den sich ändernden Marxismus-Leninismus-Umsetzungen in der DDR stark: von jugendlicher Frühbegeisterung über die geschichtlich neuen staatlich-gesellschaftlichen Verhältnisse zu verschiedenen Etappen einer zunehmend schärfer werdenden Kritik am erstarrenden DDR-System, verbunden mit einer sich literarisch vollziehenden Suche nach einem produktiven Sozialismus moderner Formierung.

[22] Bei Büchner heißt es im Brief an die Familie (5.4.1833) ausdifferenziert: 'Wenn ich an dem, was geschehen, keinen Theil genommen und an dem, was vielleicht geschieht, *keinen Theil* nehmen werde, so geschieht es weder aus Mißbilligung, noch aus Furcht, sondern nur weil ich im gegenwärtigen Zeitpunkt jede revolutionäre Bewegung als eine vergebliche Unternehmung betrachte [...]' (B, 2, 416-417, Kursivierung im Original). Er bezieht sich hier auf die 'Frankfurter Vorfälle': Am 3. April 1833 wurden die Wachlokale der Stadt von einer Gruppe Burschenschaftler, die einen Handstreich gegen den Bundestag mit Ausrufen der deutschen Republik plante, überfallen und Gefangene befreit. Militär stellte die Ordnung wieder her. Vgl. *Deutsche Geschichte. Von den Anfängen bis zur Wiedervereinigung*, hg. v. Martin Vogt, J.B. Metzler: Stuttgart, 1994, 386. – Unter dem Motto 'Bündnis gegen Bankenmacht' stand eine Protestaktion in Frankfurt am 17.6.2000 (Auskunft FAZ-Recherche); dieses Datum korrespondiert mit dem an späterer Stelle der Rede genannten '10. Juli 2000' (29). – Zitat: Brief an die Familie (im Juni 1833) (B, 2, 418).

[23] Er habe, aufgewachsen 'in Trümmern', 'die Milch einer Witwe' getrunken [zumindest nicht Celansche 'Schwarze Milch der Frühe'!], habe 'Gerechtigkeit' geschmeckt und 'Despotie' geatmet und seine eigene Art von 'Widerstand' in Erfahrung gebracht (25).

[24] Karl Marx, *MEW* 1, 385, zitiert nach: *Geflügelte Worte*, Bibliographisches Institut: Leipzig, 1982, Nr. 3230, mit Zitat-Zufügung: 'Die Wurzel für den Menschen ist aber der Mensch selbst [...]'.

[25] Schon Danton formulierte gegenüber Mercier: '[...] man arbeitet heut zu Tag Alles in Menschenfleisch. [...] Mein Leib wird jetzt auch verbraucht' (III,3) [B, 1, 52].

[26] *Tumulus*, 28.

[27] Hervorhebung des engen Zusammenhangs mit durchlaufender 'wo'-Konstruktion.

[28] Die beiden ausgewiesenen Zitate nach August Beckers gerichtlicher Aussage: *Georg Büchner: Werke und Briefe*, hg. v. Fritz Bergemann, Insel: Wiesbaden, 1958, 464. – Das Beibehalten dieses Begriffs umgeht den ideologisch befrachteten Begriff Kapitalismus. – Fatalismus-Zitat (B, 2, 425).

[29] B, 1, 424.

[30] An Gutzkow (Straßburg [1836]) [B, 2, 454-455, hier 455]. 'Reformieren durch Akten' meint eine Gesellschaftsänderung durch Aufarbeiten des Aktenmaterials dieses Herrschaftssystems, vor allem dem der Staatssicherheit. Die Ersetzung von 'Idee' durch 'Akten' ist entlarvend.

[31] Ein Einblick in die (wohl recht undurchsichtigen) Fusionsverträge zwischen der Kasseler Kali und Salz AG (BASF-Tochter) und der Mitteldeutschen Kali AG wurde von der Treuhand verwehrt. Sie sind weiterhin nicht öffentlich zugänglich. – Die 'Überschreibung' dürfte sich erneut beziehen auf das schon genannte 'Treuhandgesetz', das übrigens von der DDR-Volkskammer verabschiedet worden war.

[32] Ein 'Anreiz' war sicher die mit der harten DM-Währung erhoffte Besserung der persönlichen Lebensverhältnisse; 'Entmutigung' dürfte sich beziehen auf eine gewisse Einengung bei politischer Eigengestaltung, des politisch-gesellschaftlichen Spielraums auf Grund befürchteten Einfließens noch vorhandener marxistisch-sozialistischer Vorstellungen.

[33] Szene 'Die Conciergerie' (IV,5) [B, 1, 69-72, hier 71].

[34] Wenn in Leonce und Lena die Bauern für die Hochzeitszeremonie so in den Wind gestellt werden, dass, wie es der Schulmeister formuliert, 'ihr auch einmal in eurem Leben einen Braten riecht', sollen sie erkennen, 'was man für euch thut' (B, 1, 127). – Ein in Brauns Rede kurz zuvor angeführter Satz von Wilhelm Schulz charakterisiert den damaligen Zustand als einen 'mit Ausschluß der "classischen Leiber", aber mit besonderem Einschlusse der "commoden Religion"' (28), zitiert, ironisch umgeordnet, die Schlussworte des Lustspiels: Valerios Vorstellung vom arbeitsfreien und lustvollen Paradies (B, 1, 134).

[35] Danton: 'Wie lange sollen die Fußstapfen der Freiheit Gräber seyn?' (III,9) [B, 1, 63]. Der andere Teil spielt an auf den Luftkrieg gegen Hitler-Deutschland. – Zur Formel 'Weltordnung' vgl. Braun in dem in Berlin am 14. Februar 1991 mit Christoph Funke geführten Gespräch, wo er sich auf eine Frage zum Golfkrieg u.a. äußert, dass es bei diesem 'atlantischen Kreuzzug' von einem Polizeistandpunkt aus 'nur das archaische, das militärische Vorgehen [gebe], das die Welt o r d n e n will' ('Jetzt wird der Schwächere plattgemacht', in Wir befinden uns soweit wohl..., 59-63, hier 60).

[36] Lenz (B, 1, 77-101, hier 86).

[37] 'Zapatistas': Kurzform für die seit 1994 aktive mexikanische Zapatista National Liberation Army (EZLN), die sich nach dem Revolutionär Emiliano Zapata (1883-ermordet 1919) nennt. Geführt wird sie von Subcommandante Marcos. Der Text ist einer aus der Fülle von Marcos-Äußerungen, die genaue Quellenangabe ist mir nicht möglich. Eine sehr ähnliche Aussage findet sich in einem von (der taz beiliegender) Le Monde Diplomatique im Juli 1997 publizierten Marcos-Text: 'Deshalb [...] müssen wir

eine neue Welt erschaffen, eine Welt, in der viele Welten Platz haben. In der alle Welten Platz finden' (taz-recherche). – Die Zapatistas scheinen hier den Platz von Che Guevara einzunehmen, der im 77er Essay und einer ganzen Reihe von Texten aus dieser Zeit für Braun die Gestalt war, die der kommunistischen Partei eine produktive, modernisierende Richtung wies.

[38] Karl Marx, 11. Feuerbach-These, *MEW* 3, 7; 'Kommunistisches Manifest', *MEW* 4, 482. Beides zitiert nach *Geflügelte Worte*, Nr. 3237 und 3251.

[39] Die *Leipziger Volkszeitung* berichtete am 11.7.2000 vom Fund des toten Kindes und der am selben Tag erfolgten Festnahme der 20-jährigen Mutter im Leipziger Osten. – Der in der Rede vorangestellte Satz: 'Geht einmal euren Straßen nach bis zum Strich -' (29), ist lesbar als Aufforderung, bis zum Strich = bis an die Grenze zu gehen; bei der jungen Frau (drogenabhängig, Mietschulden) war es ein Auf-den-Strich-Gehen zwecks Heroin-Beschaffung (*Leipziger Volkszeitung*, 6.12.2000). – Das Beispiel passt nicht in den Zusammenhang der 'Züge'; ich kann es auch nicht verstehen als einen extrem verfremdeten Woyzeck-Fall, denn hier liegt kein Sich-in-Abhängigkeit-Begeben vor, um für ein Kind sorgen zu können, sondern eine völlige Reduktion auf das Eigenbedürfnis.

[40] Brief an Gutzkow (Straßburg [März 1835]): 'Mein Danton ist vorläufig ein seidenes Schnürchen und meine Muse ein verkleideter Samson' (B, 2, 436-437, hier 437). Samson (eigentl. Henri Sanson) war der Scharfrichter von Paris. – Der 2. Teil zitiert eine Zeile des Mottos zum 1. Akt von *Leonce und Lena*: 'O wär' ich doch ein Narr! / Mein Ehrgeiz geht auf eine bunte Jacke' (B, 1, 105), Wunsch des Edelmannes Jacques an den verbannten Herzog in Shakespeares *Wie es euch gefällt* (II, 7).

Carol Anne Costabile-Heming

'Zur Sache Deutschland.' Volker Braun Takes Stock[1]

In 'Himmelhoch, zutode' (2001) Volker Braun takes stock of his life and the way in which Germany's turbulent 20th-century history impacted it. This speech, delivered as part of the city of Dresden's series 'Zur Sache Deutschland', marks Braun's return to the city of his birth, and forces him not only to remember significant historical events, but also to connect those events to milestones in his own personal and professional development: the bombing of Dresden and the death of his father; Prague 1968 and the loss of personal freedom; the fall of the Berlin Wall and the uncertainty of the future.

As a noted poet, essayist and writer, Volker Braun has created a body of literature that engages his readers in a critical confrontation with Germany's past. Though best known to GDR audiences before the *Wende*, Braun continues to probe the problems of German society in an equally critical fashion post-*Wende*. Whereas the critic Walfried Hartinger has chosen to view Braun's importance solely as it relates to GDR-experience: 'Dieser Schriftsteller [nahm], wie vielleicht kein anderer, DDR-Befindlichkeiten als Ausgangspunkt seiner literarischen Recherchen, [suchte] in diesem Gemeinwesen seinen Stoff zum Leben und Dichten', his critical musings are nonetheless appropriate for a united Germany struggling to define its future image.[2] The sheer number of publications notwithstanding, Braun's work, but more particularly what it expresses, is deserving of scrutiny as he reaches his 65th birthday. Others in this volume have chosen to interpret single works and overarching trends across the spectrum of Braun's literary contributions. My essay will analyze Braun's own assessment of his life and work as reflected in his speech 'Himmel-hoch, zutode', delivered as part of the city of Dresden's series *Dresdner Reden* 'Zur Sache: Deutschland' in 2001.

In 2002, the *Suhrkamp Verlag* published the most recent collection of Volker Braun's fictional and non-fictional texts under the title *Wie es gekommen ist*.[3] Whereas the title suggests that the volume presents a summary evaluation, this designation is misleading. Rather than merely presenting some type of linear assessment, this collection has a broader goal. Firstly, it presents Braun's texts chronologically, ranging from early anecdotes, to the fictional *Bodenloser Satz* (1990), to recent essays and speeches. Secondly, this most recent volume introduces readers to the broad spectrum of Braun's passions and critiques, and serves as an appropriate précis of his essayistic writing.[4]

Despite Suhrkamp's disclaimer that the collection does not represent an assessment of any sort, the final and most recent piece in the collection, 'Himmelhoch, zutode' (2001), does indeed satisfy this function. The text reads as a *Standortbestimmung*, an accounting both of where we have come and where we are going. Braun, ever the *Geschichts-philosoph*, takes stock of his life and the way in which Germany's turbulent 20th-century history impacted it. This speech marks Braun's return to the city of his birth, and forces him not only to remember significant historical events, but also to connect those events to milestones in his own personal and professional development: the bombing of Dresden and the death of his father; Prague 1968 and the loss of personal freedom; the fall of the Berlin Wall and the uncertainty of the future.

'Himmelhoch, zutode' showcases Braun's mastery of the prose genre, for its narrative structure combines biography and history, reality and fantasy. Blending four interacting levels of narration and two different temporal references, Braun unites his life, his artistic endeavors, and 20th-century German history. The first level introduces significant historical facts that all of Braun's readers have in common. Underscoring the narrative is Braun's biography; his life's milestones in this second level serve as the reference points for his musings. Accompanying this biographical strand are two contradictory formulations: reality ('so war es') and fantasy or wish ('so war es aber nicht'), which deftly articulate Braun's hopes for the future and critique of the past. The wish level, composed in the subjunctive mood, is an imaginative, hence artistic creation. The two temporal spheres are the present day of the speech: Dresden in February 2001, and descriptions of the past. The distinction between the two spheres is fluid, for Braun's presence in Dresden is accompanied by his memories of and reflections on the past. The common thread that unites the narrative levels and two time periods is Braun's own struggle to define and refine his *Kunst*, as he has developed it over the last 40 years. In this final level Braun integrates an excerpt from an earlier work as an artistic commentary on reality.

Braun presents three historical markers: 1945 and the bombing of Dresden; 1968 and the Prague uprising; 1989/1990 and the peaceful revolution in the GDR that resulted in the unification of Germany. These historical references provide the framework for readers and span not only the 40-year division of Germany, but also Braun's life from age 6 through 50 and beyond. Coupled with these factual references, Braun delves deeper into those events that are significant to him personally through the incorporation of his memories and reflections. Finally, he plays with fantasy scenarios that provide an alternate side of history. These range from wishful desire (his father not dying during World War II) to biting satire (the unification of Germany under socialism).

While the complete volume may be read as a review of Braun's standpoints, first as a writer in the GDR, then as one struggling through the *Wende*-period, and finally as an important essayist for united Germany, the speech 'Himmelhoch, zutode' plays a pivotal role as Braun's attempt at taking stock up to this point. In the remainder of this essay, I will examine what taking stock means for the 'Grübler' Volker Braun.[5] In my analysis I will consider the governing narrative structure of the speech and deal with the interweaving of temporal spheres and the contrast of reality with wish. Braun has reached a point at which he is able to come to terms with the past (his own, Germany's and the intertwining of the two). The speech concludes in a decidedly open and positive tone, a testament to Braun's hopes for the future and the unwritten history yet to come, in a distinctly candid and affirmative manner.

The history of the speaker series dates back to 1989, when each evening the ensemble players stepped before the curtain and demanded the right to free thought, creativity, and interference ('Einmischung').[6] Each February the Dresdener Staatsschauspiel in cooperation with Bertelsmann Buch AG invites prominent individuals to reflect on Germany and Europe. As Dresden's native son, the honor of speaking at the Staatsschauspiel Dresden is intensely personal for the writer who left the city in 1965 to pursue his writing career in Berlin. As Walfried Hartinger has described him, Braun is a philosopher, historian, writer, and even possibly a politician all rolled into one, in a remarkably balanced fashion.[7] This makes Braun an excellent candidate for the lecture series, and places him in good company. Previous lecturers have included not only highly regarded literary figures from former East and former West Germany (Christoph Hein, Christa Wolf, Günter de Bruyn, Günter Grass), but also important political figures such as Willy Brandt, Hans-Dietrich Genscher and Rita Süssmuth. For his contribution, Braun draws his title from the German saying: 'himmelhoch jauchzend, zutode betrübt' which signifies a condition of 'Dazwischen' or in-between, an incredibly appropriate title, for as Braun reflects, he seizes on particular moments in history, and alters them temporarily.[8]

Braun's speech begins in the immediate present (2001) in Dresden, as he tours the neighborhood where he spent his youth. At once, it is clear

both to Braun and his readers that he feels ill at ease, a condition brought
on not only by his return to his birthplace, but also prompted by the task
that stands before him, the impending characterization of Germany that he
must produce in his speech. The entire speech thus becomes a work of art
itself, as Braun, prompted by the new homeowner ('Was suchen Sie hier?'
155), begins to ponder his and Germany's past. Braun presents intimate
details that link his life inextricably with the events of German history.
Though many individuals may be able to recall specific historical
moments and their significance, this takes on an even greater role for
Braun for it is the personal connection that makes his assessment of
Germany possible. And by inverting the events, by turning history on its
head, Braun provides a moment for reflection and allows for different
writings of history.

The question, 'was ich hier suche' (155, 161, 164), takes on the role
of textual leitmotif. Braun's initial response to the property owner that he
is from there and thus seeks nothing, reads as a naïve reflex. As the essay
progresses, Braun subconsciously searches for keys to the unanswered
questions of his life, first in the form of wish-sequences, then followed by
excerpts from literary texts, thus forever linking Braun's search for
answers with his craft.

The return home produces contradictory emotions: 'die *Ankunft*; da
zu sein, *von wo du bist* und wo du nicht sein willst' (156).[9] Though these
feelings of foreignness derive from Braun's return to his birthplace after
an extended absence, it is similarly symbolic of the place that Braun holds
in Germany's literary and intellectual world today: a man simultaneously
at home and estranged to the once familiar ('gewohnten Raum' 155). His
presence in 21st-century Dresden invariably invokes memories of the past
– setting up a tug of war between the narrator and his memories
('Vielleicht ist es eine uralte, vielleicht eine neue Erfahrung, daß wir etwas
ersehnen und es doch nicht wollen' 156). Whereas his hometown
previously had served as a place of refuge whenever Braun clashed with
authorities (over his attitudes, his ideas, his works), the feeling of security
and freedom easily is displaced by distance and discomfort. These are
perhaps the reasons why Braun can only address the present through
reference to the past.

The year 1945 serves as the first historical marker, and it is both
politically and privately significant. Braun's memory is linked with his
father's untimely death. Instead of dying, Braun envisions his father's
return to the bomb-devastated city of Dresden, evoking images of

Borchert's Beckmann, the returning soldier, shell-shocked, dazed and confused. The father searches the rubble and ruins for signs of his family and cries, an image familiar to Braun from a painting.[10] Connecting his vision to an aesthetic representation is easy for Braun, who recalled the ruins of Dresden as having 'Würde.'[11]

At the moment when Braun draws his audience into this melancholy fantasy, he abruptly breaks it off: 'So war es aber nicht, es war anders, verwünscht' (159). Braun's reality was doomed, but his destiny proved to have great promise. At the same time that he laments his own continued existence and father's death, he acknowledges that survival brought him a gift, *Kunst*, a gift that Braun takes seriously: 'und ich ahnte, daß die Kunst ein Kampf ist, eine Freiheit [...] ein Kampf mit dem Absurden, Unerklärlichen, Bedrohlichen' (159).

The need to accept his father's death accompanies Braun throughout his life. In his speech, he juxtaposes the wishful passage about his father with the 1979 poem 'Hydre intime. Familienleben':

Könnte ich ihn töten meinen Mördervater
Ein Vatermord: ich wär sein Kamerad
Der ihn beredete zu einem Ende
Wirf die Waffe weg der Krieg ist aus.
[...]
Was geht das mich an sind es meine Knochen (160)

Here Braun moves beyond the personal to the overtly political, tying his personal history to Germany's national history. In questioning historical accuracy and the justifications for war, Braun pits generations against each other, inquiring how guilt and responsibility ('Mördervater') can be reckoned with in subsequent generations ('was geht das mich an'). This reflects not only on Germany's past, but also its present, as it assumes ever-greater military responsibility for ensuring world peace.

Progressing from 1945 to the late 1960s, Braun broadens his focus from the familial to the societal, as he recalls, not only his own difficulties in the turbulent and repressive 1960s, but also the disillusionment brought on by the failed Prague Spring uprising. Initially, Braun summons up his first (and lost) love, recalling his girlfriend's flight from the GDR to the West. Though Braun does not address it directly, this conjures up images for the reader of how Braun's life would have been different had he gone with her. Perhaps Braun could have avoided the interim years 1957-1960 when, initially denied admission to university study, he worked first as a printer, then as an excavator, and finally as a machinist, before gaining entrance to the University of Leipzig from where he received his degree in philosophy. Following his studies, Braun embarked on a turbulent career as a writer, always catching the attention and disapproval of the authorities, which used their *Spitzel* (161) to keep a watchful eye on his activities. In 1968, following the suppression of democratic reform advocated through the Prague Spring movement, the authorities' scrutiny of Braun intensified. He managed successfully to deposit a manuscript, *T.* in Frankfurt, preventing it from confiscation, and ultimately saving his career.

As Braun recalls that trip to the West, his thoughts glide seamlessly into a vision of a permanent departure. His journey takes him to Frankfurt, where he witnesses demonstrations, finds company with squatters, and ultimately emerges battered and bruised from confrontations with authorities. It seems, even in his dreams, even in the democratic West, Braun is destined for conflict.

Returning to reality, Braun states: 'So war es aber nicht, es war anders; was ich ersehnte, ich wollte es nicht' (163). His aesthetic demanded that he stayed in the GDR, demanded sacrifice, demanded banning and betrayal. What was for many a choice, to stay or to leave, was for Braun a moral obligation, tied to the role of art in a socialist society: 'die Kunst [geht] ins Innerste, in das Wirkliche [...] ins Innerste meiner Furcht, meiner Freiheit, auf die Gefahr hin, draußen zu sein' (163).

Following this declaration is a scene from *Die Übergangsgesellschaft* (1982), one of Braun's most successful dramatic works. In much the same fashion that Braun envisions a different future in this speech, a figure in the play also suggests that the characters share their dreams. In this fictional account, the play's characters, based loosely on Anton Chekhov's *Three Sisters* (1901), have the opportunity to confront their pasts and their current roles, culminating in the importance of individuality and the potential of each individual.[12] Nearly 20 years following the composition of this play, Braun still searches for his own identity: 'Was ich suchte: mich' (164).

The task of defining himself is tied to understanding Germany's past and its path to the future. In inverting most recent German history, Braun imagines that socialism ('der Lismus' 165) goes westward. Though this section is highly sarcastic and rife with stereotypes, Braun's old idealism shines through: 'Und ich hatte nur die Spur einer Hoffnung, daß er jetzt erst beginnen könnte' (165). The positive characteristics of socialism would result in a better life for the West: following a currency reform, in which DM were exchanged for (East) Marks at a rate of 5:1, the price of consumer goods falls and housing becomes affordable;

unemployment disappears. Braun is unable to deny the negative stereotypes and the Westerners would be forced to adjust to life under socialism, including relearning how to think, learning to wait and stand in line. Simultaneously, however, he assigns the negative role that the West played in the unification process to the East, whose arrogance about democracy makes them act like the victors.

Just as in the fantasy about his father, Braun abruptly brings this vision to a halt: 'So war es also nicht, es war anders verwünscht' (166). In the earlier vision, however, there was a break between 'anders' and 'verwünscht', an indication that Braun viewed that reality as a curse. Here, however, there is no break between 'anders' and 'verwünscht'; the word 'anders' now modifies 'verwünscht', granting readers immense insight into Braun's interpretation of unification. Though his vision may portray an ill-fated scenario, Braun views reality with equal skepticism. To underscore this cynicism, Braun follows his satirical vision with an extract from the play, *Der Staub von Brandenburg* (1997), which takes an ironic look at 40 years' belief in the GDR. Because the state disintegrated so rapidly following unification, this text assumes an air of resignation and evokes the feeling that everything one had worked for in the GDR was for naught following unification ('*Warum zertrümmert ihr das Fundament?*' 167).[13] Whereas Braun wrote of 'Aufbau' in the 1960s, in the 1990s the motto must read 'BAU AB' (167).[14] Where once Braun propounded *Fortschritt* (progress), now he laughingly refers to 'Fortschrott' (167) or garbage and laments the misspent experiment: 'eine Epoche vertan' (167). And, whereas death cried over Dresden's ruin in 1945, in 2001 Braun sees the antithesis, a burlesque painting of life laughing at the living.

Before drawing his speech to a close, Braun gives his audience one last reminder of the intricate link between the individual and the national. Taking stock of Germany requires accepting its history:

> *Deutschland*, ich wußte nicht, wo seine Grenzen sind, aber seine Abgründe kannte ich, seine Geschichte. Ich lebte, was die Geschichte betraf, von der Hand in den Mund. [...] ich selber sah es als Besitz, in einem schwer nachweisbaren, nicht einklagbaren Sinn. (169)

As he begins to take ownership of Germany's history, to understand how history has formed him and is thus also a part of him, Braun realizes that his ideals may lead him to wish for a different land, but he was not allowed to want it.

In the end, he arrives at an explanation for what he seeks: 'das Verlorene, Vergessene, Vertane; der Rest, das Unerreichte' (169). Only the subjunctive mood allows Braun to touch on what could have been, but never was. It permits him to take stock of his life, of Germany's history, and to account for what is still missing. Here Braun's aesthetic vision breaks off, for he has arrived at the end point of his journey (the present), but he cannot create the vision aesthetically. He realizes that 21st-century Germany is full of show: 'Scheindebatten' (170) and is anesthetized ('betäubt') against reality. In his last realizations, not only the East, but also the entire nation would stand on the *Kippe* (170). If nothing were undertaken, violent powers would take over, pushing the nation over the edge. Fortunately, society has not reached this point – '*so war es aber und war es nicht*' (170), and Volker Braun knows what he truly wants: 'was ich auch wollte, es war eine ungeschriebene Szene, in der wir in dieses schmale Offene gehn, das Unentschiedene, Unversöhnte, das unsern Widerstand weckte' (170). To the end, Braun remains a fighter, an utopist, forward thinking, critical, and he awaits the blank page to create anew.[15]

At the conclusion of this self-assessment, we find that the author Volker Braun has not resigned. Braun takes significant instances in his own and the GDR's history and re-evaluates them, though his imaginative reversals do not produce a more appealing alternative to history. This kind of mental task, however, is totally in keeping with Braun's own tendency to *grübeln*, and as Hartinger has noted, Braun viewed the GDR as material (*Stoff*), an experiment for bettering civilization.[16] For the present, Germany has begun to play a greater role in world affairs, and when we look to Germany's past, we cannot forget its divided history. We can begin to think of authors such as Volker Braun, who continue to voice their opinions and comment on current events, beyond the confines of GDR contexts and more in terms of our present global situation.[17]

Notes

[1] I am grateful to Dr. James Parsons for his insightful reading of this manuscript.

[2] Walfried Hartinger, 'Gesellschaftsentwurf und ästhetische Innovation – Zu einigen Aspekten im Werk Volker Brauns', in: Rolf Jucker, ed., *Volker Braun*, University of Wales Press: Cardiff, 1995, 30-54 (here: 30).

[3] Volker Braun, *Ausgewählte Prosa*, Suhrkamp: Frankfurt/M., 2002. Unless otherwise noted, all quotations are from this volume and will be included in the text parenthetically.

[4] Though the collection *Texte in zeitlicher Folge* (Mitteldeutscher Verlag: Halle, 1989-1993) did compile all of Braun's texts in chronological order including many of Braun's working notes and comments on individual texts, Suhrkamp maintains that for the most part, Braun's earliest works are unfamiliar to Western readers. The Mitteldeutscher Verlag no longer exists, and a majority of the 10 volumes are out of print. Despite Suhrkamp's pretense of wanting to introduce readers to Braun's lesser-known texts, the publishing house has no plans to assume the copyright for the *Texte in zeitlicher Folge* series, nor does it intend to produce its own collected works. At a reading at the *Literaturforum im Brecht-Haus* in March 2002, Braun's editor introduced the volume *Wie es gekommen ist* and tried to explain the purpose of the collection. Unfortunately, his attitude left many audience members (the majority of whom were older and predominantly from the Eastern part of the city) perplexed. He was unconvincing in his attempt to explain why it is essential for Western readers in particular to familiarize themselves with Braun's works. Even more disturbing, however, was rather than show enthusiasm for Braun's works, he presented a lackluster endorsement. Indeed, he was unable to answer a question from the audience as to why one should buy the book.

[5] Manfred Jäger, 'Vollendung im Fragment: Volker Braun', in: Andreas Erb, ed., *Baustelle Gegenwartsliteratur. Die neunziger Jahre*, Westdeutscher Verlag: Opladen; Wiesbaden, 1998, 47-58 (here: 47).

[6] Ingrid Koch, 'Noch immer Unterwegs. Büchner Preisträger Volker Braun sprach in Dresden über seine Beziehung zur Heimat', *Freie Presse*, 26.2.2001, n. p.

[7] Hartinger, 42.

[8] Koch.

[9] Emphasis in the original.

[10] The reference is to Wilhelm Lachnit (1899-1962), a Dresden painter. The painting referred to is 'Der Tod von Dresden'.

[11] Braun's comments were made in response to audience questions at the March 2002 reading.

[12] For a more extensive discussion see Carol Anne Costabile-Heming, *Intertextual Exile: Volker Braun's Dramatic Re-Vision of GDR Society*, Georg Olms Verlag: Hildesheim, 1997, 188-198.

[13] Emphasis in original.

[14] The poem 'Anspruch' (1962) for instance, reads as a call for action:
> Kommt uns nicht mit Fertigem. Wir brauchen Halbfabrikate
> [...]
> Hier wird Neuland gegraben und Neuhimmel angeschnitten –
> Hier ist der Staat für Anfänger, Halbfabrikat auf Lebenszeit. (*Texte in zeitlicher Folge 1*, 51-52)

[15] Manfred Jäger, for instance, has emphasized the fragmentary aspects of Braun's works: 'Sein Text ist unvollständig in mehrfachem Sinn, also auch unvollkommen, nicht perfekt, sondern präsent, also korrekturbedürftig, sei es durch andere oder durch den zu anderen Einsichten kommenden Verfasser selbst.' (Jäger, 50) In the context of this speech in Dresden, we can take this to mean that Braun views not only his texts, but also Germany's development as a work in progress.

[16] Hartinger, 32. Indeed, Braun had an entire poetry cycle devoted to the theme *Der Stoff zum Leben*. Jäger has characterized Braun as steadfast in his hopes for a better future (Jäger, 48).

[17] Rolf Jucker speaks to the way that GDR literature still 'eingreift.' (Rolf Jucker, 'Von der "Ziehviehlisation" (1959) zur "Zuvielisation" (1987): Zivilisationskritik im Werk Volker Brauns', in: Jucker, ed., *Volker Braun*, 55-65 (here: 55)).

VERZEICHNIS DER BEITRÄGERINNEN

Yasuko Asaoka, geb. 1940, studierte Germanistik an der Städtischen Universität, Tokyo und ist seit 1966 Professorin für Deutsch an der Kunitachi Musikhochschule, Tokyo. Studienbesuch der Universität Leipzig (Germanistik) 1969-71. Neuere Arbeiten: Herausgeberin und Übersetzerin von *Japanische Märchen*, Insel: Leipzig; Frankfurt/M., 1991; Mitübersetzerin ins Japanische von *Das Wirklichgewollte. Volker Braun, Ausgewählte Werke*, Sanshusha: Tokyo, 2002. Dieses Buch erhielt im selben Jahr die Max Dauthendey-Feder (ein Übersetzungspreis des Goethe-Instituts Tokyo).

Gilbert Badia, geb. 1916, Emeritus Professor der Germanistik, Universität Paris VIII. Forschungsschwerpunkte: Moderne deutsche Geschichte und deutsche Literatur. Hauptwerke: *Rosa Luxemburg: Journaliste, polémiste, révolutionnaire*, Editions sociales: Paris, 1975; *Histoire de l'Allemagne contemporaine* (Hg.), 2 Bände, Messidor; Editions sociales: Paris, 1987. Übersetzungen: Brecht: *Die Gewehre der Frau Carrar, Die heilige Johanna der Schlachthöfe, Die Geschäfte des Herrn Julius Caesar*, l'Arche (réédité); Volker Braun (siehe Artikel). Jüngste Veröffentlichungen: *Clara Zetkin: féministe sans frontières, Les Allemands qui ont affronté Hitler*, Editions de l'Atelier: Paris, 2001.

Katrin Bothe, geb. 1959, Literaturwissenschaftlerin und Literaturdidaktikerin, Hochschuldozentin an der Universität Kassel, lebt in Hamburg. Verfasserin einer Monographie über Volker Braun: Katrin Bothe, *Die imaginierte Natur des Sozialismus. Eine Biographie des Schreibens und der Texte Volker Brauns 1959–1974*, Königshausen & Neumann: Würzburg, 1997.

Anna Chiarloni, geb. 1938, lehrt als ordentliche Professorin für Deutsche Literatur an der Universität Turin. Sie hat Bücher über Goethe, Christa Wolf, die deutsche Lyrik der Gegenwart und die Literatur der Wende veröffentlicht, sowie zahlreiche Aufsätze zu Braun und anderen.

Carol Anne Costabile-Heming is Associate Professor of German and University Fellow in Research at Southwest Missouri State University in Springfield, Missouri. She has published on the topics of censorship and GDR literature, Volker Braun, Günter Kunert, Ingeborg Bachmann, Peter

Schneider, F.C. Delius, and Jürgen Fuchs. Along with Rachel Halverson and Kristie Foell, she is the co-editor of the anthology of essays entitled *Textual Responses to German Unification* (Berlin: de Gruyter, 2001) and *Berlin. The Symphony Continues: Orchestrating Architectural, Social and Artistic Change in Germany's New Capital*, forthcoming with de Gruyter in 2003. She has been the recipient of a Fellowship from the American Council of Learned Societies (2001-2002) and was a Fulbright Scholar at the *Zentrum für zeithistorische Forschung* in Potsdam, where she conducted research for a book that examines the various censorship mechanisms in the GDR.

Peter Geist, geb. 1956, 1986-1996 Assistent am Lehrstuhl für Neuere deutsche Literaturgeschichte, 1998-2001 stv. Leiter/Programm des Berliner *Literaturforum im Brecht-Haus*, 2002-3 Lehrbeauftragter an der Universität Potsdam für Neue deutsche Literatur. Z.Zt. Herausgabe *Deutsche Lyrik des 20. Jahrhunderts in Einzel- und Gruppenporträts* (zus. mit U. Heukenkamp), einer Rainer-Maria-Gerhardt-Werkauswahl, eines Essaybands zur deutschsprachigen Lyrikentwicklung seit 1990 (in Vorbereitung). Zahlreiche Veröffentlichungen zur deutschsprachigen Literatur nach 1945, insbesondere zur Lyrik von Thomas Brasch, Kurt Drawert, Adolf Endler, Durs Grünbein, Eberhard Häfner, Wolfgang Hilbig, Peter Huchel, Lutz Seiler, zur 'Sächsischen Dichterschule', zur 'Literatur des Prenzlauer Bergs'.

Wilfried Grauert, geb. 1941, seit 1968 Unterrichtstätigkeit an Bremer Gymnasien; mehrjährige Tätigkeit als wissenschaftlicher Mitarbeiter bzw. Lehrbeauftragter an der Universität Bremen. Veröffentlichungen: *Ästhetische Modernisierung bei Volker Braun. Studien zu Texten aus den achtziger Jahren*, Königshausen & Neumann: Würzburg, 1995; Aufsätze zu Volker Braun, Christa Wolf, Heiner Müller, Christoph Hein, Thomas Rosenlöcher, Monika Maron sowie zum französischen Roman des Second Empire und zu Michel Houellebecq.

Rolf Jucker, geb. 1963, ist Dozent für Germanistik und Nachhaltigkeit an der Universität Wales Swansea. Forschungsschwerpunkt: (Ex-) DDR-Literatur, mit besonderer Berücksichtigung der Interaktion zwischen Literatur und Gesellschaft. Zahlreiche Veröffentlichungen zu Stefan Schütz, Heiner Müller und Volker Braun, darunter *Volker Braun* (1995) und *Stefan Schütz* (1997). Eine Aufsatzsammlung zu Volker Braun ist im

Druck und zur Nachhaltigkeitserziehung erschien *Our Common Illiteracy. Education as if the Earth and People Mattered* (2002).

Gerd Labroisse, geb. 1929, ist Emeritus Professor für Neue deutsche Literaturwissenschaft der Vrije Universiteit Amsterdam. Forschungsschwerpunkt: DDR-Literatur, in Verbindung mit Problemen literaturwissenschaftlicher Interpretation. Zahlreiche Veröffentlichungen zur deutschsprachigen Literatur des 18.-20. Jahrhunderts und zur Deutschlandpolitik nach 1945, vgl. www.labroisse.de. – Herausgeber der *Amsterdamer Beiträge zur neueren Germanistik*, Rodopi: Amsterdam, 1972ff., seit 1999 zusammen mit Gerhard P. Knapp (U. of Utah) und Anthonya Visser (U. Leiden).

Alain Lance, geb. 1939, leitet das Pariser *Maison des Écrivains*. Von 1985 bis 1994 war er Direktor der französischen Kulturinstitute in Frankfurt am Main und Saarbrücken. Zahlreiche Lyrikbände, darunter *Distrait du désastre* (Ulysse fin de siècle, Dijon, Tristan Tzara Preis 1996) und *Temps criblé* (Obsidiane & Le Temps qu'il fait, Cognac, 2000, Apollinaire-Preis 2001). Allein oder in Zusammenarbeit mit Renate Lance-Otterbein hat er mehrere Werke von Volker Braun, Ingo Schulze und Christa Wolf ins Französische übersetzt.

Moray McGowan, geb. 1950, ist Professor of German Studies und Institutsleiter des Department of Germanic Studies am Trinity College Dublin, Irland. Studium der Germanistik, Anglistik, Philosophie und Politik in Newcastle-upon-Tyne und Promotion zum Dr. phil. in Hamburg. Lektoren- und Dozententätigkeit an den Universitäten Siegen, Kassel, Lancaster, Hull und Strathclyde. 1989-2000 Professor of German Studies an der Universität Sheffield. Publikationen zur deutschsprachigen Literatur und Kultur von 1918 bis zur Gegenwart, u.a. das Kapitel 'German Writing in the West 1945-1990' in der *Cambridge History of German Literature* (1997). Hauptarbeitsgebiete z.Z. Drama und Theater während und seit der 'Wende' von 1989/90; Literatur türkisch-deutscher AutorInnen; deutschsprachige Europa-Konzepte.

Ruth J. Owen currently holds an MHRA Research Associateship at the University of Leeds. Her contribution to this volume was written whilst teaching at St Anne's College, Oxford, and finalized whilst a fellow of the Alexander-von-Humboldt-Stiftung at the Humboldt-Universität, Berlin.

Recent publications include *The Poet's Role: Lyric Responses to German Unification* (2001) and essays on postwar representations of Dresden, science in contemporary poetry, and colonization as a post-1989 trope. She is currently continuing to write about poetry of the 'Wende', as well as researching body aesthetics in early 20th-century poetry, and contributing to the critical apparatus for volume 10 of the *Heinrich Böll Kölner Ausgabe*.

Paul Peters studierte an der Freien Universität Berlin Germanistik und Philosophie und promovierte dort mit einer Arbeit über Heinrich Heine. Er ist Associate Professor am Department of German Studies an der McGill University in Montréal und lehrt dort seit 1988. Publikationen zu Heine, Brecht, Kafka und Celan.

Dieter Schlenstedt, geb. 1932, Studium der Germanistik, Dr. phil. sc., Professor für Literaturtheorie an der Akademie der Wissenschaften der DDR 1976-92, Förderungsgesellschaft wissenschaftliche Neuvorhaben 1992-95, Präsident des Deutschen P.E.N.-Zentrums (Ost) 1991-97. Publikationen u.a.: *Wirkungsästhetische Analysen*, 1979. Hg., Mithg., Autor: *Gesellschaft – Literatur – Lesen. Literaturrezeption in theoretischer Sicht*, 1973; *Literarische Widerspiegelung*, 1981; *Erster deutscher Schriftstellerkongreß. Protokoll und Dokumente*, 1997; *LiteraturGesellschaft DDR. Kanonkämpfe und ihre Geschichte(n)*, 2000; *Ästhetische Grundbegriffe. Historisches Wörterbuch in 7 Bdn.*, seit 2000.

Klaus Schuhmann, geb. 1935, war von 1975 bis 1998 ordentlicher Professor für Neuere deutsche Literatur an der Universität Leipzig. Publikationen u.a.: *Der Lyriker Bertold Brecht 1913-1933* (Berlin 1964/München 1971), *Untersuchungen zur Lyrik Bertold Brechts. Themen, Formen, Weiterungen* (Berlin 1973 und 1977), *Weltbild und Poetik* (Berlin 1979), *sankt ziegensack springt aus dem ei. Texte, Bilder und Dokumente zum Dadaismus in Zürich, Berlin, Hannover und Köln* (Leipzig 1991/Moskau 2002), *Lyrik des 20. Jahrhunderts. Materialien zu einer Poetik* (Reinbek 1995), *Walter Hasenclever, Kurt Pinthus und Franz Werfel im Leipziger Kurt Wolff Verlag (1913-1919)* (Leipzig 2000), *Freude, schöner Spötterfunken. Friedrich Schiller in Parodien, Wider-Reden und Kontrafakturen* (Berlin 2001).

Dennis Tate is Professor of German Studies at the University of Bath. He has published extensively on GDR literature, including monographs on *The East German Novel* (1984) and *Franz Fühmann. Innovation and Authenticity* (1995) as well as edited volumes on *Geist und Macht: Writers and the State in the GDR* (with Axel Goodbody, 1992), *Günter de Bruyn in Perspective* (1999) and *Heiner Müller: Probleme und Perspektiven* (with Ian Wallace and Gerd Labroisse, 2000). He is currently working on a monograph entitled *Ideology and Authenticity. East German Autobiographical Writing Before and After Unification.*

Ian Wallace (1942), Emeritus Professor of German at the University of Bath (1991-2003), previously Professor of Modern Languages at Loughborough University (1984-1991). Founder and General Editor of *GDR/German Monitor* (1979-), President of International Feuchtwanger Society (2001-). Numerous publications on twentieth-century literature, especially exile and GDR literature.

Götz Wienold, geb. 1938, lebt in Tokyo, 1970-1992 Professor für Sprachwissenschaft, Universität Konstanz, 1992-2003 für Germanistik /Linguistik, Dokkyo Universität, Soka, Japan. Forschungsschwerpunkte: typologische Semantik, Textlinguistik, Pragmatik, Spracherwerbs-forschung, deutschsprachige Literatur des 20. Jahrhunderts. Buchver-öffentlichungen: u.a. *Genus und Semantik* (1967), Hermann Broch, *Zur Universitätsreform* (1969), *Formulierungstheorie – Poetik – Strukturelle Literaturgeschichte* (1971), *Semiotik der Literatur* (1972), *Die Erlernbarkeit der Sprachen* (1973), *Inschrift und Ornament oder Die Entfärbung der Objekte* (1995), (mit H. Nitta und M. Shigeto) *Kontrastive Studien zur Beschreibung des Japanischen und des Deutschen* (1999). Theaterstücke: *Trakls Tod, Die verbrannten Uniformen* (2003).

Virtual Geographies.
Cyberpunk at the Intersection of the Postmodern and Science Fiction.

Sabine Heuser

Amsterdam/New York, NY 2003. XLV, 257 pp.
(Postmodern Studies 34)
ISBN: 90-420-0986-1   EUR 50.-/US $ 60.-

Virtual Geographies is the first detailed study to offer a working definition of cyberpunk within the postmodern force field. Cyberpunk emerges as a new generic cluster within science fiction, one that has spawned many offspring in such domains as film, music, and feminism. Its central features are its adherence to a version of virtual space and a deconstructivist, punk attitude towards (high) culture, modernity, the human body and technology, from computers to prosthetics

The main proponents of cyberpunk are analyzed in depth along with the virtual landscapes they have created - William Gibson's Cyberspace, Pat Cadigan's Mindscapes and Neal Stephenson's Metaverse. Virtual reality is examined closely in all its aspects, from the characteristic narrative constructions employed to the esthetic implications of the 'virtual sublime' and its postmodern potential as a discursive mode.

With its interdisciplinary approach *Virtual Geographies* opens up fresh perspectives for scholars interested in the interaction between popular culture and mainstream literature. At the same time, the science fiction fan will be taken beyond the conventional boundaries of the genre into such revitalizing domains as postmodern architecture and literature, and into cutting-edge aspects of science and social thought.

USA/Canada: One Rockefeller Plaza, Ste. 1420, New York, NY 10020,
Tel. (212) 265-6360, Call toll-free (U.S. only) 1-800-225-3998,
Fax (212) 265-6402
All other countries: Tijnmuiden 7, 1046 AK Amsterdam, The Netherlands.
Tel. ++ 31 (0)20 611 48 21, Fax ++ 31 (0)20 447 29 79
Orders-queries@rodopi.nl   **www.rodopi.nl**
Please note that the exchange rate is subject to fluctuations

Harriet Wilson's *Our Nig*
A Cultural Biography of a "Two-Story" African American Novel

R.J. Ellis

Amsterdam/New York, NY 2003. XII, 216 pp.
(Costerus NS 149)
ISBN: 90-420-1157-2   € 47,-/US$ 56.-

Addressed to all readers of *Our Nig,* from professional scholars of African American writing through to a more general readership, this book explores both *Our Nig*'s key cultural contexts and its historical and literary significance as a narrative.

Harriet E. Wilson's *Our Nig* (1859) is a startling tale of the mistreatment of a young African American mulatto woman, Frado, living in New England at a time when slavery, though abolished in the North, still existed in the South. Frado, a Northern 'free black', yet treated as badly as many Southern slaves of the time, is unforgettably portrayed as experiencing and resisting vicious mistreatment.

To achieve this disturbing portrait, Harriet Wilson's book combines several different literary genres – realist novel, autobiography, abolitionist slave narrative and sentimental fiction. R.J. Ellis explores the relationship of *Our Nig* to these genres and, additionally, to laboring class writing (Harriet Wilson was an indentured farm servant). He identifies the way *Our Nig* stands as a double first: the first separately-published novel written in English by an African American female it is also one of the first by a member of the laboring class about the laboring class. This study explores how, as a result, *Our Nig* tells a series of disturbing two-stories about America's constitutional guarantee of 'freedom' and the way these relate to Frado's farm life.

USA/Canada: One Rockefeller Plaza, Ste. 1420, New York, NY 10020,
Tel. (212) 265-6360, Call toll-free (U.S. only) 1-800-225-3998,
Fax (212) 265-6402
All other countries: Tijnmuiden 7, 1046 AK Amsterdam, The Netherlands.
Tel. ++ 31 (0)20 611 48 21, Fax ++ 31 (0)20 447 29 79
Orders-queries@rodopi.nl   **www.rodopi.nl**
Please note that the exchange rate is subject to fluctuations

Writing against Boundaries
Nationality, Ethnicity and Gender in the
German-speaking Context

Edited by Barbara Kosta and Helga Kraft

Amsterdam/New York, NY 2003. VIII, 223 pp.
(Amsterdamer Publikationen zur Sprache und Literatur 153)

ISBN: 90-420-1026-6   € 48,-/US$ 57.-

Writing against Boundaries. Nationality, Ethnicity and Gender in the German-speaking Context presents a series of essays by prominent scholars who critically explore the intersection of nation and subjectivity, the production of national identities, and the tense negotiation of multiculturalism in German-speaking countries. By looking at a wide spectrum of texts that range from Richard Wagner's operas to Hans Bellmer's art, and to literature by Aras Ören, Irene Dische, Annette Kolb, Elizabeth Langgässer, Karin Reschke, Christa Wolf, to contemporary German theater by Bettina Fless, Elfriede Jelinek, Anna Langhoff, Emine Sevgi Özdamar, and to Monika Treut's films, the volume explores the intersection of gender, ethnicity and nation and examines concepts of national culture and the foreigner or so-called 'other.' Focusing on such issues as immigration, xenophobia, gender, and sexuality, the volume looks at narratives that sustain the myth of a homogeneous nation, and those that disrupt it. It responds to a growing concern with borders and identity in a time in which borders are tightening as the demands of globalization increase.

USA/Canada: One Rockefeller Plaza, Ste. 1420, New York, NY 10020,
Tel. (212) 265-6360, Call toll-free (U.S. only) 1-800-225-3998,
Fax (212) 265-6402
All other countries: Tijnmuiden 7, 1046 AK Amsterdam, The Netherlands.
Tel. ++ 31 (0)20 611 48 21, Fax ++ 31 (0)20 447 29 79
Orders-queries@rodopi.nl   **www.rodopi.nl**
Please note that the exchange rate is subject to fluctuations

The Northern Utopia.
British Perceptions of Norway in the Nineteenth Century.

Peter Fjågesund and Ruth A. Symes

Amsterdam/New York, NY 2003. 415 pp.
(Studia Imagologica 10)
ISBN: 90-420-0846-6   € 84,-/US $ 100.-

In the nineteenth century, the ancient 'filial tie' between Britain and Norway was rediscovered by a booming tourist industry which took thousands across the North Sea to see the wonders of the fjords, the fjelds, and the beauties of the North Cape. This illustrated volume, for the first time, collects together vivid – and predominantly first-hand – impressions of the country recorded by nearly two hundred British travellers and other commentators, including Thomas Malthus, Charlotte Brontë, Lord Tennyson, and William Gladstone. In a rich selection of travel writing, fiction, poetry, journalism, political speeches, and art, Norway emerges as a refreshingly natural utopia, happily free from her imperial neighbour's increasing problems with the side-effects of industrialisation.

This is a fascinating examination of the people, institutions, customs, language and environment of Norway seen through the eyes of the British. Using the tools of literary and historical scholarship, Fjågesund and Symes set these perceptions in their nineteenth-century context, throwing light on such issues as progress, art and aesthetics, democracy, religion, nationhood, race, class, and gender, all of which occupied Europe at the time. *The Northern Utopia* will be of particular interest to students of British and Scandinavian cultural history, literature and travel writing. It will also enthral all those who love Norway.

USA/Canada: One Rockefeller Plaza, Ste. 1420, New York, NY 10020,
Tel. (212) 265-6360, Call toll-free (U.S. only) 1-800-225-3998,
Fax (212) 265-6402
All other countries: Tijnmuiden 7, 1046 AK Amsterdam, The Netherlands.
Tel. ++ 31 (0)20 611 48 21, Fax ++ 31 (0)20 447 29 79
Orders-queries@rodopi.nl   www.rodopi.nl
Please note that the exchange rate is subject to fluctuations